中国口腔医学年鉴

YEARBOOK OF CHINESE STOMATOLOGY

2022年卷

主　编　周学东

副主编　王松灵　边　专　张志愿
　　　　　俞光岩　赵铱民　凌均棨

四川科学技术出版社

图书在版编目(CIP)数据

中国口腔医学年鉴. 2022年卷 / 周学东主编.
-- 成都:四川科学技术出版社, 2023.9
ISBN 978-7-5727-1149-7

Ⅰ. ①中… Ⅱ. ①周… Ⅲ. ①口腔科学-中国-2022-年鉴 Ⅳ. ①R78-54

中国国家版本馆CIP数据核字(2023)第178278号

中国口腔医学年鉴2022年卷

ZHONGGUO KOUQIANG YIXUE NIANJIAN 2022 NIAN JUAN

主　　编　周学东

出 品 人　程佳月
责任编辑　张湉湉
特约编辑　吴　婷
助理编辑　吴　文
责任出版　欧晓春
出版发行　四川科学技术出版社
成都市锦江区三色路238号 邮政编码 610023
官方微博 http://weibo.com/sckjcbs
官方微信公众号 sckjcbs
传真 028-86361756
成品尺寸　185mm×260mm
印张 21.75　字数 435 千
印　　刷　四川玖艺呈现印刷有限公司
版　　次　2023年9月第1版
印　　次　2023年9月第1次印刷
全书定价　198.00元
ISBN 978-7-5727-1149-7

邮购:成都市锦江区三色路238号新华之星A座25层 邮政编码:610023
电话:028-86361770

《中国口腔医学年鉴》编辑委员会

张　丁　北京协和医学院
张并生　山西医科大学
张志愿　上海交通大学
张富强　上海交通大学
张蕴惠　四川大学
张震康　北京大学
陆支越　北京医院
陈万涛　上海交通大学
陈文霞　广西医科大学
陈发明　空军军医大学
陈吉华　空军军医大学
陈扬熙　四川大学
陈　刚　天津医科大学
陈　江　福建医科大学
陈莉莉　华中科技大学
陈　智　武汉大学
陈谦明　浙江大学
林云锋　四川大学
林　野　北京大学
易新竹　四川大学
罗颂椒　四川大学
季　平　重庆医科大学
岳　林　北京大学
金　岩　空军军医大学
周永胜　北京大学
周延民　吉林大学
周学东　四川大学
周　洪　西安交通大学
周曾同　上海交通大学
郑家伟　上海交通大学
赵士芳　浙江大学
赵云凤　四川大学
赵　今　新疆医科大学
赵守亮　同济大学
赵志河　四川大学
赵明东　滨州医学院
赵怡芳　武汉大学
赵　彬　山西医科大学
赵铱民　空军军医大学
胡　敏　吉林大学
胡　敏　解放军总医院
胡勤刚　南京大学
钟良军　杭州师范大学
俞光岩　北京大学
宫　苹　四川大学
袁　泉　四川大学
聂敏海　西南医科大学
倪龙兴　空军军医大学
徐礼鲜　空军军医大学
徐　江　石河子大学
徐　欣　山东大学
徐　艳　南京医科大学
凌均棨　中山大学
栾文民　北京医院
郭传瑸　北京大学
郭　斌　解放军总医院
唐瞻贵　中南大学
黄永清　宁夏医科大学
黄洪章　中山大学
黄桂林　遵义医科大学
黄　跃　暨南大学
曹选平　郑州大学
常晓峰　西安交通大学
麻健丰　温州医科大学
康　宏　兰州大学
梁景平　上海交通大学
宿玉成　北京协和医学院
巢永烈　四川大学
葛少华　山东大学
董福生　河北医科大学
蒋欣泉　上海交通大学
程祥荣　武汉大学
程　斌　中山大学
曾祥龙　北京大学
温玉明　四川大学
谢志坚　浙江大学
路振富　中国医科大学
樊明文　武汉大学
蒯新春　中南大学
潘乙怀　温州医科大学
潘亚萍　中国医科大学
魏奉才　山东大学

序　言

《中国口腔医学年鉴》是中国口腔医学界的综合性、学术性连续出版物，每年出版一卷，自1984年创办已连续出版了30卷。本卷为2022年卷，选材基础时限为2022年1月至12月。该卷的编纂出版旨在全面翔实、客观公正地向国内外读者介绍年度中国口腔医学的发展与成就。其汇集的资料主要包括口腔医学相关的国家政策、医院建设、医疗服务、学科发展、人才培养、科学研究和疾病预防等领域，是了解和研究中国口腔医学发展史的重要资料，也是中国口腔医学与国际口腔医学学术交流的重要平台。

本卷栏目包括回顾与论坛、医疗工作、医学教育、科学研究、学会工作和人物部分。回顾与论坛栏目刊载了关于我国高等口腔医学专业本科规划教材、近十年口腔颌面放射专业研究和儿童口腔医学回顾与展望的特约专家稿件，转载了生物种植引领口腔种植的未来、数字化口腔医疗服务西部基层、破解正畸行业难题等专家访录。医疗工作栏目收集了青少年口腔健康核心信息和17份口腔相关病种诊疗指南。医学教育栏目收集了2021—2025年度全国科普教育基地认定名单、首批虚拟教研室试点建设名单、全国优秀科普作品等，也收集了2021年度普通高等学校本科和高等职业教育专科专业备案和审批结果以及2022年中国高等学校口腔医学专业招生和培养简况。科学研究栏目收集了中华医学科技奖、中华口腔医学会科技奖、华夏医学科技奖等奖项中的口腔医学获奖部分，以及中国2021年度重要医学进展、中国高被引学者榜单中的口腔医学部分。该部分还重点介绍了中国高等院校口腔医学院（口腔医院）等单位的科技成果获奖和基金获资助简况、2022年出版发行的口腔医学图书。学会工作栏目刊载了2022年度换届的中华口腔医学会的学会组织机构名录和中国医师协会口腔医师分会成员情况。人物栏目记录了全国政协委员优秀履职奖获奖者、国家高层次人才入选者、国家自然科学基金获得者等的人物介绍。

一直以来，《中国口腔医学年鉴》在编纂出版过程中得到全国口腔医学院(系)、口腔医院以及众多口腔医学专家的指导和帮助，得到广大读者的关注和期望。在此，感谢大家的支持理解，感谢专家们的悉心指导，感谢出版单位的全力协助。欢迎广大读者提出宝贵的意见和建议，我们共同努力，继续做好《中国口腔医学年鉴》。

《中国口腔医学年鉴》编辑委员会

2023年8月

目　　录

回顾与论坛 …… 1

“生物种植”引领口腔种植的未来 …… 1

我国高等口腔医学专业本科规划教材的历史回顾与发展趋势——中国特色口腔医学专业本科教材建设与实践 …… 4

中国近十年口腔颌面放射专业研究回顾与展望 …… 23

数字化口腔医疗服务西部基层 …… 31

破解正畸行业难题 …… 34

中国近十年儿童口腔医学回顾与展望 …… 36

医疗工作 …… 40

人民名医盛典(原国之名医盛典) …… 40

2022年“全国爱牙日”宣传活动 …… 41

青少年口腔健康核心信息 …… 42

国家卫生健康委办公厅印发口腔相关病种诊疗指南(2022年版) …… 43

牙体缺损、牙列缺损与缺失修复诊疗指南(2022年版) …… 43

成釉细胞瘤诊疗指南(2022年版) …… 64

唇裂诊疗指南(2022年版) …… 67

腭裂诊疗指南(2022年版) …… 69

口腔颌面部间隙感染诊疗指南(2022年版) …… 73

口腔念珠菌病诊疗指南(2022年版) …… 75

腮腺浅叶良性肿瘤诊疗指南(2022年版) …… 79

上颌骨骨折诊疗指南(2022年版) …… 82

下颌骨骨折诊疗指南(2022年版) …… 85

牙颌面畸形诊疗指南(2022年版) …… 90

牙源性颌骨囊肿诊疗指南(2022年版) …… 97

菌斑性龈炎诊疗指南(2022年版) …… 100

口腔扁平苔藓诊疗指南(2022年版) …… 103

化脓性颌骨骨髓炎诊疗指南(2022年版) …… 107

磨牙症诊疗指南(2022年版) …… 110

舌癌诊疗指南(2022年版) …… 113

舌下腺囊肿诊疗指南(2022年版) …… 115

医学教育 …… 118

2021—2025年度全国科普教育基地认定名单 …… 118

首批虚拟教研室试点建设 …… 119

第七届中国国际“互联网+”大学生创新创业大赛 …… 119

中华口腔医学会I类学分继续医学教育项目 …… 121

全国优秀科普作品 …… 125

新时代健康科普作品 …… 125

教育部关于公布2021年度普通高等学校本科专业备案和审批结果的通知 …… 128

教育部关于公布2022年高等职业教育专科专业设置备案和审批结果的通知 …………………… 128
中国高等学校口腔医学专业招生和培养简况 …………………………………………… 129

科学研究 ………………………………………… 175
中华医学科技奖 ………………………………… 175
中华口腔医学会科技奖 ………………………… 175
华夏医学科技奖 ………………………………… 176
树兰医学奖 ……………………………………… 178
中国2021年度重要医学进展 …………………… 179
中国高被引学者榜单 …………………………… 179
中国高等院校口腔医学院和口腔医院获科技成果奖简况 …………………………………… 180
中华口腔学医会优秀专业委员会(分会)考评 ………………………………………………… 188
国家级获奖项目简介 …………………………… 188
口腔粘接修复新技术及其临床应用 ………… 188
新型生物牙根构建及种植关键技术 ………… 189
口腔硬组织修复材料仿生设计制备和临床关键技术 ………………………………………… 189
牙槽骨重度缺损修复重建新技术体系创建与推广应用 ……………………………………… 190
省级获奖项目简介 ……………………………… 191
卓越引领,医工融合,“口腔医学+”人才培养模式的创新与实践 …………………………… 191
面向卓越医师培养,口腔修复学“三一三”本科教学体系的创新与实践 …………………… 192
仿生修复牙体硬组织的基础研究与临床关键技术构建 ……………………………………… 192
口腔种植复杂骨缺损的关键治疗技术创新与应用 …………………………………………… 193
颜面部骨组织缺损的修复与功能重建 …… 193
仿生矿化技术的新型骨缺损修复材料 …… 194
调控微环境促进颌骨缺损修复的新策略新技术研究 ………………………………………… 195
关于公布中国博士后科学基金第71批面上资助获资助人员名单的通知 …………………… 195
关于2022年国家自然科学基金集中接收申请项目评审结果的通告 ………………………… 198
中国高等院校口腔医学院和口腔医院获科研基金资助简况 ………………………………… 199
2022年出版发行的口腔医学图书 …………… 268

学会工作 ………………………………………… 291
学会组织机构 …………………………………… 291
中华口腔医学会及其口腔医学专业委员会 ………………………………………………… 291
中国医师协会口腔医师分会 ……………… 311
学术会议和展览会 ……………………………… 312
在中国召开的国际性学术会议 …………… 312
中华口腔医学会及其专业委员会会议 …… 315
地方口腔医学会会议 ……………………… 318
其他会议 …………………………………… 321
院校新闻动态 …………………………………… 323

人　物 ………………………………………… 327
全国政协委员优秀履职奖获奖者 …………… 327
王松灵 ……………………………………… 327
俄罗斯工程院外籍院士 ……………………… 329
陈万涛 ……………………………………… 327
国家高层次人才计划领军人才入选者 ……… 328
孙宏晨 ……………………………………… 328

国家高层次人才计划青年拔尖人才入选者 … 329
韩建民 …… 329
李　蓓 …… 329
刘　锐 …… 330
焦　凯 …… 330
王　成 …… 331
国家自然科学基金创新研究群体项目获得者 …… 331
邓旭亮 …… 331
国家自然科学基金杰出青年科学基金获得者 …… 332
卫　彦 …… 332
国家自然科学基金优秀青年科学基金获得者 …… 333
张武昌 …… 333
周陈晨 …… 333
中国科学技术协会青年人才托举工程入选者 …… 334
常　蓓 …… 334
李太文 …… 334
杨光正 …… 335
余婷婷 …… 335
中国医院协会2022年优秀医院院长 …… 336
程　斌 …… 336
第五届“白求恩式好医生”获得者 …… 336
刘静明 …… 336
柳忠豪 …… 337
张志民 …… 337
逝世人物 …… 338
张举之 …… 338
王邦康 …… 338

回顾与论坛

“生物种植”引领口腔种植的未来

王松灵
首都医科大学

2022年，中国科学院院士、著名口腔医学教育和口腔生物学专家王松灵教授接受《中国口腔种植学杂志》编辑部的采访。他就国内外口腔种植学的临床现状进行了分析，并对未来口腔种植学科的发展前景提出了具有创新性理念的论述。

一、牙缺失再生中的牙替代问题

在牙缺失再生方面的研究，我们团队的研究理念一直是针对临床上的重大问题，把科学问题提炼出来，最终的研究成果应用到临床时一定是要能解决一些实际问题的。当然这需要来自团队的勤奋努力和不懈探索，最终得出一个比较有效的方法更好地解决问题，从而提高临床诊治水平，更好地照护患者。

（一）牙缺失与口腔修复

牙缺失是口腔临床医学领域的专家学者一直努力解决的一个重要问题。人的一生有两副牙列——乳牙列和恒牙列。乳牙替换后，伴随我们终生的自然就是恒牙列。随着科学技术的发展，经济发展和国民对健康水平要求的提高，恒牙缺失后有口腔修复的需求，口腔修复也从活动义齿、固定义齿到后来的种植义齿不断发展。

相较于传统的活动义齿和固定义齿，种植义齿有着明显的优势，不论形态外观，还是咀嚼功能的恢复，整体效果都有明显提升。种植义齿号称人类第三副牙列，这从一定程度上说明了种植义齿的重要性，其临床价值得到了广泛认可。因此，目前国内外种植义齿的临床应用非常广泛，得到了医患双方的一致好评，这是应该高度肯定的。

（二）牙周膜的重要作用

尽管种植义齿不断进行更新和研发，但其和天然牙的差别还是挺大的，比如种植体是骨结合，但天然牙是有牙周膜的，没有牙周膜相应就会丧失很多功能。人类恒牙有28~32颗，其牙周膜面积相当于我们手掌大小。这些牙周膜不仅在咀嚼时有缓冲作用，防止牙齿和颌骨损伤，更重要的是，通过咀嚼可以传达一些很重要的生物信息。

中国古人总结的养生经验是每天叩齿36次，我们现在也正在做这方面的研究。每次咀嚼可以产生大约50 kg的力量，这个力量的生物信息可以通过牙周膜传递给大脑，引起大脑血流增加、相关大脑皮质兴奋。也有研究显示，咀嚼系统通过牙周膜进行生物信息传递，对大脑保健和防止阿尔茨海默病有着积极的意义。而种植义齿相较于天然牙没有牙周膜，缺乏生物信息对大脑及全身其他组织的反馈保护。因此，是否有可能做到生物修复，让天然牙再生出来？这是很有意义的事情。

（三）牙再生临床应用难点

机体组织的再生有不同的模式，其中一种是发育性的，牙发育由牙源性上皮和间充质诱导，通过细胞把牙再生出来是遵从牙的发育学原理。现在我们期待通过研究牙的发育，明确牙发育需要的所有信息，进而将组装有这些信息的细胞放入颌骨中，通过发育学原理让牙长出来。当然这是一个非常理想化且有前景的牙再生模式/体系。

我们为此也做过一些探讨，无论是实验小鼠还是小型猪，只要有牙源性上皮和间充质存在，牙一定会长出来。萌出的牙根据我们的需要其形态是可控的，但问题是长出来的牙无法萌出到合适的位置，相当于长出来的牙是个埋伏在颌骨内的埋伏牙，而且细胞携带的信息不明确、细胞来源也存在问题，目前还需要进一步探讨。

二、生物牙根再生研究

离临床更近一些的是生物牙根再生。从解剖上看，牙由牙冠和牙根组成。牙根是承载力量的主体，我们把牙根再生出来，再生的牙根是有牙周膜的。因此，只要牙根有牙周膜，我们就可以给这颗牙做任何外形的牙冠修复。

（一）团队的前期成果

我们团队在2006年就将相关研究成果发表了论文。我们团队和施松涛教授团队合作，用小型猪实现了生物牙根再生和树脂牙冠修复，并且证明其能够正常行使功能。该文迄今已经有一千多次的引用，成果发表后就被美国巴尔的摩牙科博物馆——世界上最早的牙科博物馆永久收藏，常年展出。赵铱民院士去美国牙科博物馆访问时，对我们团队生物牙根成果的展出印象深刻。

我们在支架材料上放干细胞，让干细胞长出牙本质，用另一种干细胞长成牙周膜，新形成了一个真正的天然牙根。异体干细胞再生是没有问题的，免疫等生物相容性也不错，无论是用自体干细胞还是异体干细胞，生物牙根再生这个理念都是可行的。不过，通过对比生物牙根和种植体各自的优越性，不难发现种植体的成功率高达97%，但生物牙根只有不到30%的成功率。

（二）生物牙根的优势

那生物牙根的优势在哪里呢？生物牙根有牙周膜，生物力学性能和天然牙非常相似；就抗压强度而言，天然牙和生物牙根约30 MPa，而种植体则可接近1 000 MPa，二者相差几十倍，因此，种植体的生物力学性能和颌骨是不匹配的，时间一长有断裂的可能。后来我们团队将重点放在提升生物牙根的成功率上，相关研究成果发表在*J Dent Res*。

起初我们团队使用HA/TCP作为支架，后来使用清华大学崔福斋教授团队研发的矿化胶原，矿化胶原的使用使生物牙根的成功率从不足30%提升为70%以上。这个实验是以小型猪为研究对象的。众所周知，猪的口腔卫生状况比较差，也无法主动配合种植牙维护，应用到人体上的话成功率也许会更高，但这也只是初步推测，我们会适时通过临床试验进一步明确这一设想。

（三）生物种植核心问题

目前关键的核心问题在于异体干细胞。关于干细胞的临床研究一直很热门，国家规定用异体干细胞进行临床试验必须将干细胞变成新药才可用于临床试验。因此，我们团队又用了10年左右时间将牙髓干细胞变成牙髓干细胞新药，药物研发的时间周期非常漫长。我们团队十多年前就已经完成了生物牙根，2006年也公开发表了论文，但后来无法进行临床研究，因此，我们团队着手进行牙髓干细胞新药研发，目前这个新药已经进入二期临床试验了，三期临床试验需要时间和转化平台，这需要大量的资金支持，转化尚存在很多困难。如果三期临床试验通过了，细胞、新药、材料、生物牙根很有可能就会应用到临床中，当然这需要一个过程。

（四）生物种植前景

现在口腔种植植入主要是钛种植体，将来可以将载入干细胞的支架植入颌骨，种植医生还是按照目前种植程序完成操作，只是植入的牙根不是钛质的了，而是其他生物品。可以称其为生物牙再生,其种植体叫作生物种植体、仿生种植体或智能种植体等。我们要透过现象看到本质,无论是生物种植体、仿生种植体也好,智能种植体也罢,最终的评判就是种植后获得了牙周膜结构——可以把承载的咀嚼力通过牙周膜感受器传导给大脑和全身。我认为这种修复就是生物修复,因为除了有牙周膜这种结构,同时还具有牙周膜传导生物力学信息的功能,当然最基本的是承载咀嚼力,能够把食物嚼碎。这种方法的提出的确会使口腔种植面临一个全新的局面,种植这么大的队伍,将来希望那些对研究感兴趣、追求完美的有志之士一起努力进行生物种植修复。

生物牙根是一个非常有前景,而且比较接近临床研究与应用,基于全牙再生、发育学原理的再生,我们还要做大量的基础研究。首先需要明确牙发育携带的信息才具有可操作性,要把信息装载到具有牙形成能力的细胞上再植入颌骨内,要让牙萌出来,每颗牙的牙槽骨、颌骨的力学都是不同的,这是相对复杂的问题,而目前的种植牙只能解决牙的部分功能——咀嚼功能,但牙周膜的功能却是缺失的。

三、无牙颌全口牙再生难点

所谓严重牙缺失就是牙都掉了。无牙颌全口修复的难点在于颌骨已经非常低平,没有足够的骨容量无法承载需要种植的生物牙根或者其他种植体。这种情况下,除了种植生物牙根外,还需要骨再生一整套技术,而目前的骨再生相对有限,不管是方法手段还是临床效果都没有达到理想的状态。基于干细胞的骨再生肯定是一个方向,但骨再生想要达到我们理想的状态,从原来骨量低平到骨增量两三个厘米这么高的高度,还有很多技术困难。比如骨增量的空间以及细胞在那个环境下能否形成大量功能性骨质。所谓功能性骨质不仅要有骨的基本成分,还需要承载功能,比如骨的皮质骨和松质骨承载力后需要调整方向和塑形。因此,严重牙缺失修复除了生物牙根修复外,还有颌骨的骨再生技术。

关于这个方面大家都在探讨,我们团队对骨再生也在进行研究。颌骨的骨再生应该有其特点,人体的上颌骨和下颌骨一直处于非常活跃的微创伤修复动态平衡中,本身血运丰富,骨改建也很快。颌骨的再生应该是有别于长骨,有其特点和策略的,比如说其独有的支架体系、细胞体系、颌骨的骨髓间充质干细胞和长骨的是有区别的,将来的种子细胞也应该尽量用颌骨来源的种子细胞,相当于生物牙根再生和颌骨再生体系才能完成这个工作。

四、国内口腔种植学的未来发展

(一)口腔疾病预防理念亟待加强

目前国人口腔保健意识相对淡薄,口腔健康状况依然令人担忧,牙周炎发病率高达80%,牙齿缺失患者数量巨大。这种状况与经济的发展、人民生活水平的逐步提高很不匹配,口腔疾病的防治仍然是亟待加强的短板。从口腔医学的发展来看,应该以口腔预防为主,口腔预防这个理念需要根植在全民意识中,尤其是口腔医生。口腔预防工作执行到位才有可能保护好牙齿,这样才能在80岁的时候还有20颗天然牙,人民群众的身体才能更健康,口腔治疗方面的投入也会相对减少。因此,一定要做好口腔预防,口腔健康得到了保证,全身健康也就有了支撑,这个理念应该要根植在每一个人的心里,要付诸行动。

(二)尽最大可能保留天然牙

毕竟生物再生牙也好,种植牙也罢,和天然牙相比还是有差距的,我认为原装的牙才是最好的。我们口腔医生要牢记通过系统牙周治疗、牙体牙髓治疗等方法,尽量保留天然牙,这是一个基本原则,也是我们口腔医生应该有的责任心和职业道德。我不认同牙齿轻中度松动直接拔除的做法，作为一个医生我们还是应该多为患者考虑，尽最大可能保留患者的天然牙，从而保证牙齿能正常行使功能，不能过早拔除有保留价值的天然牙直接进行口腔种植。实在无法保留的患牙或对全身健康构成潜在威胁的病灶牙需要及时拔除，再去考虑口腔种植修复。现在我国口腔种植市场潜力巨大，中国人口基数（十四亿多）太大了，像韩国只有5 000多万人口，但韩国口腔种植的总数比中国还要多，如此巨大的市场空间口腔种植是永远做不完的。国内口腔种植发展飞快，但和市场需求相比还是相差很大，因此，有大量工作可做。真正把需要种植的牙种起来，真正解决患者需要解决的问题，未来应该会按照这个模式往前推进。

（三）生物牙根与全牙再生的未来设想

未来生物牙根进入临床应用，更进一步全牙再生也应用到临床，可以通过技术手段将再生牙助萌牵引出来。随着科技高速的发展，梦想是极有可能照进现实的。口腔种植修复是一种修复牙列缺损、牙列缺失行之有效的方法，而将来的生物再生修复是一个更为广阔、更为有前景的发展方向。

预防为主、关口前移，保护口腔健康，大医治未病，防患于未然。保护好口内的每一颗牙齿，早预防、早发现、早治疗，为患者着想是我们所有口腔人应该坚守的理念。而生物牙根再生和颌骨再生是牙缺失后将来我们不得不采取的技术手段，为患者做好服务，我认为这是一个很好的发展方向。

本文转载自《中国口腔种植学杂志》

我国高等口腔医学专业本科规划教材的历史回顾与发展趋势

——中国特色口腔医学专业本科教材建设与实践

李　刚[1]　刘红霞[2]　方　毅[2]　周学东[3]　杜　贤[2]

1. 西北大学医学院口腔医学系　2.人民卫生出版社　3.四川大学华西口腔医学院

中华人民共和国成立以来，我国口腔医学教育事业蓬勃发展，取得了辉煌的成就，新一代口腔医学专业本科生将是实现健康中国目标的全民口腔健康实践者和完成者。教育是国之大计，党之大计，是培育人才的基本方法。习近平总书记明确指出："教材建设是育人育才的重要依托，建设什么样的教材体系，核心教材传授什么内容，倡导什么价值，体现国家意志，是国家事权"[1]。教材体现着国家意志，承载着民族记忆，凝聚着人类智慧，是培育人才的重要依托和课程教学的基本依据[2]。《普通高等学校教材管理办法》（教材〔2019〕3号）是中华人民共和国成立后第一个系统的高校教材管理办法[3]，在确保高校教材建设的正确政治方向和价值导向基础上，分别从管理职责、教材规划、教材编写、教材审核和教材选用等方面保障高校教材的选编质量，体现教材的国家事权性。

教材建设是高等口腔医学教育的基础工程，我国高等口腔医学专业本科教材体系是根据口腔医学科学发展水平、口腔保健的社会需求、国家的高等教育方针及院校的专业培养目标，规定学生应当学习的知识、掌握的技能的课程总体结构。规划教材是根据口腔医学专业教学大纲规定的内容和教学方法要求系统阐述一门课程的知识与技能，是学生获得知识、训练技能和发展智力的基本工具，是教师进行课程教学的基本依据。教材是教学经验的总结，也是教学研究的成果。五年制口腔医学专业本科规划教材建设是高等院校口腔医学专业本科人才培养的基本建设，五年制口腔医学专业教材是我国口腔医学教育的核心骨干教材，是中国口腔医学专业教材的“干细胞”教材。教材质量是影响高等院校口腔医学专业教学质量的重要因素，直接关系到我国口腔医学教育教学水平。经过全国高等学校口腔医学专业教材评审委员会、主编及编写团队、人民卫生出版社的共同努力，全国高等学校五年制口腔医学专业本科规划教材自1977年第一轮出版以来，至今已经过八轮规划，形成了课程门类齐全、学科系统优化、内容衔接合理、结构体系科学的由规划教材、配套教材、网络增值服务、数字教材以及口腔题库组成的立体化体系格局，形成了具有中国特色的口腔医学专业本科规划教材建设的模式，为我国口腔医学专业人才培养作出了历史性的贡献。现对我国高等口腔医学专业本科规划课程教材进行历史回顾和发展趋势介绍如下：

一、口腔医学教材的发展沿革

(一)20世纪50年代后期

1950年，中华人民共和国第一次全国教育工作会议和第一次全国卫生工作会议在北京召开，会议旨在贯彻落实中央人民政府的新政，改革医学教育的模式，全面学习苏联医学教育的经验。经会议决定，牙科更名为口腔科，牙医学更名为口腔医学。1950年，北京大学医学院牙医学系更名为北京大学医学院口腔医学系；1952年，圣约翰大学医学院、同德医学院与震旦大学医学院合并成立上海第二医学院，其牙医系更名为上海第二医学院口腔医学系；1953年，华西大学牙学院更名为四川医学院口腔医学系；1954年，第五军医大学牙科和第四军医大学牙科合并，定为中国人民解放军第四军医大学口腔学系。这四所口腔医学系的建立，成为近半个世纪以来我国现代口腔医学教育的基础[4]。20世纪50年代后期，卫生部组织编写的高等医药院校供口腔医学专业用教材共9本，分别于1954—1958年先后由人民卫生出版社出版，全套教材共1 826千字(表1)。

表1 卫生部组织编写的高等医药院校供口腔医学专业用教材(20世纪50年代版)

教材	字数(千字)	版次	主编
《牙体解剖学》	163	第1版	王惠芸
《口腔胚胎组织学》	250	第1版	丁鸿才
《牙医外科学》	255	第1版	张光炎
《牙髓学》	164	第1版	史俊南
《全口义齿学》	155	第1版	欧阳官
《实用拔牙学》	208	第1版	陈 华
《牙病预防学》	341	第1版	姜元川
《充填学》	117	第1版	胡郁斌
《冠桥学》	173	第1版	朱希涛

(二)20世纪50年代末60年代初期

1954年,高教部与卫生部在北京联合召开第一届全国高等医学教育会议,制定了口腔医学专业统一的教学计划,确定了我国口腔医学专业的培养目标,“培养具有全面系统的现代医学基本理论知识及口腔专业知识,掌握现代口腔医学基本医疗技术,能独立担任常见口腔疾病的预防、诊断、治疗以及修复工作,并具有初步研究能力的口腔医师”[5],为我国现代口腔医学教育的发展奠定了一个稳固的基础。按照苏联口腔医学教学模式合并重组口腔医学相关临床学科,形成口腔内科学、口腔外科学和口腔矫形学三大临床口腔医学学科。《口腔内科学教学大纲》《口腔矫形学教学大纲》《口腔颌面外科学教学大纲》3本供高等医药院校用的全国统一教学大纲于1956年7月由卫生部审定完成,由人民卫生出版社出版。20世纪60年代初期,卫生部组织编写的高等医药院校供口腔专业用试用教材共3本,分别于1959—1962年先后由人民卫生出版社出版,全套教材共1 931千字(表2)。1960年,湖北医学院建立口腔医学系。

表2　卫生部组织编写的高等医药院校供口腔专业用试用教材（20世纪50年代末至60年代初版）

教材	字数（千字）	版次	主编
《口腔内科学》	710	第1版	郑麟蕃
《口腔矫形学》	624	第1版	毛燮均、朱希涛
《口腔颌面外科学》	597	第1版	夏良才

(三)20世纪70年代后期

20世纪70年代初期,我国恢复高等院校教育工作,更改高等口腔医学专业为三年制,压缩了教学内容,对课程进行了精简[6]。为了适应这一情况,在卫生部协商下,由当时的四川医学院、中国人民解放军第四军医大学、北京医学院、湖北医学院协作编写了供三年制口腔专业使用的高等医学院试用教材共3本,分别由陕西人民出版社、四川人民出版社、上海人民出版社于1977—1979年出版,全套教材共计1 376千字(表3)。教学深度受到影响,科研、师资培训均受到影响。

表3　卫生部组织编写的高等医学院供三年制口腔专业用试用教材(20世纪70年代版)

教材	字数(千字)	版次	主编
《口腔内科学》	345	第1版	四川医学院
《口腔矫形学》	320	第1版	中国人民解放军第四军医大学
《口腔颌面外科学》	711	第1版	上海第二医学院

进入20世纪70年代后期,我国中山医学院、天津医学院、佳木斯医学院、浙江医科大学、山东医科大学、河北医学院、遵义医学院、广西医学院、昆明医学院、暨南大学医学院、安徽医科大学等高等医学院校相继建立了口腔医学系。

二、卫生部规划全国高等医药院校供口腔医学专业用教材

（一）20世纪80年代初期第一轮规划教材

20世纪70年代末期，我国恢复了全国高等学校统一招生，五年制本科口腔医学专业教育得以展开。1977年，卫生部召开了教材建设工作会议并成立了卫生部教材办公室，决定启动第一轮全国高等医药院校本科口腔医学专业卫生部规划教材编写工作。卫生部教材办公室地点设在人民卫生出版社。卫生部规划第一轮全国高等医药院校供口腔专业试用教材共5本，分别于1979—1980年先后由人民卫生出版社出版，包括口腔基础2本和口腔临床3本，全套教材共3 046千字（表4）。这标志着卫生部规划全国高等医药院校供口腔医学专业本科用统编教材的开始，标志着我国高校在20世纪50年代初全面沿用苏联的教学和教材体系时代的结束，也标志着具有我国高等口腔医学专业教育特色的高等学校教学和教材体系的诞生。口腔医学专业本科统编教材的编写出版为我国口腔医学专业的本科教学奠定了基础。

表4　卫生部规划第一轮全国高等医药院校供口腔专业试用教材

教材	字数（千字）	版次	主编
《口腔解剖生理学》	338	第1版	湖北医学院
《口腔组织病理学》	305	第1版	北京医学院
《口腔内科学》	582	第1版	四川医学院
《口腔颌面外科学》	997	第1版	上海第二医学院
《口腔矫形学》	824	第1版	四川医学院

（二）20世纪80年代后期第二轮规划教材

20世纪80年代，我国首都医学院、江西医学院、河南医科大学、白求恩医科大学、福建医学院、山西医学院、兰州医学院、上海铁道医学院、泸州医学院、湖南医科大学、锦州医学院等又相继创办口腔医学系，加速了我国口腔医学专业人才的培养。20世纪80年代后期，我国北京医科大学、华西医科大学、上海第二医科大学、第四军医大学又相继将口腔医学系扩建为口腔医学院。20世纪90年代初，湖北医科大学、西安医科大学又将口腔医学系扩展为口腔医学院，使我国现代口腔医学高等教育走向新时代。

为了深化口腔医学教育改革，使之与口腔医学事业的发展相适应。为了提高口腔医学专业人才培养的质量，使之与变化的社会口腔医疗保健需求相适应，与口腔医学科学研究发展相适应，以及与走向国际化的需要相适应，卫生部于1983年在武昌召开全国高等医学院校口腔医学专业教材编审会议，并推选了《口腔解剖生理学》《口腔组织病理学》《口腔内科学》《口腔颌面外科学》《口腔修复学》《口腔正畸学》《口腔预防医学》《口腔颌面X线诊断学》8本教材的编审小组。1984年，中华医学教育委员会受卫生部科教司委托，在成都召开了全国口腔医学教育学术研讨会，对我国口腔医学教育体系提出了许多合理建议，并制定了建立口腔医学院应具备的条件。组织修订口腔医学专业教学计划，组织了基础学科分化的探索以及加强后期教学的改革。学制也由单一的五年制本科教育发展成为包括三年制专科教育、五年制的本科教育以及硕士、博士研究生教育，推进了我国

现代口腔医学教育的发展。卫生部规划第二轮全国高等医药院校供口腔专业用教材共8本,分别于1987—1992年先后由人民卫生出版社出版,全套教材共3 954千字(表5)。

表5 卫生部规划第二轮全国高等医药院校供口腔专业用教材

教材	字数(千字)	版次	主编
《口腔解剖生理学》	357	第2版	皮 昕
《口腔组织病理学》	361	第2版	郑麟蕃
《口腔内科学》	640	第2版	岳松龄
《口腔颌面外科学》	876	第2版	张锡泽、邱蔚六
《口腔正畸学》	358	第1版	黄金芳
《口腔预防医学及儿童口腔医学》	274	第1版	刘大维
《口腔修复学》	797	第2版	朱希涛
《口腔颌面X线诊断》	291	第1版	邹兆菊

(三)20世纪90年代初期第三轮规划教材

1990年,在卫生部教材办公室领导下,全国高等学校口腔医学专业教材评审委员会在北京成立,这是一个历史性事件。会上决定:①改变过去主编和编委的遴选办法;②重大事情由教材评审委员会决定后,经卫生部教材办公室审批执行;③使口腔教材成为一套口腔医学专业本科教学的完整的知识体系;④决定编写原则:三基和五性;⑤决定编写内容和字数;⑥决定第三轮增加至9本教材。会上也有争议:20世纪90年代,不少临床医学专家主张取消统编教材,而口腔是否需要全国统一的本科教材?教材评审委员会主张根据国情仍要保留全国统编教材理由:①新的口腔系师资弱,尚不能编教材;②没有统一教学大纲和教学方法;③更没有设置口腔专业标准;④全国口腔统编教材的主编和编委是全国一流专家和著名专家,有权威性,从而保证教学内容的质量。

1994年,国家教育委员会提出实施"高等教育面向21世纪教学内容和课程体系改革计划"。教学内容改革计划的主要内容是:研究21世纪对人才知识、能力、素质的要求,改革教育思想和教育观念,改革人才培养模式;研究和调整专业结构、专业目录和专业设置;研究和改革各专业或专业群的培养目标和人才培养规格;研究和改革主要专业或专业群的教学计划和课程结构;研究和改革基础课程、主干课程的教学内容和体系,并同时研究和改革教学手段和教学方法,我国又设立了六年制口腔医学专业本科和七年制口腔医学专业硕士。由于口腔医学发展迅速,现有的教材已不能适应这种变化,因此必须对教材进行调整[7]。卫生部规划第三轮全国高等医药院校供口腔医学专业用教材共9本,分别于1993—1995年先后由人民卫生出版社出版,全套教材共3 747千字(表6)。

表6　卫生部规划第三轮全国高等医药院校供口腔医学专业用教材

教材	字数(千字)	版次	主编
《口腔解剖生理学》	317	第3版	皮　昕
《口腔组织病理学》	348	第3版	吴奇光
《口腔内科学》	605	第3版	张举之
《口腔颌面外科学》	655	第3版	邱蔚六
《口腔正畸学》	277	第2版	傅民魁
《口腔预防医学及儿童口腔医学》	416	第2版	杨是、石四箴
《口腔修复学》	594	第3版	徐君伍
《口腔颌面X线诊断》	242	第2版	邹兆菊
《口腔材料学》	293	第1版	陈治清

(四)20世纪90年代后期第四轮规划教材

20世纪后期,我国一大批学者赴世界各地进修和学习,随着口腔医学的快速发展,以及知识的不断更新,学者们开始思考一个共同的问题,即中国的口腔医学教育该如何发展。比较一致的看法是博采各家之长,走自己的路。为适应我国高等口腔医学教育改革和发展的需要,1996年在武昌召开的卫生部规划教材会议上,与会专家一致认为要尊重学科的发展规律,课程要适当分化,逐步实现与国际口腔医学教育体系接轨,因此,会议决定将第三轮教材中的《口腔内科学》教材分为《牙体牙髓病学》《牙周病学》《口腔黏膜病学》,将《口腔预防医学及儿童口腔医学》教材分为《儿童口腔病学》《口腔预防医学》,将《口腔颌面X线诊断学》教材更名为《口腔颌面医学影像诊断学》,同时增设《口腔生物学》《口腔临床药物学》《口腔医学实验教程(及附册)》3种教材。这样,卫生部规划第四轮全国高等医药院校供口腔医学专业用教材就从第三轮的9本教材增加为第四轮的16本教材(表7)。

20世纪90年代后期至21世纪初期,四川大学、北京大学、上海第二医科大学、第四军医大学、武汉大学、首都医科大学、吉林大学、同济大学和中山医科大学等全国9所高等口腔医学院的116位教授参加本轮教材编写工作。

表7　卫生部规划第四轮全国高等医药院校供口腔医学类专业用教材

教材	字数(千字)	版次	主编
《口腔解剖生理学》	297	第4版	皮　昕
《口腔组织病理学》	397	第4版	于世风
《口腔颌面医学影像诊断学》	298	第3版	马绪臣
《口腔生物学》	236	第1版	刘　正
《口腔临床药物学》	226	第1版	曾光明

续表

教材	字数(千字)	版次	主编
《口腔材料学》	284	第2版	陈治清
《口腔颌面外科学》	649	第4版	邱蔚六
《口腔修复学》	620	第4版	徐君伍
《牙体牙髓病学》	404	第1版	樊明文
《牙周病学》	326	第1版	曹采方
《口腔粘膜病学》	212	第1版	李秉琦
《口腔正畸学》	348	第3版	傅民魁
《儿童口腔病学》	224	第1版	石四箴
《口腔预防医学》	368	第3版	卞金有
《口腔医学实验教程》	433	第1版	王嘉德、梁悦
《口腔医学实验教程附册》	197	第1版	王嘉德、梁悦

卫生部规划第四轮全国高等医药院校供口腔医学专业用教材共16本，分别于2000—2001年先后由人民卫生出版社出版，全套教材共5 519千字，这也代表我国口腔医学统编教材的一个新时代。第四轮规划教材在内容上体现科学性与系统性，并突出重点，基本符合国情，注意反映本门学科的发展和新成就，加强与基础学科和其他临床专业的联系；适用于我国高等医药院校口腔医学专业五年制教学需要；突出教材"三基"(基础理论、基本知识和基本技能)、"五性"(思想性、科学性、先进性、启发性和适用性)的特点，注重教材的整体优化及编写的标准化、规范化。不但对国内高校口腔医学课程改革具有广泛的指导意义，而且对相关专业教学内容和课程体系改革也具有积极推动作用。

(五)21世纪00年代初期第五轮规划教材

根据"十一五"规划教材编写的相关精神，教材要反映医学与科技领域的最新成就，继承前四版教材的特色和优点，更新和充实新观点及新知识，以适应21世纪的发展形势。在卫生部教材办公室、全国高等医药教材建设研究会领导下组织编写的第五轮教材，供全国高等学校口腔医学专业本科使用，以五年制本科为主，兼顾我国又设立的八年制口腔医学专业博士。卫生部规划第五轮全国高等学校供口腔医学专业用教材共17本，分别于2003—2004年先后由人民卫生出版社出版，全套教材共7 200千字(表8)。

表8 卫生部规划第五轮全国高等学校供口腔医学类专业用教材

教材	字数(千字)	版次	主编
《口腔解剖生理学》	447	第5版	皮　昕
《口腔组织病理学》	547	第5版	于世风
《口腔颌面医学影像诊断学》	347	第4版	马绪臣
《口腔生物学》	330	第2版	刘　正
《口腔临床药物学》	324	第2版	史宗道

续表

教材	字数(千字)	版次	主编
《口腔材料学》	332	第3版	陈治清
《口腔颌面外科学》	765	第5版	邱蔚六
《口腔修复学》	802	第5版	马轩祥
《牙体牙髓病学》	453	第2版	樊明文
《牙周病学》	397	第2版	曹采方
《口腔粘膜病学》	270	第2版	李秉琦
《口腔正畸学》	438	第4版	傅民魁
《儿童口腔医学》	256	第2版	石四箴
《预防口腔医学》	455	第4版	卞金有
《口腔医学实验教程》	525	第2版	王嘉德
《口腔医学实验教程附册》	297	第2版	王嘉德
《𬌗学》	215	第1版	易新竹

(六)21世纪00年代后期第六轮规划教材

口腔医学专业第六轮规划教材是为了适应口腔卫生事业发展的需要,亟须转变医学模式,强调的重点是促进健康而不是昂贵的疾病治疗,将口腔医学的重点从疾病治疗转向强调医学处理及干预,强调从单纯的疾病治疗走向“以人为本”全面口腔医疗和保健。强调将口腔医学服务进一步从单纯的医院内诊疗扩大到口腔健康促进和院外社区口腔保健服务;将口腔医学服务发展为一种社区的公共卫生事业,纳入国民经济和社会发展计划。卫生部规划第六轮全国高等学校供口腔医学专业用教材共17本,分别于2008—2010年先后由人民卫生出版社出版,全套教材共7 964千字(表9)。

表9　卫生部规划第六轮全国高等医学院校供口腔医学类专业用教材

教材	字数(千字)	版次	主编
《口腔解剖生理学》	490	第6版	皮　昕
《口腔组织病理学》	588	第6版	于世风
《口腔颌面医学影像诊断学》	358	第5版	马绪臣
《口腔生物学》	335	第3版	刘　正
《口腔临床药物学》	392	第3版	史宗道
《口腔材料学》	358	第4版	陈治清
《口腔颌面外科学》	877	第6版	邱蔚六

续表

教材	字数(千字)	版次	主编
《口腔修复学》	837	第6版	赵铱民
《牙体牙髓病学》	485	第3版	樊明文
《牙周病学》	470	第3版	孟焕新
《口腔黏膜病学》	329	第3版	陈谦明
《口腔正畸学》	473	第5版	傅民魁
《儿童口腔医学》	294	第3版	石四箴
《预防口腔医学》	571	第5版	卞金有
《口腔医学实验教程》	542	第3版	王嘉德
《口腔医学实验教程附册》	312	第3版	王嘉德
《殆学》	253	第2版	易新竹

(七)21世纪10年代初期第七轮规划教材

卫生部规划第七轮全国高等学校供口腔医学专业用教材共15本，分别于2012—2014年先后由人民卫生出版社出版，全套教材共8 416千字(表10)。第七轮规划教材为卫生部"十二五"规划教材，全套15种教材全部被评为教育部"十二五"普通高等教育本科国家级规划教材。

"口腔医学学习指导和习题集"是第七轮规划教材的配套教材，内容包括本学科教材学习指导和习题集，每章均分为内容概要、复习题和答案三部分，复习题题型包括名词解释、填空题、选择题、简答题、论述题，使学生能够有效复习教材内容。

表10 卫生部规划第七轮全国高等学校供口腔医学类专业用规划教材

教材	字数(千字)	版次	主编
《口腔解剖生理学》	706	第7版	王美青
《口腔组织病理学》	705	第7版	于世凤
《口腔颌面医学影像诊断学》	389	第6版	马绪臣
《口腔生物学》	389	第4版	边 专
《口腔临床药物学》	365	第4版	史宗道
《口腔材料学》	462	第5版	赵信义
《口腔颌面外科学》	973	第7版	张志愿
《口腔修复学》	852	第7版	赵铱民
《牙体牙髓病学》	705	第4版	樊明文

续表

教材	字数(千字)	版次	主编
《牙周病学》	608	第4版	孟焕新
《口腔黏膜病学》	389	第4版	陈谦明
《口腔正畸学》	559	第6版	傅民魁
《儿童口腔医学》	511	第4版	葛立宏
《口腔预防医学》	438	第6版	胡德渝
《殆学》	365	第3版	易新竹

(八)21世纪20年代初期第八轮规划教材

为了贯彻国务院颁布的《国家中长期教育改革和发展规划纲要(2010—2020年)》[8],以及教育部印发的《教育信息化十年发展规划(2011—2020年)》[9]精神,满足数字化教育改革需求,适应高等医学院校教育事业信息化、数字化、网络化的步伐,适应口腔医学专业研究生教育、人才培养的需要,不断汲取各院校教学在教学实践中的成功经验、体现教学改革成果,与各高等口腔医学院校携手推动中国口腔医学教育数字化进程、打造中国权威口腔医学数字教材。根据教育部培养目标、国家卫生健康委员会行业要求、社会用人需求,在全国进行科学调研的基础上,借鉴国内外医学人才培养模式和教材建设经验,充分研究论证本专业人才素质要求、学科体系构成、课程体系设计和教材体系规划后,科学地进行第八轮规划教材编写修订工作。在保持原教材优势和特色的基础上,结合长期的教学实践,夯实新知识新观点,是内容权威、结构优化、形式经典、高质量的口腔医学专业本科教材。第八轮规划教材的修订工作本着"质量第一"的原则,选择学科内最优秀的申报者担任主编和副主编,同时,坚持"兼顾学科发展和人才培养"原则,让尽可能多的地区和院校的优秀教师参与教材编写工作。第八轮规划教材的修订工作得到了全国高等口腔医学本科院校的积极响应,经过200多位编委的辛勤努力,国家卫生健康委规划第八轮全国高等学校供口腔医学类专业用教材共17本,分别于2019—2020年先后由人民卫生出版社出版,全套教材共9 368千字(表11)。

为帮助学生更好地掌握知识点,并加强学生实践能力的同步培养,将实验(或实训)教程作为教学重要内容分别放在每本教材中编写,使各学科理论与实践在一本教材中有机结合,方便开展实践教学工作,强化实践教学的重要性。本套教材采用大16开开本、双色或多色印刷,彩图随文编排,铜版纸印刷。为满足教学资源的多样化,实现教材系列化、立体化建设,本套教材以融合教材形式出版,将更多图片以及大量视频、动画等多媒体资源以"二维码"形式印在纸质教材中,扫描"二维码"以后,教师及学生可随时在手机或电脑端观看优质的配套网络资源,紧追"互联网+"时代特点,使全书内容更加丰富,临床操作技术更加形象、直观。在满足五年制本科教学要求的前提下,也可供八年制口腔医学博士专业本科阶段教学使用,也是口腔执业医师资格考试推荐参考教材。第八轮修订是在第七轮规划教材的基础上删减过时的内容,更新、充实新知识新观点,力求教材内容保持其科学性与先进性。

表11 国家卫生健康委员会规划第八轮全国高等学校供口腔医学类专业用教材

教材	字数(千字)	版次	主编
《口腔解剖生理学》	679	第8版	何三纲
《口腔组织病理学》	754	第8版	高　岩
《口腔颌面医学影像诊断学》	422	第7版	张祖燕
《口腔生物学》	392	第5版	边　专
《口腔临床药物学》	422	第5版	王晓娟
《口腔材料学》	483	第6版	赵信义
《牙体牙髓病学》	724	第5版	周学东
《口腔颌面外科学》	845	第8版	张志愿
《口腔修复学》	754	第8版	赵铱民
《牙周病学》	664	第5版	孟焕新
《口腔黏膜病学》	422	第5版	陈谦明
《口腔正畸学》	604	第7版	赵志河
《儿童口腔医学》	543	第5版	葛立宏
《口腔预防医学》	392	第7版	冯希平
《𬌗学》	483	第4版	王美青
《口腔种植学》	332	第1版	宫　苹
《口腔医学人文》	453	第1版	邱蔚六

第八轮规划教材新增《口腔医学人文》，以加强口腔医学生人文课程建设，使医学生的爱岗敬业精神、与患者的沟通能力、遇到问题时的解决方法等综合素养得以提高。由于口腔医学独特的学科特点，医患交流的需求更多，要求口腔医学生具有较高的人文素养。面对口腔医学研究的特殊性及新医学模式的转化，提高医学生人文素养已迫在眉睫。第1版《口腔医学人文》教材主编邱蔚六院士指出[10]，口腔医学人文课程作为一门新学科，目前在全国发展很不平衡，希望未来有更多院校参与口腔医学人文教育，推动我国口腔医学人文学科建设，以建立更加完善的学科体系，做好学科专业的文化传承与创新。

第八轮规划教材还新增《口腔种植学》[11]，口腔种植学是一门涉及口腔外科学、口腔修复学、牙周病学、口腔修复工艺学和影像学等多个领域的交叉学科。按照本科教育的“三基”要求，为保证教材的科学性和实用性，《口腔种植学》教材对口腔种植学的基本理论和基础知识进行了较为详细的论述。在口腔医学专业基本要求的基础上，侧重于从治疗方法的特点、适应证及应用中的注意事项等加以准确、系统、完整的叙述。《口腔种植学》教材按照规范的治疗流程，一步一步地进行了阐述，并配以高质量的图片，使其更加形象和易于理解；同时，还对临床治疗中常见的并发症表现、原因及处理措施进行了比较详细的介绍，强调了学习和掌握并发症的重要意义，以及风险告知义务的重要性。近年来，数字化医疗技术在口腔种植临床工作中起到了重大的推进作用，本书在口腔种植中的应用方面也进行了简要介绍。

第八轮规划教材的编写注重学科发展的历史脉络，将中国在学科发展中的杰出人物和杰出贡献编写进教材，体现在中国特色社会主义建设、改革开放中党的领导对口腔卫生事业发展、中国人为世界口腔医学发展作出的杰出贡献，提出的中国方案和中国经验。四川大学周学东教授主编的第5版《牙体牙髓病学》[12]教材中，客观公正地把中国牙体牙髓病学者的研究成果编入新版教材，包括刘大维、刘正、乌爱菊教授的中国人变异链球菌研究、史俊南教授的牙髓生物学和牙髓根尖病空管治疗、岳松龄教授的早期龋破坏途径研究、王满恩教授的牙髓根尖病塑化疗法、樊明文教授的龋病免疫疫苗研究、黄力子教授的龋病病因的电化学学说、周学东教授的龋病病因微生态学说和根管治疗难度评估研究，以及范兵教授的中国人C型根管解剖系统的研究等，让学生在学习中增强民族自豪，提高专业课与思政教育融合育人的效果。

教材是国家事权、意识形态的主战场，人才培养首要的文化资源和精神食粮。加强教材建设，提高教材质量，是党和国家从事业发展需求和未来人才培养的战略高度所构筑的基础工程和战略工程。在第八轮规划教材编写中认真实践，为祖国写出新时代的优秀教材，为培养卓越口腔医学人才贡献智慧和力量。根据国家教材委员会发布的《关于首届全国教材建设奖奖励的决定》（国教材〔2021〕6号）[13]，王松灵院士荣获首届全国教材建设先进个人奖；张志愿院士主编《口腔颌面外科学（第8版）》获首届全国优秀教材（高等教育类）一等奖；周学东教授主编《牙体牙髓病学（第5版）》获首届全国优秀教材（高等教育类）二等奖。全国教材建设奖是教材领域的最高奖，是检阅和展示教材建设服务党和国家人才培养成果，增强教材工作者荣誉感、责任感，推动构建中国特色、世界水平教材体系的一项重大制度。

第八轮规划教材作为“十三五”重点规划教材，是以纸质为载体，融合多媒体资源、网络素材、数字教材和慕课课程形成的“五位一体”口腔医学专业新形态融合教材，已被全国众多高等医学院校作为教材使用，为推动我国口腔医学专业发展和人才培养起到了重要作用。

高等口腔医学院校是我国口腔医学专业人才学历教育和技术培训的基地。目前，我国经中华人民共和国教育部备案或批准设置的高等学校口腔医学本科院校，包括口腔医学院、口腔医学系和口腔医学专业等三种类型，国内39所985高校开设有口腔医学专业，我国有公办医药类大学83所，其中绝大部分高校均开设了口腔医学专业，还有个别师范类、理工类等大学设有口腔医学专业。目前我国已有约130所口腔医学本科院校。教育部数据显示，全国每年口腔医学专业的本科毕业生规模约10 000人。

三、全国高等学校口腔医学专业教材评审委员会

第一届全国高等学校口腔医学专业教材评审委员会（以下简称“全国口腔医学专业教材评审委员会”）于1990年在北京成立[14]，成立会上讨论了“卫生部高等医学院校教材评审委员会工作条例”和“关于修订高等医学院校教材的意见”。全国口腔医学专业教材评审委员会充分发挥专家的智库作用，认真贯彻落实《中国教育改革和发展纲要（2010—2020）》精神，适应现代社会、经济、科技、文化特别是教育的发展趋势，瞄准国际前沿理念和技术，转变教育思想和观念，改革人才培养模式，实现教学内容、课程体系、教学方法和手段现代化，提高教学质量，培养适应21世

纪需要的各类高级专门人才和卓越口腔医师,制定口腔医学教材编写规划(表12)。全国口腔医学专业教材评审委员会每轮规划教材的编写都要召开会议,讨论各门教材编写计划,落实编写分工和进程。

表12 全国高等学校口腔医学专业教材评审委员会

时间(年)	名誉主任委员	主任委员	副主任委员	委员(按姓名笔画排序)					秘书	主编助理
1990—1998	-	张震康	邱蔚六	李秉琦	陈 青	欧阳喈	樊明文	鞠九生	鞠九生	-
1998—2001	-	张震康	邱蔚六	李秉琦	袁井圻	梁 侻	傅民魁	樊明文	王嘉德	-
2001—2011	张震康	樊明文	-	王松灵	孙宏晨	张志愿	周学东	赵铱民	边 专	-
				俞光岩	傅民魁					
2011—2013	樊明文	周学东	-	王 林	王佐林	王松灵	王慧明	牛玉梅	于海洋	-
				艾红军	边 专	孙宏晨	杨丕山	余占海		
				张志愿	张连云	赵铱民	俞光岩	凌均棨		
				郭传瑸						
2013—2022	邱蔚六	周学东	王松灵	马 洪	王 林	王 洁	王佐林	王美青	于海洋	-
	樊明文		张志愿	王慧明	牛卫东	牛玉梅	毛 靖	卢 利		
	王 兴		赵铱民	叶 玲	白玉兴	冯希平	边 专	刘 斌		
	俞光岩		郭传瑸	刘月华	刘建国	刘洪臣	闫福华	米方林		
				许 彪	孙宏晨	李志强	杨 健	吴补领		
				何三纲	何家才	宋锦麟	张祖燕	陈 江		
				陈莉莉	陈谦明	季 平	周 诺	周永胜		
				周延民	孟焕新	赵 今	赵志河	赵信义		
				胡开进	胡勤刚	聂敏海	高 平	高 岩		
				唐瞻贵	黄永清	常晓峰	麻健丰	葛少华		
				葛立宏	蒋欣泉	程 斌	潘亚萍			
2022至今	邱蔚六	王松灵	郭传瑸	王 林	王佐林	牛卫东	牛玉梅	牛丽娜	周 建	范志朋
	樊明文	周学东	边 专	邓 婧	叶 玲	白玉兴	冯剑颖	任秀云		袁 泉
	王 兴		蒋欣泉	刘 斌	刘月华	刘欧胜	刘建国	闫福华		
	张志愿		程 斌	孙宏晨	李 松	李 昂	李长义	杨 驰		
	赵铱民		陈发明	杨 健	肖金刚	何家才	宋锦麟	陈 江		
	俞光岩		陈莉莉	陈 智	陈谦明	邵龙泉	岳 林	周 青		
				周永胜	赵 今	柳忠豪	陶人川	黄永清		
				葛少华	潘乙怀					

第二届全国高等学校口腔医学专业教材评审委员会于1998年成立。为适应我国高等口腔医学教育改革和发展的需要，经卫生部第二届全国口腔医学专业教材评审委员会审议，卫生部教材办公室决定从1998年开始进行第四轮口腔医学专业规划教材的修订工作。经过对第三轮规划教材编写质量的评估，提出第四轮教材要面向21世纪，遵循培养目标，适用于五年制教学需要；突出教材“三基”（基础理论、基本知识和基本技能）、“五性”（思想性、科学性、先进性、启发性和适用性）的特点，注重教材的整体优化及编写的标准化、规范化。

第三届全国高等学校口腔医学专业教材评审委员会会议于2001年12月17—19日在武汉大学口腔医学院召开，会上成立了第三届全国口腔医学专业教材评审委员会，具体决议如下：①口腔医学专业五年制、七年制共用一套教材，但新版教材将增加深度，在内容上要求更新、更广泛，教学过程中可根据学制选择使用教材内容；②第六轮规划教材在原16本的基础上增加1本《𬌗学》教材；③由各大专院校在全国范围内推荐各教材的主编和参编人员供教材评审委员会参考[15]。2006年4月，在延安召开第三届全国高等学校口腔医学专业教材评审委员会暨卫生部第六轮规划教材主编人会议。会议同时收集了部分医学院校师生使用前版教材后的反馈意见。在前版的基础上修改而成的新版教材，主要供高等医药院校口腔医学专业五年制及长学制学生使用，也可作为口腔临床教师和医师的参考读物。

第四届全国高等学校口腔医学专业教材评审委员会暨第七轮规划教材主编人会议于2011年4月16日在成都召开。会上，第三届全国口腔医学专业教材评审委员会主任委员樊明文教授作了工作报告，对口腔医学教材的建设历史进行了回顾。各主编人就各自所负责的教材作修订计划汇报，力争按照评审委员会的统一精神，在编委的选拔上不拘一格挑选新生力量、在编写的过程中深思熟虑推陈出新，以达到出好教材、服务师生的最终目的。

第五届全国高等学校口腔医学专业教材评审委员会会议，以及国家卫生计生委“全国高等院校研究生口腔医学专业‘十二五’规划教材主编人会”于2014年2月22—24日在哈尔滨召开。本次会议旨在贯彻《国家中长期教育改革和发展纲要（2010—2020）》《教育信息化十年发展规划（2011—2020）》精神，满足数字化教育改革需求，适应高等医学院校教育事业信息化、数字化、网络化的步伐，适应口腔专业研究生教育、人才培养的需要，不断汲取各院校教学在教学实践中的成功经验、体现教学改革成果，与各口腔院校携手推动中国医学教育数字化进程、打造中国权威口腔医学数字教材和研究生教材。

第六届全国高等学校口腔医学专业教材评审委员会成立暨加强新时代系列国家规划教材创新建设和质量管理工作会议于2022年11月21日在线上召开，全国39所高等院校的60余位评委会委员出席会议。会议明确了教材编写、审核等环节存在的主责问题，提出下一步加大口腔医学专业规划教材建设力度，推动我国口腔医学教育改革发展。各位委员对“十四五”口腔医学专业规划教材提出了指导性意见，为推进教材建设奠定基础。会议提出，要从坚持历史站位、思政全程、顶层设计等九方面推进未来口腔规划教材创新建设和质量管理。

四、教材发展趋势

随着知识经济时代的来临，高等教育已从经济社会的边缘走到了经济社会的中心，我国社会主义现代化建设对口腔医学人才的创新性培养提出了更高的要求[16]。口腔医学专业教材是培养高素质口腔医学人才的重要因素，如何建立具有口腔医学特点的创新型教材体系将成为口腔医学建设新命题。我国开办口腔医学高等教育70多年来，虽然口腔医学教育界对口腔医学课程体系改革做了许多工作，并取得了很大成绩，但是现行口腔医学教育的课程体系远不能满足我国社会发展对口腔医学专业人才培养的要求。目前我国口腔医学教育课程教材的设置基本是以学科为中心的模式，改革口腔医学专业课程体系是教育改革的一项重要内容。当前知识与经济之间的相互渗透和相互作用越来越强劲，这给高等口腔医学教育的发展带来了前所未有的机遇和挑战。我们要用发展的思路和改革的手段，不断解决在口腔医学教育与教材建设中出现的新问题，使教材建设更好地为口腔医学教育服务[17]。这就需要进行课程体系的优化改革和教材体系的建设创新——科学整合课程、淡化学科意识、实现整体优化、注重系统科学和保证点面结合。继续坚持“三基、五性、三特定”的教材编写原则，以确保教材质量；同时，还需要不断加强口腔医学专业教材建设，以适应培养高素质口腔医学人才的需求[18]。面向未来，再接再厉，传承创新，精心打造更多培根铸魂、启智增慧的精品教材，为新时代中国口腔医学人才培养和健康中国建设作出更大的贡献。

（一）满足社会需求

随着社会生产力的提高和科学技术的迅猛发展，人类社会各方面发生了很大的变化。社会大众口腔卫生服务需求将不断增加、传统的口腔医学教育结构将发生变革、高质量的口腔诊所服务模式将成为主流，表明口腔医学教育的外部环境已经发生了变化。这种变化给口腔医学教育的发展提出了挑战，也提供了一次机会。这种变化对口腔医学专业的课程，已经产生了多方面的影响。首先，社会的进步导致人们对口腔医药卫生需要的提高。从口腔疾病治疗，到口腔疾病预防，进一步又要求促进口腔健康。对口腔医学的这种更高的要求，必然影响课程教材的结构和水平。其次，社会发展所带来的社会环境的变化，诸如疾病谱、死亡谱的改变等，又对口腔医学提出了新的课题，从而也影响着口腔医学的课程教材及其体系。再次，社会进步及其对口腔医学服务需求的变化，对口腔医学服务质量也提出更高的要求，从而对口腔医学专业人才的修养、个性素质、知识水平、能力结构及医德品质等方面提出更全面、更严格的要求。这种对口腔医学专业人才培养目标的要求对课程教材体系的影响，也是不言而喻的。

课程教材体系的改革十分重要，但这项改革的难度也很大。课程教材的设置不是随意的，它受社会政治经济发展客观需要和社会生产力与科学技术发展水平制约。课程教材也不是一成不变的，随着社会的进步和科学技术的发展，课程教材内容和形式都将不断发生变化。现代课程理论对课程教材随着社会和科学技术的发展而变化的客观规律的认识，以及课程教材不仅受口腔医学发展的影响，而且反作用于口腔医学的观念，给口腔医学专业课程教材改革送来了富有启发性的信息。适应社会进步和科技发展的需要，必须改革口腔医学专业现行课程教材，增设新的课程教材，完善口腔医学专业课程教材体系，就是当前口腔医学教材发展的一项迫切任务。

（二）数字融媒建设

在数字化口腔医学技术发展背景下，需要探索口腔医学专业人才培养的教学模式与课程体系，培养适应现代口腔医学行业发展的高素质技术技能人才，针对目前口腔医学专业人才培养中存在的问题，加强教材内容与行业发展的联系，教材形式与信息化手段结合，从口腔医学专业职业面向拓宽、课程体系的重构、课程教材数字化开发、融媒体教学建设等方面进行教材发展建设[19]。

加强纸数融合，创新数字课程。随着融媒体教学技术的飞速发展，教学媒介以数字化方式存储,可以实现将解剖要点的三维构建、典型病例、数字化教学素材引入教材,将数字化教学理念引入口腔医学专业教材,专业核心课程的教学过程,将教材声像、图片、文字资料进行数据库处理,建立特色“教材媒资库”,重新整合利用,构建数字化口腔医学教学资源库,从而实现通过教材媒资库数字化教学方式,切实提高口腔医学专业人才培养质量,为数字化口腔医学专业发展提供人才储备。借助融媒体口腔医学专业教材为培养适应未来数字化口腔医疗职业岗位的高素质人才提供帮助。

(三)学制层次建设

我国口腔医学教育在学制层次上,已分为三年制专科生、五年制本科生、八年制博士研究生,另外还有专升本成人高等教育类型,培养多类型的职业口腔医师[20]。我国传统的口腔医学教育专业结构将发生变革,为我国社区口腔卫生服务的不同需要,培养不同专业水平的临床口腔医师。一门课程可以多本教材,应确立课程教材相关的参考教材和辅助教材,全面改善口腔医学教师的专业知识结构,拓宽口腔医学教师未来的教学能力。

多层次、多类型的高等口腔医学教育体制,要求教材建设也必须要多层次、多途径地开展编写工作。不同的层次的教材,对口腔医学基础理论、专业知识和基本技能的要求应该各有侧重。需要建立符合现代国际口腔医学教育发展趋势,适合我国口腔卫生保健实际需求,面向21世纪,具有先进性、科学性、适用性和中国特色的高等口腔医学专业课程教材结构。组织编写口腔医学专业本科生选修课教材、辅导教材、学习指导手册、实习手册和教师参考资料等多类型的辅助教材。确立口腔医学专业全新的、科学的课程教材体系,是完善口腔医学高等教育体系的迫切需要,包括对教材选题、资料来源、针对目标以及作者资源进行优化等一系列的系统工作,力求在教材配置方面既能贴近不同层次学生和教师的需求,又能预测学科未来的发展趋势,使教材更贴近一线教学的需要。

建立符合我国口腔卫生保健实际需求的口腔医学专业课程教材体系,突破传统的口腔医学教育模式,形成以系统的口腔医学专业理论为核心,合理吸收现代科学、包括公共基础课程、基础医学课程和临床医学课程的课程体系,实现口腔医学和其他学科的交叉融合发展。深入、系统地研究课程教材设置的有关问题,确立课程教材设置及各门课在专业教学中的任务、地位及其相互关系,设计各门课程的相互衔接、排列顺序和时间分配,制定必修课和选修课的设置目的和原则。强化临床实践教学,切实落实好“早临床、多临床、反复临床”的要求,提高医学生的临床实践能力。

(四)传承创新建设

为建设高质量口腔医学课程教材体系,全面推动健康中国建设,实施积极应对人口老龄化国家战略,贯彻《国务院办公厅关于加快医学教育创新发展的指导意见》(国办发〔2020〕34号)[21]、《关于深化医教协同进一步推进医学教育改革与发展的意见》(国办发〔2017〕63号)[22],以及“全国医学教育改革发展工作会议”等的相关文件,以高质量的教材体系来推动学科体系、教学体系、管理体系和思政体系的高质量创新发展,坚持本科为本、四个回归的高等医学教育的理念和思想,培养高素质的、合格的创新型本科人才,深入研讨新时代全国高等学校口腔医学教育教材建设战略,以培养新时代人民群众更加满意的合格口腔医学人才,为培养新时代人民群众更加满意的合格口腔医学人才起到了积极的推动作用。

新时代口腔医学教材的传承创新建设要坚守国之大者,勇当为党育人、为国育才的神圣使命;要充分发挥教材评审委员会的权威、组织、把关和审核作用;要构建符合新时代需求创新奉献的编者团队;要打造高质量精品教材,构建高质量教材体系。整体性原则、基础性原则、思想性原则和时代性原则是教材编写的四大原则。整体性原则力求内容、目标和要求等方面的完整,基础性原则力求强调内容的基础性,思想性原则力求按照不同学科的特点,在内容上体现科学性和思想性,时代性原则力求考虑到我国社会发展的现实水平和教育现状。教材编写的内容要突出学科特色、体现科技成就、反映研究成果,力求具有"新、特、深、精"的特点。同时要涵盖本门学科的主要内容,教材编写的深度和广度要符合教学大纲的要求,适应相应层次的培养目标,避免教材内容与课程内容之间相互脱节。深入挖掘各门教材的育人价值,以促进大学生全面成长成才。

(五)引进兼顾国情

对我国目前的口腔医学专业本科教材和研究生进行分析,并与国外口腔医学院校所用教材或参考书进行比较,发现我国口腔医学专业教材在种类和数量方面,与美国的口腔医学院校存在很大差距,教材种类和数量少,内容局限,许多课程所需教材匮乏[23]。国外的教材大多很贵,并十分重视版权保护,而我国教授对教材的投入、研究不够,很多本土教材存在模仿的情况,没有形成自己的逻辑体系。在做好我国口腔医学专业本科规划教材自身建设和发展的同时,应进一步加大引进国外原版教材的力度,特别是引进国外的优秀教材,我国高等口腔医学教育事业一直与教材建设工作相伴而行,教材引进对高等口腔医学教育人才培养发挥了重要作用,优秀原版教材和国内原创相比,其优势主要体现在优秀原版教材不仅引进了先进的教学理念和教学方法,而且大多是被国际承认和接受的,其体例、方法和内容都是经过检验被广泛认可的,可以直接采用这种成熟的版本,但是我们也应该注意到教材的引进要兼顾我国具体国情,参照中国教师和学生自己的逻辑思维方式和文化背景,因此,引进过程中不应当刻意地追求完全照搬"洋教材",要有计划、有措施地引进国外最新的版本,使其适合中国教师参考,适合中国学生的阅读水平和学习需要,做到"以我为主,为我所用"。

(六)发展面向未来

为适应健康中国的发展战略和我国大众口腔保健的需求,适合现代口腔医学国际发展趋势的课程教材改革,全面改善口腔医学生的专业知识结构,拓宽口腔医学生未来的执业能力,应不断完善课程教材结构。以现代口腔医学知识为主导,贯穿以科学研究的思维和方法,注重培养学生的服务意识和创新能力,从而使课程教材充满时代气息,为学生提供适当的选修课程,为学生拓宽专业知识和实现个体化发展创造条件。制定我国口腔医学本科课程教材设置标准,响应国家一流课程建设"双万"计划,推进口腔医学"金课"课程教材群建设,坚持教材体系的不断优化、创新和发展,根据现阶段口腔医学教育教材体系和未来实际发展需求,提出改革方向的建议如下:

1. 基础医学课程教材

口腔医学专业知识在基础阶段的早期渗透,有利于学生结合口腔医学专业学好基础医学与临床医学课程,有助于改变学生的知识结构,扩大综合的知识面。建议在《口腔医学人文》教材中增加"口腔医学史"内容,使学生从历史与发展的角度来认识口腔医学,增强学生对自然科学与社会科学的认识[24];增加"口腔医学伦理学"内容,增强口腔医疗和保健的法律问题,提高学生职业道德水平。建议设立"口腔医学导论"课程教材[25],使口腔医学院的学生从本科一年级就开始接触口腔医学的一些基本概念,了解所选择专业的概况,帮助学生了解口腔医学教育和口腔医学学习的特点。

2. 临床医学课程教材

口腔医学专业口腔临床医学的教学课程设置,应满足本科阶段教学要求和执业医师考试要求，同时符合“5+3”培养目标，因此，在充分考虑教学课时设置的前提下，提出口腔医学专业需要增设和完善的临床课程教材。建议设立“口腔医学美学”课程教材[26]。口腔科治疗涉及口腔颌面部这一审美的重要领域，要求口腔医务人员掌握一定的美学知识，综合应用于口腔医学临床实践。通过“口腔医学美学”课程教学，使学生掌握美学、医学美学及口腔医学美学的基础理论知识，掌握与口腔各专科专业美学分析标准，掌握美学区域美学分析方法，熟悉和了解相关学科美学处理方法。建议设立“数字化口腔医学”课程教材[27-28]。目前，数字化技术已经全面渗透到口腔诊疗的各个环节，新的信息获取方式与新的加工方式深刻改变了临床工作流程。为了培养适应学科发展的高素质口腔专业人才，有必要设立“数字化口腔医学”课程教材，以口腔医学和数字化高新技术相结合为主要特征，涵盖口腔医学、信息学、电子学、机械工程学和材料学等多种学科的新兴医工交叉学科，能更好培养适应未来数字化口腔医疗模式的专业人才队伍。同时，可在“数字化口腔医学”课程教材中增加“口腔医疗器械设备”[29]内容，为学生系统介绍国内外主要类型的口腔医疗设备和器械的结构与工作原理、操作常规、维护保养、常见故障及其排除方法。完善已有临床医学课程教材的知识体系。在《口腔颌面外科学》教材中增加“口腔急诊医学”[30]内容，将多学科的急诊知识和急症处理知识融为一体，以提高学生的临床急救能力；在《口腔预防医学》教材中增加“口腔公共卫生”“社区口腔卫生服务”等内容，以推动和促进和我国口腔公共卫生服务发展。

3. 前沿选修课程教材

在口腔医学专业基础医学和临床医学教育教学改革的同时，加强与口腔医学相关的选修课教学，以拓宽学生知识面、提高教学效率。选修课程要因材施教，适应个体差异，注意选修课在专业教学计划中的比例不应过多，以免影响培养口腔医学专业人才的基本规格。建议设立“口腔医学职业规划和就业指导”选修教材[31]，帮助学生理解口腔医疗社会价值，了解口腔医疗机构体系、口腔医师职业特点，帮助确立职业规划。

教材建设是实现为党育人、为国育才的重要保障，是最根本的铸魂工程。课程教材加强重大主题教育，是体现党和国家意志、落实国家事权的必然要求，是培根铸魂、培养社会主义合格建设者和可靠接班人的内在要求，是提高课程教材建设水平的本质要求。课程教材是育人的重要载体，直接关系人才培养的方向和质量，其内容和形式都应该集中体现党和国家的意志。这是落实立德树人根本任务，培养担当民族复兴大任时代新人的重要举措。将改革传统课程分类方法，采用器官系统式的课程，为实现基础与临床、临床与社会、医疗与预防的结合提供条件，用现代的观点审视、选择和组织好传统的教学内容；适当地为口腔医学前沿打开窗口和安装接口；通过知识的传授提高学生科学素质和能力是编写教材的指导思想。以21世纪现代口腔医学知识为主导，贯穿以科学研究的思想和方法，注重培养学生的科研意识和创新能力，从而使未来的课程教材充满现代气息。

参考文献

[1]郑富芝. 尺寸教材 悠悠国事——全面落实教材建设国家事权[N]. 光明日报, 2020-1-21(13).

[2]田慧生. 推进新时代教材建设, 发挥好教材育人作用[N]. 中国教育报, 2020-10-19(2).

[3]教育部. 教育部关于印发《中小学教材管理办法》《职业院校教材管理办法》和《普通高等学校教材管理办法》的通知[EB/OL]. 2019-12-19. http://www.moe.gov.cn/srcsite/A26/moe_714/202001/t20200107_414578.html.

[4]周学东. 中国现代高等口腔医学教育发展史[M]. 北京:高等教育出版社, 2011.

[5]李刚. 中国口腔医学史(年表)[M]. 天津: 天津科

学技术出版社, 1989.
[6]郑麟蕃, 吴少鹏, 李辉菶. 中国口腔医学发展史[M]. 北京: 北京医科大学、中国协和医科大学联合出版社, 1998.
[7]陈志元. 口腔医学专业确定编写9种教材[J]. 中国大学教学, 1990(5): 48.
[8]国家中长期教育改革和发展规划纲要工作小组办公室. 国家中长期教育改革和发展规划纲要(2010—2020年)[EB/OL]. 2010-7-29. http://www.moe.gov.cn/srcsite/A01/s7048/201007/t20100729_171904.html.
[9]教育部.教育信息化十年发展规划(2011—2020年)[EB/OL]. 2012-3-13. http://www.moe.gov.cn/srcsite/A16/s3342/201203/t20120313_133322.html.
[10]邱蔚六. 口腔医学人文[M]. 北京: 人民卫生出版社, 2020.
[11]宫苹. 口腔种植学[M]. 北京:人民卫生出版社, 2020.
[12]周学东. 牙体牙髓病学[M]. 5版. 北京: 人民卫生出版社, 2020.
[13]国家教材委员会. 关于首届全国教材建设奖奖励的决定[EB/OL]. 2021-9-26. http://www.moe.gov.cn/srcsite/A26/s8001/202110/t20211012_571686.html.
[14]鞠九生. 全国口腔医学专业教材评审委员会会议在京召开[J]. 华西口腔医学杂志, 1990, 8(3): 167.
[15]边专. 全国高等院校口腔医学专业第三届教材评审委员会会议召开[J]. 中华口腔医学杂志, 2002, 37(2): 134-134.
[16]吴婷, 陈谦明, 柳茜, 等. 中国口腔医学专业人才供需研究[J]. 华西口腔医学杂志, 2009, 27(1): 4-7.
[17]周学东, 石冰, 于海洋. 口腔医学教材建设与创新人才培养[J]. 华西口腔医学杂志, 2008, 26(1): 1-3.
[18]郑家伟, 张善勇, 杨驰, 等. 我国口腔医学专业教材建设的现状与思考[J]. 中华医学教育探索杂志, 2012, 11(9): 953-962.
[19]王兴. 迎接数字化口腔医学时代的到来[J]. 中华口腔医学杂志, 2016, 51(4): 193.
[20]李刚. 我国口腔医学教育和口腔医疗服务的思考[J]. 科学中国人, 1999(1): 22-25.
[21]国务院办公厅. 关于加快医学教育创新发展的指导意见[EB/OL]. 2020-9-17. http://www.moe.gov.cn/jyb_xxgk/moe_1777/moe_1778/202009/t20200923_490164.html.
[22]国务院办公厅. 关于深化医教协同进一步推进医学教育改革与发展的意见[EB/OL]. 2017-7-11. http://www.gov.cn/zhengce/content/2017-07/11/content_5209661.htm.
[23]吴婷, 陈谦明, 李德勇. 中美高等口腔医学教育比较研究[J]. 复旦教育论坛, 2010, 8(6): 93-96.
[24]李刚. 关于在口腔医学专业开设《口腔医学史》课程教学的建议[J]. 时尚牙医, 2019(4): 14.
[25]冯海兰, 郭传瑸. 口腔医学导论[M]. 2版. 北京: 北京大学医学出版社, 2013.
[26]于海洋, 胡荣党. 口腔医学美学[M]. 4版. 北京: 人民卫生出版社, 2021.
[27]杨雪超, 赵世勇. 数字化口腔医学教育内容及形式探讨[J]. 高教学刊, 2016, 26(2):47-48.
[28]王勇, 赵一姣. 数字化口腔医学课程体系建设[J]. 中国实用口腔科杂志, 2020, 13(8):461-466.
[29]刘福祥. 口腔设备学[M]. 4版. 成都: 四川大学出版社, 2018.
[30]申岱, 张连云, 高平. 口腔急诊医学[M]. 北京: 人民卫生出版社, 2008.
[31]李刚. 口腔医学职业规划和就业指导[M]. 北京: 人民卫生出版社, 2009.

(本文编辑　吴婷)

中国近十年口腔颌面放射专业研究回顾与展望

王铁梅[1]　张祖燕[2]

1. 南京大学医学院附属口腔医院　2. 北京大学口腔医院

在中华医学会口腔科学会口腔放射学学组成立35周年、中华口腔医学会口腔颌面放射专业委员会成立22周年之际，我们深刻地缅怀以邹兆菊教授为代表的口腔颌面放射学前辈们，为口腔放射学组的创建而辛勤付出；感谢以马绪臣教授为代表的老师们，为口腔颌面放射发展作出杰出的贡献；感谢历届主任委员，克尽厥职引领专业委员会做出突出成绩。

近十年，中国口腔颌面放射学影像技术发展最快的当属锥形束CT（cone beam computed tomography，CBCT）成像设备。1999年，北京大学口腔医院（简称北大口腔）率先引进全国第一台口腔专用CBCT；2003年，南京大学医学院附属口腔医院在国内口腔专科医院引进首台螺旋CT。

近十年来，各大口腔院校除配置多台口腔颌面锥形束CT以外，北大口腔、四川大学华西口腔医院（简称华西口腔）、空军军医大学第三附属医院、武汉大学口腔医院（简称武大口腔）等单位还陆续安装多排螺旋CT。近两年，北大口腔、武大口腔、西安交通大学口腔医院、复旦大学附属口腔医院以及宁波口腔医院等已经引进或者计划引进磁共振设备于口腔医学领域应用（上述均为口腔专科医院）。先进影像设备的引进，极大地推动口腔颌面放射学的发展，提高了口腔临床诊疗水平。近十年来，我国口腔颌面放射学成为口腔医学发展较快学科之一，逐渐跻身国际行列，在国内外赢得了良好声誉。

一、口腔颌面CBCT近十年发展研究回顾

十余年来，口腔医学界对口腔颌面CBCT临床价值的应用不断深入。口腔颌面CBCT高质量的三维图像可有效避免传统二维影像技术的重叠、变形等缺陷，在种植修复、正畸、牙体牙髓、口腔颌面外科、颞下颌关节等口腔多学科均有重要应用价值。相对于全身螺旋CT，口腔颌面CBCT具有空间分辨率高、剂量低等优点，且机房面积、采购成本更低。与此同时，为了更好地满足临床应用需求，十余年来尤其国内企业品牌口腔颌面CBCT核心软硬件技术均取得了长足的进步和突破，设备成像质量不断提高、辐射剂量不断降低、成像模式及图像处理功能也更加丰富。以下主要从CBCT的核心器件、重建算法、成像系统设计、图像后处理算法等方面回顾大数据影像CBCT技术在近十年的主要进展和研究。

（一）关于CBCT命名

口腔颌面CBCT的名称，国外口腔医学文献中较常使用的有“cone beam CT”“oro-maxillofacial cone beam computed tomography”“maxillodental cone beam CT”及“dental cone beam CT”等。国内口腔医学文献中较常见的名称有“牙颌面锥形束CT”“锥体束CT”“锥形束CT”“锥束CT”“锥体束计算机断层”“锥形束计算机断层扫描”“锥形束计算机体层摄影术”等，总体来说对口腔颌面锥形束CT的称谓比较混乱。鉴于近十年来口腔颌面锥形束CT机的扫描视野已有了较大的改进，应用范

围明显扩大至全头颅骨病变的检查，同时也为了与用于放射治疗辅助设计用的加速器机载锥形束CT机加以区别；马绪臣教授[1]建议使用“口腔颌面锥形束CT（oro maxillofacial cone beam computed tomography）”。

（二）大数据影像CBCT新技术

1. 铟镓锌氧化物（indium gallium zinc oxid，IGZO）平板探测器的应用

口腔颌面CBCT成像系统的核心器件包括X射线发生器和影像接收器。自口腔颌面CBCT问世以来，X射线发生器技术变化不大，而影像接收器技术则发生了巨大变革。近年来，随着薄膜晶体管（thin film transistor，TFT）技术的不断进步，特别是最新IGZO材料技术的发展，TFT平板探测器的成像性能不断提升，在口腔颌面CBCT产品中的应用比例不断增加。

IGZO平板探测器是一种新型的TFT平板探测器。在IGZO平板探测器中，光电传感器由氧化铟镓锌材料制成，该材料具有高电子迁移率、高透明度、高稳定性等特点，用其制成的传感器在分辨率、帧率等方面都有显著提升。目前，IGZO平板探测器已经实现国产化，性价比出众，有力推进了国产口腔CBCT的发展[2]。

2. 重建算法

重建算法是指将多角度投影图像转化为三维体积数据的计算方法，是口腔颌面CBCT系统的核心算法，对成像质量、成像速度、患者剂量等核心技术指标具有十分重要的作用。此外，如何用尽可能低的辐射剂量实现高清晰度成像，也是所有X射线成像技术永恒的追求方向。针对上述难点问题，CBCT领域的专家学者进行了大量研究。

口腔颌面CBCT成像中，金属伪影和散射伪影是影响图像质量的重要因素，特别是金属伪影问题，由于患者口腔内的根管填充物、种植体、修复体等大多含有金属成分，而且大部分无法在成像前摘除，而金属伪影的形成原因十分复杂，包括噪声、能谱硬化、非线性容积效应、散射以及采样不足等。

（1）金属伪影矫正算法　传统的金属伪影校正方法主要可分为基于迭代的方法[3]和基于插值的方法[4-5]。基于迭代的方法虽然在减少金属伪影方面性能较好，但由于计算量过多，在CBCT中其临床应用仍然受到限制。近年来，深度学习相关技术的兴起给金属伪影减少（metal artifact reduction，MAR）领域带来新的思路，网络结构的多样性也使得各种MAR方法的出现[6-9]。这些方法主要可分为有监督和无监督的方法。由于射线硬化是多色能量组成的X射线束穿过物体时发生的现象，导致低能量光子的选择性衰减，因此可以根据金属在不同X射线能量下产生的不同射束硬化伪影信息，通过大数据智能分析来分离出伪影能量数据，并加以抑制，从而减少射束硬化造成的金属伪影。

（2）散射矫正算法　图像的重建过程基于射线被吸收或穿透物体的理想假设，实际散射光子会偏离原射线的传播路径。有一部分导致射线强度衰减的原因是散射，这使得重建图像存在伪影，严重影响图像的分析与判断。

随着CBCT技术的普及，散射伪影校正问题日益受到关注。目前已发表的文献和著作中，主要的校正方法有硬件校正、基于软件的方法和深度学习的方法。硬件校正通过增添滤除散射的硬件设备，如空气隙法[10]、抗散射光栅[11]和衰减板[12]等，降低衰减过程中散射射线占原始射线的比例。基于软件的方法主要是通过对投影域或图像域的散射分布规律进行估计，并根据估计结果采取相应的抑制措施抑制散射，常见的方法有蒙特卡罗模拟法[13]、基于散射估计的方法[14]和基于卷积模型的方法[15]等。深度学习的方法[16-17]则是利用大量配对的投影图和散射分布，训练神经网络学习这两者之间的映射关系，训练完成的网络可以根据投影图直接生成散射分布。

然而，该方法的挑战在于如何生成与实际CBCT投影具有相同特征的训练数据集。

（3）低剂量重建算法　为了提高低剂量CT图像的临床可用性，过去几十年中出现了许多较为有效的方法，可以分为四类：投影域滤波、迭代重建法、图像后处理法和深度学习法。投影域滤波（也称为正弦图滤波）[18]可用于经过对数变换的投影域数据或未经处理的投影数据，其原理是利用信号处理技术里的滤波法去除噪声。迭代重建算法[19]基于贝叶斯概率理论和物理成像模型，试图将先验知识作为惩罚项整合到目标函数中，消除图像中的噪声。CT图像后处理方法[20-21]则直接对图像域的数据进行降噪处理。深度学习方法在图像去噪领域取得了不错的进展，可分为基于端对端的有监督深度学习模型[22]的方法和基于无监督深度学习模型[23-24]的方法。

3. 人工智能技术的应用

近年来，人工智能技术快速发展，在口腔领域的应用取得了一定进展。基于CBCT大数据，人工智能算法可以分割、识别特定解剖结构，也可以直接对常见疾病进行初步的筛查。2022年，国际Ⅰ区期刊发表了由傅开元教授等的基于深度学习的下颌第三磨牙和下颌管空间关系识别研究[25]。该论文通过多阶段深度学习及多模型融合的方法实现了毫米级关键空间关系的高精度识别，识别结果优于初级医生的平均诊断水平。此外国内主流企业CBCT制造商也均在研发人工智能技术，逐步实现了三维头颅图像自动对正、自动曲面断层展开、头影测量图像自动标记、神经管分割、下颌骨分割、牙齿分割、气道分割、上颌窦分割等多种智能算法，大幅提高了医生的工作效率。

4. 多模态数据的融合应用

多模态数据融合是指经过计算机数字化和医学图像配准处理，将至少两种不同类型的数据进行配准，以获取一种更全面的融合影像[26]。其目的是在同一时间、同一空间内反映出全面的诊疗信息，提取各影像中的有用信息，为疾病的诊治提供依据。在口腔医学中，CBCT与面部扫描、口内激光扫描的数据相融合是典型的多模态数据融合技术应用，在口腔图像处理软件中将牙列扫描模型以及面部扫描进行匹配，完成“软组织”与“骨组织”的融合。

5. 多光源成像技术

在进行大视野成像时，各厂家常采用探测器与射线源同步升降运动的多次扫描拼接技术，但该技术存在扫描时间过长、辐射剂量过高问题，若选用大面积探测器进行一次扫描完成大视野成像，又面临价格昂贵，图像质量难以提高问题。为解决以上问题，基于多光源的锥形束CT成像技术取得了实质性的进展。国内厂家用双源并行扫描技术，仅需20 S即可实现非拼接大视野成像，且在辐射剂量和成像速度方面具有可喜的突破。

6. 多功能成像集成技术

根据国家标准《GBZ—130放射诊断放射防护要求》，每个X射线成像设备需要有一间独立的X射线机房。多功能集成技术的技术难点包括如何能够在5 m^2机房狭小空间内快速地切换不同成像模式及实现多功能成像等。近年来，市场上新推出“四合一”口腔CBCT，该产品具有功能全面、安全可靠、操作简便等优点，受到广大基层口腔诊疗机构的欢迎。

7. 能谱成像技术

能谱成像在于其实现了多参数成像，使得CT在原有空间分辨率的基础上又增加了能量及理化性质的分辨率。目前用于临床的能量CT设备，一种是以双kV切换为核心技术的能谱CT，另一种是以双X线管技术为核心技术的双源CT。此外，通过能谱成像还可有效降低常规CT图像硬化伪影，对金属伪影也有很好的抑制效果。

8. 数字化技术的应用

口腔颌面锥形束CT在口腔疾病的诊疗

中得到广泛深入应用，特别是在虚拟种植和手术导航等方面，成为口腔医学领域一项重要的辅助诊断工具。

近年随着医学影像学及计算机辅助技术的发展，口腔种植导航手术已广泛开展[27-28]。计算机动态导航技术首先制作牙支持式定位放射模板，佩戴模板拍摄CBCT，利用导航软件完成CBCT三维重建及种植设计，术中通过定位模板配准及红外光学定位，经软件系统运算解析动态追踪显示钻针及种植体与颌骨的位置方向关系，将种植体植入预定位置。动态导航系统使术者的操作可视化，降低手术复杂性及手术创伤，实现口腔种植微创治疗[28-30]。

二、口腔颌面放射学近十年研究现状

近十年来，我国口腔颌面放射学专科队伍有了长足进展。截至2023年6月，中华口腔医学会口腔颌面放射有效专科会员已有870余人，国内各大口腔专科医院设置了口腔颌面医学影像科室，更多的博士、硕士研究生加入了学科队伍，尤其在北大口腔、华西口腔、上海交通大学医学院附属第九人民医院、武大口腔、空军军医大学第三附属医院以及南京大学等单位，口腔颌面影像诊断医师几乎均为硕士研究生以上学历，建立了国家级口腔颌面影像规培基地。2014年12月之后，马绪臣教授主编普通高等教育"十一五"国家级规划教材《口腔颌面医学影像学》（第2版），继马绪臣教授相继主编国家卫生健康委"十三五规划"教材《口腔颌面医学影像诊断学》（第3、4、5、6版）之后，2020年3月张祖燕教授主编《口腔颌面医学影像诊断学》（第7版），2015年6月王铁梅和余强教授主编国家卫生计生委住院医师规范化培训规划教材《口腔医学·口腔颌面影像科分册》（第1版），2014年11月王虎和郑广宁教授主编《口腔临床CBCT影像诊断学》，2013年8月王虎教授主编《口腔种植影像学》等，口腔颌面放射从小到大，从弱到强，稳步快速发展。

（一）口腔CBCT国内和国际标准的实施

1. 口腔牙科X线机及口腔颌面锥形束CT国家标准发布

2020—2021年，国家标准《医用电气设备 第2-63部分：口外成像牙科X射线机基本安全和基本性能专用要求》（GB9706.263—2020）和《医用电气设备第2-65部分：口外成像牙科X射线机基本安全和基本性能专用要求》（GB9706.265—2021）相继发布。上述标准均修改采用了最新的国际标准，为新版9706系列医用电气设备标准的一部分，规范了口内成像牙科X射线机、口腔全景机、口腔颌面锥形束CT在内的各类口腔X射线机的基本安全和基本性能要求，结束了我国缺少口腔X射线机专用标准的历史，并且实现了与国际标准的接轨。

2. 口腔颌面锥形束CT行业标准升级

2022年，口腔颌面锥形束CT行业标准《口腔颌面锥形束计算机体层摄影设备专用技术条件》（YY/T 0795—2022）正式发布，代替了《口腔X射线数字化体层摄影设备专用技术条件》（YYT/0795—2010）。新版标准修改了空间分辨率、低对比度分辨率、均匀性、接受指数等性能评价方法，增加了辐射剂量、联锁装置、骨密度测量、随机文件等方面的要求，以及关于儿童的特殊要求，相对上一版本有大幅改进。

3. 口腔颌面锥形束CT验收和稳定性试验标准发布

2021年8月，口腔颌面锥形束CT验收和稳定性试验的国际标准（*IEC 61223-3-7:2021 Evaluation and routine testing in medical imaging departments - Part 3-7: Acceptance and constancy tests - Imaging performance of X-ray equipment for dental cone beam computed tomography*d）发布。该标准是医用成像部门的评价及例行试验-验收和稳定性试验系列标准的一部分，针对日益普及的口腔颌面锥形束

CT专门制定,用于该类设备安装或重大维修后的基本性能验收试验,以及医疗单位定期质量控制的基本性能稳定性试验验证。我国X射线标准技术委员会专家和相关企业代表参与了该标准的制定,将该标准转化为我国国内标准的工作目前正在积极推进中。

4. 我国口腔颌面锥形束CT临床使用规范的制定

2008年始,国际上陆续发表了口腔颌面锥形束CT相关的规范化文件,为正确使用锥形束CT提供参考。2020年至今,经中华口腔医学会立项以及国际实践指南注册与透明化平台注册(注册号:IPGRP-2022CN281),口腔颌面放射专业委员会牵头,以循证临床实践指南的相关制定方法为参考,在广泛征求意见、参考相关文献的基础上,通过两次德尔菲调查汇总,分析了专家组成员对临床问题的选择以及推荐意见的强度建议,最终结合定稿会意见进行修订完善,完成了对口腔颌面锥形束CT临床使用规范的制定,并提交送审稿至中华口腔医学会。

该规范分为8章,围绕口腔颌面锥形束CT的临床使用,内容涵盖锥形束CT的放射管理、设备拍摄参数、临床适应证、人员资质与培训、阅片及报告等方面。该规范适用于口腔医疗机构参与口腔颌面锥形束CT影像申请、检查、报告及管理的口腔临床医师、口腔颌面影像科医师、放射技师、护理人员、管理者及其他相关人员使用,推荐意见适用于在口腔医疗机构接受CBCT检查的患者。通过该规范的制定,希望推动各级口腔医疗机构能正当合理地使用CBCT检查,推动CBCT检查在我国的健康发展。

(二)近十年口腔颌面放射学临床应用研究

近十年来,口腔颌面锥形束CT在我国口腔医学应用进一步普及,这对提高我国口腔颌面放射学诊断水平所起的作用是毋庸置疑的。鉴于口腔临床发展的需要,在未来的一个时期内,口腔颌面锥形束CT技术仍将更进一步发展,应用也会更为深入。

美国口腔颌面放射学会于2008年发布了"关于锥形束CT临床应用与诊断的执行意见陈述",欧洲口腔颌面放射学会于2009年发布了"关于锥形束CT使用的基本原则",欧洲放射防护委员会于2012年发布了以循证医学为基础的"牙颌面锥形束CT应用指南",日本口腔颌面部放射学学会于2018年发表临床指南,对口腔颌面锥形束CT使用的基本原则、医师责任、资料存储、辐射安全和质量保证以及对相关医师的培训等提出了指导性意见。中华口腔医学会牙体牙髓病专业委员会于2021年发布了《牙体牙髓诊疗中口腔放射学应用指南》。2020年始,中华口腔医学会口腔颌面放射专业委员会牵头,完成了对《口腔颌面锥形束CT临床使用规范》的制定,并提交送审稿至中华口腔医学会。口腔颌面放射专业委员会张祖燕教授等[32]于2013年发表口腔颌面CBCT应用指南的研究现状,指出由于口腔颌面CBCT是利用电离辐射成像的存在辐射伤害的潜在危险,因此,操作者应为注册医师,或者有具备放射工作证明的技术人员。CBCT的操作医师或技术人员必须持有有效的执照。医师应当对CBCT检查的参数设置有充分的认识,并且清楚知道这些参数对影像质量和辐射剂量的影响。因此,对CBCT医师进行专业培训是必要的。对于小视野的CBCT图像,放射诊断报告应由有专门培训资格的口腔颌面放射学医师出具。对于非小视野CBCT图像及所有颅面部CBCT图像,放射诊断报告应由经过专门培训的口腔颌面放射学医师或临床放射学医师出具。程勇教授等[33]的研究结果显示,CBCT可以清晰地观察和测量下颌第三磨牙引导管的形态。下颌第三磨牙引导管与牙胚长轴的角度,水平阻生<近中阻生<正常萌出相关。牙齿引导管的缺失,和/或与牙胚长轴的角度异常,提示该牙齿可能出现萌出异常,具有重要的临床

指导意义。王虎教授等[34]的研究指出通过锥形束CT对存在上颌窦内改变行上颌窦提升(maxillary sinus floor elevation，MSFE)种植病例的影像分析，探讨不同窦内改变的影像识别及对MSFE种植影响。2018年9月始，王铁梅教授等[35]与DeepCare公司合作，在国内最早提出人工智能AI对全景片常见疾病的识别，该研究回顾性纳入2 000张口腔曲面体层片建立数据集(训练集1 400张、测试集600张)，累计标注82 042例，运用基于卷积神经网络的深度学习算法，通过算法设计、模型训练和验证，利用六个子网络模型分别执行不同口腔疾病的分割及识别，构建口腔常见疾病智能影像诊断模型，结果显示基于深度学习在曲面体层图像中人工智能辅助诊断筛查的应用价值[35-36]。该研究成果被选为国际口腔颌面放射第22届美国费城大会口头交流。此外，王铁梅教授等对颌骨疑难性肿瘤病变影像诊断方面发表过系列研究[37-40]。李刚教授等[41]的最新研究对颞下颌关节(temporo mandibular joint，TMJ)建立一种三维多模态医学图像配准和融合方法，评价了锥形束CT和磁共振(cone beam computed tomography-magnetic resonance imaging，CBCT-MRI)融合图像对颞下颌关节紊乱的主要影像表现——关节盘前移位和骨改变的诊断效果。结果显示CBCT-MRI融合图像可以显著提高观察者对TMJ关节盘前移和骨变化的判断可靠性。李刚教授等[42]的另一项研究对患者上颌磨牙根分叉病变骨质缺损分别根据不同影像检查方法进行评估，结果显示牙周骨缺损和根分叉病变分级均可通过锥形束CT明确诊断CBCT在上颌磨牙根分叉病变临床诊疗决策选择中具有重要价值。陶晓峰教授等[43]前沿性的研究通过比较多模态MRI序列测量评估口腔舌鳞状细胞癌的肿瘤浸润深度与病理学的相关性，以确定最佳MRI序列，具有极为重要的临床意义。郭军教授等[44]通过彩色多普勒超声对FG/BLM栓塞硬化VMs、AVMs畸形血管腔的过程进行了详细分析，从超声影像学、血流动力学的角度探索评价了其作用机制，在国内口腔颌面影像超声界具有一定引领作用。

(三)2022年口腔颌面CBCT使用现状初步调研

为了解我国口腔颌面CBCT配备及使用现状，进一步推进CBCT临床规范化应用，口腔颌面放射专业委员会设计调查问卷，收集共1 102份，筛选有效问卷817份，回收率达74.14%(＞70%)。调查结果显示，由于各大口腔附属院校以及三级口腔专科医院日均患者量较大，且亚专科分类更细，对CBCT设备及相关技术参数要求更高。民营口腔诊所和综合医院口腔科逐渐成为CBCT用户群生力军，更适合选择性价比较高的国产三合一品牌。CBCT应用者中的本科学历占比为58.69%、硕士16.23%、博士7.78%，其他为17.3%。尽管CBCT普及率逐年提高，但仅有为数不多的口腔附属院校及三级口腔专科医院有口腔影像专科医师出具影像诊断报告，这无疑对口腔影像专科医师的基层覆盖率及CBCT规范化应用水平提出更高挑战和需求，尤其是对民营口腔较大群体CBCT用户，规范化应用培训是一个较大而急需解决的问题。由于该调查问卷回收量样本量较小，可能存在一定出入，仅供参考。

三、口腔颌面放射学展望

在当前大力推进“健康中国”和“数字中国”两大时代背景下，口腔颌面放射学将迎来广阔的发展前景。口腔颌面放射专业委员会举办了第21次中华口腔医学会口腔颌面放射专业委员会学术大会，300余名代表参加，人数创同类全国年会新高。在此次会议中，广大口腔颌面放射学者相互学习借鉴、凝聚共识、开阔视野、守正创新、踔厉奋进，为我国口腔颌面放射学的发展助力。专业委员会表示，在中华口腔医学会领导下，要进一步发展壮大专科会员及青年人才队伍建设，积极开展党建引领“西部行”等公益活动，规范基层及民营口腔放射诊疗技能，夯实国家级口腔颌面放射规培基地的建设，推进口腔颌面放射操作临床使用规范，打造“光影寻踪 筑梦未来”系列巡讲项目，规范CBCT应用，搭建口腔颌面放射与多学科及国际交流平台，构建大数据AI云影像平台建设。

中华口腔医学会口腔颌面放射专业委员会呼吁广大口腔颌面放射同仁要努力做到小专科、大作为，在口腔颌面医学影像的“黑白世界”中见微知著、抽丝剥茧，当好口腔健康的“侦察兵”，不忘初心、牢记使命，共谋口腔颌面放射学的发展，为口腔健康全身健康保驾护航。

［致谢：衷心感谢马绪臣、程勇、王虎、李刚、傅开元、陶晓峰、郭军及朱凌等教授提供宝贵资料，衷心感谢单姗、张文宇、游梦、帕克扎提、刘澍参与文稿的撰写。］

参考文献

[1]马绪臣. 口腔颌面锥形束CT在我国临床研究和应用的回顾及展望[J]. 中华口腔医学杂志, 2014, 49(1): 2-4.

[2]Sheth NM, Uneri A, Helm PA, et al. Technical assessment of 2D and 3D imaging performance of an IGZO-based flat-panel X-ray detector[J]. Med Phys, 2022, 49(5): 3053-3066.

[3]Kondo A, Hayakawa Y, Dong J, et al. Iterative correction applied to streak artifact reduction in an X-ray computed tomography image of the Dento-alveolar region[J]. Oral Radiol, 2010, 26(1): 61-65.

[4]Meyer E, Raupach R, Lell M, et al. Normalized metal artifact reduction(NMAR) in computed tomography[J]. Med Phys, 2010, 37(10): 5482-5493.

[5]Meyer E, Raupach R, Schmidt B, et al. Adaptive normalized metal artifact reduction(ANMAR) in computed tomography[C]//IEEE Nuclear Science Symposium Conference, October 23-29, 2011, Institute of Electrical and Electronics Engineers, Valencia, Spain. New York: IEEE, 2560-2565.

[6]Zhang YB, Yu HY. Convolutional neural network based metal artifact reduction in X-ray computed tomography[J]. IEEE Trans Med Imaging, 2018, 37(6): 1370-1381.

[7]Claus BEH, Jin YN, Gjesteby LA, et al. Metal-artifact reduction using deep-learning based sinogram completion: Initial results[C]//Fully 3D 2017 Proceedings, 18-23, June, 2017, Xi´an Shaanxi, China, 631-635.

[8]Nakao M, Imanishi K, Ueda N, et al. Regularized three-dimensional generative adversarial nets for unsupervised metal artifact reduction in head and neck CT images[J]. IEEE Access, 2020, 8: 109453-109465.

[9]Wang ZH, Vandersteen C, Demarcy T, et al. Deep learning based metal artifacts reduction in post-operative Cochlear implant CT imaging[C]// International Conference on Medical Image Computing and Computer Assisted Intervention, 13 - 17, October, 2019,Shenzhen, China. Berlin: Springer: 121 - 129.

[10]Sisniega A, Zbijewski W, Badal A, et al. Monte Carlo study of the effects of system geometry and antiscatter grids on cone-beam CT scatter distributions[J].Med Phys, 2013, 40(5): 051915.

[11]Lazos D, Williamson JF. Monte Carlo evaluation of scatter mitigation strategies in cone-beam CT[J]. Med Phys, 2010, 37(10): 5456-5470.

[12]Kwan AL, Boone JM, Shah N. Evaluation of X-ray scatter properties in a dedicated cone-beam breast CT scanner[J]. Med Phys, 2005, 32(9): 2967-2975.

[13]Sisniega A, Zbijewski W, Xu J, et al. High-fidelity artifact correction for cone-beam CT imaging of the brain[J]. Phys Med Biol, 2015, 60(4):1415-1439.

[14]Zhu L, Bennett NR, Fahrig R. Scatter Correction Method for X-Ray CT using primary modulation: Theory and Preliminary Results[J]. IEEE Trans Med Imaging, 2006, 25(12): 1573-1587.

[15]Naimuddin S, Hasegawa B, Mistretta CA. Scatter-glare correction using a convolutional gorithm with variable weighting[J]. Med Phys, 1987, 14

(3): 330-334.

[16]Maier J, Sawall S, Knaup M, et al. Deep Scatter Estimation(DSE): Accurate Real-Time Scatter Estimation for X-Ray CT Using a Deep Convolutional Neural Network [J]. J Nondestr Eval, 2018, 37 (3): 57.

[17]Roser P, Birkhold A, Preuhs A, et al. X-ray Scatter Estimation Using Deep Splines [J]. IEEE Trans Med Imaging, 2021, 40(9): 2272-2283

[18]霍俊卿. 基于小波域自适应去噪的CT图像重建方法研究[D]. 哈尔滨:哈尔滨工程大学, 2015.

[19]刘洋. 低剂量螺旋CT的临床研究进展[J]. 医疗装备, 2020, 33(24): 200-201.

[20]Chen Y, Yin XD, Shi LY, et al. Improving abdomen tumor low-dose CT images using a fast dictionary learning based processing [J]. Phys Med Biol, 2013, 58(16): 5803-5820.

[21]Yang QS, Yan PK, Kalra MK, et al. CT image denoising with perceptive deep neural networks [J/OL]. arXiv preprint arXiv:1702.07019, 2017.

[22]Chen H, Zhang Y, Zhang WH, et al. Low-dose CT via convolutional neural network [J]. Biomed Opt Express, 2017, 8(2): 679-694.

[23]Wurfl T, Hoffmann M, Christlein V, et al. Deep Learning Computed Tomography: Learning Projection-Domain Weights From Image Domain in Limited Angle Problems [J]. IEEE Trans Med Imaging, 2018, 37(6): 1454-1463.

[24]Cheng LS, Ahn S, Ross SG, et al. Accelerated Iterative Image Reconstruction Using a Deep Learning Based Leap frogging Strategy [C]//Fully 3D 2017 Proceedings, 18-23, June, 2017, Xi´an Shaanxi, China,

[25]Liu MQ, Xu ZN, Mao WY, et al. Deep learning-based evaluation of the relationship between mandibular third molar and mandibular canal on CBCT [J]. Clin Oral Investig. 2022, 26(1): 981-991.

[26]Zhu L, Chen Y, Yang J, et al. Evaluation of the dental spectral cone beam CT for metal artefact reduction[J]. Dentomaxillofac Radiol, 2019, 48(2): 20180044.

[27]陈淑杰, 胡秀莲, 邸萍, 等. 计算机辅助设计和导板引导种植技术在无牙颌种植固定修复中的应用[J]. 中华口腔医学杂志, 2012, 47(4): 250-252.

[28]Block MS, Emery RW. Static or dynamic navigation for implant placement- choosing the method of guidance[J]. J Oral Maxillofac Surg, 2016, 74 (2): 269-277.

[29]于德栋, 黄伟, 张志勇, 等. 数字化技术在种植外科中的应用[J]. 中国实用口腔科杂志, 2016, 9 (1): 10-14.

[30]马翔, 柳忠豪. 3 557例种植患者种植体周围炎的回顾性研究[J]. 实用口腔医学杂志, 2018, 34 (5): 665-669.

[31]陈琳, 魏凌飞, 陈泉林, 等. 计算机辅助动态导航技术在口腔种植手术中的应用[J]. 实用口腔医学杂志, 2020, 36(3): 477-481.

[32]杨雪, 张祖燕. 口腔颌面锥形束CT(CBCT)应用指南的研究现状[J]. 现代口腔医学杂志, 2013, 27(5): 291-294.

[33]刘培, 王芳, 李波, 等. CBCT评价下颌第三磨牙引导管与阻生状态的研究[J]. 口腔医学研究, 2020, 36(9): 821-824.

[34]王玮琳, 王虎, 刘亚昆, 等. 不同上颌窦内改变对上颌窦提升种植的影响: 基于CBCT影像的回顾性研究[J]. 临床口腔医学杂志, 2020, 36(11): 680-685.

[35]王蓉, 王铁梅. 人工智能在口腔颌面医学影像中的研究探讨[J]. 口腔医学研究, 2020, 36(7): 619-621.

[36]帕克扎提·色依提, 王铁梅, 徐子能, 等. 基于深度学习在曲面体层图像中人工智能辅助诊断系统初步研究[J]. 口腔医学研究, 2021, 37(9): 845-849.

[37]Shan S, Liu S, Wang TM, et al. Oral and maxillofacial pain as the first sign of metastasis of an occult primary tumour: A fifteen-year retrospective study [J]. World J Clin Cases, 2022, 10 (14):4436-4445.

[38]Shan S, Zhong SZ, Wang TM, et al. Systematic review and meta-analysis of mandibular canal variations on cone beam computed tomography[J].Oral radiol, 2022, 38(4): 445-451.

[39]冯英连, 王铁梅, 林梓桐, 等. 8例颌骨尤文肉瘤的临床及影像学特征分析[J]. 华西口腔医学杂

志, 2023, 41(2): 185–189.

[40]Seyiti P, Feng YL, Gao A, et al., An extensive sclerosing odontogenic carcinoma in mandible: a case report and literature review [J]. Dentomaxillofac Radiol. 2020, 49(6): 20190426.

[41]Wang YH, MaRH, Li JJ, et al. Diagnostic efficacy of CBCT, MRI and CBCT - MRI fused images in determining anterior disc displacement and bone changes of temporomandibular joint[J].Dentomaxillofac Radiol, 2022, 51(2): 20210286.

[42]张智玲, 贾彦, 张研, 等. 口腔颌面锥形束CT对上颌磨牙根分叉病变治疗决策的影响[J]. 中华口腔医学杂志, 2018, 53(8): 529–532.

[43]Tang WQ, Wang Y, YuanY, et al. Assessment of tumor depth in oral tongue squamous cell carcinoma with multiparametric MRI: correlation with pathology[J]. Eur Radiol. 2022, 32(1): 254–261.

[44]郭军, 张春谊, 闫志伟, 等. 纤维蛋白胶/博来霉素栓塞硬化治疗面颈部血管畸形彩色多普勒超声研究[J]. 实用口腔医学杂志, 2017, 33(4): 510–513.

（本文编辑　吴婷）

数字化口腔医疗服务西部基层

王勇[1]　赵文艳[2]　刘云松[1]　刘怡[1]　彭歆[1]　赵一姣[1]

1.北京大学口腔医院　2.银川市口腔医院

2018年，“口腔数字化诊疗技术规范及应用推广”项目正式立项。该科研项目为银川市口腔医院首次获批宁夏科技厅重点研发计划重点项目，由北京大学口腔医院与银川市口腔医院合作。2022年，该项目顺利结题，用“国家队”的科技力量带动西部基层口腔医疗，取得了令人欣喜而欣慰的显著阶段性成果。为此，今日口腔专访项目负责人北京大学口腔医院王勇教授、银川市口腔医院赵文艳主任，以及各课题负责人北京大学口腔医院刘云松教授、刘怡教授、彭歆教授、赵一姣高级工程师。

一、王勇教授谈为什么选择与银川市口腔医院合作，在数字化领域选择修复、种植、正畸和颌面外科中的考量以及未来提升和规划

北京大学口腔医院愿意助力全国各地口腔医院的发展和进步，但也需要双方共同的努力。银川市口腔医院一直以来都很注重数字化技术的发展，此前就已在硬件方面做出了大力投入，在西部地区有着“标杆”作用，为本次合作打下了良好的基础。银川市口腔医院也很重视国家政策形势，与政府相关部门积极沟通，主动争取并非常珍惜这种外部合作机会，最终在项目开展前的激烈竞争中脱颖而出，促成了本次合作的顺利进行。

本次项目立足于北京大学口腔医院的数字化技术优势，在院领导的高度支持下，重点工作内容覆盖五大课题，包括口腔修复、口腔种植、口腔正畸、口腔颌面外科这四大临床学科，以及特别设置的口腔医学数字化技术支撑平台建设课题。在上述工作中，我们不仅持续加强硬件投入，也更加重视人才培养，其意义在于通过“授人以渔”的思维和方法帮助西部基层全面做好数字化口腔医疗建设，创造各学科同步发展的持久动力。我们想看到的数字化技术推广成果不仅是一个个的病例展示，而是让基层口腔医师真正能将新技术运用于临床、服务于患者。为了实现这一目

标，其难点在于需要一套适用于西部口腔医院实际情况的规范化诊疗和操作流程。但是，相较于全国统一的指南或标准，由于各地区发展水平不同，应在评估银川市口腔医院现状的基础上，有针对性地制定个性化规范，从而实现更加符合实际、高效发挥功用的医院发展战略和人才培养策略。

未来，我们希望能将数字化技术应用覆盖口腔医学的更多亚学科，如牙体、牙周、儿牙等，同时也希望与更多西部地区的口腔医疗单位合作，做出更多的数字化诊疗技术规范及应用推广成果。相信通过多方协作、共同努力，可以让社会各界更加注重口腔健康，促进东西部科技力量深度连接，推动口腔各学科长足发展。

二、赵文艳主任谈数字化口腔医疗的开展现状，口腔数字化项目为银川市口腔医院在相关学科的临床诊疗和未来发展方面带来的收获与改变

口腔数字化技术的应用带来了一种新型诊疗模式，其当前的主要挑战在于缺乏完善的教材和规范化的临床操作指导。银川市口腔医院于2011年购置了第一台CAD/CAM设备，由我担任负责人，此后在院领导的长期支持下逐渐丰富各种数字化技术设备配置，让更多基层医师认识到了数字化口腔医疗的优势。2015年，我院在与王勇教授的交流中了解了北大口腔数字化的成就以及国内引领地位，其后得知宁夏科技厅“口腔数字化诊疗技术规范及应用推广”项目的计划，决定把握住这个绝佳机会，在宁夏科技厅的大力支持下，联合北京大学口腔医院积极准备申报，终于在2018年成功完成立项。

数字化技术的开展让基层口腔医师“打开了一扇窗”，为许多临床难题都找到了更好的解决方法。我们以本次项目开展为契机，对口腔各学科数字化诊疗过程中的每个步骤进行梳理，一方面可以进一步推广数字化技术应用，另一方面也希望得到相对完善的专家共识、让口腔数字化诊疗更加规范。项目历经三年，已取得了一系列可观成果。常见的口腔临床应用有数字化个别托盘、数字化全口义齿、数字化牙周夹板、数字化种植导板、埋伏阻生齿的分牙导板、个性化矫治器、正畸模型资料数字化存储等。此外，也有诸多颌面外科手术中的数字化应用，如游离腓骨肌皮瓣修复下颌骨缺损手术、非血管化游离髂骨移植术等。数字化技术能够帮助临床医师极大缩短操作时间，提高诊疗的精准度和效率，充分展现出了自身优势。

总体来说，数字化技术为银川市口腔医院带来以下三大收获：一是规范了临床操作流程；二是拓宽了诊疗业务范围，丰富了口腔疾病的治疗方法；三是提升了医院科研实力，为未来科研骨干的培养和创新研发的进步打下基础。这是一项北京大学口腔医院发挥优质资源、带动基层发展的极有说服力的案例成果，让每一位基层口腔医师都有能力将数字化技术真正落地，正是我们的初心和愿景。

三、刘云松教授谈该项目在修复学科中取得的成果

数字化口腔修复技术与传统口腔修复技术相比，可以理解为数码相机和普通相机的区别：数码相机的效率更高，拍照后即可看到成像，既节约了时间成本，也节约了材料成本。在数字化口腔修复过程中，患者可以实时看到全程设计，为方案制定、诊疗实施、医患沟通等提供了十分显著的便利。

通过本次项目的开展，将北京大学口腔医院的先进诊疗理念传递到西部地区，也在本院原有工作经验的基础上进行改进，得到了更加适合西部地区的数字化技术应用流程，更新了西部地区对于数字化口腔修复的认知，为医师和患者都带来了切实的优势和便利。在合作期间，我们共同发表了多篇关于数字化技术创新研究的文章，带动了西部

地区科研能力的提升。此外，我们还希望实现“以点带面”的长期发展效果，面对西部地区口腔修复学科整体发展水平相对滞后的情况，首先在相对发达的银川市口腔医院建立数字化中心，以便日后能够继续带动周边地区的协同发展，全面提升人民群众的口腔修复诊疗水平。

四、刘怡教授谈本次项目如何推进西部口腔正畸学科诊疗技术规范的建立

虽然数字化口腔医疗早已不是新鲜事物，但其规范化应用依然是临床实践中的难点。本次项目是口腔正畸数字化诊疗技术应用于临床的一个良好开端，我们将工作重点放在了规范建立和人才培养两个方面。

对于正畸学科来说，口内模型扫描和头影测量等重要资料来源都完全依托于数字化软件，需要对大量数据进行处理。作为基层医院的银川市口腔医院，在此方面由专门的技术人员来负责正畸相关数据的获取、存储、处理和应用，为数字化正畸诊疗技术规范的构建作出了很多努力和贡献。

与此同时，再好的诊疗设备都需要人来使用，再完善的技术规范也需要人去执行。银川市口腔医院的医师团队在繁忙的临床工作背景下，依然积极地开展新课题、尝试新技术，并十分注重年轻医师的教学和培养，也就能将当前的研究成果更好地传承和发扬下去。西部地区如今经济发展日渐良好，未来需要进一步优化的正是人才发展问题，通过本次合作应该会给为广大医患带来长远获益。

五、彭歆教授谈项目开展对银川市口腔医院数字化颌面外科发展的意义

我国西部部分地区的口腔颌面外科发展相对滞后，数字化技术的应用可以让北京大学口腔医院与银川市口腔医院突破空间束缚，让基层医师更快速、更高效地掌握数字化手术理念和方案，提升诊疗水平和患者满意度，东西部一起携手共求发展。

数字化诊疗对银川市口腔医院的改变主要体现在三个方面。一是通过远程会诊，跨越时空限制，专家远程查看当地患者的病历和影像检查等资料，制订适宜手术计划并在执行过程中及时给予支持和反馈。这一方案的实施难点在于，西部地区部分医师目前对于数字化手术所能达到的效果尚不明晰，相信随着熟悉度和掌握度的逐渐提升，未来将能发挥出更大的优势。二是通过理念传递，当地医师能够更放心、更主动地接受和应用口腔数字化技术手段，以提高诊疗质量和造福更多患者。三是通过项目开展，银川市口腔医院更全面地补充配置了必要的数字化设备，已经可以成为西部地区数字化技术的应用中心和典范，更加直观地展现了本次项目的临床价值。

六、赵一姣高级工程师谈口腔医学数字化技术支撑平台建设课题取得的成果与经历的困难

口腔医学数字化技术支撑平台建设的核心是服务于口腔各学科的通用数字化技术。这首先需要先进的、完善的诊疗硬件配备，更为关键的是需要拥有数字化业务能力的技术人员，能够确保长期充分发挥出平台的优势和意义。北京大学口腔医院接受银川市口腔医院派遣的技术学习团队，详尽传授他们数字化支撑平台的开展模式和数字技术应用经验，这是为后续各学科课题开展所打造的人才基础。

课题开展初期遇到的最大困难主要是基层单位对数字化技术支撑平台的能力没有足够信心，无法明确预见到如何一步一步推进数字化诊疗业务的开展落地，提升在口腔医院中的认可度。为此，我们组织技术人员主动走进银川市口腔医院各个临床科室，通过与科主任们进行面对面的对话和调研，了解

临床科室实际需求，梳理制定出严谨的数字技术应用流程和规范，并不断根据医师的需求和反馈作出改进。同时，北大口腔也安排了专门的技术人员与银川市口腔医院数字化中心的技术团队对接，远程进行支持和指导，以确保基层地区数字化技术服务的质量和效率。

通过上述努力，口腔医学数字化技术支撑平台建设课题进展相对顺利，保障了数字化诊疗项目在银川市口腔医院的顺利推进，提升了医院独立解决疑难病例的能力。希望未来能够以银川市口腔医院作为示范，继续将先进的数字化诊疗技术向周边辐射，提高西部地区口腔疾病的整体诊疗水平，逐步缩小东西部口腔医疗差距。

据悉，未来银川市口腔医院还将与北京大学口腔医院进一步合作，探索和筹建更多口腔数字化诊疗技术规范及应用推广的新路径、新形式、充分发挥硬件配备和人才培养的双重优势，打造口腔数字化技术平台、口腔远程诊疗平台、科技成果转化平台等，不断拓展东西部口腔科技合作新篇章，开创积极性、主动性、创造性竞相进发的新局面。

本文由《中国医学论坛报·今日口腔》供稿

破解正畸行业难题

金作林

空军军医大学口腔医学院

2022年5月15日，是第六个“世界正畸健康日”。每年的5月15日的“世界正畸健康日”活动，中华口腔医学会口腔正畸专业委员会都积极倡导各地专业委员会开展公益义诊和科普宣传，帮助广大民众更好地认识正畸、理解正畸，选择规范的正畸医师、规范的治疗机构、规范的矫治产品，接受规范的正畸治疗，此次活动主题是“容貌连接你我，微笑改变人生”。今日口腔邀请到中华口腔医学会口腔正畸专业委员会主任委员、空军军医大学口腔医院正畸科主任金作林教授来谈从源头开始治理，破解正畸行业难题。

一、正畸行业的现状

正畸行业在近十年来得到了前所未有的蓬勃发展，这与广大人民群众生活水平的显著提高以及对美观需求的日益增加密切相关。随着新型正畸材料与各种数字化新技术的发展，促进了正畸行业硬件的更新，使得广大患者不断接受着由于材料舒适美观带来的福祉。但在正畸需求迅速增长的同时，出现了很多不和谐的声音，比如实施正畸治疗的医师水平参差不齐，一些正畸广告的虚假与过度宣传，资本的过度投入导致的正畸逐利现象，都使得正畸行业发展出现了一些问题，弱化医疗主体，甚至去医生化的正畸正在侵蚀行业。在这种环境下，广大人民群众的利益必然会受到损害。

二、正畸医师的培养简况

我们知道正畸从业医师的水平是影响正畸行业健康稳定发展的首要因素。在我国经验丰富的专业从事正畸的医师缺口很大，反映出人民对美好生活的需求与学科发展缓慢之间的矛盾。据不完全统计，我国每10万人中正畸从业医师仅有0.4~0.7人，而美国每10万人中的专科正畸医师则为3.3人。2021年，中华口腔医学会口腔正畸专业委员会的专科会员仅有8 000余人。

需要强调的是专科会员并非专科医师，

目前我国尚未建立正畸专科医师制度，而在美国已经有近百年历史。另外，现有正畸从业医师的技术水平良莠不齐，并且存在严重发展不平衡的问题。而专业正畸医师的培养周期往往比较长，难以满足迅速增长的临床需求。这就大大影响着正畸临床工作的顺利、安全、有效开展，影响着正畸治疗的效果以及患者的满意度。因此，对正畸从业医师开展专业化培训，提高其自身专业素养，是优化正畸医疗环境的重要一环。通过培养、规范、监管，未来正畸市场会更好地满足广大人民群众的就诊需求以及根本利益。

三、正畸市场的医疗乱象与预防措施

由于正畸的巨大需求，市场出现很多乱象。如某些正畸广告过度夸大的宣传，使得广大患者对某些正畸治疗认识不清。如早期矫治，是纠正儿童青少年时期出现的一些影响颅颌面发育的错𬌗畸形，引导其正常生长。但是有一部分替牙期错𬌗只是牙齿替换过程中的暂时性表现，如中切牙间的缝隙、前牙暂时性轻度拥挤、暂时性咬合较深等，随着生长发育都会恢复正常。而某些厂家过度夸大其产品的功效，不管什么样的牙齿表现都标榜需要治疗，在厂商以及一些非正畸专业人士的逐利推动下，某些不必要甚至不合理的治疗不断显现，很多医疗纠纷甚至医疗事故呈高发态势。

基于此，口腔正畸专业委员会在提高正畸医师专业技术水平的同时，还需通过加强科普宣传提高广大群众对于早期矫治、对于正畸的基本认知。每年5月15日的“世界正畸健康日”活动，中华口腔医学会口腔正畸专业委员会都积极倡导各地专业委员会开展公益义诊和科普宣传，帮助广大民众更好地认识正畸、理解正畸，选择规范的正畸医师、规范的治疗机构、规范的矫治产品，实施规范的正畸治疗。

四、对隐形矫治认知误区的解读与建议

20世纪以来，隐形矫治得到了前所未有的发展，主打美观、舒适、智能化的隐形矫治器迅速占领部分正畸市场。但由于隐形矫治技术是一门集新的生物力学与新的材料性能甚至新的矫治理念于一身的新技术，需要重新学习，不断探索才能更好地将其运用于临床。而在隐形矫治迅猛发展的同时，有些从业人员只认识到它是一项高端的正畸技术，费用昂贵，而没有意识到这种高端技术的背后往往需要更加专业的理论去指导，需要更加专业的医师去治疗。在这种情况下，患者、从业人员把治疗的效果交给矫治器生产厂家，一些患者看到精美的动画，认为自己的牙齿可以按照动画表现得那样完美；一些从业人员认为这样大大减少了自己的临床要求，以至于隐形矫治的健康问题频出、医疗纠纷不断，也使得患者、民众开始质疑这项新技术。

隐形矫治是数字化时代的产物，是未来正畸行业发展的一个重要组成部分，但由于其材料的特殊性以及力学特征的未知性，还需要更多的科学研究和临床运用去指导和充盈这门技术。对于正畸医师来说，应该充分衡量自己的专业水平，选择能够驾驭的病例类型，切不可盲目冒进。同时应不断学习，提高自己的专业水平，才是根本和长远之计。

五、小结

正如上述所言，隐形矫治给正畸行业带来了巨大的发展，同时我们也要看清随之而来的一些不切实际的夸大宣传和严重的去医生化正畸治疗趋势。资本的过度投入，使得有些机构以营利为目的，弱化医疗本身，过度关注收入广告效应。部分人通过自己的方式进行所谓的科普或经验分享，其知识的准确性并没有经过专业人士指导，准确率有多高值得商榷，参考性有多强有待验证。这些现

象一度助长了脱离医疗的“整牙热”，这必将破坏正畸行业的健康发展，给广大民众带来健康隐患和危害。

对目前的正畸乱象需要民众对健康矫治认知的提高，需要规范正畸医师的培养及医疗行为，需要相关部门联合治理，才能净化正畸环境，保障正畸行业的健康、稳定、和谐的发展，保障人民群众的口腔健康。

本文由《中国医学论坛报·今日口腔》供稿

中国近十年儿童口腔医学回顾与展望

邹 静

国家口腔医学中心 国家口腔疾病临床医学研究中心 四川大学华西口腔医院儿童口腔科

儿童口腔医学是在口腔医学范畴中以0~18岁儿童为对象，研究这个年龄范围内不同阶段的儿童口腔疾病及发育异常的发病机制与临床特点，并给予诊断、预防和治疗的临床学科。随着我国经济的发展，人民生活水平的提高，近十年来全社会对儿童的口腔保健意识及对儿童口腔健康要求均明显增强。《“健康中国2030”规划纲要》明确提出“加强口腔卫生，12岁儿童患龋率控制在25%以内”，《中国防治慢性病中长期规划(2017—2025)》要求将口腔检查纳入常规体检内容，加大龋病和牙周病等口腔常见病干预力度，实施儿童用氟、窝沟封闭等口腔保健措施，提高儿童口腔健康水平。儿童口腔疾病尤其是儿童龋病、错𬌗畸形的高发病率已引起口腔学界和全社会的高度重视与关注，也带动了近年来学科的飞速发展。

一、我国儿童口腔医学学科发展的历程

近代中国的儿童口腔医学作为独立的学科起步于20世纪40年代。1948年，毕业于华西协合大学(West China Union University)牙学院的王巧璋博士在成都创立了中国最早的小儿牙科学系，并开始在四川成都开展儿童牙病的临床诊治工作。20世纪50年代，我国进行了医学院系及学科的调整，小儿牙科学系合并到口腔内科学之中。李宏毅教授、方连珍教授分别在北京大学医学院、上海震旦大学建立了儿童牙科诊室，开展儿童牙病的临床治疗及儿童牙病学的教学工作。

(一)儿童口腔医学专业委员会的成立及全国儿童口腔医学学术年会

20世纪80年代，随着我国口腔卫生事业的发展，多所大学先后建立了独立的儿童牙病科。1987年，第一届全国儿童牙病学学术会议在北京召开，会中成立中国儿童牙病学学组。1998年，第一届中华口腔医学会儿童口腔医学专业委员会在武汉成立，学科发展从此迈开快速发展的步伐[1]。

2000年，儿童口腔医学专业委员会在时任主任委员石四箴教授的带领下，于上海举办了第七届亚洲小儿齿科大会。2003、2008、2012、2015年，分别在第四届专业委员会主任委员葛立宏教授和第五届主任委员王小竞教授的带领下，于北京、哈尔滨、西安和成都召开了第四次、第五次、第六次和第七次全国儿童口腔医学学术大会。2018年，在第六届专业委员会主任委员秦满教授的带领下，第八次全国儿童口腔学术大会暨亚洲儿童口腔学术双年会于北京召开。2020年的武汉年会因疫情延迟到2021年4月，在第七届专业委员会主任委员邹静教授主持下以线上形式召

开。据不完全统计，这次特殊的线上年会有超过5.28万的浏览量，线上年会让关注儿童口腔学科发展的口腔医生更多地了解这门学科。

(二)儿童口腔医学学科的发展

中国儿童口腔医学学科伴随着祖国的伟大变革，发生着令人欣喜的进步与成长。儿童口腔医学的学科范畴从以前较简单的儿童牙体保存治疗为主，发展到目前涵盖儿童乳牙及年轻恒牙牙齿疾患、儿童口腔软组织疾患、口颌系统疾患、牙列及咬合关系异常、残障儿童口腔治疗、儿童遗传性疾病及相关综合征的口腔表现、儿童口腔治疗的行为管理多个方面内容的综合学科。

2013年12月，四川大学华西口腔医院儿童口腔科、北京大学口腔医院儿童口腔科和武汉大学口腔医院儿童口腔科获批为国家临床重点建设专科。2019年，上海交通大学医学院第九人民医院儿童口腔专科联盟成立。2021年，四川大学华西口腔医院儿童口腔专科联盟成立。近十年来，儿童口腔学科在专科人才培养、临床新技术应用、新材料开发、儿童口腔疾病防治及机制研究方面取得了可喜的成绩。2020年，由四川大学华西口腔医学院儿童口腔医学教研室邹静教授担任负责人的《儿童口腔医学》(全英文)课程荣获首批国家一流线下本科课程。北京大学口腔医学院儿童口腔医学教研室葛立宏教授担任负责人，华西口腔医学院、空军军医大学口腔医学院、上海交通大学医学院附属第九人民医院、武汉大学口腔医学院参与的《儿童口腔医学》慕课荣获国家一流线上课程。空军军医大学儿童口腔科王小竞教授教学团队的“构建以客观结构化临床考核为核心的新型口腔医学评价体系的探索与实践”项目获得陕西省教学成果一等奖。中国医科大学陈旭教授作为第二完成人的“加强口腔医学实验教学建设，提升口腔医学人才培养质量”项目获得辽宁省教学成果三等奖。陈旭教授作为课程负责人的“口腔医学专业学位硕士研究生创新能力培养体系的构建与实践”荣获2022年辽宁省研究生教育教学成果奖一等奖。

在现代生物-心理-社会医学模式的要求下，儿童口腔医学不仅追求单个乳牙或年轻恒牙的健康，更应阻断儿童口腔疾病或发育异常发生的风险，让每个年龄阶段的孩子都拥有健康的牙、牙列、咬合及美观的颜面外观。四川大学华西口腔医院儿童口腔科邹静教授担任负责人的“儿童口腔疾病防治的临床与基础研究”项目对儿童口腔临床最常见的儿童龋病、错𬌗畸形进行了发病机制和临床新技术应用及牙发育方面的研究[2-3]。2015年，该项目荣获四川省科技进步三等奖；邹静教授团队进行的“儿童龋病的病因及防治新技术研究”项目获得2021年中华医学科技奖三等奖。北京大学口腔医院儿童口腔科秦满教授团队聚焦儿童口腔微生物系统进化研究，与哈佛大学福赛斯研究院的微生物实验室合作，致力于探索超小细菌进化并定植到人类口腔过程中的机制以及在人类口腔健康和疾病中的作用，为生理层面研究儿童龋病的发病机制提供了新思路[4]。

年轻恒牙牙髓治疗的原则是尽力保存活髓组织，以保证牙根的继续发育和生理性牙本质形成。中国医科大学口腔医院儿童口腔科的陈旭教授在国际牙髓病学领域权威期刊*J Endod*上发表了牙根最短的年轻恒牙牙髓成功再生治疗病例，扩大了儿童口腔临床对再生性牙髓治疗的适应证[5]。陈旭教授领衔的“年轻恒牙再生性牙髓治疗技术的基础研究与临床应用”研究获得2017年辽宁省科学技术进步奖三等奖。上海同济大学口腔医院儿童口腔科蒋备战教授团队利用自体血液浓缩物开展年轻恒牙的再生性牙髓治疗取得较好临床疗效，该成果荣获2019年上海市口腔医学科技奖一等奖。空军军医大学口腔医院儿童口腔科轩昆教授团队建立了基于牙源性间充质干细胞的临床转化应用技术体系，在国际上首次注册并开展完成了自体乳牙牙髓干细胞聚合体用于牙髓及牙周组织再生的临床试验，这是国际上首个采用干细胞发育性再生技术转化应用于牙再生的临床转化研究，且验证了间充质干细胞聚合体临床转化应用的安全及有效性，为牙体牙髓疾病治疗提供新的治疗理念和策略[6]。四川大学华西口腔医院儿童口腔科郭维华教授团队将牙本质基质诱导材料与牙髓细胞胞外囊泡结合，提出了一种可用于活髓保存的盖髓剂，在保持牙髓活力的同时可再生牙本质；华西儿童口腔团队还发现了乳牙根尖周炎引起继承恒牙早萌的可能机制以及调控颈环上皮干细胞分化的信号通路，通过构建氧化应激模型，发现活性氧作为信号分子调控颈环上皮干细胞的增殖与分化，且颈环上皮干细胞内活性氧聚集会影响小鼠釉质发育，这为深入研究牙发育及釉质形成机制提供了参考[7-8]。此项郭维华教授作为主研人员的“基于干细胞的牙再生研究”荣获2019年四川省科技进步奖一等奖[1]。北京大学口腔医院儿童口腔科葛立宏教授课题组完成的“基于牙源性干细胞的口腔组织再生及系统性疾病治疗的研究”在牙源性干细胞的生物学性能及安全性，口腔组织修复再生及基于牙源性干细胞的系统性疾病治疗等方面进行了系统而深入的研究，其成果荣获2019年中华医学科技奖医学科学技术奖三等奖。

儿童错㖪畸形的早期矫治是指在儿童口腔早期生长发育阶段，对已表现出的牙颌畸形、畸形趋势及可能导致牙颌畸形的病因进行的预防、阻断、矫治和引导治疗。有效利用儿童生长发育高峰期，采取最有效的方法维持正常的牙列间隙、建立正常咬合，对于儿童牙颌面发育、肌肉关节健康，甚至全身的正常生长发育，以及面部美观均有重要意义[9]。四川大学华西口腔医院儿童口腔科舒睿副教授和周陈晨教授担任主研人的“青少年口颌面美学塑建的临床转化与基础探索”聚焦生长发育期的儿童及青少年，研究成果获得2018年四川省科技进步奖一等奖；李小兵教授担任主编的《当代儿童正畸矫治经典应用》及《中国儿童错㖪畸形早期矫治专家共识及病例解析》获国家出版基金支持。

牙外伤是仅次于龋病造成儿童牙齿缺损或缺失的第二大疾患。研究牙外伤的目的在于针对不同类型牙外伤的特点，分析可能的预后以及与预后相关的因素，以利于正确及时救治外伤牙、尽量避免牙外伤并发症的出现，尽量避免或减少牙外伤对儿童牙颌发育和身心发育的影响。空军军医大学儿童口腔科王小竞教授领衔的“儿童牙外伤诊疗新策略的临床应用”及“儿童复杂牙外伤诊疗关键技术的创新和应用”建立了牙外伤序列诊疗新体系，提高了外伤牙临床诊断准确率和治疗成功率，研究成果分别获得2018年中华口腔医学会科技奖三等奖及陕西省科技进步奖一等奖。

四川大学华西口腔医院儿童口腔科周陈晨教授瞄准国际研究前沿，发现超延伸复合体SEC关键支架蛋白AFF4对牙髓干细胞的成牙分化有着重要调控作用，其“牙发育过程中的细胞命运转变及调控机制”研究项目获得2022年国家自然科学基金委优秀青年基金支持。2022年，在第100届国际牙科研究会（International Association for Dental Research，IADR）年会上，四川大学华西口腔医院儿童口腔科梁静鸥博士参与的关于智能防龋充填材料研究获得IADR最高荣誉威廉·盖茨奖，充分说明我国儿童口腔医学与国际儿童口腔医学学科之间的接轨与融合。

二、我国儿童口腔医学学科发展的展望

与国际儿童口腔医学的发展相比，我国儿童口腔医学在专业人才队伍建设、临床技术规范化推广、临床相关基础研究等方面尚需努力。如何降低我国儿童龋病、牙外伤及错㖪畸形的患病率，提高我国儿童口腔健康

水平，如何实施生命早期1 000天的口腔健康管理、规范进行咬合发育管理及儿童错殆畸形的早期矫治研究成为关注点。儿童口腔龋病及错殆畸形的发生机制、有关牙及牙列生长发育影响的因素尚需努力深入研究，提高各层级从事儿童口腔疾病医务人员的临床诊治水平尚需努力。相信在新的伟大时代，在"健康中国"战略指引下，我们的学科会有更大的发展、更辉煌的成绩，为全面实现健康中国的宏伟目标作出我们儿童口腔人的贡献。

参考文献

[1]邹静. 儿童口腔医学临床及基础研究新进展[J]. 中国口腔医学继续教育杂志, 2021, 24(3): 129-137.

[2]Zou J, Du Q, Ge LH, et al. Expert consensus on early childhood caries management [J]. Int J of Oral Sci, 2022, 14(1): 35.

[3]Hemadi AS, Huang RJ, Zhou Y, et al. Salivary proteins and microbiota as biomarkers for early childhood caries risk assessment [J]. Int J Oral Sci. 2017, 9(11): e1.

[4]Tian J, Utter. DR, Cen LJ, et al. Acquisition of the arginine deiminase system benefits epiparasitic Saccharibacteria and their host bacteria in a mammalian niche environment[J]. Proc Natl Acad Sci U S A, 2022, 119(2): e2114909119.

[5]Chen X, Bao ZF, Liu Y,et al. Regenerative endodontic treatment of an immature permanent tooth at an early stage of root development: a case report[J]. J Endod, 2013, 39(5): 719-722.

[6]Xuan K, Li B, Guo H, et al. Deciduous autologous tooth stem cells regenerate dental pulp after implantation into injured teeth[J]. Sci Transl Med, 2018,10(455): eaaf3227.

[7]Wen B, Huang YB, Qiu T, et al. Reparative Dentin Formation by Dentin Matrix Proteins and Small Extracellular Vesicles[J]. J Endod, 2021, 47(2): 253-262.

[8]Meng MM, Chen YD, Chen XL, et al. IL-1α Regulates Osteogenesis and Osteoclastic Activity of Dental Follicle Cells Through JNK and p38 MAPK Pathways [J]. Stem Cells Dev, 2020, 29 (24): 1552-1566.

[9]李小兵. 中国儿童错殆畸形早期矫治专家共识及病例解析[M]. 成都:四川大学出版社,2022.

（本文编辑　吴婷）

医疗工作

人民名医盛典(原国之名医盛典)

人民名医盛典(原国之名医盛典)始于2017年,是经人民日报社批准,人民日报健康客户端、人民日报健康时报主办,人民日报社及其社属媒体共同支持、参与的年度"医生学术活动"。人民名医第五届名单于2021年底公示,并于2022年8月16日举行盛典。盛典由人民日报健康客户端、健康时报主办,在人民日报社举行,来自全国117个学科(含亚学科或重大疾病组)的296名优秀医生代表入选第五届人民名医系列榜单。盛典采取线上、线下相结合的方式举行。人民日报社编委委员王方杰,中国工程院院士、中国医师协会常务副会长、第五届人民名医学术委员会主席团轮值主席董家鸿,人民日报社新闻协调部主任温红彦,国家卫生健康委相关负责人等出席盛典。51位在京入选名医代表在人民日报健康客户端演播厅和线上其他245位入选名医以及186位学术委员会委员,共同参会并见证榜单发布。

第五届人民名医盛典发布的人民名医系列榜单,设置特别致敬、卓越建树、优秀风范、青年新锐四大类别。本届进入榜单的296位入选者,作为我国医务工作者中的优秀代表,在临床、科研、患者口碑方面有很强的引领与示范作用。

本届盛典由原国家卫生部副部长王陇德院士,中华医学会会长、北京协和医院名誉院长赵玉沛院士,中国医师协会常务副会长、清华大学附属北京清华长庚医院院长董家鸿院士,复旦大学附属中山医院心内科主任葛均波院士担任学术委员会主席团联合主席,董家鸿院士担任第五届人民名医学术委员会主席团轮值主席。

口腔医学人民名医榜单见表1。

表1 人民名医(口腔医学)

时间	届数	姓名	奖项
2022年	第五届	周曾同	人民名医·卓越建树
2022年	第五届	刘宝林	人民名医·卓越建树
2022年	第五届	林久祥	人民名医·卓越建树
2022年	第五届	马绪臣	人民名医·卓越建树
2022年	第五届	周学东	人民名医·卓越建树
2022年	第五届	王贻宁	人民民医·优秀风范
2022年	第五届	石　冰	人民民医·优秀风范
2022年	第五届	孙　正	人民民医·优秀风范
2020年	第四届	樊明文	国之大医·特别致敬

续表

时间	届数	姓名	奖项
2020年	第四届	俞光岩	国之名医·卓越建树
2020年	第四届	王松灵	国之名医·卓越建树
2020年	第四届	林　野	国之名医·优秀风范
2020年	第四届	赵志河	国之名医·优秀风范
2020年	第四届	冯海兰	国之名医·优秀风范
2020年	第四届	黄洪章	国之名医·优秀风范
2020年	第四届	梁景平	国之名医·优秀风范
2020年	第四届	满　毅	国之名医·青年新锐
2020年	第四届	牛丽娜	国之名医·青年新锐
2020年	第四届	江凌勇	国之名医·青年新锐
2019年	第三届	邱蔚六	国之大医·特别致敬
2019年	第三届	张震康	国之大医·特别致敬
2019年	第三届	王　兴	国之名医·卓越建树
2019年	第三届	张志愿	国之名医·卓越建树
2019年	第三届	赵铱民	国之名医·卓越建树
2019年	第三届	卢晓峰	国之名医·卓越建树
2018年	第二届	刘洪臣	国之名医·卓越建树
2018年	第二届	张建国	国之名医·卓越建树
2018年	第二届	尹宁北	国之名医·优秀风范

2022年"全国爱牙日"宣传活动

2022年9月20日是第34个"全国爱牙日"。为贯彻落实《健康中国行动(2019—2030年)》和《健康口腔行动(2019—2025年)》有关要求，进一步提升人民群众的口腔健康素养水平，促进形成良好的口腔健康行为，国家卫生健康委办公厅于2022年8月30日发布《关于开展2022年"全国爱牙日"宣传活动的通知》(国卫办医函〔2022〕296号)，就做好2022年"全国爱牙日"宣传活动作相关通知。

2022年"全国爱牙日"的宣传主题是"口腔健康 全身健康"，副主题是"护牙健齿少年强 健康中国民族兴"，通过爱牙日活动，加大口腔防治知识宣传教育，增强口腔健康观念和口腔保健意识，建立口腔保健行为，重点关注青少年口腔健康，营造有利于口腔健康的良好社会氛围。

宣传活动要求各地高度重视口腔健康宣

传工作，联合相关部门积极谋划、协同配合，充分发挥学协会等社会团体优势，发挥国家口腔医学中心的专业优势，积极协调调动各方资源。在严格遵守疫情防控前提下，制定宣传活动方案，开展形式多样的主题日宣传活动，推动宣传活动广泛、深入、扎实开展；创新宣传形式，提升宣传效果；精准宣传，突出宣传重点。

国家卫生健康委委托中华口腔医学会、中国牙病防治基金会等机构及专家共同编制宣传海报、口腔健康核心信息及知识要点，为宣传活动提供技术支持。该通知中的附件包括2022年"全国爱牙日"宣传海报（略）和青少年口腔健康核心信息。

青少年口腔健康核心信息

一、养成良好的刷牙习惯

每天早晚刷牙，每次刷牙时间不少于2分钟，晚上睡前刷牙更重要。选择合适的牙刷，一般每3个月更换一次，若出现牙刷毛变形外翻，要及时更换，做到一人一刷一口杯。适合青少年的刷牙方法是"水平颤动拂刷法"，将刷毛末端指向牙根方向，与牙面呈45度角，放在牙与牙龈交界处，短距离水平颤动5次，然后转动牙刷柄，沿牙齿长出的方向拂刷牙面，每个牙面都刷到。

二、使用牙线清洁牙齿缝隙

青少年应学习使用牙线清洁牙齿缝隙，可选择牙线架或卷轴型牙线，使牙线拉锯式进入两颗牙齿之间的缝隙，紧贴一侧牙面呈"C"形包绕牙齿，上下刮擦牙面，再以同样方法清洁另一侧。建议每天使用牙线，尤其晚上睡前要清洁牙齿缝隙。接受牙齿矫正的青少年，还需要使用牙间隙刷辅助清洁牙面。

三、健康饮食，限糖减酸

经常摄入过多的含糖食品或碳酸饮料，会引发龋病或产生牙齿敏感。青少年应少吃含糖食品，少喝碳酸饮料，控制进糖总量，减少吃糖次数及糖在口腔停留的时间。晚上睡前清洁口腔后不再进食。

四、为适龄儿童进行窝沟封闭

窝沟封闭是预防窝沟龋的最有效方法，不产生创伤，不引起疼痛，是用高分子材料把牙齿的窝沟填平后，使牙面变得光滑易清洁，细菌不易存留，从而预防窝沟龋。建议11~13岁可进行第二恒磨牙的窝沟封闭。

五、每天使用含氟牙膏，定期涂氟

青少年使用含氟牙膏刷牙是安全、有效的防龋措施。还可以每半年到医院接受一次牙齿涂氟，预防龋病，尤其是已经有多颗龋齿和正在进行正畸治疗的青少年，属于龋病高危人群，更应采取局部用氟措施。

六、积极诊治错殆畸形

错殆畸形会增加龋病、牙龈炎等口腔疾病患病的风险，影响咀嚼、发音和美观，也会影响青少年的心理健康。在乳恒牙替换过程中或替换完成后，可以去正规医疗机构进行错殆畸形的诊治，确定具体的治疗时机及方案。正畸治疗时间较长，佩戴矫治器后牙齿不易清洁，因此在正畸过程中特别需要注意口腔清洁。

七、运动时做好牙齿防护，防止牙外伤

青少年参加体育活动时，宜穿运动服和防滑的运动鞋，预防摔倒造成牙外伤。必要

时应佩戴头盔、防护牙托等防护用具。一旦发生牙外伤,应尽快去医院就诊。

八、定期口腔检查,每年洁治一次

龋病和牙龈炎是青少年常见口腔疾病,可引起牙痛、牙龈出血等症状。青少年应每半年至一年进行一次口腔检查,以便及时发现口腔问题,早期治疗。洁治可以清除牙齿表面的软垢、牙菌斑和牙石,让牙龈恢复健康。建议青少年每年进行一次洁治。

国家卫生健康委办公厅印发口腔相关病种诊疗指南（2022年版）

2022年9月30日,国家卫生健康委办公厅发布《国家卫生健康委办公厅关于印发口腔相关病种诊疗指南(2022年版)的通知》(国卫办医函〔2022〕339号)文件。文件指出,为进一步提高口腔诊疗规范化水平,保障医疗质量安全,维护患者健康权益,国家卫生健康委委托有关单位制修订了口腔相关病种诊疗指南。指南包括:牙体缺损、牙列缺损与缺失修复诊疗指南,成釉细胞瘤诊疗指南,唇裂诊疗指南,腭裂诊疗指南,口腔颌面部间隙感染诊疗指南,口腔念珠菌病诊疗指南,腮腺浅叶良性肿瘤诊疗指南,上颌骨骨折诊疗指南,下颌骨骨折诊疗指南,牙颌面畸形诊疗指南,牙源性颌骨囊肿诊疗指南,菌斑性龈炎诊疗指南,口腔扁平苔藓诊疗指南,化脓性颌骨骨髓炎诊疗指南,磨牙症诊疗指南,舌癌诊疗指南,舌下腺囊肿诊疗指南。《中国口腔医学年鉴(2022年卷)》收录以上指南,其中的前言、引言、表、图、附录及参考文献等略。

牙体缺损、牙列缺损与缺失修复诊疗指南（2022年版）

牙体缺损、牙列缺损与缺失修复诊疗指南(2022年版)编写审定专家组(按姓名笔画排序)组长:刘洪臣、陈吉华、周永胜,成员:于海洋、王佐林、冯海兰、宿玉成、赖红昌、谭建国。

概述

牙体缺损、牙列缺损与缺失是口腔临床常见病、多发病,牙体缺损是指牙体硬组织质地和生理解剖外形不同程度的损害或异常,牙体形态、咬合及邻接关系的破坏;牙列缺损是指上颌或下颌牙列有数目不等的牙缺失并仍余留不同数目的天然牙,导致咬合功能的部分或全部丧失;牙列缺失指上颌、下颌或上下颌天然牙的全部缺失,导致咬合功能的完全丧失,直接影响患者的咀嚼、消化、发音与面部美观等,对口腔颌面部发育、牙髓、牙周组织及咬合均可产生影响,严重影响口腔健康与全身健康。牙体缺损、牙列缺损与缺失修复是一项复杂的系统工程,无论是嵌体、贴面、冠桥修复还是可摘局部义齿、全口义齿修复以及种植义齿修复,均涉及到物理学、化学、力学及生物力学、工程学、建筑学、结构学、计算机科学、人体结构学、美学与色彩学、机械、材料学、口腔解剖生理学、计算机辅助设计与制作、三维打印、工业先进制造等多个领域,还涉及到人文科学和法律法规的相关内容。为进一步规范我国口腔医务人员对于牙体缺损、牙列缺损与缺失修复的临床诊疗行为，完善牙体缺损、牙列缺损与缺失规范化修复诊疗体系，提高我国口腔医疗机构牙体缺损、牙列缺损与缺失修复诊疗水平，保障医疗质量和安全，改善口腔牙颌缺损患者的生活质量。国家卫生健康委员会医政医管局组织口腔医学相关学科专家，结合我国国情，制定本指南，以进一步提高我国牙体缺损、牙列缺损与缺失修复诊疗水平。

牙体缺损修复诊疗指南

一、基本情况

牙体缺损是口腔临床常见病和多发病。牙体缺损是指由于各种原因引起的牙体硬组织不同程度的外形和结构的破坏和异常，表现为牙体失去了正常的生理解剖外形，造成正常牙体形态、咬合及邻接关系的破坏。对牙髓、牙周组织、咀嚼、发音、面容甚至全身健康等产生不良影响。牙体缺损常见的病因是龋病、牙发育畸形、严重氟牙症、釉质发育不全、磨损、牙酸蚀症、外伤、牙颈部楔状缺损等。不同病因可造成不同类型的牙体缺损。

（一）龋病

龋病是由于细菌的作用造成牙体硬组织脱矿和有机物分解，表现为牙体硬组织的变色、脱钙软化和龋洞形成，病变进一步发展可造成牙冠破坏，并可伴随牙髓充血、牙髓炎、牙髓坏死、根尖周炎、根尖周脓肿等。龋坏严重者，可造成牙冠部分或全部破坏，形成残冠或残根。

（二）牙外伤

由于牙冠受到意外撞击或咬硬物易引起牙折断，故前牙牙外伤的发病率较高。根管治疗后等原因所致的失髓牙、隐裂牙等牙体自身强度下降，也可在正常咬合力下引起牙折断。牙外伤轻者表现为切角或牙尖局部小范围折裂，重者可出现整个牙冠折裂或冠根折断。

（三）磨损

磨损是指过度的机械摩擦导致的牙体硬组织缺损，多表现为牙冠咬合面的缺损，常由于喜食硬物等不良咀嚼习惯或磨牙症等引起。全牙列重度磨损可能会造成面部垂直距离降低，导致口腔咀嚼功能和美观的障碍，甚至引起颞下颌关节病。

（四）楔状缺损

楔状缺损又称牙颈部非龋性缺损，常表现为尖牙、前磨牙唇/颊面的牙颈部楔形缺损。其发病率随年龄而增高；病因有磨损、酸蚀、应力等因素。楔状缺损常伴有牙本质过敏、牙龈退缩，严重者可出现牙髓暴露甚至出现牙折断。

（五）酸蚀症

酸蚀症是牙齿长期受到酸的作用而发生脱矿，造成牙齿硬组织的缺损。常见于工作环境经常接触盐酸、硝酸等酸制剂的人群，长时间过量饮用酸性饮料的人群，以及有胃食管反流的人群等。主要表现为长期接触弱酸的牙面缺损呈刀削状的光滑表面或陷窝状形态。常伴有牙本质过敏，牙面染色、龋坏等。

（六）发育畸形

造成牙体缺损的发育畸形是指在牙发育和形成过程中出现形态、结构的异常，包括牙齿结构的发育畸形和牙齿形态的发育畸形。

釉质发育不全症轻者牙冠呈白垩色或褐色斑，严重者则出现牙冠形态不完整。釉质钙化不良者牙釉质硬度降低，牙釉质表面粗糙且有色素沉着。

氟牙症是在牙发育期间，由慢性氟中毒所致的牙体组织损害，牙冠表面出现白垩色或黄褐色斑块，重者出现釉质实质性缺损。

四环素牙又称四环素色素沉着，是在牙冠发育期间，由于受到四环素族药物的影响而发生的牙冠变色和釉质发育不全，牙冠呈灰褐色或青灰色，釉质透明度降低，失去光泽。严重者还可出现牙冠发育不全。

牙体缺损的修复包括充填法和修复法，修复法是用人工制作的修复体恢复缺损牙的形态、外观和功能，不同类型的牙体缺损可采取不同的修复方式，常用于牙体缺损修复治疗的修复体有全冠、部分冠、嵌体、桩核冠、贴面等。

二、临床表现及影响

牙体缺损主要表现为牙齿的色、形、质的改变，常常对牙髓、牙周组织、咀嚼、发音、面容，甚至对全身健康等产生不良影响。由于牙体缺损的范围、程度不同，以及牙列中牙体缺损患牙的数目差异，可能产生下列并发症及不良影响：

（一）牙体和牙髓症状

牙体表浅缺损可能无明显症状。如缺损累及牙本质或牙髓，可出现牙髓刺激症状甚至出现牙髓炎症、坏死及根尖周病变。

（二）牙周症状

牙体缺损者发生在邻面，会破坏正常邻接关系，造成食物嵌塞，引起局部牙周组织炎症，并可能发生邻牙倾斜移位，影响正常的咬合关系，形成创伤𬌗。牙体缺损若发生在唇舌轴面，破坏了正常轴面外形，可引起牙龈炎。

（三）咬合症状

大范围及严重的牙体咬合面缺损不但影响到咀嚼效率，还会形成偏侧咀嚼习惯，严重者会影响垂直距离及出现口颌系统的功能紊乱。

（四）其他不良影响

缺损发生在前牙可直接影响患者的美观、发音。全牙列残冠、残根会降低垂直距离，影响到患者的面容及心理状态。残冠、残根常成为病灶而影响全身健康。

三、检查

（一）牙体缺损的检查主要包括损伤牙的部位、范围

如前牙切角缺损、牙冠的切缘缺损、牙冠的横向折断、龋洞的范围、残冠、残根、后牙牙尖折断、牙根折裂、过小牙、锥形牙及楔状缺损等的部位、范围及其对牙髓、牙周的影响等。

（二）牙体缺损的相关检查

咬合状况检查：覆𬌗、覆盖关系；牙列检查：牙排列、错位、移动、伸长牙、𬌗曲线的检查；下颌运动的形式：开闭口、前伸𬌗、侧方𬌗的形式；颞下颌关节的检查等。

（三）牙体缺损的影像学检查包括根尖片、曲面断层片及口腔CT检查

了解牙体缺损的范围及与相关组织结构的关系与状态，包括与牙髓的关系、牙周组织的变化，冠根比改变、牙根有无折裂、根尖周有无炎症、骨质有无缺损以及颞下颌关节的变化等。

（四）牙体缺损的检查需要重点注意

牙冠的形态异常：因龋病、外伤、磨损、楔状缺损、酸蚀及发育畸形造成的牙体解剖外形的异常。如龋洞、残冠、残根、前牙切角缺损、后牙牙尖折断、牙冠、牙根折裂、过小牙、锥形牙及楔状缺损等。

牙冠的颜色异常：因牙髓坏死所致牙冠灰暗变色，因氟牙症、四环素牙、釉质发育不全引起的牙冠色彩、色调、透明度的异常。

牙冠的质地异常：因牙釉质发育不良、釉质发育不全造成的牙釉质、牙本质硬度下降，或因外伤引起的隐裂及折裂等。

治疗以后发生的继发性损害：牙体治疗以后出现的继发龋等损害，可表现为牙体组织变色，充填体边缘牙体组织软化等。X线片可见牙体组织异常的低密度区。

四、诊断

牙体缺损的诊断主要根据缺损牙的部位、范围及其影响确定。前牙可诊断为切角缺损、切缘缺损、牙冠横折等；后牙可诊断为牙尖折断、𬌗面的缺损及邻𬌗面的缺损；其他的诊断包括先天等致病因素导致得过小牙、锥形牙及楔状缺损等。诊断应确定其对牙髓、牙周的影响以及是否伴有牙根折裂、折断及根尖周、牙周等病变；牙冠大部分缺损诊断为残冠、牙冠全部缺失可诊断为残根。牙体缺损的诊断有以下注意事项：

龋病导致的牙体缺损早期可无自觉症状，待缺损加深可出现牙髓刺激症状甚至出现牙髓炎、牙髓坏死及根尖周炎等。创伤导致的牙体缺损，一般有明显的受伤过程，如累及牙髓也可出现上述症状。邻面牙体组织缺损可破坏正常邻接关系，产生食物嵌塞等症状。大范围及严重的牙体缺损不但影响到咀嚼效率，还可形成偏侧咀嚼习惯，严重者会影响垂直距离及出现颞下颌关节的功能紊乱。牙列存在多数残根、残冠会降低垂直距离，影响患者的面容及身心健康。残冠残根未及时治疗常成为病灶而影响全身健康。

五、治疗原则

尽可能保存、保护牙体、牙髓及牙周组织，保护口腔软硬组织长期健康。正确地恢复牙体解剖形态与功能，特别注意恢复咬合及邻接关系。确保修复体的固位、稳定与支持，美观与咀嚼功能并重。确诊不能保存的牙体缺损患牙应建议拔除。

六、修复治疗方法

（一）牙体缺损修复治疗的方式较多，一般情况下可以采用充填的方法进行治疗

充填法操作程序简单，可在口内直接完成，牙体预备磨牙量少，有利于保存剩余的牙体组织。但在下列情况下应采用修复体的方式进行治疗：

牙体缺损过大，牙冠剩余牙体组织薄弱，充填材料不能为患牙提供足够的保护，而且由于充填材料自身性能所限，难以承受咀嚼力而易发生变形和断裂者。充填材料无法获得足够的固位力而易脱落者。需要升高或恢复咬合者。患者𬌗力过大，有夜磨牙习惯等导致牙冠重度磨损、牙冠过短者；氟牙症、四环素牙等牙体变色，需改善牙齿外观且美学要求高者。牙体缺损的患牙需用做固定义齿或可摘局部义齿的基牙者。

（二）牙体缺损修复体治疗是用人工制作的修复体恢复缺损牙的形态、美观和功能

根据修复体修复牙体的范围、修复体的制造工艺、修复体所用的材料类型、修复体的结构特点等，可将牙体缺损修复治疗的修复体分为嵌体、贴面、部分冠、全冠和桩核冠等。

全冠是覆盖全部牙冠表面的修复体。贴面通常指覆盖牙冠唇颊面的修复体。嵌体为嵌入牙冠内的修复体，主要依靠洞型固位。如果同时覆盖部分或全部牙尖，则称为高嵌体。部分冠是覆盖部分牙冠表面的修复体。传统的部分冠一般采用金属铸造而成。桩核冠用于修复根管治疗后的大面积牙体缺损的患牙。利用插入根管内的桩固位，其上形成金属核或树脂核，然后再制作最终的全冠修复体。

1. 全冠

（1）全冠的定义　全冠是覆盖全部牙冠表面的修复体。根据制作材料的不同，全冠可以分为金属全冠、树脂全冠全瓷冠、烤瓷熔附金属全冠等。金属全冠以金属材料制作的全冠修复体，用于修复后牙等美观要求不高的患牙。全瓷冠以各种全瓷材料制作的全冠修复体，可用于修复美观要求较高的前后患牙。烤瓷熔附金属全冠又称金属烤瓷全冠，简称金瓷冠，是在金属内冠上制作饰瓷的金瓷复合结构全冠。

随着全瓷材料的发展，全瓷材料具有优

异的生物相容性、优异的美学性能和良好的机械性能，全瓷冠的临床应用日益广泛。全瓷冠按照修复体结构不同可以分为单层全瓷冠和双层全瓷冠。单层全瓷冠整个修复体由一种或一类全瓷材料组成，如使用二硅酸锂增强型玻璃陶瓷或高透氧化锆制作的前牙单层全瓷冠，根据美学要求唇面也可以覆盖少量薄层长石质饰瓷。双层全瓷冠整个修复体由两种不同类型的全瓷材料组成，如临床常用的使用氧化锆制作强度高、遮色强的内冠，外面再覆盖美观性能良好的长石质饰瓷。

（2）全冠的适应证　龋洞或牙体缺损较大，采用充填治疗或其他类型修复体难以满足固位和抗力要求者。牙齿形态缺陷或轻度错位，需采用修复的方法改善牙冠形态者。牙齿颜色存在明显缺陷，需改善牙冠颜色者。隐裂牙或者根管治疗后牙齿，防止牙齿受力劈裂。作为固定义齿的固位体。可摘局部义齿的基牙需改形或保护者。严重牙本质过敏的牙齿，其他治疗方法无效者。作为种植义齿的上部结构来修复牙齿缺失。

2. 贴面

（1）贴面的定义　贴面通常指覆盖前牙和前磨牙牙冠唇颊面的修复体，常采用全瓷材料制作，主要依靠粘接固位。在后牙通常将主要覆盖后牙𬌗面、依靠粘接固位的修复体称为𬌗贴面，一般采用全瓷材料制作。但随着贴面在牙齿美学修复中应用的适应证不断扩大，前牙贴面已经不仅可以覆盖前牙的唇面和切缘，还可以根据牙体缺损范围大小、修复体的固位和美观等因素扩展包绕至邻面甚至舌腭面。

（2）贴面的适应证　轻度或表浅性的牙体缺损，需要恢复牙冠形态和美观。轻中度的牙齿颜色缺陷，需要改善牙冠颜色。畸形牙、过小牙等发育畸形，需改善牙冠形态和美观。牙齿轻度错位，患者不愿意接受正畸治疗，需要改善牙冠形态和美观。轻度牙间隙，无牙周疾病，牙齿无明显错位，需要关闭牙间隙。

3. 嵌体

（1）嵌体的定义　嵌体是一种嵌入牙体内部，用以恢复牙体缺损患牙形态和功能的修复体。在修复牙体缺损的各种修复体中，嵌体一般用于修复牙体缺损量较小的患牙，多用于后牙。嵌体是冠内修复体，位于牙体内部，由牙体组织所包绕，其固位形主要是洞固位形。

由于嵌体位于牙体内部，嵌体受力时将力传导至固位形的侧壁，在剩余牙体内部产生拉应力，而牙釉质、牙本质的力学特征是抗压而不抗拉，过大的拉应力会造成牙体折裂，所以嵌体是一种能修复牙体组织缺损而不能为剩余牙体组织提供保护的修复体。因此，采用嵌体修复时要求剩余牙体组织有足够强度来提供抗力并保证修复体的固位。

高嵌体是覆盖部分或全部牙尖的嵌体修复体，临床上常覆盖后牙全部𬌗面。当牙体缺损严重，剩余牙体组织颊舌壁薄弱、邻面边缘嵴破坏导致牙体近中-𬌗-远中缺损时，在受力时容易产生牙体颊舌壁折裂，此时可通过采用覆盖牙体整个𬌗面的方法，以减少牙体内部有害的拉应力，保护剩余的牙体组织，防止牙齿劈裂。

（2）嵌体的适应证　能够采用充填法修复的牙体缺损原则上都可以采用嵌体修复。嵌体适用于有缺损洞形的轻中度后牙牙体缺损。嵌体所能修复的患牙牙体缺损不能过大，应有足够的剩余牙体组织来保持牙体自身的抗力并为修复体提供支持。以下牙体缺损情况适用嵌体修复：

充填法修复不能为充填体获得足够的固位。充填法修复不能为充填体和所修复牙体组织获得足够抗力。充填法修复不能满足美观要求。充填法修复不能获得良好的咬合接触和邻面接触关系。

4. 桩核冠

桩核冠是修复大面积牙体缺损的一种常用的修复方法。大面积牙体缺损是指患牙冠部硬组织大部缺失，甚至累及牙根。由于牙冠剩余硬组织量很少，单独使用全冠修复则无法获得良好的固位。为了增加固位，根管是一个可以利用的天然固位结构，可以将修复体的一部分插入根管内获得固位，插入根管内的这部分修复体被称为桩。目前所使用的桩冠对传统的桩冠进行了改良，将桩和外面的全冠分开制作，各自独立，称作桩核冠。

为了更好地理解桩核冠的结构，按照功能的不同可以把桩核冠分为三个组成部分：桩、核、全冠。

(1)桩　桩是插入根管内的部分，利用摩擦力和粘接力等与根管内壁之间获得固位，进而为核和最终的全冠提供固位，是整个桩核冠固位和传导应力的基础。固位是桩的主要功能，桩的另一个功能就是传导来自冠、核和牙冠剩余硬组织所承受的外力，桩可以改变牙根原有的应力分布模式。

根据材料的不同，桩可以分为：①金属桩：目前临床最常用的是金合金。金属桩具有良好的机械性能，是常用的桩材料，但美观性较差。金属桩可采用失蜡铸造法个别铸造完成，为桩核一体的金属桩核。金属桩也可以是半成品的预成桩。②瓷桩：主要使用强度较高的氧化锆，其美观性好，但氧化锆弹性模量较高，增加了根折的风险，临床使用并不广泛。③纤维增强树脂桩：包括玻璃纤维桩、石英纤维桩等。纤维增强树脂桩等具有与牙体相近的颜色，美观性好。纤维增强树脂桩具有与牙本质相近的弹性模量，与弹性模量较高的氧化锆瓷桩和金属桩相比，能减少桩修复后根折的风险。纤维增强树脂桩是临床常用的牙色桩核修复材料。

(2)核　核固定于桩之上，与牙冠剩余的牙体硬组织一起形成最终的全冠预备体，为最终的全冠提供固位。制作核的材料有金属、复合树脂等。金属核一般是与金属桩铸造为一体的金属桩核，强度好，桩与核为一体，不会发生分离。复合树脂等材料制作的核一般是与预成桩配合形成直接桩核，其中复合树脂具有强度高、美观和易操作等优点，并且可以通过树脂粘接剂处理，与剩余的牙体组织形成良好的结合，增强了核的固位。用于制作核的树脂材料称为核树脂。纤维增强树脂桩上面需要配合核树脂制作核。

(3)全冠　位于核与剩余牙体组织形成的预备体之上，恢复牙齿的形态和功能。详见“全冠”部分。

七、修复治疗设计

牙体缺损较小，可采用充填治疗方法；但如果在牙体缺损范围大，缺损程度严重，单纯的充填治疗不能获得良好的抗力和固位效果时，应采用修复治疗的方法。此外，对于根管治疗后或伴有变色的前牙，为取得良好的保护和美观的效果，也应该考虑采用修复治疗的方法。常用修复方法有嵌体、贴面、部分冠、全冠、桩核冠等。

当牙体缺损范围较大，已平齐牙龈时，应根据牙周、牙槽骨的状况，采取牙龈切除术、牙冠延长术或正畸牵引的方法，以桩核冠修复；当牙体缺损范围达牙龈下过深或根尖周及牙周病变过重致牙齿不能保留时，应拔除后设计种植义齿、可摘或固定局部义齿修复。

八、治疗方案

针对不同的牙体缺损的部位、范围及特点，制定正确完善的治疗方案，选择合理的修复方法。常用修复方法有嵌体、贴面、部分冠、全冠、桩核冠等，各种修复体的制作材料也有不同，在临床应用中如何选择非常重要。

在选择修复方式时，应该遵循治疗原则，以最小的损伤争取最佳的修复效果。在材料选择上，应根据功能特点进行选择，例如前牙应该选择美观性更好的材料，后牙应选择强度更佳的材料。

前牙牙体较为完整时，可以考虑磨除牙体组织较少的瓷贴面修复，在瓷材料的选择上，还应该考虑材料的遮色性能对变色牙修复效果的影响。前牙全瓷冠修复时，要考虑咬合关系、牙体形态、牙髓状态等是否适合。如果选择烤瓷熔附金属全冠修复，应该考虑材料对远期美观效果的影响。

后牙修复中，视牙体缺损的程度可以考虑嵌体、部分冠或全冠，一般情况下，根管治疗后的牙不采用没有牙尖保护功能的嵌体修复；仅有开髓孔的较完整后牙，可以直接充填，而不必全冠修复。全冠修复会破坏患牙原有的邻接关系，在修复时应该注意恢复正常的邻接关系，避免出现食物嵌塞。对于牙体过短可能影响修复体固位的牙体修复，可以考虑采用金属𬌗面，减少牙的磨除。

残冠与残根需要首先进行完善的根管治疗，再以桩核冠进行修复。目前临床以桩核冠的应用为主要选择，一体化的桩冠少有应用。根管治疗后的前牙和双尖牙，因为牙体形态及受力的特点，通常需要使用桩核来增加强度和固位。磨牙是否需要采用桩核，根据需要而定，当缺损较大、充填体难以固位时，可采用桩核增加固位力和抗力。

九、临床诊疗流程

牙体缺损的修复治疗过程是首先根据对患牙的牙体、牙髓、牙周、咬合关系等进行系统的检查，制订出完整的治疗计划，做好口腔卫生宣教、完成修复前治疗(包括修复前的根管治疗、牙周治疗、咬合调整及修复前的正畸治疗等)。

根据患者的牙体缺损原因、缺损大小、缺损牙的位置、咬合关系以及患者的要求等制订最适的修复治疗方案，选择修复体的类型，做好修复的各项准备工作。

按修复设计对患牙进行相应的牙体预备，制备出一定的空间和外形，通过印模和模型的制取，利用修复工艺制作出一个与预备后的患牙完全密合的修复体。修复体经过临床试戴，再以粘接剂将其黏着在预备后的牙体上，从而恢复患牙正常的解剖外形、咬合、邻接关系和功能。

十、随诊

牙体缺损修复不仅仅是人工替代物修复缺损的牙体，重点是在恢复正常生理功能的基础上，起到防止牙体病变进一步发展，预防牙体、牙周支持组织病变的发生，保证口颌系统健康的作用。

修复后维护和常见问题的处理很重要，各类牙体缺损修复后需要患者与医者共同认真的维护，要仔细地清除牙菌斑，定期随诊复查，及早发现修复后问题采取有效措施处理，保证缺损修复的远期效果。

牙体缺损修复7 ~ 10 d后即应定期复诊检查，注意了解口腔卫生的情况并指导维护，检查有无牙齿敏感、酸痛；检查邻接关系，注意有无食物嵌塞；检查咬合，注意有无咬合创伤。而长期随诊，重点关注有无继发龋、牙髓和根尖周炎的检查，以及牙周与咬合的复查。

牙体缺损修复常见的问题包括：牙齿敏感，可在活髓牙进行牙体缺损修复体术后即可出现敏感症状或修复体使用一段时间后出现敏感症状。疼痛，常见于牙髓炎引起的疼痛，牙周炎、根尖周炎引起的疼痛以及咬合引起的疼痛。牙龈炎，可见于食物嵌塞及修复体边缘或轴面外形不良等所致。修复体松动、脱落，由于修复体固位不足、预备体固位形不良，修复体不密合，以及修复体咬合的影响，侧向力过大等导致修复体松动或脱落。修复体穿孔或破裂，多见于牙体预备不足、修复体厚度过薄及𬌗力过大所致。

牙体缺损修复一旦发生问题，通常需要拆除修复体后进行再治疗，需要根据正确的诊断，针对不同的问题进行处理，确定再修复的方案。

牙列缺损修复诊疗指南

一、基本情况

牙列缺损是指在上颌和(或)下颌的牙列内有数目不等的牙缺失,同时仍余留不同数目的天然牙。牙列缺损的常见病因包括:龋病、牙周病、根尖周病、外伤、颌骨疾患及发育性疾病等。牙列缺损的常规修复方法主要包括固定局部义齿,可摘局部义齿,种植义齿,附着体义齿等。固定局部义齿是靠粘接剂或固定装置与缺牙两侧预备好的基牙连接在一起,从而恢复缺失牙的解剖形态和生理功能的修复体,患者不能自行取戴;可摘局部义齿是利用天然牙、基托下黏膜和骨组织做支持,依靠义齿的固位体和基托来固位,用人工牙恢复缺失牙的形态和功能,用基托材料恢复缺损的牙槽嵴、颌骨及周围软组织形态,患者能够自行摘戴的修复体;种植义齿是将替代天然牙根的种植体植入颌骨,利用其为义齿提供固位、支持的修复体;附着体义齿是指由附着体或者套筒冠提供一部分固位力的固定-活动联合义齿或覆盖义齿。各种修复方式的适应证不同,共同解决多种形式的牙列缺损。

二、临床表现及影响

牙列缺损主要表现为牙列内有数目不等的牙缺失,同时仍余留不同数目的天然牙。牙列缺损的影响主要包括:

(一)咀嚼功能减退

咀嚼功能减退受缺牙的数量、部位和缺牙的持续时间的影响,前牙缺失影响切割食物的功能,多个后牙缺失影响研磨食物的功能。

(二)牙周组织改变

缺牙后久未修复,邻牙向缺隙倾斜移位可能导致局部咬合关系紊乱,甚至出现邻牙牙间隙、继发龋、牙周袋及牙周创伤等症状。

(三)发音功能障碍

多个前牙的缺失对齿音、唇齿音、舌齿音的影响很大,主要影响发音的准确性和清晰度。

(四)美观

多数前牙的缺失,特别是上前牙缺失,使唇部软组织失去支持而内陷,加之缺隙的存在,美观影响极大;而多数后牙的缺失,如果造成咬合接触关系丧失,面下1/3的垂直距离会变短,鼻唇沟加深,面部皱纹增加,面容苍老,对美观和心理影响均大。

(五)颞下颌关节

长期、多数后牙缺失,且久未修复,有可能造成咬合关系紊乱及颞下颌关节病变。

三、检查

牙列缺损的检查除常规口腔检查内容外,重点包括以下几个方面:

(一)缺失牙情况

缺失牙情况包括缺失牙的数目、缺牙的位置、缺牙区修复空间等。

(二)缺牙区牙槽嵴情况

修复前拔牙创或创伤应愈合良好,牙槽嵴形态基本正常,无骨尖、残根及增生物,无其他黏膜疾患。

(三)余留牙状况

余留牙状况包括余留牙的牙周状况,牙冠外形是否正常,是否存在明显伸长、下垂及过度倾斜,X线片检查牙槽骨及根尖状态。

(四)原修复体的情况

是否存在状况不良的修复体或充填体。

(五)殆关系修复

前殆关系应基本正常,颞下颌关节功能

基本正常。

四、诊断

上颌和(或)下颌的牙列内有数目不等的牙缺失,同时仍余留不同数目的天然牙,均可诊断为牙列缺损。当牙列所有的牙齿缺失,则应诊断为牙列缺失。

五、治疗原则

牙列缺损表现形式多样,修复治疗方案的制定应遵循以下原则:

(一)恢复形态与功能的原则

恢复牙列的完整、重建良好的𬌗关系,形成协调的下颌运动;修复体外形有助于美观,与余留牙及对颌牙协调,与肌肉、颞下颌关节及面部等协调。

(二)保护口腔组织健康的原则

修复体对口腔组织有良好的生物相容性,无不良刺激,机体容易适应;修复体的解剖外形有助于口腔卫生,容易自洁,促进局部组织的健康;余留牙进行必要的基础治疗;修复体设计要尽量保证剩余牙齿的健康状况。

(三)及时修复

一般在牙齿缺失之后3个月左右尽早进行修复。

(四)微创化

微创化包括修复设计的微创化和临床操作的规范化。

六、修复方式

确定牙列缺损的常规修复方法主要包括固定局部义齿,可摘局部义齿,种植义齿,附着体义齿等。各种修复方式的适应证不同,也有其各自的优缺点。治疗方案的制定需要考虑患者的缺牙数量、位置、余留牙状况、骨质条件、舒适度及美观需求、修复治疗时间、费用承担能力等多方面的因素。可能采用不同修复方式时,应针对每种可能的修复方式制定相应的治疗方案,说明每种方案的修复效果、治疗内容、费用等,患者可根据自己的需求进行选择。

七、修复方法

(一)可摘局部义齿

1. 定义

可摘局部义齿是一种患者可以自行摘戴的用于部分牙缺失(牙列缺损)的修复体。义齿主要通过固定在余留天然牙上的卡环等固位装置和基托保持义齿在牙列中的位置,利用天然牙或缺牙区剩余牙槽嵴或两者共同做支持,恢复缺失牙及其周围缺损组织的解剖形态和生理功能。最常用的是金属支架式可摘局部义齿,它以金属支架为主要结构,一般由金属支架和树脂构成,具有外形精确、体积小、异物感小等优点。可摘局部义齿的直接固位体也可以采用附着体进行固位,此类义齿为附着体式可摘局部义齿。可摘局部义齿采用美学区的牙位放置固位体时可使用美观卡环提升义齿的整体美学效果。金属支架式可摘局部义齿常用的合金材料为钴铬合金、钛及钛合金等。

2. 适应证

适用于有修复空间的各种牙列缺损。缺牙伴有牙槽骨、颌骨、软组织缺损者。需要升高颌间距(𬌗垫式义齿)以恢复垂直距离者。患者不愿意磨牙齿,无法行固定义齿修复;或主动要求可摘局部义齿修复者。腭裂患者需要以基托封闭裂隙者。拔牙后的即刻义齿或过渡性义齿。

3. 禁忌证

因精神残疾生活不能自理者,如痴呆症、癫痫、精神病等患者,对可摘局部义齿不便摘戴、保管、清洁,甚至有误吞义齿的危险者。严重的牙体、牙周或黏膜病变未得到有效治疗控制者。

4. 临床诊疗流程

牙列缺损的可摘局部义齿修复治疗过程为首先对全牙列中缺牙区的位置、空间,余留牙的牙体、牙髓、牙周、咬合关系等进行系统的检查，制订出完整的治疗计划。做好口腔卫生宣教，完成修复前治疗包括残根和Ⅲ度松动不能保留牙的拔除，需要行根管治疗、牙周治疗、咬合调整者应在修复前完成，需要正畸治疗者也建议修复前完成。

根据患者牙列缺损的原因、缺牙间隙的大小、缺牙的位置、咬合关系以及患者要求等制订适合的可摘局部义齿修复治疗方案，选择修复体的类型，做好修复的各项准备工作。

根据可摘局部义齿的分类设计原则，对修复体进行修复设计。按修复设计对基牙进行相应的修整，确认有适合可摘局部义齿固位、稳定和支持的空间和外形；印模和模型的制取、颌位关系的确定和转移，修复体制作，修复体制作完成后经过临床试戴和调改，从而恢复患者牙列的生理功能。

5. 随诊

牙列缺损修复不仅是使用人工修复体来修复缺损的牙列，重点是在恢复正常生理功能的基础上起到防止邻牙倾斜，对颌牙伸长，维护口颌系统健康的作用。

修复后维护是可摘局部义齿长期行使功能的前提。各类牙列缺损修复后需要患者与医者共同认真的维护，要仔细地清除牙菌斑，定期随诊复查，及早发现修复后问题采取有效措施处理，保证牙列缺损修复的远期效果。

牙列缺损修复后应定期复诊检查，注意口腔卫生的情况并指导维护，检查是否有疼痛，义齿的固定、稳定和支持是否能满足要求；检查咬合，是否有咬合创伤。而长期随诊重点关注基牙和余留牙有无继发龋、牙髓和根尖周炎的检查，以及牙周与咬合的复查。

可摘局部义齿修复后常见的问题包括疼痛，义齿固位力、稳定性不良，义齿咀嚼功能差，戴取困难，食物嵌塞，咬颊、唇、舌等，医师应进行相应的临床处理，来解决患者出现的问题。有些患者会出现发音不清、恶心和唾液增多等问题，此时一方面患者应尽量多戴新的可摘局部义齿，以加快适应；另一方面，医师也应检查基托的适合性和长度，如有需要，则进行相应调整。如果出现咀嚼肌和颞下颌关节不适时应停戴义齿，加高或降低垂直距离，恢复正确的咬合关系，消除临床症状，必要时可重新制作可摘局部义齿。

戴用一段时间后，可摘局部义齿可能出现卡环固位体的变形或折断，支托折断，人工牙的脱落或折断，基托不贴合，余留牙拔除后义齿戴不稳，基托折裂等问题，临床医师可选择相应的处理方法，如有需要也可重新制作可摘局部义齿。

（二）固定局部义齿

固定局部义齿是修复牙列中一个或几个缺失牙的修复体，靠粘接剂或固定装置与缺牙两侧(个别情况下可为一侧)预备好的基牙连接在一起，从而恢复缺失牙的解剖形态与功能。固定局部义齿按其结构分为三种基本类型：双端固定桥、半固定桥、单端固定桥。其中双端固定桥为主要应用方式，以下以双端固定桥为例。

1. 适应证

缺牙数目：固定桥适合于牙弓内的单个或少数牙缺失。对于多数牙缺失的患者，应持谨慎态度。缺牙的部位：牙列中的非游离端部位缺牙，只要数目不多，基牙条件符合要求，一般都可以选用固定桥修复。基牙的条件：临床牙冠高度适当，或通过桩核修复能达到固位要求，牙根应粗壮且有足够的长度，牙周组织健康，根尖周无病变，基牙的轴向位置不影响固位体的预备及基牙间的共同就位道。咬合关系：咬合关系基本正常，缺牙区修复空间适当。缺牙区的牙槽嵴：缺牙区组织愈合完成，牙槽嵴形态相对稳定。口腔卫生情况：口腔卫生较差的患者，必须进行牙周洁治，并嘱保持口腔清洁。患者的要求与口腔条件应具有一致性，能接受牙体预备并能合作者。

2. 禁忌证

患者年龄较小，临床牙冠短，髓腔较大，

髓角高，根尖部未完全形成时，需要特别注意保护牙髓。缺牙较多，余留牙无法承受固定义齿𬌗力时。或末端游离缺失缺牙2个或超过2个者，需考虑其他修复方式。缺牙区邻牙临床牙冠较短，通过桩核也无法满足固位要求者，不宜固定桥修复。缺牙区毗邻牙牙髓、牙周已有病变尚未经治疗时，需进行彻底治疗后才可用作基牙。缺牙区的牙槽嵴顶黏膜至对颌牙𬌗面距离过小者，不宜固定桥修复。牙槽嵴吸收未稳定者，待吸收稳定后方可作固定桥修复。患者的口腔卫生差，不进行口腔卫生维护者。

3. 临床诊疗程序

首先进行修复前的医患交流，了解患者的主观愿望，在进行认真仔细检查的基础上，对患者的口腔条件及修复效果进行恰当的评估，医患双方共同参与制订修复方案。

完成修复治疗前的准备及处理，包括处理急性症状、余留牙的保留与拔除、咬合调整与选磨、口腔黏膜疾患治疗，以及修复前必要的外科处理或正畸治疗等。

基牙的牙体预备原则和要求与全冠、部分冠及嵌体等的牙体预备基本相同。各基牙预备体之间必须有共同就位道，根据固位体设计调整牙体磨除量以及龈边缘预备形式，预备时须保证连接体的空间。原则上应该尽量保护基牙牙髓活力。但对于位置异常的活髓牙又必须选作基牙时，根据就位道需求预判牙体预备有可能穿髓者，征得患者同意后，可进行去髓及根管治疗后，再做牙体预备。牙质脆弱的无髓牙可加桩以加强基牙抗力。牙体预备完成后，选取合适的印模材料制作印模并灌制石膏模型。利用余留牙或硅橡胶咬合记录等方式记录并确定颌位关系。牙体预备后采用术前复制诊断蜡型，利用自凝树脂类材料制作暂时修复体，用对牙髓有安抚作用的暂时水门汀进行粘接。修复体制作完成后进行临床试戴，试戴合适后需要做上釉或抛光处理，再以粘接剂将其粘着在预备后的牙体上，对活髓基牙选择牙髓刺激小的水门汀。

完成修复后，让患者了解戴牙后可能出现的反应及应对方法，如何正确使用义齿、维护义齿及口腔组织的卫生和健康。

4. 固定局部义齿修复后的常见问题

（1）基牙疼痛　过敏性疼痛：多由于活髓牙磨切后牙本质暴露，固定桥就位时的机械摩擦、粘接时消毒药物刺激、冷热刺激、水门汀中游离酸刺激等都会引起过敏性疼痛。一般可自行消失。自发性疼痛：可发生在修复后的近期或远期，多为牙髓炎引发。咬合痛：常见于牙周创伤或根尖周炎、根折等。对于根尖周炎的基牙，可在固位体上钻孔或拆除固定桥做根管治疗。当基牙根折时可能需拔除患牙，重新设计。

（2）基牙松动　对松动的基牙可先采取保守治疗，可调𬌗以减轻负担。如果牙周组织损伤严重，且经常引起炎症而产生疼痛，一般应拆除固定桥，治疗患牙，重新设计修复方案。

（3）龈缘炎、黏膜炎　固定桥戴用后出现龈缘炎或桥体下牙槽嵴黏膜炎症的情况较为多见。治疗时去净残余的水门汀，局部用药消除炎症，或通过调磨修改尽可能消除或减少致病原因。若效果不佳者，应拆除固定桥重做。

（4）固定桥松动、脱落　固定桥出现松动、脱落，在仔细检查并找出原因后，针对原因做相应处理。

（5）固定桥破损　应分析原因，一般都需拆除后重做。

（三）粘接固定桥

粘接固定桥是一种修复牙列缺损的微创修复体。按固位体数目和位置的不同，可将粘接桥分为单端粘接桥和双端粘接桥。根据使用材料和设计形式的不同，粘接桥可分为三类：金属翼板粘接固定桥、纤维强化复合树脂粘接桥和全瓷粘接桥。金属粘接桥因对美观性有一定的影响，脱落率高，因而应用范围有逐渐减少的趋势。随着全瓷材料以及树脂粘接技术的不断进步，非金属粘接桥的应用越来越广泛，成为牙列缺损微创修复的一种新的选择。

1. 适应证

适用于个别缺失牙齿的修复，一般≤2个。基牙健康，釉质完整，牙周情况良好，无明显松动。浅覆𬌗、浅覆盖。不接受或不能耐受大量牙体组织磨切者。作为牙周夹板辅助修复1～2个缺失的前牙。其他特殊需要的过渡性修复，例如儿童个别恒前牙缺失，为保持间隙，防止邻牙移动，发挥间隙保持器作用。

2. 禁忌证

缺牙间隙过大、缺牙数目过多(多于1个后牙或2个前牙)或连续缺牙超过2个。基牙牙冠短小、牙釉质发育异常或基牙残存的健康牙釉质少等原因，无法提供足够的釉质粘接面积。严重的牙周病患者，基牙松动明显。严重的牙列不齐、深覆𬌗、𬌗力过大的患者，或有紧咬牙、夜磨牙症等口腔副功能的患者。龋病易感患者。

3. 临床诊疗流程

首先对缺牙区的位置、空间，余留牙的牙体、牙髓、牙周、咬合关系等进行系统的检查，制定出完整的治疗计划。固位体设计时应注意需能提供良好的固位力，固位体不能引起咬合障碍。一般可根据具体情况设计为单端或双端粘接桥，不能影响牙周组织健康，避免外形过突，边缘距龈缘1 mm以上，连接体部有适当的外展隙形态，在保证有足够的粘接面积和固位体厚度的同时，考虑自洁形态。粘接桥多采用舌面翼板粘接固位，牙体磨切一般局限在牙釉质层。粘接后再行调𬌗、抛光。

4. 粘接桥的效果及并发症

粘接桥的临床风险：粘接桥的并发症主要有脱粘接，然后是基牙变色、龋齿等。其中脱粘接是粘接桥失败最主要的原因，可尝试重新粘接。另外，金属翼板粘接桥修复后有时出现色泽透青、发暗，因此对美观要求高的患者不宜选用金属翼板的粘接桥。粘接桥的基牙龋齿主要发生在双端固定桥一侧脱粘接而患者未察觉或未及时处理的情况下。

(四)种植义齿

1. 适应证

部分或个别缺牙，不愿破坏邻牙健康，采用固定义齿修复者；不愿采用可摘局部义齿修复者；经过治疗适合口腔种植者；全身健康状况能耐受种植体植入手术者、骨代谢状况能满足种植体骨结合进程者、承受功能性负荷后，骨组织的新陈代谢能维持正常生理性改建及更新者。

2. 禁忌证

禁忌证包括采用种植治疗有可能危及患者全身健康或生命者；患有影响种植体骨结合的骨代谢障碍性疾病者；吸毒、酗酒者；精神疾病患者。

此外，针对患有其他系统性疾病并全身用药的患者，如静脉注射双磷酸盐患者，曾经或正在进行放、化疗患者，定期服用类固醇患者等，应与相关专科医师会诊并全面评估患者状况后谨慎采取种植义齿治疗方式。

3. 牙列缺损的种植分类

临床上，根据缺牙间隙的牙齿数量不同，牙列缺损可分为单颗牙缺失或多颗牙连续缺失；根据牙齿缺失的不同部位，可分为前牙缺失和后牙缺失；根据剩余牙槽骨宽度和骨高度不同，可分为骨量充足型牙列缺损和伴有骨量不足的牙列缺损。

4. 牙列缺损的种植修复方案

对于牙列缺损的患者，种植修复方案主要为种植体支持的单冠、联冠或固定桥修复。

(1)种植体支持的单冠 治疗方案设计的诊断要点包括缺牙区牙槽嵴轮廓外形及软组织健康水平、缺牙间隙大小、𬌗龈距及对颌牙情况、邻牙牙周及牙体健康水平、影像学检查缺牙区骨量/骨质情况。

（2）种植体支持的联冠或固定桥　治疗方案设计的诊断要点包括缺牙区牙槽嵴轮廓外形及软组织健康水平、缺牙间隙大小及缺失牙位数量、殆龈距及对颌牙情况、咬合关系评价、邻牙牙周及牙体健康水平、影像学检查缺牙区骨量、骨质情况。

5. 治疗方案

（1）单颗牙或非连续多颗牙缺失　种植治疗方案主要为牙种植体支持的单冠修复。

种植体三维位置的确定。颊舌向植入位点：按照修复为导向和生物力学最优原则。近远中向植入位点：确保种植体与邻牙牙根之间的安全距离，勿伤及邻牙牙根。冠根向植入位置：参照牙槽嵴顶位置和修复体颈缘位置。

种植体轴向包括种植体的颊舌轴向和近远中轴向，需考虑的因素有种植位点原有天然牙的排列方向、生物力学因素、颌骨倾斜角度和局部解剖特点。

种植体的选择需考虑的因素有：近远中缺牙间隙；可用骨量；殆力大小；局部解剖限制。

种植时机的选择。Ⅰ型种植为即刻种植，在牙拔除的同时植入种植体。在美学区行即刻种植美学风险高，应做好术前评估。Ⅱ型种植为软组织愈合的早期种植，通常为拔牙后4～8周，软组织愈合但牙槽窝内尚无有临床意义的骨充填。Ⅲ型种植为部分骨愈合的早期种植，通常为拔牙后12～16周，牙槽窝内具有临床意义和（或）放射线片上的骨充填。Ⅳ型种植是指在牙槽窝完全愈合后植入种植体，通常在拔牙后6个月或更长时间。

基台的选择。常用的基台材料包括钛、氧化锆和金合金。钛基台和氧化锆基台在维持种植体周软组织稳定方面表现更优。个性化基台可以更好地适应不同个体情况，制作方法包括计算机辅助设计／计算机辅助制造技术和传统失蜡铸造技术。

修复材料主要包括：全瓷修复体、金属烤瓷和金属烤塑修复体。

固位方式主要分为螺钉固位和粘接固位。螺钉固位方便拆卸，便于修复体的清洁和修理；无粘接剂残留风险，种植体周更健康；对殆龈距最低高度要求相对较小。粘接固位可以获得完整的咬合面、操作简单，但对修复空间要求较高，存在粘接剂残留风险。

（2）多颗牙连续缺失

种植治疗方案主要为牙种植体支持式单冠、联冠或固定桥修复。种植体三维位置的确定：种植体三维位置的定位原则同单牙种植，同时建议两种植体间的间距≥3 mm，种植体与牙体间距离一般≥1.5 mm。种植体数量及位点分布：根据缺牙数量、部位、骨量和骨质条件以及使用的种植体特性确定植入位点和种植体数量。种植体轴向的确定同单牙种植，同时需兼顾种植体间的平行度。种植体的选择同单冠修复。种植时机的选择同单冠修复。基台选择同单冠修复。修复材料选择同单冠修复。固位方式选择采用联冠或固定桥修复设计时，螺钉固位较难获得修复体的被动就位，应注意种植体的植入方向和角度，确保种植体的共同就位道。

6. 临床操作

（1）种植术前准备　患者全身情况检查、口腔检查、影像学检查、牙周治疗、术前用药。根据临床实际情况，必要时可在术前应用抗生素与镇静药物。

（2）常规种植手术操作步骤　①术区消毒铺巾，包括口周皮肤及口腔内消毒；②局部麻醉；③切口与翻瓣。切口设计原则包括术野充分暴露、黏膜瓣有充足血运、不损伤邻近组织、尽量减少愈合瘢痕、可无张力关闭创口、保护牙龈乳头。常用的切口类型包括牙槽嵴顶切口和偏离牙槽嵴顶的切口；④修整牙槽骨；⑤预备种植窝：基本步骤包括种植位点定位、先锋钻导向、扩孔钻逐级扩大种植窝、颈部成形（必要时）、螺纹成形（必要时）；⑥种植窝冲洗、冷却；⑦植入种植体；⑧放置愈合基台。缝合。

(3)种植术后医嘱　术后需注意保持口腔卫生,避免撞击术区。可根据临床实际情况选择应用抗生素预防感染。常规术后7~10 d拆线。

(4)种植二期手术　二期手术通常是在种植体已完成骨结合后进行。包括暴露种植体,诱导形成种植体周软组织袖口以及对软组织进行必要的修复前处理。

(5)种植上部修复基本步骤　种植印模技术包括闭窗式印模和开窗式印模。咬合记录的制取。种植上部结构初戴:上部结构就位精度检查;邻面接触点调整;修复体外形检查;咬合调整,去除早接触点;基台固位螺钉或冠固位螺钉加力根据不同种植系统操作要求,逐步增加扭矩到规定值,如为粘接固位,应注意彻底清除溢出的多余粘接剂,以减少粘接剂残留对种植周组织的影响。

7. 效果评价

牙种植体的成功标准:种植体无动度;放射学显示种植体周围无透影区;种植体功能负载一年后,每年垂直方向骨吸收 < 0.2 mm;种植体无持续性或不可逆的症状,如疼痛、感染、麻木、坏死、感觉异常以及下颌管损伤;达到上述要求者,5年成功率 > 85%,10年成功率 > 80%为最低标准。

8. 随诊

(1)定期复查　规律而规范的定期复查对于监测种植体周软硬组织状态、发现和控制风险因素、及时发现并处理问题、指导患者进行正确的口腔卫生维护具有重要意义,是种植体长期、稳定行使功能的重要保证。

复查临床检查包括:口腔卫生情况、探诊出血指数、探诊深度、牙龈退缩、上部结构松动、种植体松动度等。当出现临床症状时,需进一步拍摄放射线片明确诊断。在条件允许情况下,建议每年进行一次放射线检查。

(2)常见的修复相关并发症及处理　生物学并发症:指种植体周发生的感染性疾病。主要临床表现为种植体周黏膜炎和种植体周炎。硬件并发症:主要包括机械并发症和工艺并发症。机械并发症是指由于机械力量导致种植修复系统中某一部分或某一结构的破损或破坏,继而影响到种植修复效果的并发症。临床表现为基台固位螺钉松动与折断;修复体螺钉松动与折断;修复体破损;种植体折断等。工艺并发症是指与加工制作过程相关的工艺程序、修复材料等工艺风险导致的并发症,主要发生于修复体。临床表现为修复体折断、修复体崩瓷或崩塑、修复体基底断裂、固位问题等。其他并发症:包括外科并发症、修复并发症、美学并发症等。

牙列缺失修复诊疗指南

一、基本情况

牙列缺失是指各种原因导致的上颌或(和)下颌牙全部缺失,此时的缺牙颌骨也称为无牙颌。牙列缺失是发生在口腔的一种常见病、多发病,多见于老年人。根据第四次全国口腔健康流行病学调查报告显示的数据,65~74岁年龄组人群在2015年的无牙颌率为4.50%。

牙列缺失最常见的病因为龋病和牙周病,龋病导致的牙列缺失,剩余牙槽嵴骨吸收量相对较少,牙槽嵴相对丰满;牙周病导致的牙列缺失,剩余牙槽嵴骨吸收量相对较多,牙槽嵴多为低平或刃状,常规全口义齿修复后义齿易脱位且容易造成剩余牙槽嵴黏膜的反复压痛,种植义齿修复也相对更加困难。

此外,外伤、肿瘤术后、不良修复体和发育异常等均会导致牙齿缺失。外伤、肿瘤术后常导致牙槽骨、颌骨的不对称缺损，先天缺牙等发育异常导致剩余牙槽嵴的重度萎缩或发育不良，这些都属于无牙颌修复中的疑难病例。

二、临床表现及影响

牙列缺失的临床表现主要体现为剩余牙槽嵴的吸收和软组织的改变。

（一）剩余牙槽嵴吸收

牙列缺失后剩余牙槽嵴发生吸收，随着骨质吸收由少到多，剩余牙槽嵴从具有一定的高度和宽度的丰满形态逐步变为呈刀刃状；当剩余牙槽嵴大量甚至全部吸收时，其高度显著降低，则呈低平状，严重者上颌切牙乳突和颧突，下颌的颏孔、下颌隆凸和外斜嵴，分别与剩余牙槽嵴顶接近或平齐。刃状与低平剩余牙槽嵴常见于下颌，剩余牙槽嵴吸收严重者的口腔前庭与口底无明显界限，剩余牙槽嵴甚至低于口底高度。

因为上下颌剩余牙槽嵴的倾斜方向不同，随着剩余牙槽嵴持续性骨吸收，会导致上下颌剩余牙槽嵴前部和后部空间位置关系的不协调。上颌剩余牙槽嵴向上、向内吸收，颌弓呈逐步变小的趋势，前部剩余牙槽嵴顶的位置逐渐后移，后部颌弓宽度越来越窄；下颌剩余牙槽嵴的吸收尽管也是唇颊侧骨板吸收快于舌侧，但吸收严重时，剩余牙槽嵴顶位置变窄且降低，随颌弓形状呈向下向外吸收的趋势，前部剩余牙槽嵴顶的位置逐渐前移，后部颌弓宽度越来越宽。

（二）软组织改变

随着牙列缺失患者年龄增大，软组织将出现退行性和增龄性改变。比如，咀嚼黏膜上皮变薄，失去角化层，弹性差，黏膜下层疏松，转化为非咀嚼黏膜，而且敏感性增强，易感疼痛，易受损伤。肌肉松弛，肌张力和弹性降低。此外还可能有味觉功能减退和唾液分泌减少、口干等问题出现。

随着剩余牙槽嵴高度降低，前庭沟及口底深度变浅，口腔内空间增大，舌体失去牙和剩余牙槽嵴的限制而变得肥大。唇颊部组织失去支持而向内凹陷，丰满度差，鼻唇沟加深，面部皱纹增多。面下部1/3距离变短，口角下垂，面容苍老。

牙列缺失会导致患者口腔功能受损，丧失对食物的切割和研磨作用，胃肠消化负担增加；牙列缺失影响发音功能，特别是齿音和唇齿音；由于失去了牙齿对面下1/3高度的维持和对唇颊软组织的支持，患者面容外观会受到严重影响；随着时间的推移，无牙颌患者的剩余牙槽嵴、口腔黏膜、颞下颌关节和肌肉神经系统会发生进一步的退行性或病理性改变。以上改变会进而影响患者的心理状态，甚至社交活动。

三、检查

（一）问诊

在接诊患者的最初阶段，医师应通过问诊，了解患者对于义齿修复的主观要求，既往治疗病史，全身健康状况，性格特征和精神心理状态，以及患者的经济状况。

1. 主观要求

应了解患者对于疗程、费用，以及可能达到的效果的理解程度。患者对新的修复体的期望应合理，且与预算相匹配。医患应充分沟通每种治疗方案的优点和局限性。

2. 病史采集

病史采集包括缺牙原因，缺牙时间，既往修复史，既往修复体类型及戴用时间和效果。既往有修复经验且对修复效果满意的患者，对新的修复体能更快适应，而既往未戴用修复体或对既往修复体不满的患者，对新制作的全口义齿可能也难以适应。

3. 全身情况

年龄：年龄通常与其支持组织的生理状况和适应能力有关。年龄越大的患者，剩余牙槽嵴和黏膜的萎缩程度越严重，组织越敏感，耐受力差，神经肌肉的协调性和适应性也越差，影响义齿的修复效果，适应时间也越长。手部精细动作协调性差，视力有所下降，自主清洁能力受限的患者，应慎重选用种植固定修复。

性别：女性易合并全身骨质疏松，剩余牙槽嵴萎缩程度往往较男性严重，义齿修复后需要的适应时间可能更长。

健康状况：骨质疏松患者通常剩余牙槽嵴吸收严重，义齿固位稳定差；口干燥症患者唾液分泌过少，黏膜干燥，义齿固位差，黏膜易受损伤；患有脑血管疾病后遗症、帕金森病和阿尔茨海默病等疾病的患者，口颌系统神经肌肉协调能力较差，对于全口义齿的学习和适应较困难；无牙颌患者多为老年人，常伴有慢性系统疾病，如高血压、冠心病、糖尿病等，在行种植手术前需进行完善的术前评估判断是否适合行种植手术。

(二)临床检查

1. 颌面部检查

面部形态：观察患者面部外观，颌面部左右是否对称，比例是否协调，唇的丰满度和上唇的长短，是否有唇颊部组织因失去支持而向内凹陷，唇部丰满度不足，有无鼻唇沟加深，口角下垂，红唇变窄，面下1/3距离变短，面容苍老等现象。

下颌运动与颞下颌关节：下颌运动是否正常，有无张口偏斜、开口受限和习惯性下颌前伸，颞下颌关节有无弹响，关节区和肌肉有无疼痛。

2. 口内检查

剩余牙槽嵴：通过视诊及触诊检查剩余牙槽嵴的吸收程度和平整程度，拔牙窝是否完全愈合，有无骨尖、骨突和组织倒凹，如上颌结节颊侧有无过大倒凹，上下颌隆凸是否过大、过突。

黏膜：检查剩余牙槽嵴黏膜的厚度是否正常，是否有黏膜萎缩或增生。有无因不良义齿修复导致的松软组织、缝龈瘤、黏膜充血、肿胀或溃疡等。

系带和肌肉的附着：检查肌肉和系带的附着距离剩余牙槽嵴顶的距离。

腭穹隆的形状：腭穹隆高拱者义齿固位好。

舌的大小和位置：检查舌体的大小，有无舌体肥大；检查舌体的位置，有无舌体后缩。

唾液分泌情况：检查唾液分泌的量和黏稠度。

3. 颌位关系

颌位关系评估：颌位关系评估包括上下颌弓的水平关系及垂直关系(颌间距离)是否协调。无牙颌患者长期未修复或旧义齿重度磨耗，易导致颌位关系不协调。可能出现垂直距离降低，下颌前伸等异常颌位关系。需在修复开始前，判断患者上下颌颌位关系是否协调，对于习惯性下颌前伸患者，可能需要通过过渡义齿帮助患者回到正确的下颌位置。

预期修复空间评估：在预期正常颌位关系基础上，进行预期修复空间评估。剩余牙槽嵴吸收严重者颌间距离较大，对全口义齿而言，过大的颌间距离方便排列人工牙，但因人工牙离剩余牙槽嵴顶较远，容易产生不利的杠杆作用，在咀嚼时易翘动，导致义齿不稳定。而颌间距离过小者，虽然上下颌剩余牙槽嵴丰满，有利于义齿的固位和支持，但由于义齿修复间隙过小，造成人工牙排牙困难，常需磨除人工牙的盖嵴部。

4. 旧义齿评估

如果患者戴用旧义齿，应检查旧义齿的固位与稳定情况，义齿基托与组织密合情况，边缘伸展情况，垂直距离和正中关系是否正确，人工牙的材料、排列位置与殆型、磨耗程度和咬合接触关系等。对旧义齿存在的问题应进行分析，待重新修复时尽可能给予改正。

5. 与种植修复相关的临床检查

除常规的口腔颌面部检查外，种植修复必须进行相关的影像学检查。影像学检查可提供颌骨骨量信息，并反映颌骨内病变及重要解剖结构信息。常用的影像学检查手段包括曲面体层片、锥形束CT及根尖X线片。

(1)牙槽骨骨质骨量　是否有充足骨量可以植入种植体;是否可通过骨增量满足种植体植入条件;牙槽骨骨密度是否过低、过高。

(2)重要解剖结构　上颌窦位置、下颌管走行及它们与剩余牙槽嵴的相互关系;上颌窦内有无炎症、囊肿及液平,有无解剖结构变异如上颌窦开口狭窄、上颌窦间隔、外侧壁低位较大直径动脉走行等。存在上述问题的病例手术并发症风险高,部分症状需在术前处理消除。

(3)软组织质量　当种植体周围角化黏膜不足时,可能出现触碰疼痛,增加患者口腔卫生维护难度;同时前庭沟较浅者,种植体周围软组织受口唇运动牵拉,可能出现软组织退缩,甚至种植体暴露。剩余牙槽嵴表面角化龈宽度过窄过薄、前庭沟过浅的患者,可考虑行角化龈、结缔组织移植及前庭沟成形术。

(4)前庭及口底深度　剩余牙槽嵴重度吸收,前庭沟及口底深度过浅,可考虑采用种植覆盖义齿修复,通过基托恢复面部丰满度。

(5)颌位关系　颌间距离及上下颌水平位置关系也会影响种植固定义齿的种植体植入位置设计,以及种植覆盖义齿的附着体选择,需要通过诊断蜡型和试排牙进行慎重评价。极端的安氏Ⅱ类或Ⅲ类错聆的患者,可能难以在修复阶段通过修复体进行弥补,修复体生物力学风险高,应在接诊初期即判断潜在风险。备选解决方案可选择非种植治疗、正颌手术、骨增量术、采用种植覆盖义齿而非种植固定义齿等。

(6)面部丰满度与微笑线　是决定采用种植固定义齿或种植覆盖义齿的关键因素。面部丰满度的恢复取决于上下颌前部剩余牙槽嵴及修复体对唇部的有效支撑。种植固定义齿修复设计要求:①修复体应恢复适当的面部丰满度;②上下颌前部剩余牙槽嵴唇面与修复体唇面形态应尽可能移行;③义齿不可覆盖唇舌侧剩余牙槽嵴的翼缘;④种植固定修复体桥体应便于清洁;⑤过渡不自然的修复体/剩余牙槽嵴交界应隐藏于最大微笑线根方。对于剩余牙槽嵴重度吸收的患者,同时满足上述要求尤为困难,难以有效恢复面部美观。采用种植覆盖义齿设计则可化繁为简,覆盖义齿唇侧翼缘可较好地恢复患者面部丰满度。

四、诊断

尽管牙列缺失的诊断较为简单,但是真正的诊断过程还应该包括对患者软硬组织解剖条件、全身状况、年龄、义齿戴用经验以及性格精神状态的综合评判。常规诊断为牙列缺失。可以根据缺失牙部位进一步诊断为,上下颌牙列缺失,上颌牙列缺失,下颌牙列缺失(后二者为单颌牙列缺失)。

五、治疗原则

牙列缺失的修复治疗,是通过修复体重建缺失的牙列及颌骨软硬组织。恢复口腔功能及颌面部美观,同时恢复患者的社会、心理健康。

牙列缺失可以采用全口义齿,种植覆盖义齿,种植固定义齿等方法进行修复。部分患者口腔仅余留少量天然牙残根,经完善治疗后,可以在其上制作覆盖义齿,由于其修复方法与牙列缺失的全口义齿类似,因此也可参照牙列缺失的修复过程。

(一)全口义齿

1. 定义

全口义齿是黏膜支持式义齿,是牙列缺失的传统修复治疗方法。它是采用人工材料替代缺失的上颌或下颌完整牙列及相关组织的可摘义齿修复体。全口义齿由基托和人工牙两部分组成。全口义齿靠基托与黏膜紧密贴合及边缘封闭产生的吸附力和大气压力产生固位,使义齿吸附在上下颌剩余牙槽嵴上,恢复患者缺损组织和面部外观，恢复咀嚼和发音功能，义齿基托覆盖下的黏骨膜和骨组织承担义齿的咬合压力。

2. 适应证

能够耐受戴用可摘义齿的牙列缺失患者，对于全口义齿修复效果有合理预期的患者。

3. 禁忌证

有明显精神障碍者，患有危重的全身疾病者。相对禁忌证为强烈的咽反射，不能耐受全口义齿基托，对全口义齿材料过敏等。

（二）种植覆盖义齿

1. 定义

种植覆盖义齿是种植体与黏膜混合支持式义齿，或是完全的种植体支持式义齿。其通过无牙颌患者剩余牙槽嵴内植入种植体，种植体上部放置切削杆、套筒冠、杆式结构或独立的按扣式固位装置、磁性固位体等为修复体提供固位和支持。在下颌，简单的覆盖义齿可以只由两个种植体支持，在上颌则一般至少需要4个种植体。种植体及其上的附着体能够增加义齿的固位和稳定性，提高咀嚼功能和舒适度。剩余牙槽嵴重度吸收的患者，义齿基托的存在还有助于恢复面部丰满度。

2. 适应证

适用于大多数无牙颌患者，特别是牙槽骨严重吸收，预计常规全口义齿修复效果不佳，或既往有传统全口义齿修复的经历，希望改善修复体的固位稳定和功能者。戴用上颌全口义齿会引起活跃的咽反射，或希望减小上腭部基托覆盖面积者。患者口腔副功能活跃造成修复体不稳定。要求种植修复的患者，因可用种植位点选择较少，只能植入少量种植体，不足以完成固定种植义齿设计者，或是固定修复难以恢复美观及发音者。要求种植修复的患者，全身状况及经济条件不能耐受复杂种植手术及较高费用者。要求种植修复的患者，上下颌关系不协调，需通过义齿基托和牙弓设计调整者，或需要用义齿基托恢复唇颊丰满度者。口腔卫生维护能力不足或预期维护能力会显著下降的患者。

3. 禁忌证

严重系统性疾病，如未稳定控制的糖尿病、高血压、心脏病、血液病等，不宜进行口腔种植手术者。颌骨严重萎缩，无理想种植位点或种植体手术危及重要解剖结构者。严重疾患，生活不能自理，义齿不便摘戴、保管者。对覆盖义齿材料过敏或义齿异物感明显无法克服者。修复空间不足的患者。

（三）种植固定义齿

1. 定义

通常由单颌4个及以上种植体支持的全口固定义齿，是完全的种植体支持式义齿。种植体数目及植入位置决定修复体上部结构前后距离的长短。患者不能自行摘戴。其手术过程和临床修复过程与种植覆盖义齿相比更为复杂，对患者的软硬组织解剖条件和费用要求也在多数情况下高于种植覆盖义齿。

2. 适应证

种植体受植床骨质良好、骨量充足。颌面部无明显塌陷，颌位关系无异常。种植体植入数目、位置、方向能够有效固定、支持全颌冠/桥修复体。

3. 禁忌证

严重系统性疾病，如未稳定控制的糖尿病、高血压、心脏病、血液病等，不宜进行口腔种植手术者。种植体数目过少。患者颌面塌陷严重，丰满度严重不足。颌位关系严重异常。

六、修复方式确定

应结合患者的口腔软硬组织解剖条件，结合患者的要求、预算确定修复方式。常规全口义齿适用于大多数无牙颌患者，但牙槽嵴条件差的患者，义齿固位稳定性差。种植覆盖义齿能有效提高义齿功能，且能提供良好的面部丰满度，义齿可摘下，易于口腔卫生维护，但仍保留有基托部分，且部分种植覆盖义齿稳定性差于种植固定义齿。种植固定义齿能很好地恢复患者的面部美观和口腔功能，但要求患者的颌骨条件好，患者维护口腔卫生的能力比较强，费用相对高。

七、治疗设计

牙列缺失的修复原则为恢复咀嚼功能，改善发音，维护颞下颌关节的正常功能，恢复正常面容，对相关口腔颌面组织起保健作用。修复体应坚固，戴用舒适等，此外，要注意根据组织缺损情况、患者自身的特点及对修复体的要求，设计符合其个体需要的修复形式。

（一）牙列缺失的全口义齿设计原则

全口义齿的设计，应尽可能提高义齿的固位，稳定与支持。印模制取在不妨碍周围组织功能运动的情况下，尽量增大基托面积，并形成良好的边缘封闭，从而增进义齿固位。增进义齿稳定则需获得准确的颌位关系，咬合设计具有一定的宽容度，获得𬌗平衡等。应对患者口腔解剖条件个性化分析，确定并充分利用剩余牙槽嵴支持组织，提升义齿的功能效果。

（二）牙列缺失种植义齿设计原则

1. 基本设计原则

种植体尽量分散分布，提供面式支持。种植体植入位点尽量靠近关键牙位，如尖牙、第一磨牙位点。尽量缩短和消除悬臂梁设计。一般上颌种植体数目多于下颌。

2. 种植覆盖义齿设计原则

种植体数目：根据解剖条件，尽量选择合适直径和长度的种植体。上颌种植体数目一般为4～6颗，下颌种植体数目一般为2～6颗。上部附着体：可采用独立上部附着体（按扣式、双套冠等）或连接式上部附着体（杆卡或切削杆等）为义齿提供固位。连接式上部附着体的应用需考虑剩余牙槽嵴形状是否允许，会否侵占舌的空间等。

3. 种植固定义齿设计原则

种植体数目：上颌种植体数目一般为4～8颗，下颌种植体数目一般为4～6颗。上部结构：上部结构可采用跨牙弓一体式支架设计，或分段桥设计。根据解剖条件和微创原则，也可以斜行植入植体，可以采用短牙弓设计。

八、治疗方案

牙列缺失治疗方案可参考决策流程图（略）。

九、修复治疗流程

（一）修复前准备

牙列缺失的诊断容易确定，但需通过详细检查，明确患者剩余牙槽嵴萎缩的严重程度、颌弓形态大小等解剖学特征，以便选择合适的修复方法。

1. 全口义齿修复前的准备

为了使全口义齿达到良好的功能效果和组织保健，有些患者在修复前需要进行外科手术修整，包括：牙槽嵴修整术；唇、颊、舌系带成形术；切除炎症性增生软组织。同时，还应进行义齿支持组织的修整，旧义齿咬合调整，颌面部肌肉训练，以使变形、损伤的支持组织恢复正常的形态。

2. 种植义齿修复前的准备

除了全口义齿修复前准备相关内容外，还应进行下列准备工作。

临床实验室检查：包括血常规、凝血功能、肝／肾功能、乙肝/丙肝/艾滋病/梅毒等感染性疾病筛查等。单颌牙列缺失者需锥形束CT行对颌牙牙周健康状况检查及基础治疗。X线片（曲面体层片、根尖片、锥形束CT等）。双侧颞下颌关节检查。模型分析：制取上下颌印模并确定颌位关系，上𬌗架后进行诊断性蜡型试排牙，以明确预期修复效果，丰满度恢复情况，人工牙大小选择，修复空间，修复体/牙槽嵴过渡带与微笑线的相对位置关系，预期附着体选择。还可制作放射阻射导板，指导种植体设计，以及制作手术导板。

（二）治疗流程

1. 全口义齿治疗流程

（1）印模及模型 ①无牙颌印模范围：上颌后缘的两侧要盖过上颌结节到翼上颌切迹，后缘的伸展与后颤动线一致。下颌后缘盖过磨牙后垫2/3或全部，远中舌侧边缘向远中伸展到下颌舌骨后间隙，下缘跨过下颌舌骨嵴，不应妨碍口底和舌运动。②无牙颌印模的边缘整塑：在制取初印模和终印模时都应进行边缘整塑。保持托盘稳定，在边缘整塑材料具有良好的可塑性（流动性）情况下，通过剩余牙槽嵴周围软组织的功能运动，以确定印模边缘的正确位置和形态。③取模前准备：选择托盘，上颌托盘覆盖剩余牙槽嵴和上腭，下颌托盘仅覆盖剩余牙槽嵴，为马蹄形。托盘的宽度应比剩余牙槽嵴宽2～3 mm，周围边缘高度应离开黏膜皱襞2～3 mm，唇、颊、舌系带处呈切迹。④制取初印模和初模型：调拌藻酸盐印模材置于所选择的成品托盘上取初印模，并进行适当边缘整塑。灌制初模型，制作个别托盘。⑤取终印模及工作模型：个别托盘需先在患者口内进行边缘整塑，然后制取终印模，并灌制工作模型。工作模型边缘厚度3～5 mm为宜，模型最薄处≥10 mm。模型后缘应在腭小凹后≥2 mm。下颌模型应包括磨牙后垫2/3或全部。

（2）颌位关系记录及面弓转移上𬌗架 颌位关系记录包括𬌗平面及丰满度确定，垂直关系和水平关系记录𬌗等步骤。

（3）全口义齿人工牙的选择和排列 选牙：前牙关系到患者的面部形态和外观，选择前牙要特别注意前牙与面部形态的协调一致。后牙主要用于完成咀嚼功能，选择后牙要重视义齿承托组织的保健。排牙原则：人工牙的排列应遵守美观原则，组织保健原则，及恢复咀嚼功能原则。应形成平衡𬌗。

（4）全口义齿试戴 在义齿排牙和基托蜡型完成之后，将义齿蜡型放入患者的口内试戴。需要检查面部比例是否协调、颌位关系、前牙的形状和位置的排列、后牙的位置、排列及𬌗平面、基托边缘及外形、垂直距离和发音等。

（5）全口义齿的初戴 义齿戴入口内，检查义齿的固位和稳定、基托边缘长短和磨光面形态、颌位关系及咬合关系、有无疼痛等，并进行相应调改。选磨调𬌗：调磨正中𬌗的早接触点，使正中𬌗达到广泛均匀的接触和稳定的尖窝关系。调磨侧方𬌗和前伸𬌗时的牙尖干扰，达到平衡𬌗接触。给患者戴牙指导，增强使用义齿的信心，纠正不正确的咬合习惯。向患者交代戴牙须知，教给患者保护口腔组织健康及义齿保护的常识。

2. 种植覆盖义齿治疗流程

种植手术：术前用药及手术流程同一般种植手术流程。对于种植覆盖义齿，如上部采用多颗独立附着体提供固位，则需尽可能保证种植体之间相互平行或者通过基台调整平行度。对于上部拟采用切削杆或杆式附着体，可以采用角度基台调整平行度。在骨量充足的病例，也可采用不翻瓣手术。术后用药及复查：术后可口服抗生素，应用口腔含漱液。术后10～14 d复查，复查内容包括：曲面体层片、根尖片或锥形束CT，术区愈合情况，拆除缝线。根据患者当时病情决定其他检查项目。种植体术后评价：同“牙列缺损的种植义齿修复”部分。

修复流程如下。

（1）种植覆盖义齿上部结构的选择 杆式附着体：通过金属杆件连接种植体，义齿内放置金属或非金属卡，与杆形成固位。通常采用的杆长度约15～20 mm，杆的设计应尽量与患者两侧髁突连线以及𬌗平面平行，与中线垂直，不妨碍唇、舌的活动。杆式设计多用于剩余牙槽嵴骨吸收较多的情况，所需要的修复空间（剩余牙槽嵴至𬌗平面的距离）一般>12 mm，杆下方应至少保留2～3 mm的间隙以便于清洁。球帽式/按扣式附着体：在种植体上部连接球帽式/按扣结构的阳型基台，在义齿内放置对应的阴型上部结构，以提供固位，种植体之间各自独立。多用于剩余牙槽嵴丰满，修复空间小的情况，同时也适用于窄牙槽嵴，修复后不妨碍舌的活动。常见的类型包括Locator、球帽等。套筒冠：通过套筒冠结构的外冠和基台或基台上的内冠之间的摩擦力提供固位，义齿只有垂直向动度，属于刚性附着体。一般应与4个或以上种植体配合使用。套筒冠覆盖义齿所需要的𬌗龈距离一般 > 10 mm，内冠要求的轴壁高度至少为4 mm，聚拢度为2 ~ 6度，外冠颈部边缘应位于龈缘上方0.5 ~ 1 mm。磁性附着体：在种植体上连接磁性附着体基台，在义齿内安放磁铁，依靠磁力帮助义齿的固位。只提供垂直向固位力，对侧向力抵抗能力小。由于磁性吸附作用，义齿戴入可由磁力引导就位，且固位力大小适中，一些手部灵活度差的老年患者，或力量较弱的女性患者适合选用这类附着体。

（2）操作流程　印模：按扣式/球帽式/磁性附着体/杆式种植覆盖义齿的修复，终印模多为基台水平印模。套筒冠种植覆盖义齿的修复，终印模多为种植体水平印模。颌位关系记录：种植覆盖义齿的颌位关系记录需要应用𬌗托，与全口义齿相似。排牙与试牙：种植覆盖义齿的选牙与排牙及试牙的要求及程序与全口义齿相同。试支架：杆式附着体、切削杆及套筒冠均需进行临床的支架试戴过程。前二者的试支架过程是为了检查支架的完全被动就位，以及支架的外形与口腔修复空间相匹配。套筒冠的试支架过程是为了确保最终修复体的精确就位以及实现内外冠的精确配合，提供良好的固位效果。支架上排牙与再次试牙：杆式附着体、切削杆及套筒冠种植覆盖义齿试支架后需在支架上排牙，并再次试排牙，临床检查内容与第一次试牙相同。义齿初戴：磁性附着体种植覆盖义齿的初戴，可在椅旁粘接上部磁体。按扣式/球帽式种植覆盖义齿的初戴，需要在椅旁更换阴型尼龙帽或橡皮圈。杆式附着体、切削杆、套筒冠种植覆盖义齿可直接进行义齿戴入。义齿戴入后的检查与调改全口义齿相似。

3. 种植固定义齿治疗流程

种植手术同种植覆盖义齿。种植体术后评价同种植覆盖义齿。

修复流程如下。

（1）修复体设计　种植固定义齿修复体设计可分为跨牙弓一体式支架固定桥修复，和分段式固定桥修复，修复体固位方式有螺钉固位、粘接固位两种。根据修复的缺损组织可以分为单纯修复缺失牙列的种植固定修复体，和修复牙列及缺损的牙槽嵴软硬组织的混合式修复体。

（2）操作流程　印模：螺钉固位种植固定全口义齿，终印模多为基台水平印模。粘接固位的种植固定全口义齿，终印模多为种植体水平印模。颌位关系记录：可应用固定于种植体上部的𬌗托完成。试支架与试牙：采用切削式钛支架混合式修复体设计时，需要在患者口内试戴支架，确认达到被动就位后，转回技工室完成上部结构的制作。对于一体式氧化锆全瓷修复体，应先制作树脂材料的试戴义齿，在患者口内试戴，确认达到被动就位，并调整过渡牙列的咬合及美学设计，再返回技工室扫描切削正式修复体。义齿戴入：清洁消毒修复体及口内基台，螺钉固位修复体戴入，精细调𬌗抛光，紧固上部二级螺钉，螺钉的固定方式遵循对称安放的原则，封闭螺钉孔；粘接固位修复体戴入，精细调𬌗抛光，在修复体基牙牙冠内放少量粘接剂，戴入，彻底清除残余的粘接剂。要教会患者日常维护口腔卫生的方法。

十、随诊

（一）全口义齿戴牙后可能出现的问题及处理

疼痛：骨质隆起、过大的组织倒凹、覆盖

的黏膜较薄、基托边缘伸展过长或边缘过锐、系带部位基托缓冲不够、义齿在正中咬合和侧方𬌗时有早接触或𬌗干扰、𬌗力分布不均匀、义齿不稳定、垂直距离过高等均会引起疼痛，应做相应的处理。

固位及稳定性不良：口腔处于休息状态时义齿松动脱落，采用重衬或加长边缘的方法解决。口腔处于休息状态时，义齿固位尚好，但张口、说话、打呵欠时义齿易脱位，应磨改基托过长或过厚的边缘、缓冲系带部位的基托，形成基托磨光面应有的外形。固位尚好，但在咀嚼食物时义齿容易脱位，应进行选磨调𬌗，消除牙齿过早接触和牙尖的干扰。

发音障碍：全口义齿初戴时常发音不清楚，嘱患者坚持戴用，或根据情况做相应处理。

恶心：如果基托后缘过长可将基托后缘磨短，如后缘与黏膜不密合，可用室温固化塑料局部重衬，加强上颌义齿后缘封闭作用。还可修改上下颌义齿基托的厚度。如果因前伸𬌗干扰导致义齿不稳定而出现恶心，可以通过调𬌗达到前伸𬌗平衡。

咬颊、咬舌：经过戴用一段时间后，常可自行改善，必要时可加厚颊侧基托或加大后牙覆盖面积。

咀嚼功能不好：常由上下颌牙齿接触面积小，或在调磨咬合过程中磨去了应有的尖窝解剖形态引起，或垂直距离低导致咀嚼功能不好，根据原因做相应处理。

心理因素的影响：加强与患者沟通，使患者积极配合使用，主动练习逐渐消除心理影响。

（二）种植覆盖义齿的复查及并发症处理

定期复查：复查内容包括附着体固位力检查，咬合检查及调整，种植体周围软硬组织健康检查，根据需要复查X线片。同时还应进行全面完善的口腔卫生宣教。复查时进行常规口腔卫生维护，必要时更换附着体配件。

并发症及处理：种植覆盖义齿的并发症除了种植体折断、螺钉松动折断、树脂崩脱等与种植固定修复类似的机械并发症，种植覆盖义齿的常见机械并发症主要有义齿固位力下降需要调整、义齿基托组织面不贴合需要重衬、附着体结构磨损或损坏需要更换、覆盖义齿折断需要修理或重做等。应从合理地选择适应证、良好的设计、确保种植体良好的植入位置和方向、保证良好的技工加工质量等多个环节入手，降低种植覆盖义齿并发症的发生率。

（三）种植固定义齿的复查及并发症处理

定期复查：根据对患者的风险评估，确定个性化复查间隔。复查内容包括咬合检查及调整，种植体周围软硬组织健康检查，根据需要复查X线片。同时还应进行全面完善的口腔卫生宣教。对于口腔卫生维护欠佳的患者可以间隔1年或2年取下修复体进行清洁。对于有明显口腔副功能的患者，还应制作软𬌗垫用于夜间戴用，保护修复体。

并发症及处理：种植固定义齿的并发症主要包括螺钉松动折断、崩瓷等与种植固定修复相类似的机械并发症。应从合理地选择适应证、良好的设计、确保种植体良好的植入位置和方向、保证良好的技工加工质量等多环节入手降低种植固定义齿并发症发生率。

成釉细胞瘤诊疗指南

（2022年版）

成釉细胞瘤诊疗指南（2022年版）编写审定专家组（按姓名笔画排序）组长：张益，成员：朱洪平、刘树铭、安金刚、苏家增、何伟、单小峰、贺洋、郭玉兴、彭歆、蔡志刚。

一、概述

牙源性肿瘤是指来源于牙源性组织的一类肿瘤和类肿瘤疾病，其中以成釉细胞瘤最为常见，约占牙源性肿瘤的59.3%。成釉细胞瘤属于良性肿瘤，但是临床上常表现出局部的侵袭性，术后的高复发率以及偶见的远处转移等恶性生物学行为，因此又被称为“临界瘤”。

二、适用范围

根据2017年WHO第四版《WHO头颈部肿瘤分类》，成釉细胞瘤可分为成釉细胞瘤（经典型）、单囊型成釉细胞瘤、骨外/外周型成釉细胞瘤和转移性成釉细胞瘤。本指南适用于经组织病理学检查诊断为成釉细胞瘤（经典型）和单囊型成釉细胞瘤者。

三、诊断

（一）临床表现

成釉细胞瘤多发生于青壮年，无明显性别差异，以下颌体及下颌角部为常见。肿瘤生长缓慢，初期无自觉症状，逐渐发展可使颌骨膨大，造成畸形；肿瘤侵犯牙槽突时，可使牙松动、移位或脱落；肿瘤增大到一定程度可使颌骨外板变薄，直至吸收，这时肿瘤可以侵入软组织内。由于肿瘤体积不断增大，可以影响下颌骨的运动度，甚至可能发生吞咽、咀嚼和呼吸障碍；发生在上颌骨的肿瘤可影响到上颌窦、鼻泪管、鼻腔和眼的功能，引起鼻阻塞、眼球移位/突出及流泪等症状。瘤体表面常见有对颌牙的压痕，如果咀嚼时发生破溃，可能造成继发性感染而化脓、溃烂、疼痛。当肿瘤压迫下牙槽神经时，患侧下唇及颊部可能感觉麻木不适。如肿瘤发展到四周骨质大多破坏，可引起受累颌骨病理性骨折。肿瘤向口腔发展时可使咬合错乱。

（二）辅助检查

1. 影像学检查

X线检查应作为必要辅助检查手段。可选择曲面体层片、锥形束CT、螺旋CT等常用X线检查方法，评估病灶性质、范围以及同邻近组织的关系。成釉细胞瘤的典型X线表现为：早期呈蜂房状，以后形成多房性囊肿样阴影，分房大小不等，互相重叠，边界清晰，房间隔呈半月形切迹。单房成釉细胞瘤较少见，其边缘一般呈分叶状有切迹。肿瘤区牙可缺失，受累牙可移位。囊腔内可含牙，牙根尖可有不规则吸收，吸收面通常呈锯齿状或截根状。

2. 穿刺检查

穿刺可作为辅助检查手段。成釉细胞瘤大多为实质性，如囊性成分较多时，穿刺检查可抽出褐色液体，与颌骨囊肿不同。

3. 病理检查

病理检查是诊断成釉细胞瘤的金标准。当病史、体格检查以及其他辅助检查提示成釉细胞瘤时，应行组织病理学检查以明确诊断。组织学上，经典型成釉细胞瘤的上皮岛或条索由两类细胞成分构成，一种为瘤巢周边的立方或柱状细胞，核呈栅栏状排列并远离基底膜，类似于成釉细胞或前成釉细胞；另一种位于瘤巢中央，排列疏松，呈多角形或星形，类似于星网状层细胞。单囊型成釉细胞瘤可分为3种组织学亚型：第Ⅰ型为单纯囊性型，囊壁仅见上皮衬里，表现成釉细胞瘤的典型形态特点，包括呈栅栏状排列的柱状基底细胞和排列松散的基底上细胞；第Ⅱ型伴囊腔内瘤结节增殖，瘤结节多呈丛状型成釉细胞瘤的特点，即肿瘤上皮增殖呈网状连接的上皮条索，其周边部位是一层立方或柱状细胞，被周边细胞包围的中心部细胞类似于星网状层细胞；第Ⅲ型肿瘤的纤维囊壁内有肿瘤浸润岛，可伴或不伴囊腔内瘤结节增殖。囊壁衬里上皮并非均一地表现成釉细胞瘤特点，局部区域可见较薄的、无特征的非角化上皮，伴感染区域上皮增厚，上皮钉突呈不规则状增殖。在纤维囊壁内常常见程度不一的上皮下玻璃样变或透明带。

(三)诊断标准

综合病史、体格检查、影像学检查等,可作出成釉细胞瘤的初步诊断。确诊需依靠组织病理学检查。

(四)鉴别诊断

牙源性颌骨囊肿:成釉细胞瘤体积较小时或者单囊型细胞瘤,不易和牙源性颌骨囊肿相区别。X线检查和穿刺检查有助于二者鉴别诊断。典型牙源性颌骨囊肿在X线片上显示为清晰圆形或卵圆形透明阴影,边缘整齐,周围常呈现以明显白色骨质反应线。根端囊肿和含牙囊肿穿刺可见草黄色囊液,显微镜下可见胆固醇晶体,角化囊肿可见黄白色皮脂样物质,同成釉细胞瘤有所不同。二者明确的鉴别诊断依赖于组织病理学检查。

牙源性黏液瘤:牙源性黏液瘤约占牙源性肿瘤的3.5%,其好发年龄、部位及临床表现易同成釉细胞瘤混淆。X线检查有助于二者鉴别诊断。牙源性黏液瘤骨质破坏呈蜂房状透光阴影,房隔较细,呈直线状或弯曲形,有时似“火焰状”。由于呈局部浸润性生长,边缘常不整齐,呈分叶状。病变部位的牙根呈扇形分离,或牙根被侵蚀吸收。二者明确的鉴别诊断依赖于组织病理学检查。

四、治疗

(一)治疗原则

外科手术治疗。因成釉细胞瘤有局部浸润周围骨质的特点,多数情况需在病变外约0.5 cm处切除肿瘤,但大多数单囊型成釉细胞瘤可通过病灶刮治术或减压成形术治愈,因此临床上应根据病变分型、大小、是否复发等因素决定术式。

(二)手术治疗

主要手术治疗方式包括病灶刮治术、病灶减压成形术和颌骨切除术。

病灶刮治术:类似于牙源性颌骨囊肿的囊肿刮治术。主要适用于单囊成釉细胞瘤。成釉细胞瘤的刮治术不完全等同于普通颌骨囊肿刮治术,刮除肿瘤后应对骨腔做进一步处理,可采用球钻对骨壁进行一定磨除,以减少复发。

病灶减压成形术:类似于牙源性颌骨囊肿的病灶减压成形术。适用于范围较大、难以手术刮治的单囊成釉细胞瘤。经治疗病灶消失者无须再次手术,未完全消失者可行二期手术刮除缩小的病灶。

颌骨切除术:通过外科手术将颌骨连同病灶一起切除。适用于大多数的经典型成釉细胞瘤,或者范围较大、难以行囊肿刮治术,或经减压成形术或刮治术治疗失败的单囊成釉细胞瘤。手术可采用口内或口外入路,在肿瘤外0.5 cm以上的正常骨质内切除颌骨以及其中的肿瘤。遗留的颌骨骨质缺损,尤其是颌骨节段性缺损,一般应同期行自体骨植骨修复。

五、主要并发症及处理

术后感染:术后创面积液感染,应及时切开引流冲洗换药,适当应用抗生素。

下牙槽神经损伤:对于手术波及下牙槽神经,但神经保持完整者,术后可给予糖皮质激素类药物以及维生素B_1、B_{12}等药物,促进神经损伤的恢复。

六、随访及预后评估

成釉细胞瘤有一定的复发率,术后应严密随访,除外复发。采用病灶减压成形术治疗的患者,应每1～2个月复诊一次,直至病灶彻底消除。

唇裂诊疗指南

（2022年版）

唇裂诊疗指南（2022年版）编写审定专家组（按姓名笔画排序）组长：张益，成员：朱洪平、刘树铭、安金刚、苏家增、何伟、单小峰、贺洋、郭玉兴、彭歆、蔡志刚。

一、概述

唇裂是口腔颌面部最常见的先天出生缺陷，是众多面裂畸形中的一种。在胚胎发育4～7周时，受遗传或胚胎环境因素影响而使胚突的正常发育及相互联接融合过程受到阻碍所导致。当一侧中鼻突与上颌突未能融合，导致单侧唇裂；若双侧上颌突与中鼻突未能融合，导致双侧唇裂。上颌突与中鼻突可完全无融合或部分不融合，分别导致完全性唇裂或不完全性唇裂。唇裂多伴有牙槽突裂，可单独发生，也可以伴发腭裂或其他面裂畸形。根据是否伴发其他器官畸形，唇裂也可分为综合征型唇裂和非综合征型唇裂两类，非综合征性唇裂多见。唇裂会导致鼻唇形态异常，对面部外观造成严重影响。严重的唇裂，特别是伴发牙槽突裂和腭裂，则会导致咬合异常，可能影响咀嚼、吞咽、语音等生理功能。唇裂经综合序列治疗可以获得良好的修复效果。

此外，罕见的唇裂类型还包括两侧中鼻突未能融合导致的上唇正中裂，两侧下颌突未能在中线融合所导致的下唇正中裂或下颌裂，上颌突和下颌突未能融合导致的面横裂（又称大口畸形），上颌突和侧鼻突未能融合导致的面斜裂。这些罕见唇裂类型，也需要进行外科手术修复治疗。

二、适用范围

适用于所有出生时即发生的不同程度的唇部发育缺陷异常，包括常见的单侧唇裂或唇腭裂，双侧唇裂或唇腭裂，以及罕见的上唇正中裂、下唇正中裂、面横裂和面斜裂等类型。

三、诊断

（一）临床表现

唇裂的临床表现比较直观，可见上唇连续性中断，一侧或两侧自红唇到鼻底有不同程度的裂开或凹陷缺损。具体表现因单侧唇裂或双侧唇裂有所不同。

1. 单侧唇裂

一侧上唇部分或完全裂开，表现为唇部的明显不对称，受累处唇部细微解剖结构破坏，如唇峰明显上提，人中嵴消失。多伴有典型的鼻部畸形，如鼻小柱偏向对侧，鼻翼扁平，鼻底塌陷，两侧鼻孔明显不对称。完全性唇裂常伴有牙槽突裂开，分成不同大小两部分，小块牙槽突常出现塌陷。唇裂轻微者，可仅表现为红唇凹陷，或唇白线中断，白唇皮肤出现线性痕迹。

2. 双侧唇裂

两侧上唇部分或完全裂开，两侧裂开程度可对称，也可以有很大差异。双侧上唇完全裂开者，牙槽突常分成三块，前颌骨常较突出或上翘，前唇与侧唇相比多短小。双侧唇裂的鼻畸形主要表现为鼻小柱短矮，鼻头扁平肥大。

3. 其他罕见面裂

上唇正中裂可见上唇正中部分或完全裂开，可伴前颌骨缺损或鼻小柱缺如。面横裂可见一侧或两侧口角裂开，裂隙宽度可从口角直至耳屏前，常伴有副耳畸形、小耳畸形、外耳道闭锁或外耳缺如。下唇正中裂可见下唇正中部分或完全裂开，常伴有不同程度的下颌骨缺损。唇裂可与罕见面裂伴发。

（二）辅助检查

1. 产前诊断

对于裂隙明显的唇裂，在胚胎12周时，应用B超检查可以清晰发现上唇连续性中断进行产前诊断，16～18周后随胎儿发育更容易发现。对于并发牙槽突裂和腭裂的胎儿，B超检查也可以产前发现牙槽突和/或腭部的连续性中断。

2. 心脏超声心动检查

唇腭裂患者常伴有心脏发育畸形，新生儿进行心脏彩超可及时发现各种心脏发育畸形，如卵圆孔未闭，房间隔缺损、室间隔缺损等。

（三）诊断标准

根据唇部外在表现即可进行明确诊断。根据裂隙部位可将唇裂分为单侧唇裂和双侧唇裂。根据裂隙程度通常可分为三度：I度唇裂，只限于红唇裂；Ⅱ度唇裂，上唇部分裂，但未裂至鼻底；Ⅲ度唇裂，上唇、鼻底完全裂开。皮肤与黏膜完整，肌肉部分或全部连接不全者称为隐裂或微型唇裂。唇隐裂表现形式多样，观察唇白线的连续性是否中断、鼻底是否塌陷、鼻翼是否扁平等有助于明确诊断。双侧唇裂两侧裂隙程度可不一致，约9%的单侧唇裂对侧存在唇隐裂。上下唇也可发生正中裂。

（四）鉴别诊断

唇裂诊断时需要进行颅面部其他部位的检查和全身检查，着重检查是否伴有其他畸形，需要区分单纯性唇裂及综合征性唇裂。特别是对于伴有颅骨发育畸形或不寻常面容特征的患儿可进行染色体检查或基因测序分析，可有助于明确临床诊断。

四、治疗

（一）治疗原则

唇裂治疗主要以外科手术修复为主，恢复重建唇部解剖结构，获得良好的外观容貌和功能为目的。

1. 手术年龄

唇裂手术为择期手术，视患儿体重，营养状况，有无慢性病和上呼吸道感染而定。一般唇裂修复可在患儿出生后3～6个月进行。双侧唇裂可以适当后延，但如果前颌骨生长过快，身体条件允许的情况下也可提前至出生后3个月进行。

2. 术前检查

需要进行全面检查和身体状况评估，常规进行胸片或胸透检查，血常规检查，肝、肾功能检查以及必要的免疫指标检查。对有先天性心脏病史的患者应行超声心动图检查。

3. 麻醉

建议采用口腔插管的全身麻醉下进行。对于成年唇裂患者，可以考虑在局部麻醉下进行。

（二）手术治疗

单侧唇裂整复术根据裂隙情况及个人技巧常选择以下整复方法之一。直线缝合手术法，多用于健患侧唇峰高度相差不大的唇裂，结合唇白线微小三角瓣法可扩展直线法的适应证。改良旋转推进手术法，目前最为常用的方法，可有效下降明显上提的患侧唇峰，恢复上唇形态。下三角瓣手术法，对于患侧上唇高度严重不足者可以选用。对于患侧唇基本正常或过长的病人，慎用传统宽大下三角瓣修复术。

双侧唇裂整复术现多主张采用保留前唇原长的整复手术，即原长法。目前主流方法不保留前唇红唇，利用侧唇唇白线重建唇峰，上唇形态更为自然。

唇裂鼻畸形整复，目前已经取得广泛共识，在唇裂修复同时，可以采用开放性方法进行一期鼻畸形整复，适当分离和悬吊鼻翼软骨，可明显改善鼻畸形程度。

面裂软组织修复，多以局部组织瓣法进行裂隙关闭，如W成形术、Z成形术等。需要考虑兼顾形态和功能。对面裂伴发骨组织缺损者，在合适年龄可采用肋骨、髂骨游离移植或骨牵引成骨技术进行修复。

唇裂修复术后护理：良好的术后护理是获得满意修复效果的重要保证。术后即刻伤口可涂抹芦荟胶外贴减张胶条；术后24 h用生理盐水擦拭清洁伤口；5～7 d拆线，口内缝线可晚拆或不拆。唇裂手术同期进行鼻畸形整复者，术后即刻应戴用鼻模，保持3个月至半年。可有效保证两侧鼻孔大小、鼻翼对称性。有条件者，拆线后可进行染料激光治疗，或使用硅胶贴，涂抹抑制瘢痕增生的软膏，预防瘢痕增生。

（三）其他治疗方案

对于严重的完全性唇腭裂患者，如果裂隙宽大，或鼻畸形严重者，可在出生后开始进行术前正畸治疗，缩窄裂隙以降低畸形程度，为外科手术创造更好条件，获得更好手术修复效果。

五、主要并发症及处理

唇裂治疗常见的并发症以及处置如下。

咽喉部水肿：多因困难气道，反复气管插管或手术时间过长引起，一般在术后4～6 h出现，应用适量激素，严重者需行气管切开。

出血：多在手术当天出现。术中需要充分止血，术后可以应用弹力胶带对上唇进行局部加压包扎2～3 d，以期防止继发出血和减轻水肿。

创口裂开：多在术后一周内或术后拆线后出现，跟缝合张力过大有关，或因饮食不当等外力所致。可紧急进行清创再次进行缝合。

伤口感染：多在术后3～4 d后，常因鼻底创面暴露或因死腔存在引起的继发感染。保持创面清洁，清创换药后多能很快自愈。

瘢痕增生：常出现在术后一个月以后，受多种因素影响，与手术创伤过大、缝合不当、患者体质、术后护理不当等诸多因素有关。术后减张包扎、激光治疗、瘢痕抑制软膏使用都能有效预防。

鼻唇继发畸形：多在术后远期出现的鼻唇外形不调，出现唇峰上提或下降，红唇凹陷或增生肥厚，鼻翼塌陷、鼻孔过大或过小等。可在术后一年后至学龄前择期进行二次手术。

六、随访及预后评估

唇裂术后恢复是一个长期过程，唇部形态随生长发育可能处于动态变化中，唇裂术后需要进行定期随访，术后一个月、3个月、半年以及1年后进行复诊检查，便于评估鼻唇形态和制订下一步治疗计划。

腭裂诊疗指南

（2022年版）

腭裂诊疗指南（2022年版）编写审定专家组（按姓名笔画排序）组长：张益，成员：朱洪平、刘树铭、安金刚、苏家增、何伟、单小峰、贺洋、郭玉兴、彭歆、蔡志刚。

一、概述

腭裂是发生率仅次于唇裂的面部发育异常。腭部组织包括软腭、硬腭和牙槽突三部分，由胚胎时期两侧前腭突和侧腭突发育融合形成。在胚胎发育6～12周时，受遗传或胚胎环境因素影响，胚突的正常发育及相互联接融合过程受到阻碍所导致。两侧前腭突和侧腭突融合自前向后顺序完成，因此不同时期的融合障碍会导致不同类型的腭裂。最轻微类型是单纯悬雍垂裂，其次是软腭裂、部分硬腭裂和完全性腭裂。腭裂可以单独发生，也可与唇裂伴发。根据发生部位可以分为单侧腭裂和双侧腭裂。根据是否伴发其他畸形，可将腭裂分为单纯性腭裂和综合征性腭裂两大类。

腭裂患者存在吸吮、进食、语言及听力等生理功能的障碍，且咬合紊乱及上颌骨发育不良的发生率也高于正常人群。单纯腭裂伴发其他畸形的比例较高，约占30%～50%，如先天性心脏病，小下颌等。经包括外科手术在内的综合序列治疗，腭裂可获得良好的治疗效果。

二、适用范围

适用于所有出生时即发生的不同程度的腭部发育缺陷异常，包括常见的单侧腭裂或唇腭裂，双侧腭裂或唇腭裂和腭隐裂，以及少见的半侧腭部发育不足、先天性腭咽闭合不全等类型患者，这些患者需要接受外科手术治疗、正畸治疗和语音训练等综合治疗。

三、诊断

（一）临床表现

腭裂的主要表现是上腭部正中部分裂开或全部裂开。自悬雍垂至牙槽突可见不同程度的裂开，包括悬雍垂裂、软腭裂、软腭及部分硬腭裂，以及全腭部完全裂开。腭裂间隙和形态有多样性，腭裂形态一般呈前窄后宽的倒“V”形，也见有倒“U”形，即裂隙前后同宽。倒“U”形腭裂多伴有不同程度的小下颌畸形。部分或完全硬软腭裂可见梨骨，梨骨偏向一侧或可居中存在。裂隙可伴发双侧牙槽突裂或单侧牙槽突裂。腭裂可单独存在，也可伴发唇裂。

少见的腭裂形态还包括腭隐裂，悬雍垂分叉、软腭中央有黏膜透明带、硬腭后缘缺损；有些患者可存在半侧软腭发育不足，甚至缺如。

腭裂导致口鼻腔相通，会直接引起饮食时鼻腔反流现象。另一重要影响是可能会影响语音功能，导致过高鼻音和鼻漏气，甚至继发不良发音习惯。有些患者腭部形态未见异常，但因软腭运动能力不足，也会出现腭咽闭合不全表现，语音清晰度也会受到影响。

腭咽闭合是指在发音和吞咽过程中软腭、咽侧壁、咽后壁等腭咽结构协调运动，形成腭咽通道暂时性关闭的功能。腭咽闭合不全特指在发音时，腭咽口不能关闭将鼻腔及口腔分隔开，主要表现为过高鼻音（鼻腔共振异常）、鼻漏气，以及特异的代偿性发音，导致发音清晰度下降，腭咽闭合不全的患者可出现鼻反流，呛食等症状，导致腭咽闭合不全的具体原因有多种，可大致分成三类。一是解剖因素导致的腭咽部结构缺陷，最常见的是腭裂修复术后因瘢痕收缩或肌肉连接不良发生的软腭过短和/或动度不够，腭瘘，腭隐裂，咽腔过深综合征，肿大的扁桃体或瘢痕条索化的腭咽弓限制了软腭的上抬运动等。二是神经肌肉发育异常以及外伤或医源性损伤导致的软腭运动能力明显低下，如大脑麻痹、Mobius'综合征和肌强直性营养不良等。三是单纯由腭咽闭合肌群运动控制不协调造成，如严重代偿性不良发音习惯可影响腭咽闭合功能。以上三种因素可同时存在，如有些腭裂患者既存在结构缺陷，也可伴有软腭肌肉发育不足和运动能力低下，同时也可继发不良的代偿性习惯。腭咽闭合不全多为继发，也可原发，所有除外任何原因的腭咽闭合不全统称为先天性腭咽闭合不全症。

腭裂患者通常容易继发分泌性中耳炎，伴随中耳不适症状，甚至出现听力下降等表现。

（二）专科检查

语音主观判听：应用特定的实验语句和腭裂字表，通过判听，对患者语音的鼻腔共振特性和鼻漏气情况进行判断，记录是否存在不良发音习惯，并对语音清晰度进行评分。

过高鼻音和鼻漏气评价结果可以分为四级：0级无过高鼻音/鼻漏气，1级轻度过高鼻音/鼻漏气，2级中度过高鼻音/鼻漏气，3级重度过高鼻音/鼻漏气。通过语音主观判听，不仅对患者的语音状况大致了解，而且是诊断患者是否存在腭咽闭合不全的重要手段。

语音客观检查：评价腭裂语音的客观检查方法有很多，除门诊检查常用的雾镜试验、吹气泡试验、听诊器或听诊管等简便易行的鼻漏气检测方法外，还可借助仪器设备进行检查。目前常用的方法可分为两类，一是直接对发音器官的形态和功能进行观察，称为直接评估技术，如X线检查，鼻咽内窥镜检查，超声波检查以及电子腭舌位仪等；另一类是通过信号处理技术，间接推测腭咽闭合功能和发声器官的振动情况，如空气动力学技术、鼻音计、语图仪、声门仪等，称为间接评估技术。选择性应用上述语音客观检查方法，可以弥补语音主观判听的不足，更准确判断腭咽闭合状态。

（三）辅助检查

定位头颅侧位X线片：包括静止位和发/i/或/a/音位，通过两片的比较，可以准确测量软腭长度、腭咽间隙大小以及软腭运动抬高能力，可以评价腭咽闭合状态，协助制定治疗方案。需要注意的是该检查体现的是矢状位瞬间动作，结果与实际情况可能存在差异。

三维螺旋CT：腭裂患者进行三维螺旋CT检查，可有助于了解腭部骨质缺损情况，腭裂术后硬腭骨质修复情况，以及牙槽突裂骨质缺损情况。锥形束CT扫描也可反映局部骨质缺损情况。

鼻咽纤维镜检查：通过较细的纤维内窥镜经鼻道置入腭咽闭合平面，直观动态观察说话状态时的腭咽闭合情况，可以清晰了解腭咽闭合不全的间隙大小，同时了解腭咽闭合的运动模式。该项检查对于评价腭咽闭合功能状态和制订治疗计划具有重要意义。

（四）诊断标准

根据硬腭和软腭部的骨质、黏膜、肌层的裂开程度和部位，可分为Ⅰ、Ⅱ及Ⅲ度。Ⅰ度腭裂：仅为腭垂裂；Ⅱ度腭裂：部分腭部裂开，可向前至切牙孔，Ⅱ度腭裂又分为浅Ⅱ度裂（仅限于软腭）和深Ⅱ度裂（累及硬腭，可至切牙孔），Ⅰ、Ⅱ度腭裂也称不完全性腭裂；Ⅲ度腭裂：也称完全性腭裂，自腭垂至牙槽突完全裂开。深Ⅱ度腭裂和Ⅲ度腭裂亦分单双侧。双侧腭裂两侧裂开程度可不一致。

此外，还存在一种特殊裂型，称腭隐裂或腭黏膜下裂，出生时多不容易发现，后因语音不清就诊才被明确诊断。腭隐裂诊断可基于三大特点：悬雍垂分叉、软腭中央存在透明带、硬腭后缘触诊有凹陷。

主观语音评价是诊断腭咽闭合不全的主要依据，患者一定存在不同程度的过高鼻音和鼻漏气。结合病史和口腔检查、X线以及鼻咽内窥镜检查，可明确诊断，根据腭咽闭合程度可分为四种情况：边缘性腭咽闭合（腭咽闭合率90%以上）、轻度腭咽闭合（腭咽闭合率80%以上）、中度腭咽闭合（腭咽闭合率70%以上）、重度腭咽闭合（腭咽闭合率低于70%）。

（五）鉴别诊断

腭裂的诊断多较明确，诊断时需要考虑腭裂的具体形态、组织发育状况，特别需要与第一、二鳃弓综合征伴发软硬腭组织发育不足导致的腭部组织缺损，这类患者的外科修复手术通常需要在4岁以后进行。此外，诊断腭裂时，需要注意观察患者颅面部、四肢、脊柱等全身有无其他异常，包括先天性心脏畸形、泌尿生殖系统异常、中枢神经系统异常等，注意识别单纯性腭裂还是综合征性腭裂，这对于治疗结果有重要影响。

四、治疗

（一）治疗原则

腭裂治疗以手术修复为主，无论采用哪

种方法，均应重视软腭部肌肉解剖重建，特别是腭帆提肌环重建，在关闭腭部裂隙同时，注重腭咽闭合功能重建，为获得正常语音功能提供保证。

手术年龄：腭裂手术为择期手术，手术年龄目前推荐在患儿出生后8～12个月。具体应考虑患儿的全身情况、手术的安全性、裂隙的类型和裂隙的宽度、采用的手术方法、可能的术后语音效果和对上颌骨发育的影响等因素，更要视医院的设备条件、麻醉、手术的技术力量而定。伴有重度小下颌畸形、喉骨软化者，或伴发先天性心血管病等全身不良状况时应适当后延手术时间。

麻醉：应采用经口腔气管内插管的全身麻醉。

术前检查：应进行常规胸片检查，血常规和生化检查。对于伴有小颌者可进行睡眠监测进行评估，对有心脏病史或怀疑综合征性腭裂的患者应进行超声心动检查。

腭裂手术围手术期护理：腭裂术后患儿清醒并拔除气管内插管以后，进行复苏观察2～3 h，回病室后如患者为睡眠状态则侧卧、头向一侧，以便口内血液和涎液流出，如患儿哭闹，可在护士的指导下由家长平抱患儿。床旁应备有吸引器和氧气，必要时进行血氧监测。完全清醒后视患者需要可饮温凉流质（一般术后3～4 h），勺喂。术后进流质食物2周，半流质食物2周，1个月后可进普食。术后选择性应用抗生素1～3 d，术后2～3 d可以出院观察。腭裂术后多不需要拆线，缝线可自行脱落。

（二）手术治疗

腭裂手术修复要尽量争取口腔侧黏膜、软腭肌肉和鼻腔侧黏膜分层关闭，在无张力下进行缝合，确保关闭裂隙同时，注重软腭功能的重建和恢复。腭裂整复常用的方法包括：

改良兰氏修复术：适用于所有类型的腭裂，裂隙较窄者可免做松弛切口或仅做一侧松弛切口。

改良Furlow法：又称反向双“Z”形瓣成形术，该术式也是一种延长软腭的修复方法，多用于裂隙较小的不完全腭裂或腭隐裂。

腭裂修复同期进行咽成形手术：对于年龄较大患者或裂隙宽大者，进行腭裂修复时可以同期进行咽成形手术，以期手术后腭咽闭合功能更好恢复。

咽成形手术：是外科治疗腭咽闭合不全的手术统称，包含多种术式，具体运用需要根据患者的腭咽组织条件和腭咽闭合运动模式来决定。咽后壁瓣修复术适用于软腭短，咽侧壁运动良好的患者。腭咽肌瓣转移术适用于咽侧壁运动差，软腭运动良好者。软腭肌肉再成形术适用于轻中度腭咽闭合不全患者，特别是腭帆提肌复位较差者。应用改良Furlow法可有效延长软腭，重建腭帆提肌吊环，改善腭咽闭合功能。咽后壁增高术适用于边缘性或轻度腭咽闭合不全者，制作咽后壁瓣向上翻卷成嵴，或对咽后壁进行脂肪注射。远期效果多不稳定。

（三）其他治疗方案

腭托：对于腭裂宽大的新生儿或伴有巨大腭瘘的患者，可以暂时性戴用腭托，加强口鼻腔分隔，有助于吞咽和发音条件改善。

阻塞器和语音球：对于严重的腭瘘或腭咽闭合不全、暂时无外科修复条件者，可采用矫形阻塞器或语音球，改善腭咽闭合功能。

五、主要并发症及处理

咽喉部水肿：多因困难气道，反复气管插管或手术时间过长引起，一般术后4～6 h出现，应用适量激素，严重者需行气管切开。

出血：多在手术当天出现。术中需充分止血，松弛切口需要局部填塞和压迫止血，必要时缝扎止血及应用止血药物。术后1～2 d也可见软腭中央出现血肿，严重者需要全身麻醉下清除血肿。

创口裂开或穿孔：多在术后一周左右出

现，与缝合张力过大有关，或因饮食不当等外因所致。如果仅口腔侧黏膜裂开，术后1~2个月多能自行愈合。全层裂开会形成腭瘘，须行二期(6~12个月后)整复手术。

继发腭咽闭合不全：软腭长度不足或运动能力低下导致腭咽闭合功能障碍，影响语音功能。需要再次手术予以恢复腭咽闭合功能。

六、随访及预后评估

腭裂患者术后需要随访，观察术后伤口愈合情况，软腭功能恢复情况，语音发育状态、语音功能恢复情况，以及与腭裂密切相关的上颌骨发育情况、中耳功能和听力状况。

年龄较大的腭裂患者，或腭咽闭合不全患者需要在术后1个月、3个月、半年密切随访，以便指导后期软腭功能训练，评估腭咽闭合状态和语音功能，必要时接受语音训练治疗。

对于咽成形术后患者，需要密切观察患者术后的睡眠呼吸情况，对于出现睡眠呼吸通气障碍者，应积极进行干预，改善睡眠通气情况。同时，对于术后远期依然存在过高鼻音或鼻漏气患者，经腭咽闭合功能评估后，依然存在腭咽闭合不全者，可能需要再次手术进行矫正。

口腔颌面部间隙感染诊疗指南

（2022年版）

口腔颌面部间隙感染诊疗指南（2022年版）编写审定专家组（按姓名笔画排序）组长：张益，成员：朱洪平、刘树铭、安金刚、苏家增、何伟、单小峰、贺洋、郭玉兴、彭歆、蔡志刚。

一、概述

口腔颌面部间隙感染也称口腔颌面部蜂窝织炎，是指发生在颌骨、肌肉、筋膜、皮肤之间疏松结缔组织的急性弥散性化脓性炎症。如感染局限则称为脓肿。

二、适用范围

适用于口腔颌面部各类型的间隙感染，其中包括眶下间隙、颊间隙、咬肌间隙、翼下颌间隙、咽旁间隙、颞间隙、颞下间隙、下颌下间隙、颏下间隙、咽旁前间隙。本指南不适用口腔颌面部重症、复杂的多间隙感染。

三、诊断

（一）临床表现

全身反应：轻症者全身无明显反应，重症者可出现发热、畏寒、头痛、全身不适等。如果出现严重并发症，如中毒性休克、脓毒血症时，则会出现相应的症状。

局部表现：有疼痛、肿胀、皮肤发红、皮温高，皮肤紧绷发亮、触之发硬、有压痛，可有可凹陷性水肿或波动感。并伴功能障碍，如开口或吞咽困难、呼吸道梗阻等。

（二）专科检查

检查可发现感染的典型表现：局部红、肿、热、痛以及功能障碍。感染中心区域可出现可凹陷性水肿；若脓肿形成，可触及波动感。可在肿胀最明显的部位进行穿刺，如果抽出脓液，即可确诊。

（三）辅助检查

1. 影像学检查

平片检查：标准牙片可以显示患牙牙体、根尖周、牙周的情况。曲面体层片对于病灶牙的定位很有帮助，并对颌骨骨髓炎病变范围、破坏程度或形成死骨的部位提供可靠的依据。

CT和磁共振成像（magnetic resonance

imaging,MRI)检查:脓腔在增强CT上显示为环状增强影像,而脓腔内部则显示为密度较低区域。与螺旋CT相比,锥形束CT成像较快且辐射剂量更小,也可用于感染的检查。但锥形束CT对骨和牙齿等高密度组织显像较好,而对于软组织感染性病变的显像较差。MRI检查可对深部脓肿进行较好的诊断,但其对骨骼和牙齿等结构的显示不如螺旋CT。

超声检查:彩色多普勒超声检查可用于确定是否存在脓肿,但适用于较为浅表的脓肿。此外,超声还可以引导脓肿穿刺或切开引流手术。

2. 实验室检查

在炎症的急性期,外周血白细胞计数增加,中性粒细胞的比率增高。在重度感染或大剂量应用抗生素之后,白细胞计数可无明显增加,但有核左移及中毒性颗粒出现。另外,外周血中的C反应蛋白水平及血清降钙素原也可以反映炎症的进展程度。红细胞沉降率升高对感染也有提示作用,但不具有特异性。

脓液的涂片及细菌培养可确定细菌种类,必要时做细菌药物敏感试验,以选择合适的抗菌药物。如怀疑有脓毒血症,可多次抽血做细菌培养以明确诊断,并做细菌药物敏感试验,为选择有效抗菌药物提供参考。

(四)诊断标准

口腔颌面部间隙感染应通过病史询问、临床检查、实验室检查和影像学检查,进行综合诊断。

(五)鉴别诊断

慢性感染患者局部有炎性增生硬块,应注意与肿瘤相鉴别。

四、治疗

(一)治疗原则

治疗应针对全身和局部两个方面。①改善患者的一般状况,调整紊乱的生理功能,增强机体抗病能力,这是治疗的基础;②针对病原菌进行抗生素治疗,切开引流并清除炎症所产生的脓液和坏死组织,则是治疗的关键。此外,尽早去除感染因素及局部病灶,是缩短病程,减少急性炎症反复发作的重要措施。

(二)局部治疗

1. 非手术治疗

在急性炎症期应避免对感染部位的刺激,如口腔内和颌周间隙的感染者应减少说话、咀嚼等活动,进软食或流质饮食。对于面部疖、痈,切忌挤压、抓搔,以免感染扩散,并根据炎症不同阶段给予局部处理。

在炎症形成脓肿前,外敷药物有消肿、止痛的效果,常用药物有鱼石脂软膏、六合丹、如意金黄散等。

2. 脓肿切开引流

化脓性感染已经形成脓肿或脓肿已溃破但引流不畅者,必须进行切开引流或扩大引流。波动感是表浅脓肿形成的指征,深部脓肿经影像学检查证实或穿刺抽出脓液者,应立即切开引流。对局部炎症明显、病情发展迅速且全身出现中毒症状的病例,如腐败坏死性蜂窝织炎,宜早期切开引流,以利于炎症毒性物质、坏死组织、气体的排出,以减轻局部及全身症状,终止炎症继续扩散。

3. 感染病灶的处理

口腔颌面部感染绝大多数是牙源性感染扩散所致,虽然此时口腔颌面部感染是主要问题,但在治疗时应将病灶牙的处理纳入整个治疗方案之中。对于颌周间隙感染,若忽略病灶牙的处理,可致治疗不彻底或炎症反复发作。当急性炎症好转或脓肿切开引流后,即应进行病灶牙处理。

(三)抗菌药物治疗

一般说来,对局限、表浅的化脓性感染,无全身症状者,应重点放在局部脓肿的处理,可不用抗菌药物;只有在较严重的深部感染或全身感染时才给予抗菌药物。药物种类最好根据细菌培养结果确定，在无条件作细菌培养或尚无细菌培养结果时，可根据感染来源、临床表现、脓液性状和脓液涂片检查等估计病原菌的种类来经验性选择抗菌药物，宜选用抗菌谱较广的抗菌药物。以后按照治疗效果、病情转归、细菌培养及药物敏感试验结果，调整抗菌药物种类。

（四）全身支持治疗

对于口腔颌面部感染来说，全身支持治疗应包括控制体温、缓解疼痛、加强营养、补液、纠正水电解质紊乱，以及积极治疗全身系统性疾病，比如糖尿病、高血压等。可改善患者的一般状况和增强其抵抗力，促使感染好转、局限或消散。同时，也要对口腔颌面部感染继发全身性感染的可能性保持足够的警惕，及早发现及正确治疗是预防并发症致死的重要环节。

五、主要并发症及处理

口腔颌面部感染一般比较局限，但有时也会累及邻近组织结构，甚至出现全身反应，而出现一系列并发症。主要并发症有呼吸道梗阻、脓毒症、纵隔炎、眼眶蜂窝织炎、海绵窦血栓性静脉炎、颅内感染、急性会厌炎。这些并发症更容易发生于免疫功能低下的患者。由于上述并发症比较严重，甚至会危及生命，所以需要早期诊断和积极治疗。另外，尽管大多数并发症的明确诊断和治疗是由相关科室的专业医师联合完成，但口腔颌面外科医师必须认识到并发症的严重性，及时发现，积极治疗。

六、随访及预后评估

早期间隙感染经非手术治疗手段治愈者，密切随访，及时治疗病灶牙，去除致病因素。间隙感染切开引流者，术后定期随访，规律换药治疗，并及时去除致病因素，如病灶牙。针对局部伤口换药效果不佳者，及时进行影像学检查，明确是否存在颌骨骨髓炎。

口腔念珠菌病诊疗指南

（2022年版）

口腔念珠菌病诊疗指南（2022年版）编写审定专家组（按姓名笔画排序）组长：华红，组员：闫志敏。

一、概述

口腔念珠菌病是由念珠菌属感染引起的急性、亚急性或慢性口腔黏膜疾病。随着抗生素、糖皮质激素及免疫抑制剂等药物的广泛应用以及近年来我国老龄化趋势、艾滋病的流行、器官移植的广泛开展等，口腔念珠菌病患者日趋增多，其危害性逐渐引起人们重视。虽然目前国内尚无确切的流行病学资料，但口腔念珠菌病已成为最常见的口腔黏膜感染性疾病之一。长期慢性口腔念珠菌感染有癌变风险，且可造成消化道念珠菌病或播散性念珠菌病的发生。

二、筛查和诊断

（一）口腔念珠菌病的危险因素

念珠菌是一种机会致病菌，念珠菌引起的感染为机会性感染。病原体侵入机体后能否致病，取决于其毒力、数量、入侵途径与机体的适应性、机体的抵抗能力及其他相关因素。口腔念珠菌病发生的主要危险因素如下：

1. 念珠菌的毒力

念珠菌属于酵母样真菌，迄今为止已发现200余种念珠菌，其中有致病性的主要有：白（色）念珠菌（Candida albicans）、热带念珠菌(Candidatropicalis)、光滑念珠菌(Candidaglabrata)、克柔念珠菌(Candida krusei)、近平滑念珠菌(Candida parapsilosis)、季也蒙念珠菌(Candida guilliermondii)、类星形念珠菌(Candida stellotoidea)、乳酒念珠菌(Candida Kefyr)、葡萄牙念珠菌(Candida lusitaniae)和都柏林念珠菌(Candida dubliniensis)等,其中以白念珠菌致病性最强,所致感染约占所有临床感染的70%,其次为热带念珠菌和光滑念珠菌感染,约占10%~15%。近年来报道,念珠菌感染菌种存在变迁趋势,引起念珠菌感染的菌株中非白念珠菌增多,且可存在多种念珠菌的混合感染现象。

白念珠菌感染上皮过程包括黏附到上皮表面,继而侵袭、损伤上皮。白念珠菌的致病性主要在于侵袭力,其中黏附力和胞外酶作用较肯定,而菌丝形成、抗吞噬作用等因素也可能增强其侵袭力。

2. 宿主的防御能力和易感因素

各种原因导致的皮肤黏膜屏障作用减弱;原发和继发免疫功能下降,长期、滥用广谱抗生素造成体内菌群失调以及内分泌紊乱等均可成为宿主发病的易感因素。成年人口腔念珠菌感染的易感因素中影响最大的是患者所伴有的全身系统性疾病及其他口腔黏膜病,其中又以大手术后、头颈部放射治疗后、干燥综合征、HIV感染、糖尿病者易感性较高。

(二)高危人群的筛查

口腔念珠菌病主要见于“幼、老、病”的人群,又被称为“病人患的病”。在高危人群中应开展口腔念珠菌病的筛查,有益于早期发现及早期治疗,提高生活质量及预防侵袭性感染。

(三)临床分型及临床表现

口腔念珠菌病的临床表现多样,按照临床表现通常分为急性假膜型念珠菌病、急性红斑型(萎缩型)念珠菌病、慢性红斑型(萎缩型)念珠菌病、慢性增殖型念珠菌病等类型。

此外,慢性黏膜皮肤念珠菌病是一组罕见类型的口腔和皮肤黏膜念珠菌感染,病变范围涉及口腔黏膜、皮肤及甲床等,常伴有内分泌或免疫功能异常等。

1. 急性假膜型念珠菌病

多见于婴幼儿及衰弱者、长期使用激素及免疫抑制剂者、HIV感染者、免疫缺陷者等,但以新生儿最多见,又称鹅口疮或雪口。好发部位为颊、舌、软腭及唇,损害区黏膜充血,有散在的色白如雪的柔软小斑点,如帽针头大小;不久即相互融合为白色丝绒状斑片,斑片稍用力可擦掉,暴露红的黏膜糜烂面及轻度出血。患儿烦躁不安、啼哭、哺乳困难,有时有轻度发热,全身反应一般较轻;但少数病例可能蔓延到食管和支气管,引起念珠菌食管炎或肺念珠菌病。成人的假膜型念珠菌病多有易感因素存在,如HIV感染等,病程可为急性、亚急性或慢性。

2. 急性红斑型(萎缩型)念珠菌病

多见于长期使用抗生素、激素及HIV感染者,又称抗生素口炎、抗生素舌炎。临床表现为黏膜上出现外形弥散的红斑,以舌黏膜多见,严重时舌背黏膜呈鲜红色并有舌乳头萎缩,双颊、上腭及口角也可有红色斑块。自觉症状为口干、味觉异常、疼痛及烧灼感。

3. 慢性红斑型(萎缩型)念珠菌病

本型损害部位常在上颌义齿腭侧面接触的腭、龈黏膜,又称为义齿性口炎。多数患者伴有口角炎,表现为双侧口角潮红。义齿性口炎患者大多无症状,少数有黏膜灼痛和口干等症状。义齿性口炎典型表现为义齿承托区黏膜充血,呈点状或片状红斑和水肿,严重者伴有颗粒或乳头样增生。Newton根据临床表现将义齿性口炎分为以下三种类型:

Newton 1型:义齿承托区的针点状红斑。此型多与义齿局部创伤或对牙科材料过敏相关。Newton 2型:义齿承托区的弥漫和融合性红斑和水肿,患者多有黏膜灼痛和口干，此型与念珠菌感染相关。Newton 3型：义齿承托区乳头状增生和感染，通常累及硬腭中央区和牙槽嵴，通常伴有黏膜的充血，患者多有黏膜灼痛和口干，此型亦与念珠菌感染有关。

4. 慢性增殖型念珠菌病

多见于颊黏膜、舌背及腭部，又称慢性肥厚型念珠菌性口炎、念珠菌性白斑。本型的颊黏膜病损，常对称位于口角内侧三角区，呈结节状或颗粒状增生，或为固着紧密的白色角质斑块，类似口腔黏膜白斑。腭部损害可由义齿性口炎发展而来，黏膜呈乳头状增生。本类型也可作为慢性黏膜皮肤念珠菌病症状的一个组成部分，多可见于内分泌或免疫功能异常的患者。

（四）专科检查

口腔念珠菌病的临床症状主要为口干、发黏、口腔黏膜烧灼感、疼痛、味觉减退等

临床体征为口腔黏膜出现白色凝乳状假膜（假膜型）；舌背乳头萎缩，口角皲裂、湿白，口腔黏膜发红（红斑型）；或有白色角化斑块及颗粒样或结节样增生（增殖型）；或病变范围涉及口腔黏膜、皮肤及甲床等（慢性黏膜皮肤念珠菌病）。

（五）辅助检查

1. 病原学检查

适用于所有临床疑似口腔念珠菌病的病例。病原学常用检测方法包括涂片镜检法和分离培养法。

（1）涂片镜检法　对于确定念珠菌是否处于致病状态有重要意义。临床常用的涂片法包括10%氢氧化钾溶液直接涂片镜检、革兰染色、荧光染色等。病损区涂片于显微镜下见念珠菌假菌丝即可诊断。

（2）分离培养法　该方法敏感，能定量判断感染及治疗效果。根据取材不同可分为棉拭子培养法、唾液培养法、含漱浓缩培养法和印迹培养法等。培养阳性分离菌株可采用念珠菌显色琼脂法等进行初步鉴定。

念珠菌培养阳性（唾液培养>100 cfu/ml、含漱液浓缩培养>300 cfu/ml）且有口腔念珠菌病的临床表现，即可判定感染。

（3）组织病理学检查　需要注意的是，慢性增殖型口腔念珠菌病可能伴有上皮不同程度异常增生，需要进行活体组织检查以及过碘酸希夫反应以明确诊断，同时排除恶变的可能。

（六）诊断

口腔念珠菌病的确定诊断须根据病史、临床症状和体征，同时经过病原学检查证实为口腔念珠菌病。慢性增殖型念珠菌病需行组织病理学检查以明确诊断。

（七）鉴别诊断

口腔念珠菌病主要与以下疾病进行鉴别。

疱疹性口炎：需与假膜型念珠菌病鉴别。疱疹性口炎临床表现为糜烂覆有黄色及棕色假膜，易擦去，疼痛症状明显。

多形红斑：临床表现为黄棕色渗出假膜，范围广，较易去除，局部疼痛明显；皮肤可有靶形红斑。

梅毒：本病无特征性白色假膜，涂片暗视野检查可见梅毒螺旋体，无特征性念珠菌丝。梅毒依靠血清学诊断证实。

地图舌：临床表现为片状丝状乳头萎缩，周缘丝状乳头增厚成明晰的分界。地图舌有时可伴发口腔念珠菌病。

扁平苔藓：舌背病损临床常表现为舌乳头萎缩伴白色角化，需与慢性增殖型念珠菌病鉴别。

口腔白斑病：口腔白斑病与念珠菌白斑病临床上较难区别，有时在白斑的基础上继发念珠菌感染，更增加了鉴别诊断的难度。前者在口腔其他处黏膜多无黏膜发红及舌乳头萎缩等念珠菌感染的表现，组织病理检查无念珠菌菌丝侵入。

三、口腔念珠菌病的治疗

(一)口腔念珠菌病的治疗

口腔念珠菌病的治疗原则为局部或者全身抗真菌治疗的同时去除诱发因素,积极治疗基础疾病,必要时辅以支持治疗和调节机体免疫功能等。

1. 抗真菌药物治疗

(1)局部抗真菌治疗　2% ~ 4%碳酸氢钠(小苏打)溶液:由于念珠菌喜酸恶碱,用该碱性溶液漱口,可以起到抑制念珠菌生长繁殖的作用,可作为口腔念珠菌病的辅助治疗药物。氯己定:有抗真菌作用,可选用0.2%溶液含漱或1%凝胶局部涂布。制霉菌素:属多烯类抗生素,推荐作为不伴全身系统性因素的口腔念珠菌病治疗的一线药物。局部可用每毫升含5万 ~ 10万单位药物的水混悬液涂布,每2 ~ 3 h一次。口含片剂为50万单位,每日三次,含化,疗程为14 ~ 28 d。本品副作用小,偶尔有发生恶心、腹泻或食欲减退者。局部应用口感较差,有的患者难以耐受。咪康唑:为人工合成的广谱抗真菌药,局部使用如硝酸咪康唑贴片、凝胶或霜剂,疗程为7 ~ 14 d。贴片可用于口腔黏膜,霜剂适用于口角炎治疗,凝胶涂口腔患处与义齿组织面。

(2)全身抗真菌治疗　氟康唑:三唑类抗真菌药物。其抗菌谱较广,副作用较小,但克柔念珠菌是氟康唑的天然耐药菌,治疗光滑念珠菌感染所需氟康唑的最小抑菌浓度也较高。推荐作为用于伴全身系统性因素的非克柔念珠菌感染的口腔念珠菌病治疗的一线药物。治疗口腔念珠菌病的推荐剂量:首次剂量200 mg,顿服,以后每天100 mg,连续用药7 ~ 14 d,严重者延长至28 d。本品无严重副作用,以恶心(1%)较为常见,其次为皮疹,停药后症状消失,治疗过程中可发生轻度一过性血清氨基转移酶升高,偶可出现肝毒性。伊曲康唑:一种三唑类抗真菌药,其抗菌谱广,氟康唑耐药的口腔念珠菌感染的患者可口服伊曲康唑。推荐作为用于伴全身系统性因素的口腔念珠菌病治疗的二线药物。推荐剂量:每日口服100 mg,在进餐时服用可改善吸收,总疗程一般为7 ~ 14 d。副作用有轻度头痛、胃肠道症状、脱发等。

2. 去除各种刺激因素

如去除牙垢、牙石,保持口腔卫生,加强可摘义齿的清洁,调整咬合关系,去除刺激因素。

3. 治疗基础疾病及支持治疗

加强营养,增强机体免疫力。对于身体衰弱、有免疫缺陷或与之有关的全身系统性疾病、长期使用免疫抑制剂的口腔念珠菌病患者,必要时辅以增强免疫的治疗措施。对于HIV感染患者,为减少其复发,尽早开始抗人类免疫缺陷病毒治疗至关重要。

4. 手术治疗

慢性增殖型口腔念珠菌病伴上皮异常增生者,应定期严格观察病损的变化,若治疗效果不明显或为中度以上上皮异常增生者,应考虑手术治疗或光动力疗法等治疗。

(二)疗效标准

治愈:口腔念珠菌病的临床症状及体征消失,实验室检查涂片及培养结果转阴性。

好转:口腔念珠菌病的临床症状及体征好转,实验室检查涂片及培养转阴性,或培养结果虽为阳性但菌落数量减少。

未愈:口腔念珠菌病的临床症状及体征无好转或加重,实验室检查涂片或培养仍为阳性,菌落数量未减少或增加。

四、预防

预防口腔念珠菌病应做好口腔健康宣教,注意制订合适的膳食计划,均衡饮食,避免过量及频繁的甜食摄入,每次进食后需要清洁口腔。同时,合理使用抗生素、糖皮质激素及免疫抑制剂等,注意口腔卫生、积极治疗基础疾病等。同时,指导口腔念珠菌病患者规范、正确使用抗真菌药物。

对于以下特殊人群的预防措施：

戴用可摘义齿者注意义齿的清洁卫生，教育患者养成良好卫生与饮食习惯，指导患者养成餐后刷牙及清洁口腔的习惯。对于义齿佩戴，鼓励晚间休息时取下义齿冲洗干净，浸泡于2%～4%的碳酸氢钠溶液中。

对于婴幼儿口腔念珠菌病的预防，应避免产房交叉感染，母亲分娩时注意会阴、产道、接生人员双手及所有接生用具的消毒。此外，可经常用温开水拭洗婴儿口腔，注意哺乳用具煮沸消毒并应保持干燥，产妇在哺乳前可选用2%～4%碳酸氢钠溶液清洗乳头，再用冷开水拭净。

长期使用抗生素和免疫抑制剂，或患慢性消耗性疾病的患者，均应警惕口腔念珠菌病的发生，常规应用2%～4%的碳酸氢钠含漱液每日进行口腔护理3～4次，尽可能延长含漱时间。如患者不能自理，可应用棉签蘸取碳酸氢钠漱口液轻柔擦拭全口黏膜。

五、预后

口腔念珠菌病多数临床类型预后良好，经过合理、足疗程的抗真菌治疗后可痊愈。

伴有基础疾病（如HIV感染、干燥综合征、头颈部放射治疗后等）患者易发生难以控制的反复感染或迁延不愈。

对于伴有上皮异常增生的口腔慢性增殖型念珠菌病患者应特别注意，需要长期随访。

六、随访

口腔念珠菌病患者建议定期复查。一般主张抗真菌治疗停药后1周复查念珠菌是否转阴；此后，伴有基础疾病的高危人群及慢性增殖型念珠菌病患者建议定期复查。

腮腺浅叶良性肿瘤诊疗指南

（2022年版）

腮腺浅叶良性肿瘤诊疗指南（2022年版）编写审定专家组（按姓名笔画排序）组长：张益，成员：朱洪平、刘树铭、安金刚、苏家增、何伟、单小峰、贺洋、郭玉兴、彭歆、蔡志刚。

一、概述

唾液腺肿瘤是口腔颌面部常见疾病之一。在唾液腺的不同解剖部位中，腮腺的肿瘤发病率最高，约为80%。腮腺肿瘤中，良性肿瘤约占75%，且多数位于腮腺浅叶。病理学类型复杂是唾液腺肿瘤的突出特点，仅就良性肿瘤而言，也是一个宽泛的谱系。WHO于2017年发布的第四版《头颈部肿瘤病理学和遗传学分类》中，唾液腺良性肿瘤的病理学分类共有11种之多，其中最常见的是多形性腺瘤和沃辛瘤，其次是基底细胞腺瘤，其他剩余的类型在临床上比较少见。腮腺良性肿瘤除病理学类型复杂外，多数肿瘤类型间的临床表现往往相互重叠，并无特异性，其确切诊断常依赖于术后的病理诊断（石蜡切片）。尽管如此，腮腺浅叶良性肿瘤的治疗原则和手术方式却基本一致。

二、适用范围

经体格检查、影像学检查±细针吸细胞学检查后，第一诊断为腮腺浅叶良性肿瘤（包括首发或复发），治疗上需要行腮腺肿物及浅叶切除+面神经解剖术或者腮腺部分切除术的患者。

三、诊断

(一)临床表现

典型的临床表现为腮腺区无痛性肿物，生长缓慢，无明显自觉症状。肿物多呈球状，周围界限清楚，与周围组织无粘连，活动度好，无触痛，无面神经功能障碍。肿物位于腮腺的表浅部位，包括腮腺的耳前区、耳垂周围、颌后区的浅层和后下极。

沃辛瘤临床表现相对具有特异性：①多见于男性；②好发年龄为40～70岁；③患者常有吸烟史；④肿物可有消长史；⑤绝大多数肿物位于腮腺后下极；⑥触诊肿物呈圆形或卵圆形，表面光滑，质地偏软；⑦肿物可多发，有单侧多发，也有双侧多发；⑧术中可见肿瘤呈紫褐色，剖面可见囊腔形成。

多形性腺瘤是腮腺良性肿瘤中最常见者，常位于耳垂周围，质地中等或偏硬。典型的多形性腺瘤触诊呈结节状，凸起处常较软，可有囊变，低凹处较硬，多为实质性组织。病史长者，肿瘤可长至巨大，导致面部畸形。其他类型良性肿瘤多无特异性临床表现。

(二)辅助检查

1. 影像学检查

(1)B超检查　B超检查操作简便且无放射性损害，是公认的位置表浅腮腺良性肿瘤的首选影像学检查方法，可以判断有无占位性病变以及肿瘤大小、位置，并估计大致的性质。典型的腮腺良性肿瘤的B超表现为：位于腮腺表浅部位内的边界清楚、均匀或不均匀的低回声病变，后方回声增强。

多形性腺瘤：表现无特异性，形态为圆形、椭圆形、不规则形或分叶状，多表现为边界清楚的低回声病变，内部回声取决于肿瘤组织的成分及排列，可均匀或不均匀。有时可见囊性无回声区，偶见钙化，血流不丰富，有后方回声增强。沃辛瘤：表现为边界清楚的低回声，内部可见管道样或网格样结构，有时可见无回声囊变区，后方回声增强。基底细胞腺瘤：表现为边界清楚的低回声，内部有时可见无回声囊变区，后方回声增强。

(2)CT检查　CT检查可以清晰显示肿瘤与周围组织结构的关系，特别是对于位置深在或范围较大的腮腺肿瘤，应进行CT检查。典型的腮腺浅叶良性肿瘤的CT特征为：位于腮腺表浅部位内的软组织占位，边界清晰，呈圆形、有些可呈结节状，皮下脂肪层及腮腺咬肌筋膜等组织层面清楚，咬肌、胸锁乳突肌和二腹肌后腹等邻近结构清晰可见。

多形性腺瘤：CT平扫图像显示边缘清楚，可呈圆形、椭圆形或多结节分叶形，内部呈软组织密度，多高于腮腺组织密度，密度均匀或不均匀。有时可见低密度的陈旧性出血和囊性病变区，偶有钙化斑点。CT增强扫描时，较小的肿瘤可无明显强化，亦可有均匀强化；较大的肿瘤则多为不均匀强化，强化特征为缓慢持续强化表现。沃辛瘤：CT平扫图像呈圆形或类圆形软组织密度肿块，边界清楚，边缘光滑，多可见完整包膜，多位于腮腺下极，可多发，有单侧多发，也有双侧多发。增强相表现为对比剂快速流入和快速流出的特点。增强早期迅速强化，延迟期强化减退，多可见贴边血管征。

基底细胞腺瘤：CT平扫呈圆形或类圆形软组织密度影，边界清楚，边缘光滑，肿物一般较小，内部表现为实性软组织密度，部分可见囊性低密度区。增强相则表现为对比剂快速持续流入的强化特点，早期明显强化。

(3)MR检查　相较于CT检查，MR检查无放射性损害，具有良好的软组织信号，更适合于腮腺肿瘤检查。典型的腮腺浅叶良性肿瘤的MR特征为：位于腮腺表浅部位内的圆形或类圆形占位，边缘光滑清晰，均质或不均质，T1WI上为低信号，T2WI上为高信号。

多形性腺瘤：T1WI上多呈等或低信号，少数高信号，T2WI上呈中等信号或不均匀高信号。如发生坏死、囊变，则T2WI呈高信号。增强MR显示肿瘤实性部分为中等至明显强化，部分延迟强化。沃辛瘤：T1WI上多呈等信号，偶有稍高信号，T2WI上可呈等信号，常有多发小囊状表现，T2WI呈高信号或混杂信号。增强相可见不均匀强化，包膜和实性部分多为中度以上强化。基底细胞腺瘤：实性部分呈T1WI低信号，T2WI高信号或稍低信号。囊性部分在T1WI和T2WI上均呈高信号，增强相表现为中度以上强化。

2. 病理检查

因有发生瘤细胞种植的风险，腮腺良性肿瘤通常禁忌术前活检。如有必要，术前可行细针抽吸活检，采用外径为0.6 mm的针头，吸取少量肿瘤组织，涂片做细胞学检查，可辅助定性诊断。术中完整切除肿瘤后，也可进行冰冻活检，辅助定性诊断。上述两种活检方法准确性均有一定局限性，因此确切诊断常依赖于术后的石蜡切片病理诊断。

（三）诊断标准

临床检查：腮腺区无痛性肿物，生长缓慢，无明显自觉症状。肿物多呈球状，周围界限清楚，与周围组织无粘连，活动度好，无触痛，无面神经功能障碍。肿物位于腮腺的表浅部位，包括腮腺的耳前区、耳垂周围、颌后区的浅层和后下极。

影像学检查：位于腮腺表浅部位内的边界清晰、圆形/类圆形或分叶状的软组织实性或囊实性占位，多为单发或偶有多发。

病理学检查：通常不推荐术前活检进行病理学检查，必要时首选细针抽吸细胞学检查，辅助定性诊断。建议术中冰冻活检，辅助定性诊断。

（四）鉴别诊断

腮腺恶性肿瘤：典型的腮腺恶性肿瘤临床表现为质地较硬，边界不清，活动度差的软组织肿块，生长速度可快可慢，有或无疼痛症状，有或无面瘫症状，有或无区域淋巴结肿大。影像学检查表现为边界不清、形状不规则的软组织占位，周围组织结构常有受累表现。区域淋巴结有或无肿大表现。一些腮腺低度恶性肿瘤类型（如腺泡细胞癌、分泌性癌，高分化黏液表皮样癌）常在临床和影像学表现上与良性肿瘤极易混淆，需要依赖病理学进行鉴别诊断。

腮腺内淋巴结：正常的腮腺内淋巴结，在临床上多不可触及。反应性增生的淋巴结可被触及，通常质地较软，边界清楚，长径多在2 cm以内，多有触痛，可有消长史。影像学上表现为均质的椭圆形或咖啡豆样软组织影，边界清楚，可有淋巴结门结构显示。对于较大的淋巴结，需要依赖病理学进行鉴别诊断。

面神经鞘瘤：肿瘤多位于面神经出茎乳孔后的总干和分叉处，有的可累及面神经颞骨骨管段，可表现为孤立性肿块，易与多形性腺瘤混淆；也可表现为多节段、跳跃性病灶，病变范围上具有一定隐匿性和迷惑性。肿块质地坚韧，可沿神经侧向移动，不能沿神经长轴活动。通常无面瘫症状，累及面神经颞骨骨管段者可出现耳科症状。影像学上面神经鞘瘤表现为椭圆形或梭形的实性或囊实性软组织肿块，累及面神经颞骨骨管段者可出现骨质破坏或骨管增粗表现，有助于鉴别诊断。

四、治疗

（一）治疗原则

腮腺浅叶良性肿瘤的治疗原则是：行保留面神经的肿瘤完整切除术。完整切除的含义是指在肿瘤包膜外正常组织内切除，不能做沿肿瘤包膜外的剜除，更不允许分块切除或切破肿瘤，尤其是多形性腺瘤。

（二）手术治疗

根据腮腺浅叶组织切除的多少，可分以下两种术式。

肿瘤及腮腺浅叶切除+面神经解剖术：是治疗腮腺浅叶良性肿瘤的经典术式，适用于肿瘤体积较大或位置偏深的病例。通常采用S形切口，先寻找面神经（顺行法或逆行法）并沿面神走行浅面完整切除腮腺浅叶和其内的肿瘤。

腮腺部分切除术：适用于体积不是很大的腮腺浅叶或后下极的良性肿瘤。手术只切除肿瘤和周围的部分腺体组织，不刻意解剖面神经。该术式可保留腮腺功能，创伤小，手术时间短，配合个体化设计的耳周小切口，可以明显提高美观效果。这一术式不同于剜除术，它是在正常腮腺内切除肿瘤，因而可避免肿瘤包膜破裂及肿瘤的残存，具有根治作用。

五、主要并发症及处理

局部积液或涎瘘：系残存腺体继续分泌或术区遗留无效腔所致。术中缝扎腺体残端，适当放置引流，术后进行及时进行可靠稳定的加压包扎可预防其发生。如积液量多，可用注射器将其吸尽后重新加压包扎，并适当延长包扎时间。嘱患者术后清淡饮食，并在进食前半小时服用阿托品0.3 mg，每日3次，以减少唾液分泌。经上述处理无效，涎瘘久治不愈者，可给予小剂量放射治疗，以促使腺体萎缩。

面神经麻痹：面神经可有不同程度损伤。但只要面神经结构保持完整，一般可望在3～6月内恢复。期间可辅以理疗、营养神经药物等治疗，并配合表情肌功能训练，预防面肌萎缩。

味觉性出汗综合征：也称Frey综合征，其临床表现为当有味觉刺激存在，尤其伴咀嚼运动时，患侧皮肤出现潮红及出汗现象。发生时间早晚不一，最早者术后立即出现，晚者在手术1～2年以后，绝大多数在3～6月内发生。皮肤出汗或潮红的范围，较常见于耳前区及颞部，也可见于鼻、上唇、耳后及上颈部。出汗程度亦轻重不等，轻者仅见少量汗点，严重者则可见大量汗水流淌。目前，国内外主要通过手术手段来预防味觉性出汗综合征，常用方法包括自体或异体组织植入，尽量选择腮腺部分切除术等。

六、随访及预后评估

腮腺良性肿瘤大多数预后良好，术后通常可每半年复查一次。多形性腺瘤虽为良性肿瘤，但部分多形性腺瘤可出现包膜内瘤细胞侵入或包膜不完整，术后易复发，复发率主要与手术方式有关。完整切除肿瘤者复发率很低，剜除肿瘤者复发率较高。瘤细胞散落在组织床上后，易形成种植性生长灶。许多复发性多形性腺瘤是多灶性生长的，有时分布非常广泛，以至于不可控制。多形性腺瘤多年生长后可发生癌变，癌变成分可表现为多种组织学类型，其预后差别也较大。

上颌骨骨折诊疗指南

（2022年版）

上颌骨骨折诊疗指南（2022年版）编写审定专家组（按姓名笔画排序）组长：张益，成员：朱洪平、刘树铭、安金刚、苏家增、何伟、单小峰、贺洋、郭玉兴、彭歆、蔡志刚。

一、概述

上颌骨位于面中部，对功能与美观均有重要意义，面中部构成一系列力学支柱。垂直方向上，主要包括鼻上颌、颧上颌和翼上颌支柱，水平方向上加以眶上缘、眶下缘-颧弓和上颌牙槽突等水平支柱支持，支柱之间为鼻腔和鼻旁窦等腔隙。当面中部受到正面或侧面外力时，这些较为薄弱的支柱将难以承受。这些支柱后方有内外翼板，上方有颅底，这样的骨骼结构形成了一些解剖薄弱点，也在一定程度上决定了骨折发生的类型。

二、适用范围

上颌骨骨折。

三、诊断

(一)骨折分类

1. LeFort分类

ReneLeFort(1890,1901)提出了三型分类。LeFort Ⅰ型:即牙槽嵴根部水平骨折,骨折线经梨状孔下缘、牙槽突基部,绕颧牙槽嵴和上颌结节向后至翼板下1/3;LeFort Ⅱ型:即上颌中央三角区骨折,骨折线从鼻根部向两侧,经泪骨、眶下缘、颧上颌缝,绕上颌骨外侧壁向后至翼板上2/3;LeFort Ⅲ型:呈颅面分离状骨折,骨折线经鼻额缝,横跨眼眶,再经颧额缝向后下至翼板根部,形成颅面分离。

2. 改良分类

Manson(1986)在LeFort分类的基础上增加了牙槽突骨折和矢状骨折,提出新的分类。但其亚类列项稍显繁琐,可以简化为以下3型。①低位(水平)骨折:上颌骨呈水平断裂,骨折线在LeFort Ⅰ型水平,但不涉及颧骨、眼眶、鼻筛区。临床主要表现咬合关系紊乱,骨折块下垂或偏移,骨折有明显的异常动度。治疗原则是恢复咬合关系。②高位(水平)骨折:上颌骨呈水平断裂,骨折线在LeFort Ⅱ型和(或)Ⅲ型水平,骨折块呈锥形或粉碎,涉及颧骨、眼眶、鼻筛区。临床表现咬合关系紊乱,伴发颧面、眶周、鼻筛区畸形。治疗原则是恢复咬合关系,同时矫治面部畸。③矢状骨折:上颌骨呈垂直断裂,骨折线位于正中或正中旁,垂直或斜行向上,将上颌骨分裂为两半,可以形成"创伤性腭裂"。临床表现为牙弓增宽,有时一侧骨折块下垂使牙齿发生早接触而另一侧,骨折可能伤及颅底。治疗原则以恢复咬合关系为主,关闭"创伤性腭裂"。

(二)临床表现与专科检查

低位水平骨折多因前方外力所致,骨折块因致伤力、骨重力及翼肌牵拉向后下移位,造成面中1/3变长,前部塌陷,后牙早接触、前牙开𬌗。

如骨折系侧前方外力所致,骨折块可能向一侧移位,出现偏𬌗。口腔检查很容易发现上颌骨异常动度,鼻腔检查可见鼻出血和鼻中隔撕脱;如果骨折发生在一侧或区段,骨折线纵向断裂牙槽突,可发现牙龈撕裂、骨台阶和区段骨折块活动。

高位水平骨折常波及鼻、眶、颧、额等周围结构,出现面部肿胀、眶周淤斑、结膜下出血、眼球下陷和复视、鼻底黏膜撕裂和鼻出血、脑脊液鼻漏;损伤眶下神经,造成眶下区及上唇麻木。

骨折移位多呈嵌顿性,骨异常动度不明显。骨折块向后下移位造成面中部塌陷,呈"盘状脸"。向一侧移位,造成面中部扭曲畸形。连带牙槽突移位,造成错𬌗,表现类似于低位水平骨折。

矢状骨折约占上颌骨骨折的15%左右,多发生在中线或中线旁,前部裂隙一般通过中切牙或侧切牙。如果骨折移位不大或只是轻度的上下移位,腭部黏膜通常是完整的;如果骨折呈前后向错位或向外侧移位,腭部黏膜裂开,即可形成"创伤性腭裂"。矢状骨折常伴有鼻中隔和鼻旁窦损伤。骨折线侧向上行,断裂梨状孔或上颌骨额突、鼻骨至眼眶,可引起各种眼科症状。骨折线垂直上行至颅底,可引起脑脊液鼻漏和嗅觉障碍。单独矢状骨折发生频率并不高,多与高位或低位水平骨折同时发生。

(三)影像学检查

CT是目前使用的主要上颌骨骨折影像学检查,通过轴位、冠状位、矢状位和三维重建可以清晰地观察骨折位置、移位程度,从而制定治疗计划。CT扫描还能显示软组织血肿或皮下组织、肌肉和脂肪的水肿。对严重的面中部创伤或上颌骨移位,三维CT对于明确诊断很有价值。

四、治疗

(一)治疗原则

1. 低位水平骨折的治疗

上颌牙槽突骨折或区段骨折可以在局麻下行手法复位,然后用牙弓夹板做单颌固定4~6周。单纯下垂移位的骨折可采用头帽颏兜托起颌骨使之向上复位,并制动4~6周。偏斜移位的横断骨折手法复位困难时,可行颌间牵引复位,然后颌间固定3~4周,并辅以头帽颏兜托起颌骨向上制动。后移位或向一侧旋转移位造成错𬌗时,需切开复位,恢复咬合关系,并在颧牙槽嵴和梨状孔侧缘用接骨板做坚固内固定。当颧牙槽嵴粉碎或骨缺损>5 mm时,须植骨。

2. 高位水平骨折的治疗

高位骨折一旦发生骨折移位,通常需切开复位。手术应尽早进行。经冠状切口、口内切口和面部小切口联合入路暴露骨折。伤后7~10 d之内的新鲜骨折,可以直接复位。如果骨折后超过两周,骨折已发生纤维性愈合,或者骨折块嵌顿,则需截断翼上颌连接,再行复位,骨折复位后行坚固内固定。高位上颌骨骨折多伴发眶底骨折,如术前CT提示有眶底破裂、眶内容物疝时,需通过睑缘下或睑结膜切口,复位眶内容物,修补眶底。

3. 矢状骨折的治疗

矢状骨折的复位要考虑两种情况:一种是垂直骨折线与上颌骨低位水平骨折线连通,实际上这属于单侧水平骨折。这种骨折单纯采用颌间牵引即可获得良好的复位效果;另一种是骨折线垂直向上,延伸至颅底或眶底,采用颌间牵引难以复位,必须通过手术解决。单纯上颌骨骨折时,首先要复位腭中份,恢复上颌骨牙弓的宽度,然后再复位垂直力柱。矢状骨折的固定一般设在前鼻嵴区。

4. 陈旧性骨折的治疗

上颌骨呈框架结构,骨折断面常有嵌顿或重叠,错位愈合后很难像下颌骨那样,能准确地找到骨折线并沿骨折线重新凿开复位。通常需根据模型外科设计和合板进行LeFort分型截骨复位。LeFort Ⅰ型截骨适用于低位陈旧性骨折继发错𬌗。矢状骨折并有移位时,需在LeFort Ⅰ型截骨的基础上,进一步分块截骨。高位陈旧性骨折单纯以解决错𬌗为治疗目的时,也可以采用LeFort Ⅰ型截骨。LeFort Ⅱ型和Ⅲ型水平的截骨适用于高位陈旧性骨折。

五、主要并发症及处理

上颌骨骨折的并发症包括眶下神经感觉异常、眼球内陷、感染、钛板暴露、鼻中隔偏曲、鼻腔堵塞、视力改变、骨不连、错位愈合和错𬌗畸形、溢泪、异物反应和鼻窦炎等。其中一些并发症在伤后数周甚至数月才会出现,应注意这类并发症发生的可能性。

对于单纯上颌骨骨折的病例,术前、术后发生呼吸道梗阻的情况很少见,但是,在病人术后苏醒拔管时,如果存在鼻中隔血肿或鼻腔填塞,以及软组织极度水肿,使病人不能通过鼻腔进行呼吸,就可能出现呼吸道梗阻,牙列完整并行颌间结扎的病人在这种情况下可能出现呼吸困难,重新插管、置入鼻咽通气道或打开颌间固定均是有效的治疗措施。未经处理的鼻中隔骨折可导致术后气道梗阻,并持续至软组织肿胀完全消退。延长经鼻气管插管时间可导致急性鼻窦炎。骨折可致鼻旁窦引流管或开口阻塞,筛窦、蝶窦、额窦和上颌窦均可能出现急性或慢性炎症。

缝合裂伤时未结扎小血管,骨折固定不理想,骨缝持续渗血,局部存在动脉瘤,或者动脉局部破裂,上述因素均可导致术后出血。出现这种情况应及时手术探查进行止血,并清除血肿。如果固定后的骨断端之间渗血,应重新固定或使用骨蜡止血。较大的动脉出血需要紧急止血。如果出血来源不明,应行动脉造影和动脉栓塞。动脉瘤和假性动脉瘤是颌面创伤的并发症之一,但在单纯上颌骨骨折的情况下很少发生。动脉瘤和假性动脉瘤也能导致术后出血，也是血管造影和栓塞的适应证。

由于上颌骨和眼眶相邻，骨折后可出现与视力相关的并发症。面中部骨折很少出现失明的情况，失明多发生在骨折累及眼眶、损伤严重的情况下。术后即刻失明作为高位LeFort类型骨折（LeFort Ⅲ型或累及眼眶的骨折）的并发症，其原因包括眶内出血或压力增大、视网膜动脉痉挛、球后出血或骨折片损伤视神经。未及时发现眶底骨折（单纯性或合并颧骨骨折）或治疗不当可导致眼球内陷和复视。

术后最明显的并发症是骨折段或固定装置错位。临床检查（例如错䫓畸形）结合术后影像学检查很容易发现这类并发症，需要二次手术加以矫治。其他和坚固内固定相关的并发症包括钛板暴露、钛板移位、应力遮挡、骨皮质吸收和骨不连。骨折断端之间不连接的原因包括：局部血运不佳、骨折对位不准确、骨段松动、感染或全身营养缺乏。软组织裂伤遭受污染或存在异物、血肿、原有疾病引起的牙源性感染、牙折断等情况均可造成感染。

错位愈合的上颌骨骨折可造成鼻泪管阻塞，导致溢泪，还可能引起泪囊炎。骨折或错误复位的上颌骨骨折块还可损伤眶下神经，造成三叉神经第二支分布区域感觉麻木。

六、随访及预后评估

术后短期内密切随访，观察口内外伤口初期愈合情况，咬合关系恢复情况，有必要的行术后暂时性颌间牵引，之后开始张口训练。

远期使用影像学检查评价骨折愈合情况和功能情况，如存在骨不愈合、骨不连及相应功能障碍，可能需要再次手术治疗。

下颌骨骨折诊疗指南

（2022年版）

下颌骨骨折诊疗指南（2022年版）编写审定专家组（按姓名笔画排序）组长：张益，成员：朱洪平、刘树铭、安金刚、苏家增、何伟、单小峰、贺洋、郭玉兴、彭歆、蔡志刚。

一、概述

下颌骨位居面下1/3，位置突出，易受到打击致伤，道路交通事故是主要致伤原因。下颌骨骨折约占颌面部骨折的40%～60%左右。由于下颌骨承托下颌牙列，参与构成咬合系统，同时还参与颞下颌关节构成，且是颌面部唯一能动的大骨，因此伤后对咀嚼、语言和吞咽功能影响较大。

二、适用范围

下颌骨骨折。

三、诊断

（一）骨折分类

1. 按骨折性质分类

青枝骨折：骨裂或皮质骨折裂，但骨连续性完好。闭合性骨折：骨折表面软组织完好，骨折呈封闭状态。开放性骨折：骨折表面软组织损伤，骨折部位与外环境直接相通。简单骨折：骨折单发，无移位或轻度移位。复杂骨折：在下颌骨多个区域发生骨折，有明显移位。粉碎性骨折：骨折部位骨碎裂，常伴有明显移位。骨折骨缺损：骨折伴骨缺损及移位。

2. 按骨折部位分类

分为髁突骨折（骨折线位于或延伸至乙状切迹以上）、喙突骨折、升支骨折、下颌角骨折（磨牙平面向后水平延伸线与第二磨牙远中垂线之间的骨折)、下颌体骨折(颏孔后和下颌角前区域骨折)、颏正中及颏旁骨折(颏孔之前)、牙槽突骨折。

3. 按骨折线方向分类

分为有利型骨折和不利型骨折。前者指骨折线方向与肌肉牵拉方向垂直,后者指骨折线方向与肌肉牵拉方向平行。

(二)临床表现与专科检查

1. 骨折部位肿胀、疼痛

2. 软组织撕裂、血肿和淤斑

3. 牙齿松动和骨擦音

下颌骨骨折时,常合并牙外伤导致牙齿松动,当将双手拇指放在牙列上,其他手指放在下颌骨下缘,双手做相反方向轻微运动时,可在骨折部位探知骨擦音和骨异常动度。

4. 咬合关系改变

咬合关系的改变高度提示存在下颌骨骨折,牙槽突骨折、下颌骨骨折、颞下颌关节损伤均有可能引起咬合关系改变。双侧下颌角或髁突骨折可导致后牙早接触或前牙开𬌗;前牙牙槽突骨折或颏旁骨折移位可导致后牙开𬌗;同侧下颌角和颏旁骨折可导致单侧开𬌗;下颌正中和髁突骨折,同时下颌后部骨关节外展移位,可导致后牙反𬌗。

5. 下唇麻木、感觉异常或迟钝

外伤后下牙槽神经支配区域的麻木往往是下颌骨在下颌孔远心端出现骨折的特征性临床表现,但临床上,大部分发生在下颌角、体部和颏部的非移位性骨折通常不会导致下唇麻木。

6. 下颌骨异常运动及张口受限

外伤后,由于咀嚼肌保护性收缩,大部分下颌骨骨折患者可能出现张口受限,有的可能产生特定的下颌异常运动。单侧髁突骨折后,由于患者翼外肌功能丧失,张口时下颌会偏向患侧。下颌升支和喙突骨折可导致张口受限。

7. 面型改变

骨折发生移位后,可造成面型的改变。下颌偏斜或左右不对称时,可能提示单侧下颌骨骨折。双侧颏旁骨折、双侧髁突骨折可能引起下颌后缩畸形。双侧髁突骨折伴下颌正中骨折可能引起下颌弓整个形态的变化,呈现为下面部增宽。

(三)影像学检查

在依据症状和体征建立初步诊断的基础上,需进一步通过影像学检查明确下颌骨骨折部位,骨折线数目、方向,骨折段移位及骨折线上牙齿状况等。用于检查下颌骨骨折的影像学方法较多,一般有:曲面断层片、下颌骨斜侧位片、下颌后前位片、下颌咬合片、螺旋CT,但需强调骨折移位必须从三维方向进行诊断。

目前较为常用的是曲面断层片和螺旋CT。曲面断层片可显示包括髁突在内的整个下颌骨,投照简单易行,可显示整个下颌骨且清晰度较好,可提供很多有诊断意义的信息,但也有以下缺点:投照时要求患者直立,对创伤严重的患者难以操作;下颌骨骨折颊舌向移位或髁突向内侧移位时不易判别;对颞下颌关节、颏部、牙及牙槽突区域的细节显示不佳。

相比于传统CT,新一代的螺旋CT扫描速度更快,辐射明显降低,可以从多个位置清晰的显示骨折部位细节,成为颌面部骨折影像学检查的金标准。

四、治疗

(一)治疗原则

在下颌骨骨折治疗之前,应该仔细检查患者的全身状态,若患者全身情况不好,伴有重要脏器损伤,应首先抢救生命,视具体情况同期或延期进行专科处理。

单纯下颌骨骨折极少导致死亡,在初期止血、限制运动之后,需有条理进行详细的临床和影像学检查,判断下颌骨骨折的性质和程度,然后决定治疗方案。

下颌骨骨折的治疗的首要目标是恢复稳

定的咬合关系，恢复下颌骨的连续性、弓形和下颌支高度。

处理骨折线上的牙。位于骨折线上的牙若无松动应尽量保留，有利于骨折的复位固定。若牙已松动、大面积龋坏、根折、牙根裸露、存在炎症，或影响骨折的复位，则应予拔除。

合理的选择治疗方式。骨折的治疗通常包括闭合性复位固定治疗和开放性复位固定治疗。随着内固定技术的发展，越来越多的临床医生更倾向于开放复位固定治疗，尽管切开复位有许多优点，例如骨折断端复位更加紧密，更早恢复功能，但也有着需要全麻、术后术区相关并发症、增加费用等相应缺点。闭合复位固定存在时间长，局麻下可实施。二者均有其相对适应证，需结合患者损伤程度、年龄、全身状态等因素综合考虑。

（二）闭合性复位固定治疗

1. 相对适应证

无移位的有利型骨折；严重的粉碎性骨折：因开放复位技术可损伤小骨块的血供，进而增加感染的机会，如使用闭合性复位可建立正常咬合关系而不损伤下颌骨完整性则可考虑使用闭合性复位；伴大量软组织缺损的骨折；无移位或轻度移位的无牙颌下颌骨骨折；儿童骨折；喙突骨折，喙突骨折一般不予治疗，如喙突靠近颧弓而阻挡下颌运动时，往往需要手术治疗；咬合关系稳定，未发生脱位性骨折的髁突骨折。

2. 治疗方法和固定时间

可在局麻下进行手法复位，然后使用牙弓夹板、颌间螺钉等进行颌面固定，下颌骨骨折除髁突骨折以外一般需要固定6周时间，具体时间可以根据患者的年龄、状态和严重程度适当减少或延长。

髁突骨折咬合关系正常患者，颌间固定或用头帽颏兜制动2周开始张口训练，自主张口训练为主，每日2～3次，每次20～30 min，张口、前伸和侧方交替进行，配合关节区热敷。如骨折移位形成错𬌗，则必须通过颌间牵引恢复咬合关系。24～48 h后，如仍然不能复位或撤除牵引皮圈后随即又错𬌗者，预示可能需要手术。儿童髁突骨折的治疗目的是促进髁突功能性改建，防止关节强直，避免颌骨发育畸形。

儿童髁突骨折具有很强的改建能力，骨折错位愈合后可以通过功能改建形成一个近似于正常形态的新的髁突。因此，骨折早期，大部分骨折均应采取保守治疗。具体方法是：伤后局部冷敷，用头颏绷带制动；3～5 d后，可选择佩戴一个2～3 mm厚的𬌗垫，以降低髁突，缓解关节内压力，促进损伤性炎症消散；7～10 d后开始张口训练，尤其是前伸开口训练；佩戴𬌗垫时间通常为伤后3个月左右，期间通过诱导纠正咬合关系。儿童髁突骨折要求伤后第3、6、12个月连续追踪，如出现张口困难，应及时发现并干预。对于髁突骨折后引起的发育畸形，目前尚无有效的干预措施，有待研究。

（三）开放手术治疗

伴随内固定技术的发展，手术切开复位可更好的复位固定骨折断端，实现早期功能性运动，如单独从适应证考虑，有如下相对适应证：移位的不利型骨折；多发骨折；面中部骨折和双侧髁突骨折：面中部骨折同时伴发双侧髁突骨折，至少需要复位固定一侧髁突，恢复面部正常垂直高度；伴有移位的的无牙颌下颌骨骨折；下颌骨骨折伴对应上颌缺牙或无牙，因无法进行颌间结扎；特定的系统性疾病不允许颌间结扎，比如癫痫、精神或神经疾病等；陈旧性骨折及错位愈合。

1. 颏正中、颏旁及下颌体骨折的手术治疗

（1）直线和垂直断面状骨折　经口内入路显露和松解骨折，通过（暂时性）颌间固定维持咬合关系，同时用骨折复位钳关闭骨折线至解剖复位状态直至完成固定。固位螺钉长度6～8 mm，固定于唇侧皮质骨板上即可，骨

折线每侧至少要固定两颗螺钉。下颌体骨折经复位后再移位倾向不严重者(如简单骨折或有利型骨折),用一个接骨板固定即可,接骨板放在下牙槽管和牙根之间,用6 mm长的螺钉固位。如为双线或多线骨折,则必须用两个接骨板固定。为了避免过度牵拉颏神经造成术后下唇麻木,固定前可以先分离颏神经。

(2)斜线和斜面状骨折 颏正中/颏旁斜线骨折可以采用2.4 mm拉力螺钉固定,一般采用单颗螺钉横行贯穿固定,再配合单颌牙弓夹板做张力带,即可以获得稳定的固定效果。下颌体容易发生颊舌侧骨板分离的层片状的骨折,复位时要彻底清除断面间的纤维骨痂和碎骨片,复位后要用颌间固定维持复位,并且用骨折复位钳从颊舌向适度夹持骨折保持稳定,骨断面的任何错动或者断面间嵌顿物都可能影响复位效果,术后𬌗干扰。此类骨折可以采用皮质骨螺钉按拉力螺钉方式做对穿固定。通常使用3颗螺钉固定,成角分布。

(3)粉碎性骨折 发生于颏/颏旁及下颌体的粉碎性骨折,应按𬌗关系实施功能复位,不必要求解剖复位,否则很可能造成小骨折片、特别是唇颊侧的骨折片发生游离,以致影响愈合,甚至发生骨坏死。由于粉碎性骨折缺少有效的骨连续性支撑,应采用重建板固定,锁定板可以增加固定的稳定性。骨折区两侧的骨段用重建板桥接固定,中间的小骨片可以用小型或微型板连接固定,也可以直接用螺钉做穿接固定。如果出现骨缺损,可以同时在重建板下方放置移植骨块,前提是必须有足够的软组织覆盖。

2. 下颌角骨折的手术治疗

下颌角是高应力集中区,骨断面薄、皮质骨厚、血运相对较差,加之第三磨牙存在,术后并发症较多。如果骨折移位,必须实行解剖复位和坚固内固定。复位过程中,如发现位于骨折线上的智牙碎裂、脱位,影响骨折复位时,应予以拔除。下颌角骨折的固定方法有多种,应根据骨折线类型合理选择。

(1)有利型骨折 常规采用小型接骨板以及张力带固定。手术入路采用磨牙后区角形切口,暴露骨折和外斜线。撬动远中骨折块,使骨折断面复位。由于外斜线处是张力部位,下颌角下缘是压力部位,张力部位复位后,压力部位可以自动闭合。固定选用小型接骨板,沿外斜线放置,跨越骨折线,按解剖复位后的骨面弯制接骨板,使之与骨面贴合。骨折线每侧至少使用两颗螺钉固定。螺钉长6 mm,入单层皮质骨,一般不会伤及牙根和下牙槽管。

(2)不利型骨折 这种骨折移位倾向较大,需要更稳定的固定。如骨折严重移位或断面有缺损,单靠张力带固定很难保证其功能性稳定效果,术后下缘骨折线很容易出现张裂,不稳定的固定可能继发固位螺钉松动和感染。这时,应在张力带固定的基础上,进一步在下颌角下缘做补偿固定,补偿固定通常借助穿颊拉钩完成。

3. 髁突骨折的手术治疗

髁突骨折外移位,低位髁颈和髁颈下骨折明显内移位或脱位,伴升支垂直高度明显降低(>4 mm),继发错𬌗者,应该采用手术治疗。

手术入路:髁颈下及升支骨折可采用环下颌角切口,髁颈骨折可采用穿腮腺的颌后切口,囊内矢状骨折可采用耳前入路。暴露骨折后行解剖复位,固定前需检查𬌗关系。矢状骨折用1~2颗2.0 mm的皮质骨螺钉做穿接固定;其他类型骨折用小型接骨板沿后外缘放置做张力带固定,髁颈下骨折还需要在乙状切迹或髁颈前缘做补偿固定。

4. 康复治疗

术后适当使用抗生素预防感染。采用功能稳定性内固定的患者一般在术后1周内停止颌间牵引,进行开闭口训练,进半流质或软质饮食,保持口腔清洁。

五、主要并发症及处理

1. 延迟愈合和不愈合

多种原因可导致延迟愈合和不愈合。最常见的原因是骨折复位和制动不良，对于无牙颌病人，这种原因较为常见。感染常作为一种潜在的原因，任何一个骨折线上的牙都应该仔细检查，以确认是否有牙根骨折以及牙的活力情况。骨折处血供减少可导致愈合的延迟。广泛剥离骨膜，尤其对于粉碎性骨折和无牙颌病人的骨折，可导致延迟愈合。代谢障碍和酒精中毒也是骨折延迟愈合的原因。

骨折延迟愈合和不愈合的治疗目的是要消除问题的根本原因。如果存在感染，必须进行清创去除死骨，充分引流，然后进行抗生素治疗。拆除不可靠的固定装置例如钢丝和钛板，然后应用颌间固定或坚固内固定系统为骨折部位提供充足的固位力。如果骨折断端之间存在间隙，需要进行植骨。

2. 感染

感染和骨髓炎应该是最常见的并发症，原因有全身因素，例如酒精中毒和未使用抗生素。还有局部因素，例如骨折复位固定不良、骨折线上存在折断的牙和粉碎性骨折。其治疗在骨折延迟愈合和不愈合部分已有叙述。

3. 错位愈合

错位愈合可以定义为骨折愈合后仍存在一定程度的错位，不是所有的骨折下颌骨错位愈合都有临床意义。无牙颌下颌骨错位愈合或发生在下颌升支和髁突区域的错位愈合通常不会导致外形和功能的明显改变。当涉及下颌骨牙列部分时，可出现错𬌗畸形。在早期骨折愈合阶段，错𬌗畸形可以通过延长颌间固定的时间进行矫正，而在骨折完全愈合后，可以通过选择性调𬌗、正畸或截骨再固定等手段加以治疗。

4. 神经损伤

移位的下颌骨体部骨折和下颌角骨折常对下牙槽神经造成损伤。神经功能恢复情况主要依赖于神经最初受损的程度和下颌骨骨折是否得以精确复位和充分固定。手术引起的神经损伤常见于面神经和耳颞神经损伤。

5. 发育异常

髁突损伤后可能导致下颌骨发育异常，对于儿童髁突骨折患者，需要长期随访观察，如果出现，可进行早期的正畸干预。

6. 颞下颌关节功能障碍

髁突骨折可能会造成一系列颞下颌关节的问题。关节内结构紊乱和关节强直可能是其中两种最常见的类型，随访过程中如出现，可给予相应后续治疗。

六、随访及预后评估

术后短期内密切随访，观察口内外伤口初期愈合情况，咬合关系恢复情况，有必要时行术后暂时性颌间牵引，之后开始张口训练。

远期使用影像学检查评价骨折愈合情况和功能情况，如存在骨不愈合、骨不连及相应功能障碍，可能需要再次手术治疗。

七、转诊条件及原则

创伤当时需要评价患者全身状况，如果全身状况稳定，但当地医院没有下颌骨骨折的治疗条件，可转诊至有诊疗条件的医院进行治疗。如果全身状况不允许转诊，可在当地医院先行急救治疗，待全身状况稳定后，再转诊。在上级医院治疗下颌骨骨折完成后，可返回到当地医院进行相关后期康复治疗以及随访观察。

牙颌面畸形诊疗指南

（2022年版）

牙颌面畸形诊疗指南（2022年版）编写审定专家组（按姓名笔画排序）组长：张益，成员：朱洪平、刘树铭、安金刚、苏家增、何伟、单小峰、贺洋、郭玉兴、彭歆、蔡志刚。

第一部分 总论

一、概述

由于各种先天及获得性原因导致颌骨生长发育异常而引起的颌骨体积、形态和空间位置的异常，造成患者牙𬌗关系及口腔系统功能异常与颜面部形态异常者，称为牙颌面畸形。以诊断和治疗牙颌面畸形为主要内容的学科称为正颌外科。

正颌外科的主要治疗策略是正畸正颌联合治疗，即结合手术前后的正畸治疗，通过正颌手术矫治牙颌面畸形。目前正颌外科已经发展为口腔颌面外科的重要分支，也是一个较为成熟的学科分支。

二、适用范围

本章的内容主要讨论正颌外科临床常见的牙颌面畸形。

三、诊断

（一）临床专科检查

面部正面形态检查：双侧颌面部对称性，瞳孔连线是否水平，双侧口角连线是否水平，鼻背、上唇中线、下唇中线及颏中线是否偏斜，面部上、中、下1/3是否等高，上唇高及颏唇高的比例，唇齿关系，微笑及大笑露龈情况等，颌面部肌肉情况检查。

面部侧面形态检查：侧貌面型（直面型，凹面型，凸面型），鼻唇角角度，上颌、下颌及颏部矢状向位置，鼻旁区丰满度，鼻唇角角度，审美平面，下颌角角度等。

颞下颌关节检查：开口度，开口型，关节弹响，关节区及颌面部肌肉触压痛等。

口内检查：牙齿数目，龋齿、牙周病、阻生齿及义齿情况，上下颌牙列中线是否对齐及与面中线的关系，牙齿排列是否整齐，牙弓形状，上下牙弓形态是否匹配，𬌗曲线情况。前牙及后牙区覆盖覆𬌗情况，双侧上下颌第一磨牙关系。

（二）辅助检查

影像学检查是诊断牙颌面畸形及制定治疗方案的重要辅助手段。常用的影像学检查包括定位头颅正位片，定位头颅侧位片，曲面体层片，双侧颞下颌关节锥形束CT和/或大视野锥形束CT，颌面部螺旋CT。

基于定位头颅侧位片的头影测量分析及面型预测，是分析牙颌面畸形种类、预测手术效果及评价手术方案是否合理的必不可少的临床辅助资料。

伴有睡眠呼吸暂停综合征的患者，可通过定位头颅侧位片、锥形束CT或螺旋CT，分析气道二维宽度及三维体积，分析气道阻塞部位等。锥形束CT或螺旋CT还可观察髁突骨质情况，分析颌骨形态异常，进行数字化外科设计，以及手术效果术前预测及术后效果评估。

伴有颞下颌关节病的牙颌面畸形患者可做MRI检查，以了解关节盘移位、变形及穿孔情况，关节腔有无积液，关节有无占位病变等。

（三）诊断标准

目前牙颌面畸形尚无统一的分类及诊断标准，临床常以颌骨的体积和位置的异常为依据进行分类和诊断。

(四)鉴别诊断

发育性牙颌面畸形主要需要鉴别的疾病为颌面部器质性占位性病变,如骨纤维异常增殖症、颌骨囊肿等,主要通过临床检查及影像学检查进行鉴别。

综合征型牙颌面畸形患者常可伴有全身其他部位的畸形,需要在完成采集病史和详细全身体格检查的基础上,进行相应的检查和鉴别。

四、治疗

(一)治疗原则

牙颌面畸形治疗的基本原则为功能与美观并重,既要取得良好的咬合关系,恢复患者的咀嚼及呼吸等功能,又要兼顾容貌美学要求。

牙颌面畸形的正颌外科临床治疗策略是正畸正颌联合治疗。目前临床成熟的正畸正颌联合治疗程序为:临床检查及辅助检查;诊断;制订手术方案及术前正畸方案;术前正畸;头影测量及面型预测;模型外科或数字化辅助手术设计,制作咬合导板;正颌手术;术后正畸。

自2009年开始出现了"手术优先"正畸正颌联合治疗程序,虽然已在临床有成功的应用,但是目前对该程序的适应证、术后效果及术后稳定性等尚缺乏广泛接受的共识,该治疗模式不在本指南讨论范围之内。

正颌手术通常在患者颌骨发育完成以后进行,一般女性应 > 16岁,男性应 > 18岁。对于患有先天性牙颌面畸形的未成年患者,一般在患者咀嚼、呼吸功能受到严重影响,或患者心理健康受到严重影响时,方可考虑在患者成年以前进行正颌外科手术治疗。

(二)手术治疗

正颌外科常用的手术主要包括以下几种。

上颌勒福Ⅰ型截骨术:可以改变上颌牙骨段三维空间位置,主要适用于上颌骨垂直向发育不足或过度,上颌骨矢状向发育不足(上颌后缩)或过度(上颌前突),上颌牙弓过宽或过窄,面部不对称畸形等。

双侧下颌升支矢状劈开截骨术:可以改变下颌近、远心牙骨段三维空间位置,主要适用于下颌骨矢状向发育不足(下颌后缩)或过度(下颌前突),开㖘畸形,面部不对称畸形等。

颏成形术:可以改变颏部三维空间位置,主要适用于颏部矢状向发育不足或过度,颏部垂直向发育不足或过度,颏部左右侧不对称等。

牵张成骨术等:主要适用于先天性上颌骨或下颌骨发育不足,上颌牙弓宽度不足,半侧颜面发育不全,阻塞型睡眠呼吸暂停综合征,唇腭裂继发性颌骨畸形,创伤或肿瘤术后继发颌骨畸形等。

(三)其他治疗方案

对于程度较轻或者不愿意接受正颌手术的牙颌面畸形患者,可以考虑采用掩饰性正畸治疗,或者整形手术治疗,如脂肪充填,假体植入,颌骨修整等手术。

五、主要并发症及处理

(一)出血

正颌术中及术后的出血主要原因有:软组织及骨组织渗血;损伤术区重要动静脉,如上牙槽前动脉,腭降动脉,翼静脉丛,颌内动脉,下牙槽动静脉等。主要预防及处理方法包括:降压麻醉,尽可能减少术中软硬组织渗血;上牙槽前动脉可电凝止血,腭降动脉损伤后可以进行电凝止血或结扎止血,下牙槽动脉损伤后,应在避免损伤神经的前提下进行压迫或者结扎血管束止血,翼静脉丛出血多采用填塞止血,颌内动脉出血一般需要通过碘仿纱条填塞止血。

正颌术后出血,如果能够明确术中未损伤重要血管,多为软组织及骨组织渗血引起,可以采用药物止血、压迫止血、局部冷敷等方法处理。如上述方法无效或渗血量较大时，应及时果断进行伤口探查术，查找出血点，进行电凝或结扎止血。

(二)意外骨折

指正颌术中各种原因导致的颌骨未按设计截骨线发生的骨断裂。常见原因为截骨不完全，使用暴力离断骨质，截骨线上有阻生牙或额外牙，局部骨质过薄或结构异常等。意外骨折如果不影响设计截骨线处的固定，可酌情予以复位后采用钛板将意外骨折处进行坚固内固定。如果意外骨折可能影响正颌治疗效果，可固定意外骨折块后，二期行正颌手术。

(三)呼吸道梗阻

常见原因有口底及咽腔软组织肿胀压迫气道，舌根后坠，口内血液、唾液误吸，过早拔除气管插管等。主要预防及处理有：术中尽量减少创伤，减少出血和肿胀；使用皮质类固醇类药物减少术中及术后的肿胀；术后完全清醒后拔管或留置气管插管至术后6 h以后；术后严密的床旁监护，及时发现并吸引出口内的血液、唾液及可能的呕吐物。如果拔管后发生呼吸道梗阻，可紧急行气管插管或气管切开术，以解除梗阻，保护患者的生命安全。

(四)感染

正颌术后感染的可能原因有口腔卫生不良导致软组织感染，正畸装置遗留术野导致排异反应，钛板、钛钉松动折断等。手术开始前及术毕缝合创口前，清点口内正畸装置数量，术后应加强口腔护理，并嘱患者出院后认真保持口腔卫生。钛板、钛钉松动折断后，根据骨质愈合情况，予以取出或者更换新的钛板、钛钉。

(五)感觉神经损伤

最常见的是下牙槽神经损伤导致下唇及颏部麻木。主要处理方法有：术中在近下齿槽神经区域操作时，应避免过度分离，同时动作应尽量轻柔。下颌矢状劈开截骨术及颏成形术时，应尽量保护下牙槽神经避免损伤。一旦发生神经离断，应尽可能在无张力下进行神经端-端吻合。术后酌情应用神经营养药物，对神经功能的恢复有一定帮助。

六、随访及预后评估

正颌术后，一般应在术后1个月、3个月、6个月、12个月时复诊，检查咬合情况，正位面部形态及侧位面部形态，以及关节情况，并在术后3、6、12个月复诊时拍摄曲面体层、定位头颅正位片、定位头颅侧位片、锥形束CT或螺旋CT等，以评估骨质愈合、关节情况及手术效果。

第二部分 常见牙颌面畸形诊疗指南

一、上颌前突畸形

(一)临床表现

上颌前突，凸面型。开唇露齿，自然状态下双唇不能闭拢，微笑时牙龈外露过多。上下前牙拥挤、唇向倾斜，前牙深覆𬌗、深覆盖，双侧上颌尖牙间宽度不足，后牙常为安氏Ⅱ类错𬌗。常伴有下颌前突、后缩及颏后缩畸形。

(二)辅助检查

X线头影测量表现为：上颌骨前后向和垂直向发育过度，上颌骨整体或前牙区位置偏前；SNA角大于正常；鼻唇角偏锐。

(三)治疗原则

根据X线头影测量和术后效果预测及模型外科设计，选择适当的正颌外科术式。若上颌后退超过第一前磨牙的宽度，则除了后退上颌前部，利用第一前磨牙骨间隙以外，还应该行上颌整体后退，即术中拔除双侧上颌第一前磨牙，行上颌勒福Ⅰ型分块截骨术；若上颌后退不超过上颌第一前磨牙的宽度，且上颌前部上移不超过3 mm者，可首选上颌前部截骨术。手术矫治上颌前后向畸形的同时,还应该注意上颌骨垂直方向的畸形矫治,即适当上移上颌前部或上颌整体的上移,必要时应配合软组织成形手术(上唇延长)和上颌前牙牙龈成形或牙冠修复等。伴有下颌及颏畸形的患者应根据情况考虑同时行下颌升支矢状劈开截骨术及水平截骨颏成形术。

二、上颌后缩畸形

(一)临床表现

上颌后缩,鼻旁区较凹陷,凹面型。上唇落于下唇的后方,闭口时下唇显得较厚。前牙或全牙列反𬌗,可伴开𬌗,后牙为安氏Ⅲ类错𬌗。上下颌前牙代偿,表现为上牙唇倾和下牙舌倾。常伴有前牙切割功能障碍。可伴有发音异常,如唇齿音。

(二)辅助检查

X线头影测量表现为:上颌骨前后向和/或垂直向发育不足;SNA角常小于正常;鼻唇角较钝。

(三)治疗原则

通常需要行术前正畸治疗以消除上下颌前牙对于骨畸形的代偿及上颌牙弓的宽度不足。

根据X线头影测量和术后效果预测以及模型外科设计,决定手术方案。手术原则是前移上颌骨,恢复面中部适当的突度。同时注意鼻旁区和眶下区凹陷的恢复。上颌勒福Ⅰ型截骨术、改良高位勒福Ⅰ型截骨术为首选术式,另外可以根据情况来配合鼻旁区自体骨或者人工材料的植入,矫治该部位的凹陷畸形。

三、下颌前突畸形

(一)临床表现

侧面观呈凹面形,可见面下1/3(面下部、下唇和颏部)明显前突,下唇位于上唇的前方,而面中1/3常显得凹陷。部分患者颏部突度可基本正常。正面观面下部可以是对称的,亦可以伴有偏斜畸形。前牙呈对刃𬌗或反𬌗,可伴有开𬌗,前牙代偿表现为上牙唇倾和下牙舌倾。后牙为安氏Ⅲ类错𬌗。程度严重者,可伴有咀嚼功能障碍,常表现为前牙不能完成切割动作。部分严重患者,上下唇不能完全闭合,可出现语音功能障碍。可伴有颞下颌关节病。

(二)辅助检查

X线头影测量表现为:下颌骨前后向和垂直向发育过度,下颌骨相对颅底位置关系的一些测量值高于正常,如SNB角>80°等,ANB角较正常值减小或为负值;面下1/3高度较长;颏部可能同时发育过度或基本正常,亦可能发育不足。

(三)治疗原则

多数下颌前突畸形病例需要行术前正畸治疗去除代偿性前牙倾斜,排齐牙列。

根据X线头影测量和术后效果预测及模型外科设计,决定手术方案。口内入路双侧下颌升支矢状劈开截骨术和双侧下颌升支垂直截骨术是目前普遍用于矫治此类畸形的术式,尤以双侧下颌升支矢状劈开截骨术更为流行,因为其应用坚固内固定技术更为便利,已经成为首选术式。制定治疗方案时,应注意颏部形态。如果下颌后退导致颏部突度不足,还需要同时设计水平截骨颏成形术矫治颏部畸形。

四、下颌后缩及小颌畸形

下颌后缩畸形是指下颌相对颅底及上颌骨位置靠后,但形态发育基本正常;而小颌畸形则是由于发育障碍导致的小下颌畸形,下颌骨体积较正常下颌骨明显变小。

(一)临床表现

下颌后缩畸形通常表现为:面下1/3突度不足,垂直距离过短。口唇常需用力方能闭合,此时可见颏肌紧张导致的颏部软组织膨隆。侧面观呈凸面型,颏部突度不足。前牙呈深覆𬌗、深覆盖,牙代偿表现为上颌前牙舌倾、下颌前牙唇倾以及施佩曲线过陡，后牙为安氏Ⅱ类错𬌗。可伴有不同程度的颞下颌关节骨关节病。可伴有阻塞型睡眠呼吸暂停综合征相应的临床症状。

小颌畸形则表现为：俗称“鸟形脸”的特征性面型，颏突度缺乏，后缩明显，颏颈距离过短及颏下软组织隆起。其余表现类似下颌后缩畸形。严重的小颌畸形患者常因为继发上气道狭窄，造成睡眠打鼾、憋气、反复呼吸暂停和日间嗜睡，存在不同程度的阻塞型睡眠呼吸暂停综合征相关症状。可伴有严重的颞下颌关节骨关节病。

（二）辅助检查

X线头影测量表现为下颌骨前后向以及垂直向发育不足，下颌相对颅底位置关系的一些测量值低于正常，如SNB角小于78°等，面下高度和颏部发育明显不足；有打鼾症状或者X线显示气道狭窄的患者，应该行睡眠呼吸监测以鉴别有无阻塞性睡眠呼吸暂停综合征。

（三）治疗原则

伴有颞下颌关节病的患者，需要评估关节处于稳定状态后方建议开始正畸正颌联合治疗，必要时需颞下颌关节专科医师会诊。

通常需要术前正畸治疗纠正代偿性牙倾斜，整平施佩施佩曲线。

应该根据X线头影测量和术后效果预测及模型外科设计，决定手术方案。目前矫治这类畸形首选双侧下颌升支矢状劈开截骨术，多数患者需要同期行上颌勒福Ⅰ型截骨术并逆时针旋转上下颌牙骨段，才能达到较为理想的前徙下颌的效果。配合进行的手术包括下颌前部根尖下截骨术、水平截骨颏成形术等。

严重的小颌畸形病例往往需要大幅度前徙下颌骨，采用上述术式难以达到治疗目的，且术后复发倾向明显。此类病例目前多采用颌骨牵引成骨技术配合正畸和正颌手术进行治疗，才能收到良好效果。

五、上颌前突伴下颌后缩畸形

（一）临床表现

开唇露齿、双唇不能自然闭拢，微笑时有明显的牙龈外露，上唇短小并向鼻方卷曲，下唇位于上前牙的下后方。颏后缩，下唇与颏之间有软组织隆起，在闭口动作时更加明显，颏颈距离短小，颏颈角增大。前牙深覆𬌗、深覆盖，上下前牙唇倾明显，下前牙过高，施佩曲线过陡，后牙为安氏Ⅱ类错𬌗。可伴有不同程度的颞下颌关节骨关节病。可伴有阻塞型睡眠呼吸暂停综合征相应的临床表现。

（二）辅助检查

X线头影测量表现为：SNA角大于正常，而SNB角小于正常值；上下牙轴均唇倾；面下1/3较长，上颌骨在垂直方向发育过度；鼻唇角较锐，上唇高与下唇颏高之比较小；颏颈角大于正常，颏颈距离较短。有打鼾症状或X光显示气道狭窄的患者，应行睡眠呼吸监测以鉴别有无阻塞型睡眠呼吸暂停综合征。

（三）治疗原则

一般应在颞下颌关节处于稳定状态后方可开始正畸正颌联合治疗。

多数患者需要术前正畸治疗排齐牙列，调整施佩曲线，去除代偿性牙轴倾斜；术后正畸治疗对于获得稳定咬合关系，保持术后效果及避免复发十分重要。

应该根据X线头影测量和术后效果预测及模型外科设计、决定手术方案，此类畸形一般应用双颌外科手术完成矫治。上颌常需拔除两个第一前磨牙，利用其牙-骨间隙使上颌前部后退并立轴，即行上颌前部截骨术。伴有露齿过多者还可使该骨段上移，但如果该骨段上移超3 mm，或上颌前部后退量大于两侧第一前磨牙的宽度，就应该行上颌勒福Ⅰ型分块截骨术，在上颌前部后退、上移的同时，整体后退、上移上颌骨。下颌手术一般需要先拔除双侧第一前磨牙，行下颌前部根尖下截骨术，调整施佩曲线并保证咬合关系协调；然后行双侧下颌升支矢状劈开截骨术前徙下颌骨。也可在术前正畸开始前拔除双侧下颌第一前磨牙，正畸内收下前牙，增大前牙区覆盖，以避免行下颌前部根尖下截骨术，减少手术创伤。为增大下颌前徙的程度，通常需要上颌牙骨段逆时针旋转。大多数患者需要同期行水平截骨颏成形术调整颏中线、颏突度和面下1/3高度，改善术后的美观效果。

六、上颌后缩伴下颌前突畸形

（一）临床表现

正面观，下颌突出较为明显，下唇颏高度较长，下唇及颏部前突。上唇显得短缩，眶下、鼻旁区扁平凹陷。侧面观，面中部明显凹陷，下颌骨前后方向的长度明显较长，下唇颏常位于面部其他结构的前方，鼻唇角较小，上唇短小上翘。部分患者颏部可突度基本正常。严重者可见下唇闭合不全。前牙对刃𬌗或者反𬌗，也可表现为全牙列反𬌗，后牙呈安氏Ⅲ类错𬌗。牙列可有不同程度拥挤，上颌前牙代偿性唇倾，下颌前牙代偿性舌倾。咀嚼功能，发音功能可存在不同程度的障碍。程度严重者可伴有颞下颌关节病。

（二）辅助检查

SNA角小于正常，而SNB角大于正常，ANB角常为负值；面下1/3较长；鼻唇角较锐；上颌露齿较小或为负值，表明上颌骨垂直方向发育不足。

（三）治疗原则

术前正畸治疗需要纠正上下颌代偿性牙倾斜、排齐牙列并充分协调上下颌牙弓的宽度。精细的术后正畸治疗亦是必不可少的步骤。

应该根据X线头影测量和术后效果预测及模型外科设计，决定手术方案，此类畸形一般应用双颌外科手术完成矫治。上颌勒福Ⅰ型截骨术可前移、加长并摆正咬合平面，在三维方向纠正上颌骨的畸形。除了部分病例因为咬合关系、上下颌宽度等问题需要分块以外，一般已经完成术前正畸治疗者均可使上颌整体移动。下颌手术目前一般选用双侧下颌升支矢状劈开截骨或口内入路双侧下颌升支垂直截骨术，且以前者为首选和多选，因为其应用坚固内固定技术更为便利。一般应同期行水平截骨颏成形术调整颏中线、颏凸度和面下1/3高度，改善面形。

七、双颌前突畸形

（一）临床表现

正面及侧面观，都表现为双唇明显前突，开唇露齿，双唇自然闭拢困难，微笑时露龈过多。强迫闭口时，下唇下方与颏部之间有明显的软组织隆起。常伴有明显的颏后缩畸形，进一步反衬了上下颌过突的视觉印象。上下前牙唇倾，拥挤不齐，磨牙一般呈安氏Ⅰ类错𬌗。

（二）辅助检查

X线头影测量表现为：SNA角和SNB角均大于正常，颏前点偏后；面下1/3较长；上下前牙牙轴唇向倾斜，牙长轴与下颌平面夹角大于正常。

（三）治疗原则

牙列严重拥挤不齐者应该进行术前正畸治疗，排齐牙列。但是应该注意充分保留上下颌骨前份后退的间隙，尽量选择在术中拔除双侧上颌第一前磨牙，以利用拔牙间隙分块截骨后退上颌前部牙骨段。多数患者需要术后正畸排齐牙列，达到满意的咬合关系。

正颌外科手术选择可考虑：

轻度双颌前突畸形，在良好术前正畸的基础上，单纯使用水平截骨颏成形术改善面形。

颏部后缩不严重的患者，可以同时行上颌前部截骨术、下颌前部根尖下截骨术和水平截骨颏成形术进行矫正。

严重的双颌前突畸形和/或伴有颏部严重后缩的患者，需要利用拔除四个第一前磨牙后退上下颌前部，必要时还需使上颌骨进一步后退。同时使上下颌牙骨段逆时针旋转,并辅以颏成形术,以较为理想地改善颏部突度。一般选用术式为上颌勒福Ⅰ型分块截骨术、双侧下颌升支矢状劈开截骨术、下颌前部根尖下截骨术和水平截骨颏成形术。术前正畸可选择拔除双侧下颌第一前磨牙,内收下前牙,以避免行下颌前部根尖下截骨术。部分患者可能还需要同期选择唇成形术等辅助性软组织成形手术。

八、颏后缩畸形

(一)临床表现

主要表现为颏部前后向发育不足,部分患者伴有颏部高度不足和左右不对称畸形。上下颌骨形态位置、咬合关系均在正常范围。

(二)辅助检查

X线头影测量表现为,除了颏部的相应指标异常以外,其余均在正常范围以内。

(三)治疗原则

水平截骨颏成形术是矫正此类畸形的首选术式。对于合并颏部高度不足者,还可同时通过自体骨移植术予以矫正,常用的供骨区为下颌升支外侧板,颅骨外板和髂骨少用。

九、下颌角肥大伴咬肌肥大畸形

(一)临床表现

正面观,面下1/3明显宽大,面型呈方面型或宽面型。下颌角向后向下突出。可伴有面下1/3高度不足,面部长宽比例失调。咬合时可见或可触及明显肥厚隆起的咬肌条索。大多为双侧发病,少数为单侧。双侧肥大者常见双侧畸形程度不对称,单侧肥大者两侧下颌角咬肌区不对称更为明显。咬合关系可以正常,也可表现为安氏Ⅱ类错𬌗或前牙闭锁𬌗。常伴有颧骨颧弓过突。患者可有夜磨牙症、紧咬牙以及喜食硬物等习惯。

(二)辅助检查

头颅正位X线片可以显示下颌角外突,侧位X线片可见下颌角的角度及下颌平面角的角度明显小于正常。曲面体层片可显示双侧下颌角向后向下突出的形态。CT检查能显示双侧咬肌的厚度差异。

(三)治疗原则

下颌角明显向下向后突出者,可选用口内入路下颌角三角形去骨术和咬肌成形术矫正;下颌角形态尚可,但下颌角间宽度较大者,可以选用口内入路改良矢状劈开去骨术和咬肌成形术矫正;还可对下颌升支和外斜线处骨质进行适当的磨改,使得面型更加柔和。如果患者面下1/3短小,可以同期行水平截骨颏成形术,截骨间隙植入下颌角去除的骨质以增加颏部高度。咬合关系异常者可通过正畸矫治,必要时可联合正颌外科手术(与本手术同期或二期)矫治。

十、半侧颌骨肥大

(一)临床表现

临床表现为半侧下颌骨的髁突、升支及下颌骨体部较对侧明显肥大,伴有咬合关系紊乱及咬合平面倾斜,咬合关系也可因为上下颌适应性改建而无明显紊乱。患者患侧下颌骨体部向下突出,下颌下缘低垂,面部向健侧旋转而造成严重的面部偏斜畸形。侧貌突度基本正常或有不同程度的下颌前突。部分患者可累计多个面颅骨,如颞骨、顶骨、枕骨、额骨、上颌骨、颧骨、颧弓、腭骨等。可伴有同侧面部皮肤、皮下组织、肌肉组织的肥大,亦可有唇、舌、耳、涎腺等组织的肥大。一般不伴有张口闭口功能受限。

(二)辅助检查

X线检查可见患侧髁突体积较对侧增大,髁颈明显长于对侧,下颌升支体部较对侧肥大,下颌下缘下垂,下颌神经管靠近下颌下缘。三维重建影像可更为全面地观察分析双侧颌骨形态的不对称性。髁突锝-99 m核素扫描可显示患侧髁突核素吸收值明显高于健侧。MRI检查可有关节盘移位、关节盘穿孔或关节腔积液等表现。

（三）治疗原则

经临床检查及影像学检查明确诊断后，可根据情况进行术前正畸或直接手术。手术原则为切除增生肥大的髁突，颞下颌关节重建，矫正面部不对称，建立稳定的咬合关系。

如果髁突形态异常不明显或已经停止生长，可以予以保留。

采用口内入路切除髁突，不仅可以在正颌手术的同期完成全部手术，还可以避免口外入路导致的耳屏前瘢痕，有利于患者美观。常采用双颌外科手术解决患者咬合紊乱及面部不对称问题。

患者在完成髁突切除及关节重建，以及双颌手术后，通常还需要修整患侧下颌下缘，才能获得较为满意的双侧对称性，修整时应注意保护下牙槽血管神经束，并尽可能避免损伤面神经下颌缘支。

十一、半侧颜面发育不全

（一）临床表现

病变多累及单侧，个别患者可累及双侧。单侧发病者，患侧髁突及升支发育不足，导致患侧面部短小，双侧颌面部不对称。患侧面部皮肤及皮下组织较对侧薄。如果累及双侧，则表现为严重的小下颌畸形，可伴有严重的睡眠呼吸障碍。严重的患者可累及颞骨乳突、颧骨颧弓。常见有附耳畸形，也可伴有不同程度的耳廓畸形，如卷曲耳、半耳、残耳或者无耳畸形。可伴有不同程度的面横裂及口角皮赘。中重度患者可伴有面神经发育不良。

（二）辅助检查

X线检查可见双侧颌骨形态不对称，患侧髁突、升支体积较对侧减小，髁颈短于对侧。螺旋CT可用于了解颅面部其他骨骼是否受累，三维重建影像可全面了解双侧颌骨形态的不对称性。

（三）治疗原则

儿童期患者可采用肋软骨移植重建髁突及颞下颌关节功能，但是远期效果具有较大不确定性。畸形不严重者可采用掩饰性治疗，如假体植入，脂肪充填等。中度畸形患者，可采用双颌手术，解决患者咬合紊乱及面部不对称问题，但是通常需要辅以同期植骨术或二期脂肪充填术，才能到达较为理想的对称性。重度畸形患者，可根据患侧颌骨形态，采用牵张成骨技术延长下颌骨后，二期行正颌手术矫正畸形。也可根据情况，在正颌手术的同期行游离复合组织皮瓣移植，重建关节的同时恢复面部双侧的对称性。

牙源性颌骨囊肿诊疗指南

（2022年版）

牙源性颌骨囊肿诊疗指南（2022年版）编写审定专家组（按姓名笔画排序）组长：张益，成员：朱洪平、刘树铭、安金刚、苏家增、何伟、单小峰、贺洋、郭玉兴、彭歆、蔡志刚。

一、概述

颌骨囊肿是指发生于颌骨内的非肿瘤性囊性病变，是一种病理性囊腔，内含囊液或半流体物质，通常由纤维结缔组织囊壁包绕，绝大多数囊壁有上皮衬里。根据组织来源，颌骨囊肿可分为牙源性囊肿与非牙源性囊肿。其中牙源性囊肿在临床最为常见。根据世界卫生组织2017年关于颌骨上皮性囊肿的分类，牙源性颌骨囊肿可分为炎症性囊肿和发育性囊肿两大类。前者临床中以根端囊肿（根尖囊肿）最为常见，后者以含牙囊肿和角化囊肿最为常见。

二、适用范围

经病史询问、体格检查和影像学检查等，第一诊断为牙源性颌骨囊肿的患者。

三、诊断

(一)临床表现

牙源性颌骨囊肿多发生于青壮年。可发生于颌骨任何部位。其中根端囊肿好发于前牙区，患部可见末期龋、残根或牙冠已变色的死髓牙。含牙囊肿好发于下颌第三磨牙、上颌尖牙和下颌第二前磨牙区。角化囊肿好发于下颌第三磨牙区和下颌支部，以及上颌结节。

囊肿生长缓慢，初期无自觉症状。病灶发展可引起颌骨膨隆，继续发展可使唇颊侧骨壁变薄，触诊时可有乒乓球样弹性感或羊皮纸样感。当表面骨质消失，囊肿位于软组织下，触诊有波动感。当囊肿发展过大，骨质损坏过多时，在下颌骨可能引起病理性骨折。多数情况下囊肿向下颌骨颊侧膨胀，但部分角化囊肿可向舌侧膨胀。此外角化囊肿常沿颌骨长轴扩展，颌骨膨胀不如其他颌骨囊肿明显。当囊肿位于上颌骨，可侵入鼻腔及上颌窦，将眶下缘上推，而使眼球受到压迫，影响视力，甚或产生复视。如邻近牙受压，根周骨质吸收，可使牙发生移位、松动、倾斜。

病灶多为单发，个别可呈多发病灶。角化囊肿多发性比例较高(约10%)。

颌骨囊肿尤其角化囊肿可有继发感染，出现局部胀痛、张口受限、全身发热等。

(二)辅助检查

1. 影像学检查

X线检查应作为必要辅助检查手段。

可选择曲面体层片、锥形束CT、螺旋CT等常用检查方法，评估病灶性质、范围以及同邻近组织的关系。典型牙源性颌骨囊肿在X线片上显示为清晰圆形或卵圆形透明阴影，边缘整齐，周围常呈现明显白色骨质反应线。根端囊肿可见病灶牙的根尖不同程度位于其中，其周围的牙周膜及硬骨板影像消失。含牙囊肿囊腔内含有牙冠。角化囊肿边缘有时可不整齐。

2. 穿刺检查

穿刺可作为辅助检查手段。

根端囊肿和含牙囊肿穿刺可见草黄色囊液，显微镜下可见胆固醇晶体。角化囊肿可见黄白色皮脂样物质。

3. 病理检查

病理检查是诊断牙源性颌骨囊肿的金标准。当牙源性颌骨囊肿临床表现及辅助检查表现不典型，同成釉细胞瘤等颌骨肿瘤鉴别困难时，应在治疗前行组织病理学检查以明确诊断。

组织学上，根端囊肿囊壁的囊腔面内衬无角化的复层鳞状上皮，厚薄不一，上皮钉突因炎性刺激发生不规则增生、伸长，相互融合呈网状，上皮表现明显的细胞间水肿和以中性粒细胞为主的上皮内炎症细胞浸润，炎性浸润致密区常导致上皮的连续性中断。纤维组织囊壁内炎症明显，炎性浸润细胞主要为淋巴细胞、浆细胞，也混杂有中性粒细胞浸润以及泡沫状吞噬细胞。囊壁内可见含铁血黄素和胆固醇晶体沉积。含牙囊肿囊壁同样内衬无角化的复层鳞状上皮，上皮层很薄，仅有2～5列扁平细胞或矮立方细胞构成，没有上皮钉突，类似于缩余釉上皮；纤维囊壁内炎症不明显，含丰富的糖蛋白和黏多糖；囊肿继发感染时，上皮增生，上皮钉突明显，囊壁组织内见大量炎症细胞浸润。角化囊肿衬里上皮为较薄复层鳞状上皮，有5～8层细胞，一般没有上皮钉突。表层多为不全角化，也可呈正角化。基底细胞核深染、呈栅栏状排列。有些病例的囊壁内含子囊或上皮岛。炎症可使区域衬里上皮失去其原有特点，有些病例的衬里上皮可表现基底细胞蕾状增殖。

(三)诊断标准

综合病史、体格检查、影像学检查、穿刺检查等,可作出牙源性颌骨囊肿的初步诊断。最终的确诊仍然依靠组织病理学检查。

(四)鉴别诊断

成釉细胞瘤:为颌骨中心性上皮肿瘤,是最常见的颌骨牙源性肿瘤。该疾病同样好发于青壮年,以下颌体及下颌角部为常见。初期肿瘤同样生长缓慢,无自觉症状。伴随其发展增大,引起的主要症状同样为颌骨的膨隆破坏,但其造成的颌骨膨隆畸形和骨质破坏较牙源性颌骨囊肿为重。当肿瘤压迫下牙槽神经时,患侧下唇及颊部可能感觉麻木不适。X线检查有助于进一步鉴别两种疾病,典型的成釉细胞瘤X线检查早期呈蜂房状,以后形成多房性囊肿样阴影,分房大小不等,互相重叠,边界清晰,房间隔呈半月形切迹。肿瘤区牙可缺失,受累牙可移位。囊腔内可含牙,牙根尖可有不规则吸收,吸收面通常呈锯齿状或截根状。单房成釉细胞瘤较少见,其边缘一般呈分叶状有切迹。成釉细胞瘤大多为实质性,如囊性成分较多时,穿刺检查可抽出褐色液体,与牙源性囊肿不同。

临床上较大型的成釉细胞瘤因有上述临床及X线的特征性表现,诊断较为容易;但对于瘤体较小者,特别是未突破骨板的成釉细胞瘤及单囊型成釉细胞瘤,不易和牙源性颌骨囊肿相区别,有时需依靠病理检查才能确定。

四、治疗

(一)治疗原则

外科手术治疗。当伴有感染时,应先控制炎症后再行手术治疗。

(二)手术治疗

主要手术治疗方式包括囊肿刮治术、囊肿减压成形术(成形性囊肿切开术)和颌骨切除术。

囊肿刮治术:通过外科手术去除囊壁以及无法保留的受累牙。适用于大部分牙源性颌骨囊肿。手术一般应采用口内入路完成。常规设计黏骨膜瓣,翻瓣后根据情况去除部分骨质,充分显露囊肿,将其完整摘除。角化囊肿由于较易复发,刮除囊肿后可用苯酚、硝酸盐或石炭酸等处理骨壁。

囊肿减压成形术:通过外科手术在囊肿表面开窗引流减压,促进囊肿缩小和颌骨再生。适用于体积大、行囊肿刮除术后剩余骨质少、病理性骨质风险高者,以及囊肿波及儿童未萌恒牙或牙胚,行囊肿刮治易损伤恒牙或牙胚者。手术应采用口内入路,去除部分黏膜、骨质及囊壁,使囊腔与口腔相通,引流其内囊液,并制作塞治器保持引流口通畅。经治疗囊肿消失者无须再次手术,未完全消失者可行二期手术刮除缩小的囊肿。

颌骨切除术:通过外科手术将颌骨连同病变组织一起切除。较少应用于牙源性颌骨囊肿,仅适用于囊肿病变范围过大、难以行囊肿刮治术、经囊肿减压成形术治疗失败的患者,或经其他治疗多次复发的角化囊肿患者。手术可采用口内或口外入路,在囊肿外正常骨质内切除颌骨以及其中的囊肿。遗留的颌骨骨质缺损,尤其是颌骨节段性缺损,一般应同期行自体骨植骨修复(包括非血管化植骨和血管化游离皮瓣植骨)。

五、主要并发症及处理

术后感染:术后骨腔内积液感染,应及时切开引流冲洗换药,适当应用抗生素。术后出血:应强调该并发症的预防,在较大范围的囊肿刮除术后,可在骨腔内填塞碘仿纱条等压迫止血,另外可配合术后局部加压包扎、冷敷等。下牙槽神经损伤:囊肿波及下牙槽神经者,手术可能导致下牙槽神经损伤。术后可给予糖皮质激素类药物以及维生素B_1、B_{12}等药物,促进神经损伤的恢复。

六、随访及预后评估

牙源性颌骨囊肿预后良好，复发病例常见于角化囊肿。术后通常可半年左右复查一次，评估术区骨质再生情况。对于角化囊肿，建议加长随访时间。

采用囊肿减压成形术治疗的患者，应每1~2个月复诊一次，直至病灶彻底消除。

菌斑性龈炎诊疗指南

（2022年版）

菌斑性龈炎诊疗指南（2022年版）编写审定专家组（按姓名笔画排序）组长：栾庆先，成员：于晓潜、和璐、栾庆先、释栋。

一、概述

菌斑性龈炎也称慢性龈炎、边缘性龈炎或单纯性龈炎，临床上也常简称为牙龈炎或龈炎，是一种由牙菌斑引起的、局限于游离龈和龈乳头的慢性炎症性疾病，其最主要的临床表现是牙龈红肿出血，经过有效治疗牙龈可以完全恢复健康，预后良好。如果不加以及时治疗，部分患者人群中该病会发展成为牙周炎，因此龈炎也成为危害国人口腔健康的重要疾病之一。菌斑性龈炎在人群中患病率高，尤其高发于青少年。第四次全国口腔健康流行病学调查（2015—2017年）结果表明，我国15岁受检人群的牙周健康率为34.8%，即龈炎患病率超过60%，按照2018年国际牙周病学分类标准，我国成年人群中龈炎的患病率为23.1%。

二、适用范围

结合临床表现，经专科检查确诊的菌斑性龈炎患者。

三、诊断

（一）临床表现

菌斑性龈炎最典型的自觉症状是牙龈出血，患者可以表现为咬硬物或刷牙时牙龈出血，出血量一般不大，可以自行停止，一般不会有自发牙龈出血。部分患者可以伴有牙龈肿胀不适，或者有口腔异味，也有部分患者没有任何自觉症状。

（二）专科检查

1. 口腔卫生状况

临床检查时要对患者牙面菌斑、牙石堆积程度进行必要评价，同时关注可能造成菌斑滞留的局部因素，如牙列拥挤、食物嵌塞、充填体悬突等。

2. 牙龈颜色、形态和质地

健康牙龈呈粉红色，龈缘菲薄，质地坚韧，与牙面紧密附着。罹患菌斑性龈炎后，游离龈和龈乳头可以呈现为鲜红色或暗红色，牙龈水肿增厚，表面点彩可以消失，质地松软脆弱，缺乏弹性，有些患者表现出牙龈肥大增生，甚至覆盖部分牙面。部分以牙龈实质增生为主要表现的患者，牙龈质地也可表现为坚韧而有弹性。

3. 探诊深度、探诊出血和附着水平

牙周探诊检查是诊断菌斑性龈炎的必要环节。健康牙龈的探诊深度一般不超过3 mm，且无探诊后出血。菌斑性龈炎患者牙龈水肿或增生，探诊深度可以加深，但结合上皮和结缔组织附着水平与健康牙龈相同，位于釉牙骨质界，所以临床不能探及附着丧失，但探诊时会有不同程度的探诊后出血。

（三）辅助检查

1. 影像学检查

菌斑性龈炎通过临床检查即可确诊，影像学检查并非必要，如果需要将菌斑性龈炎与早期牙周炎相鉴别，可以拍摄平行投照根尖片或咬合翼片，观察牙槽嵴顶的高度和形态。菌斑性龈炎并不累及牙槽骨，X线片表现与正常牙周组织无区别，牙槽嵴顶与釉牙骨质界之间的距离一般在2 mm以内。

2. 实验室检查

实验室检查一般用于菌斑性龈炎与其他疾病的鉴别诊断，不是诊断菌斑性龈炎的必要环节。以自发性牙龈出血为主要症状的患者如果需要排除血液疾病，可以进行血细胞分析和凝血功能检查。某些人类免疫缺陷病毒感染患者牙龈缘表现出鲜红色线状充血带，进行相应的血清病毒抗体检查有助于与菌斑性龈炎相鉴别。

3. 病理检查

菌斑性龈炎没有特征性的病理改变，无须进行病理检查，以牙龈肥大增生为主要表现的患者，如果符合牙龈切除手术指征，可以对切除组织进行病理检查，以除外其他疾病。

(四)诊断标准

经典的菌斑性龈炎诊断标准主要包括两个方面，一是牙龈的炎症性改变，主要表现为牙龈颜色、形态和质地的变化以及探诊后出血；二是没有临床附着丧失，即临床检查时不能探及釉牙骨质界。2018年国际牙周病新分类在原有标准的基础上，增加了一型伴有附着丧失的菌斑性龈炎，患者可以有附着丧失但探诊深度不超过3 mm，且伴探诊后出血，拓宽了传统意义上菌斑性龈炎的范围。

综上，菌斑性龈炎的诊断要点如下：全口探诊后出血阳性位点≥10%，牙龈可有不同程度红肿，无临床附着丧失，探诊深度可以超过3 mm；全口探诊后出血阳性位点≥10%，全口探诊深度≤3 mm，可伴有附着丧失。满足上述之一者即可诊断为菌斑性龈炎。

(五)鉴别诊断

1. 与早期牙周炎鉴别

部分长期存在的龈炎可逐渐发展成为牙周炎，出现附着丧失和牙槽骨吸收。鉴别龈炎和早期牙周炎最主要的方法是临床探诊检查，判断是否存在牙周袋和临床附着丧失，必要时拍摄平行投照根尖片或者咬合翼片。

2. 血液病相关的牙龈出血

很多血液病也会引起牙龈出血，需要与龈炎相关的牙龈出血相鉴别。可以从病史、出血的程度和性状以及全身症状等方面进行鉴别，血液病相关的牙龈出血一般出血量比较大，且为自发出血，难以自行停止，患者还可能伴有低热、疲惫以及皮下淤斑等全身症状，必要时应进行血液学检查。

3. 系统因素相关的牙龈炎症和牙龈肥大

牙龈炎症水平受到激素水平的影响，对于牙龈红肿程度与局部因素明显不符的青春期患者或妊娠期女性，要考虑到青春期龈炎及妊娠期龈炎的可能性。伴有明显牙龈增生的菌斑性龈炎需要与系统因素相关的牙龈增生肥大相鉴别，比如药物性牙龈肥大、牙龈纤维瘤病及白血病相关的牙龈肥大等。其中与药物性牙龈肥大的鉴别要结合明确的用药史；与白血病相关牙龈肥大的鉴别要结合牙龈肥大的颜色和形态特征、患者的全身症状以及血液学相关检查；与牙龈纤维瘤病的鉴别要结合牙龈的形态特征和必要的组织学检查。

四、治疗原则

(一)基础治疗

1. 去除病因

菌斑性龈炎的临床治疗以去除局部因素为主，方法主要是洁治和抛光(橡皮杯抛光或喷砂抛光)，彻底清除牙面附着的菌斑和牙石。对于炎症较重、存在探诊深度≥4 mm位点的患者可以配合龈下刮治及局部药物治疗，如1%～3%过氧化氢溶液、0.12%～0.2%氯己定溶液以及碘制剂等药物的局部冲洗或含漱。对于不伴有全身疾病的龈炎患者，不应全身使用抗菌药物进行治疗。

去除局部菌斑滞留因素也是菌斑性龈炎治疗的重要环节，比如拆除边缘位于龈下过深或有明显悬突的修复体或充填体，恢复正常邻接关系、改善局部食物嵌塞，通过正畸治疗排齐拥挤牙列等。

2. 防止复发

菌斑性龈炎治疗效果肯定，但易复发。治疗过程中必须同时做好口腔健康教育，进行个性化口腔卫生指导，教会患者刷牙、邻面清洁等日常控制牙菌斑的方法，并让患者形成定期到医院进行专业复查和维护的意识，这样才能维持长期疗效，防止复发。

（二）手术治疗

大多数患者经过非手术治疗后一周左右炎症消退，牙龈颜色、形态和质地恢复正常，少数患者存在较明显的牙龈纤维增生，如经过非手术治疗并观察3～6个月后，牙龈仍难以完全恢复正常形态，此时可以考虑进行牙龈成形手术，以恢复牙龈生理外形，便于长期控制牙菌斑。

五、主要并发症及处理

非手术治疗方法简单，很少出现并发症，治疗后可能出现的问题主要有以下四种。

1. 炎症复发

少数患者治疗后短期牙龈出血等症状复发，主要原因是菌斑牙石清除不彻底，邻面、下颌后牙舌侧、上颌后牙颊侧以及最后一颗磨牙的远中面是常见的容易遗留牙石的部位。

此外，局部牙菌斑滞留因素未得到有效解除以及患者自我牙菌斑控制不良等因素也可能与炎症控制不彻底有关。患者自我牙菌斑控制差，牙石会在短时间内重新形成，新形成的牙石呈淡黄色，质地较软，有别于未除净的陈旧牙石。

另外有些患者疗效不佳的原因是诊断错误，将牙周炎误诊为龈炎，洁治后没有进行后续的龈下刮治和根面平整，因而炎症控制不彻底。

对于疗效不佳的患者需要进行临床评估，根据具体原因确定后续治疗方案。洁治不彻底的患者可以在初次洁治1周之后安排再次洁治；牙石短时间重新形成的患者，再次洁治的同时应加强口腔卫生指导；牙周炎误诊为龈炎的患者可以按照牙周炎的治疗指南安排后续治疗内容。

2. 洁治后牙齿冷热敏感

部分患者洁治后牙齿出现冷热敏感，这是治疗后正常的一过性反应，一般无须处理，敏感症状多数在一周之内自行缓解。敏感症状缓解前应嘱患者避免过冷过热饮食。正确掌握超声洁牙机的操作使用可减少洁治术后牙齿冷热敏感的发生，对于洁治后敏感症状较明显的患者可酌情进行脱敏处理。

3. 洁治后出血

少数患者洁治后会有较长时间牙龈活动性出血，持续到治疗后数小时甚至更长时间，难以自行停止。这种情况常发生于口腔卫生较差、牙龈炎症程度比较重的患者，对这些患者进行洁治操作时应该动作轻柔，避免过度损伤牙龈；也可以考虑将洁治分成2次完成，第一次先去除大块牙石，待一周后牙龈炎症有所减轻后再进行第二次洁治和抛光治疗。另外每次洁治后要对活动性出血部位进行观察和必要的压迫止血，这样可以有效降低治疗后出血发生的风险。

有些患者存在一定程度的凝血功能异常，这也会导致治疗后牙龈出血。治疗前应充分询问患者全身健康状况和用药史，对于可疑凝血功能异常或服用抗凝血药物的患者，必要时进行血细胞分析和凝血功能检查，如果存在明显异常，建议暂缓治疗。治疗洁治后出血最有效的方法是找到出血点并进行局部压迫，绝大多数患者的出血症状可以通过压迫止血得到有效控制。对于压迫止血效果不佳的患者，要考虑存在未经控制的血液疾病的可能，应及时转诊至综合医院血液科检查治疗。

4. 与治疗相关的其他全身疾病或状况

超声波洁治可能引起少数佩戴旧式心脏起搏器患者的不适，此时应立即停止操作，待患者不适症状缓解后再改行手工洁治操作，或择期治疗。有些牙龈炎症较重的患者在洁治后会出现一过性菌血症，并可能由此引发亚急性细菌性心内膜炎。这种风险主要集中于有心脏人工植入物的患者，因此6个月内进行过心脏人工瓣膜植入、冠脉支架植入等手术的患者，应征得心内科医生同意后再进行牙周相关治疗，治疗前应预防性服用抗生素，尽可能降低菌血症发生的风险。糖尿病、冠心病等全身疾病患者应在原有疾病得到有效控制后再进行牙周治疗，活动期的传染病患者应暂缓牙周治疗。

六、随访及预后评估

菌斑性龈炎在完善洁治后一周，牙龈炎症即可得到有效改善，此后可根据患者炎症控制水平和口腔卫生状况安排6～12个月定期复查维护。如果患者存在短时难以纠正的局部因素，如食物嵌塞、牙列拥挤、偏侧咀嚼等，可以适当缩短复查间隔至3～6个月。复查评估内容包括口腔卫生状况、牙龈颜色、形态、质地、探诊深度及出血、附着丧失等，并对局部和全身促进因素进行评价；维护治疗的内容主要包括强化口腔卫生指导以及必要的洁治和抛光。

口腔扁平苔藓诊疗指南

（2022年版）

口腔扁平苔藓诊疗指南（2022年版）编写审定专家组（按姓名笔画排序）组长：华红，成员：王新文、华红、关晓兵、孙正、李春蕾、但红霞、张芳、张静、赵丹萍、聂敏海、陶人川、蔡杨。

一、概述

口腔扁平苔藓是一种常见的口腔黏膜慢性炎症性疾病，好发于30～60岁女性，全球患病率约为0.5%～3%；疾病临床表现多样，且长期糜烂不愈的损害有潜在的恶变风险，2005年世界卫生组织将其列为口腔潜在恶性疾患，最新研究显示口腔扁平苔藓的恶变率为0.8%～1.5%。

由于口腔扁平苔藓的发病病因机制复杂，治疗方式各有不同，为了进一步地规范我国口腔扁平苔藓疾病的诊断治疗流程，提高诊疗水平，保障医疗质量和医疗安全，特制订本指南。

二、诊断技术与应用

（一）临床表现

口腔扁平苔藓可发生在口腔黏膜的任何部位，所有口腔黏膜均可受累，颊黏膜是口腔扁平苔藓最好发的部位。损害多为双侧对称分布，表现为针尖大小的灰白色丘疹，组成角化条纹，又进一步交织形成网状、环状或斑块状等多种形态，其间可伴有充血、萎缩、糜烂或水疱等损害。病程较长的陈旧性损害可变成棕褐色或暗紫色色素沉着。口腔内可表现为一种损害形态或多种损害形态同时出现，且各型损害可互相转变。口腔损害反复迁延，一般难以自愈。

根据损害类型，临床上将口腔扁平苔藓分为糜烂型和非糜烂型（丘疹型、网纹型、斑块型和水疱型）。

1. 糜烂型

口腔黏膜出现形状不规则的糜烂损害，

表面覆盖淡黄色或白色假膜，周围充血、水肿，有灰白色网纹环绕，可发生于口腔黏膜的任何部位。患者常有刺激痛和自发痛等自觉症状。

2. 非糜烂型

丘疹型：密集分布的灰白色或珠光色针尖大小的丘疹，多见于颊黏膜，常对称发生，常与网纹型损害同时出现。患者通常无自觉症状。

网纹型：稍高隆起的灰白色条纹，交织成网状和环状，可发生于口腔黏膜的任何部位，常对称发生。患者通常无自觉症状，或仅有黏膜粗糙感、木涩感、烧灼感、口干等不适。

斑块型：灰白色丘疹融合成斑块状，损害呈圆形或椭圆形，多不高于黏膜表面，对称或单侧发生，多见于舌背，伴舌乳头萎缩或消失。患者多无自觉症状。

水疱型：透明或半透明的水疱，周围伴有灰白色斑纹或丘疹，水疱破溃后形成溃疡、糜烂面。可发生于颊、唇、前庭沟、翼下颌皱襞及牙龈处黏膜。部分患者可伴发口腔外损害，累及四肢皮肤时，表现为紫红色扁平丘疹，可有瘙痒感；累及头皮时，可出现毛囊周围红斑和毛囊角质栓，可导致脱发；累及生殖器时，可表现损害处不规则灰白色环状花纹，严重时可出现充血、糜烂；累及指（趾）甲萎缩变薄、甲板起皱或裂开。

（二）专科检查

除主诉部位外，应对全口黏膜色、形、质情况进行详细检查，检查范围包括唇红黏膜及口周皮肤、唇内侧黏膜、颊黏膜、牙龈、舌、口底、腭、咽等部位，检查应按照一定顺序进行，避免遗漏部位。此外，还应检查口内是否存在牙菌斑、牙石、残冠、残根或不良修复体等刺激因素。

检查口内损害时应注意辨别损害的类型、分布、大小、形状、深浅，是否有增生等；还应检查损害基底与周围黏膜的情况，有无浸润性变化，损害相应部位淋巴结情况等。

除检查口腔黏膜外，还应注意检查皮肤、生殖器、指（趾）甲等部位是否存在异常情况，必要时请相关科室会诊或多学科会诊。

（三）辅助检查

1. 活体组织检查

组织病理学诊断是口腔扁平苔藓确诊的重要手段，标本切取可选在典型损害边缘与正常组织的交界处，应切取 ≥ 0.2×0.6 cm的楔状组织。典型的口腔扁平苔藓组织病理学表现为上皮过度角化不全，基底细胞液化变性及固有层中大量淋巴细胞呈带状浸润。角化部位出现增厚的正角化或不全角化层，非角化部位角化层可变薄，颗粒层增生明显，棘层上皮细胞萎缩或棘状增生，形成锯齿状上皮嵴，基底细胞排列紊乱，基底膜界限不清。棘层、基底层或固有层内可见嗜酸染色的胶样小体。

1978年，世界卫生组织提出口腔扁平苔藓的组织学诊断标准，强调以淋巴细胞为主的带状浸润和基底细胞液化变性。2003年，国外学者提出改良版口腔扁平苔藓标准，在原有基础上增加了“无上皮异常增生”。2016年，美国口腔颌面病理学学会在前两个标准的基础上，提出了新的口腔扁平苔藓诊断标准。新的诊断标准仍以淋巴细胞为主的带状浸润和基底细胞液化变性作为口腔扁平苔藓诊断的基本特征，同时强调应将“上皮疣状增生”“上皮异常增生”排除在诊断标准之外。

2. 免疫病理学检查

免疫病理检查对于鉴别诊断具有重要意义。直接免疫荧光表现为基底膜区纤维蛋白原沉积。此表现可与黏膜类天疱疮[基底膜区翠绿色荧光带，沉积物以免疫球蛋白（IgG，IgA或IgM）或补体C3为主]及天疱疮（上皮棘细胞间以IgG为主的免疫球蛋白沉积以及翠绿色荧光带）鉴别诊断。

3. 实验室检查

实验室检查可用于指导用药、不良反应的监测及排查与口腔扁平苔藓发病有关的诱因或疾病监测。检查项目包括：血细胞分析、血细胞聚集、尿常规、空腹血糖、糖化血红蛋白、肝功能、肾功能、血电解质、甲状腺功能+甲状腺自身抗体、甲状腺B超、丙肝抗体检测、免疫球蛋白+补体、淋巴细胞亚群分析等。

（四）诊断标准

根据病史以及典型的口腔黏膜表现可做出临床诊断，确诊需行组织病理学检查，必要时辅助免疫病理学等其他辅助检查以明确诊断。

（五）鉴别诊断

口腔扁平苔癣主要与以下疾病进行鉴别。

1. 口腔白斑病

斑块型口腔扁平苔癣需与口腔白斑病鉴别，尤其是发生在舌背部及颊黏膜咬合线处的损害。白斑多为白色或白垩色斑块，周围界限清楚，可略突出于黏膜表面，均质或非均质，触之稍硬粗糙。病理学表现为上皮过度正角化，不伴或伴有不同程度的上皮异常增生。组织病理学检查是有效的鉴别方法。

2. 盘状红斑狼疮

发生在唇红部的口腔扁平苔癣损害需与盘状红斑狼疮鉴别。本病常向皮肤侧扩展，使唇红黏膜皮肤界限不清。组织病理学表现为固有层胶原纤维玻璃样变、水肿、断裂，毛细血管扩张，管腔内可见玻璃样血栓，血管周围见密集的淋巴细胞浸润。直接免疫荧光检查表现为上皮基底膜区有粗细不均的翠绿色荧光带，称为"狼疮带"，有免疫球蛋白和补体C3沉积。组织病理学和免疫病理学是有效的鉴别方法。

3. 口腔红斑病

萎缩/糜烂型口腔扁平苔癣需与间杂型红斑相鉴别。本病是在界限清楚的红斑损害基础上出现散在的白色斑点，组织病理学表现为上皮萎缩、角化消失、基层萎缩，常有上皮中重度异常增生或原位癌。对于发生在舌腹、舌缘、口底及口角区的损害尤需提高警惕，需定期随访，严密监测病情变化。

4. 口腔苔藓样损害

口腔扁平苔癣与口腔苔藓样损害较易混淆。某些患者服用药物如甲基多巴、奎尼丁、氯喹、青霉胺、卡托普利，或进行口腔治疗后，充填体或修复体对应的口腔黏膜出现类似口腔扁平苔癣样的损害，分别称为药物性苔藓样损害和接触性苔藓样损害；骨髓移植后的患者口腔黏膜、皮肤出现类似扁平苔藓的表现，称为移植物抗宿主反应性苔藓样损害。组织病理学表现为固有层更为广泛的混合性炎症细胞浸润，除淋巴细胞外，还有嗜酸性粒细胞和浆细胞，可累及固有层浅层和深层血管周围。口腔苔藓样损害可为单侧发生（接触性苔藓样损害）或双侧发生（药物性苔藓样损害和移植物抗宿主反应性苔藓样损害），易出现糜烂，停用可疑药物或去除充填体或修复体材料后损害可明显减轻或完全消失，斑贴试验有助于发现致敏因素。

5. 寻常型天疱疮、黏膜类天疱疮和副肿瘤性天疱疮

大疱性疾病出现牙龈损害时，有剥脱性龈炎样损害，需与牙龈口腔扁平苔癣相鉴别。寻常型天疱疮口内损害处脱落细胞经吉姆萨染色或直接免疫荧光染色可见核大深染的天疱疮细胞或圆形细胞周围有翠绿色荧光环；组织病理学检查见棘层松解及上皮内疱形成。血清学检查见桥粒黏蛋白1，桥粒黏蛋白3抗体水平增高。黏膜类天疱疮组织病理学可见上皮下疱形成，血清学检查见BP180抗体水平升高。此外，直接免疫荧光检查亦有助于鉴别诊断（见辅助检查部分）。

副肿瘤性天疱疮是少见的与肿瘤密切相关的自身免疫性综合征，多见于具有淋巴组织增生的肿瘤，如非霍奇金淋巴瘤、慢性淋巴细胞白血病、巨大淋巴结增生症、胸腺瘤等，有可疑表现时，须仔细排查肿瘤。实验室检查中鼠膀胱间接免疫荧光阳性、免疫印迹对抗斑周蛋白或抗包斑蛋白抗体的检出有助于诊断和鉴别诊断。

6. 多形红斑

水疱型口腔扁平苔癣有时需与多形红斑相鉴别。本病以口腔黏膜尤其是唇红部的大面积糜烂、血痂为特点,可伴有全身发热等急性症状。典型的皮肤损害为“靶形红斑”。

7. 皮脂腺异位症

皮脂腺异位、错生,多见于青壮年男性,好发于唇、颊黏膜,表现为成簇的淡黄色斑丘疹,质软,光滑。

三、治疗

(一)治疗原则

本病无特效治疗手段,临床上针对患者的临床体征和症状、损害类型及严重程度等制定合适的治疗方案。

重视身心因素的调节在治疗口腔扁平苔癣中的作用,加强与患者沟通,仔细询问病史,及相关工作生活情况,帮助患者调整心理状态;给予专业的口腔健康教育,如定期牙周治疗、拔除残根残冠、调磨尖锐牙尖、更换口内金属材料等以达到去除局部刺激因素的目的。在此基础上,对于无症状的非糜烂型口腔扁平苔癣可不治疗,但需进行临床的追踪随访;对于糜烂型口腔扁平苔癣患者可采取消除、缓解症状,促进损害愈合,降低恶性转变风险。

(二)局部治疗

1. 糖皮质激素

糖皮质激素是治疗口腔扁平苔癣局部损害的一线药物。

局部损害严重者可选择局部涂擦糖皮质激素乳膏,如0.05%醋酸氟轻松乳膏、0.1%氟轻松乳膏、0.1%曲安奈德乳膏、0.05%丙酸氯倍他索乳膏等。

广泛糜烂损害者可选择糖皮质激素溶液含漱,如倍他米松磷酸钠溶液(2.5 mg溶于100 ml生理盐水)、地塞米松溶液(2 mg溶于100 ml生理盐水)等。

顽固的或常规治疗仍未愈合的糜烂损害可选择糖皮质激素局部封闭治疗,如曲安奈德注射液(1次10~40 mg,2~4周注射1次)、地塞米松注射液(1次5 mg,1周注射1次)。

2. 其他免疫抑制剂

对于局部糖皮质激素效果不佳的口腔扁平苔癣患者,推荐使用钙调磷酸酶抑制剂他克莫司和吡美莫司,每日2次,按需用4~6周。但应注意,局部使用免疫抑制剂可能增加局部损害恶变风险,推荐短期、小剂量、间断使用。

3. 维A酸类

外用维甲酸或其他形式的维生素A衍生物可以消除白色病灶,常用0.05%~0.1%维A酸软膏。因其治疗效果较糖皮质激素差;且停药2~5周后,损害易复发,建议作为临床辅助用药。

(三)全身治疗

1. 免疫抑制剂

糖皮质激素:对弥漫性、顽固性、糜烂型口腔扁平苔癣或多部位病变的患者,可全身使用糖皮质激素,如泼尼松(30 mg/d)。仅做短期脉冲治疗。硫酸羟氯喹:对长期不愈的糜烂型损害治疗有效,口服200~400 mg/d。用药期间,应定期做眼科检查,并注意血象变化。其他:甲氨蝶呤(1周10~15 mg)、吗替麦考酚酯(1~3 g/d)、沙利度胺(起始剂量50~100 mg/d,逐渐减至最低有效剂量)、环磷酰胺(100 mg/d)。

2. 免疫调节剂

根据患者自身免疫状况,可适当选用口服免疫调节药物,如白芍总苷、左旋咪唑、秋水仙碱等。

3. 植物类药物

雷公藤多苷、昆明山海棠、姜黄素等植物类药物也可用于口腔扁平苔癣的治疗。

(四)其他

弱激光疗法及光动力疗法也可用于口腔扁平苔癣的治疗。

糜烂型口腔扁平苔癣合并感染时,可根

据微生物培养结果选择相应的抗菌药物治疗。

四、疗效评价标准

（一）评价指标

客观评价指标：由观察者测量损害面积大小。患者疼痛程度：采用视觉模拟评分法（visualanaloguescale,VAS），分为10个等级，由患者评估。

（二）计分标准

1. 体征记分

0分：无损害，正常黏膜；1分：轻微白色条纹，无充血、萎缩或糜烂面；2分：白色条纹伴充血或萎缩面＜1 cm²；3分：白色条纹伴充血或萎缩面≥1 cm²；4分：白色条纹伴糜烂面＜1 cm²；5分：白色条纹伴糜烂面≥1 cm²；

2. 症状记分

0分：无疼痛（VAS：0）；1分：轻度疼痛（VAS：1～3）；2分：中度疼痛（VAS：4～6）；3分：重度疼痛（VAS：7～10）。

（三）评价标准

1. 显效

客观指标：治疗后充血、糜烂完全消失，白色条纹无或轻微（体征记分为0或1分）。主观指标：疼痛完全消失（症状记分为0分）。

2. 有效

客观指标：治疗后充血、糜烂的面积缩小，白色条纹减少（体征记分下降）。主观指标：疼痛完全消失（症状记分下降）。

3. 无效

客观指标：治疗后充血、糜烂的面积无变化，白色条纹无变化或增加（体征记分不变或增加）。主观指标：疼痛无减轻或加重（症状记分不变或增加）。

五、主要并发症

（一）急性并发症

急性并发症多为刺激痛引起的进食困难；用于治疗口腔扁平苔癣的某些药物如糖皮质激素可造成局部继发真菌感染。

（二）慢性并发症

病情严重的损害愈后可留下瘢痕；且长期不愈的糜烂损害有恶变风险，危险因素包括：局部真菌感染、烟酒等不良嗜好等。

（三）全身并发症

部分药物（如糖皮质激素或其他免疫抑制剂）治疗可导致感染、骨质疏松、肾上腺功能不全、骨髓抑制及肝/肾损害等，使用过程中需定期监测不良反应的发生。

六、随访及预后

口腔扁平苔癣有潜在恶变风险，需根据病情严重程度，每3～6个月复查一次，病情严重者需根据病情变化增加访视次数。出现糜烂或增生时应及时就诊。

七、预防

保持开朗乐观的精神状态，缓解焦虑抑郁情绪；调整饮食结构，控制吸烟、饮酒，避免辛辣食物刺激；积极预防和治疗系统性疾病；定期口腔检查，保持口腔卫生，消除局部刺激因素。

本指南的制定参考了国际、国内已发布的权威指南，同时结合我国的实际情况。由于临床实践中患者的具体情况存在个体差异，本指南仅供参考。

化脓性颌骨骨髓炎诊疗指南

（2022年版）

化脓性颌骨骨髓炎诊疗指南（2022年版）编写审定专家组（按姓名笔画排序）组长：张益，成员：朱洪平、刘树铭、安金刚、苏家增、何伟、单小峰、贺洋、郭玉兴、彭歆、蔡志刚。

一、概述

颌骨骨髓炎是指包括骨髓、骨松质、骨皮质及骨膜在内的全颌骨的炎症。针对颌骨骨髓炎，有不同的分类和命名方法。根据致病因素和病理性质来进行分类，再结合其感染途径、病变部位等，可将颌骨骨髓炎分为化脓性骨髓炎、理化性颌骨坏死、药物性颌骨坏死等。

化脓性颌骨骨髓炎是以化脓性炎症过程为主的颌骨骨髓炎，主要由成人及儿童的牙源性化脓性感染所致。

二、适用范围

发生于上下颌骨骨髓、骨松质、骨皮质以及骨膜的感染性病变。主要包括成人及儿童的化脓性颌骨骨髓炎（根据不同的致病因素，可分为牙源性、外伤性、血源性、继发性骨髓炎；根据感染发生及扩散的途径可分为中央性及边缘性骨髓炎，根据病程可分为急性与慢性骨髓炎），还包括婴幼儿颌骨骨髓炎（一般为血源性）。

三、诊断

（一）临床表现

1. 中央型化脓性颌骨骨髓炎

中央型骨髓炎是指感染起于骨松质，再向四周扩散。

（1）急性期　牙源性骨髓炎初起有牙痛史，有发热和全身不适，但面部肿胀不明显。随着脓液在骨髓腔内扩散，可出现多个牙松动、龈沟溢脓和口臭。由于下牙槽神经受压，可出现下唇麻木症状。脓液由内向外穿破骨皮质，形成颌周软组织蜂窝织炎，出现红肿、疼痛、可凹性水肿、开口困难等症状。还有区域淋巴结肿大，并有压痛。间隙感染又可侵犯邻近的骨皮质，引起边缘性颌骨骨髓炎。可出现明显的全身中毒症状，如高热、脱水。当拔牙或切开进行脓液引流后，全身及局部的急性炎症可以缓解而进入炎症慢性期。急性期大约持续10～14 d。

（2）慢性期　病程可能相当长，可达数周到数年之久。急性红肿、发热症状消退。因骨质破坏，出现多个牙松动和龈沟溢脓。口内黏膜和口外皮肤可出现不同程度的肿胀或瘘管，偶有脓液及小死骨片排出，探针进入瘘管可探到骨破坏灶或粗糙、活动的死骨块。只要死骨存在，炎症就不会消除，常伴有面部瘢痕、开口受限、骨质缺损畸形，也可能发生病理性骨折。

2. 边缘型化脓性颌骨骨髓炎

边缘型骨髓炎是指感染由骨皮质到骨髓质的炎症破坏过程。一般原发于颌周间隙感染，如咬肌间隙、翼下颌间隙、颞下间隙感染，也可继发于中央型骨髓炎的感染扩散。脓液多侵蚀下颌骨升支、下颌角、喙突及髁突等处的骨皮质。根据细菌毒力以及机体抵抗力的强弱对比，可出现增生性病变和溶解破坏性病变。

边缘性骨髓炎的急性期症状常被颌周峰窝织炎的面部红肿、疼痛和全身发热等症状所掩盖而不被注意。当颌周间隙脓肿病程较长，切开并探查骨面时，可发现炎性成骨或骨皮质破坏。如脓肿切开后，经局部换药仍有明显脓性分泌物，应怀疑存在骨髓炎。

慢性期局部软组织（如腮腺咬肌区）肿胀、僵硬、压痛、轻度充血，可有开口受限，在皮肤或黏膜表面可见瘘管。全身可无明显不适。炎症可急性发作。

（二）辅助检查

1. 影像学检查

X线片对颌骨骨髓炎的诊断必不可少，可显示病灶牙、颌骨骨质的改变、是否有病理性骨折以及其他骨性疾病，比如囊肿等。

全口曲面体层X线片可显示颌骨全貌、颌骨病变范围以及病变和牙齿的关系等；CT可以很好地显示骨髓炎病变的范围、死骨的范围以及是否存在病理性骨折，还可以显示早期骨皮质破坏以及炎性成骨的范围和程度。但是,骨髓炎的影像学表现滞后于临床表现,X线片对病程两周以内的急性颌骨骨髓炎无诊断价值。一般认为骨矿物质吸收30%~60%,或骨皮质受侵以后,病变才能在X线片上有所表现。

MRI可在骨皮质破坏和死骨形成之前,通过骨髓信号的强弱变化来帮助早期诊断骨髓炎。核素扫描也可用于急性骨髓炎的检查,99 m锝骨扫描对骨代谢增加的部位很敏感,但该方法对感染区不具有特异性,而67镓更易浓聚于炎症区域。

2. 实验室检查

骨髓炎急性期外周血白细胞计数增加,中性粒细胞的百分比增高并伴随核左移;在慢性期,白细胞计数可无明显增加。另外,外周血中的C反应蛋白水平及血清降钙素原可以反映炎症的进展程度。红细胞沉降率升高对感染也有提示作用,但不具有特异性。

3. 病理检查

可行病理学检查,明确骨髓炎的诊断,并与肿瘤等疾病进行鉴别。切取的骨组织可进行微生物学检查,但存在标本被口内微生物污染的可能性。

(三)诊断标准

骨髓炎应通过临床表现、实验室检查和影像检查进行综合性诊断。确诊还需要通过活检取死骨行组织病理学和微生物学检查。

临床检查应注意口内外软组织是否完整,是否有瘘口和死骨暴露。口内是否存在病灶牙,是否有牙齿松动。实验室检查一般不具有特异性,不能确定感染的严重程度,绝大多数患者白细胞总数以及中性粒细胞百分比升高。可以用多种影像手段检查骨髓炎病变,尤其是慢性骨髓炎。影像学检查可发现死骨、炎性成骨、骨质破坏以及病理性骨折等表现。

(四)鉴别诊断

牙源性颌骨骨髓炎早期应与牙槽脓肿鉴别。前者炎症广泛,不仅牙痛,还伴有颌骨剧痛,多个牙松动,全身中毒症状严重。而牙槽脓肿主要局限在单个牙的肿痛。中央性颌骨骨髓炎还应和中央性颌骨癌鉴别,边缘性骨髓炎还应与骨肉瘤鉴别。

四、治疗

(一)治疗原则

化脓性颌骨骨髓炎的治疗包括抗菌药物、手术和支持治疗。采用药物与手术、全身与局部综合性治疗才能取得好的效果。急性炎症早期以大剂量抗生素控制感染和全身支持疗法为主,并应及早拔除病灶牙、进行引流及脓肿切开引流。手术可去除病因,阻断骨髓炎的进展。对慢性骨髓炎来说,手术治疗很关键。应选择适当时机手术摘除死骨、刮治病灶、消除病因,并注意促进愈合、减少骨缺损和病理性骨折。

(二)抗菌药物治疗

在急性骨髓炎早期还未能取得细菌培养时,应经静脉途径给予大剂量的广谱抗生素,使抗生素在血清中维持较高的浓度。目前,许多口腔致病菌对青霉素产生耐药,不建议单独使用青霉素,应采用青霉素类抗生素加酶抑制剂、三代头孢菌素加酶抑制剂或碳青霉烯类进行治疗。必须及早取得脓液或分泌物作细菌培养和药物敏感试验,以指导和改进使用抗生素时的种类和剂量。

(三)全身支持治疗

静脉滴注输液,可减轻中毒症状,注意维持水、电解质平衡,必要时输血,还要注意营养。患者有全身疾病,如贫血、营养不良、糖尿病、白血病等时,须积极治疗。

(四)手术治疗

1. 消除病因

及早拔除病灶牙,从拔牙创口引流脓液,以检查颌骨内的压力,并可以减轻疼痛,避免脓液在骨髓腔内继续扩散。如有其他病因,如颌骨囊肿等,应在急性炎症控制后手术切除，以免感染复发；或者在急性期行囊肿开窗引流脓液和囊液，经开窗口行囊肿减压治疗。

2. 软组织脓肿切开引流

可以缓解症状、减少全身并发症，避免脓液侵犯骨皮质，继发边缘性骨髓炎。

3. 骨髓炎的死骨摘除和病灶刮治术

（1）适应证　急性炎症已消退，骨髓炎已到局限期，死骨已形成，可进行手术，大约为发病后1个月左右。如过早手术，病变尚不局限，不易刮净，可能导致扩散或复发。

（2）手术方法　根据颌骨病变的范围、位置，可选择口内或口外入路进行手术。先拔除病灶牙以及病变波及的、不能保留的患牙。切开口内外软组织，翻瓣，充分暴露骨髓炎病变区。摘除死骨，彻底去除周围不健康的软硬组织，修整骨面，使之成为口大底小的创面，尽量消除死腔。严密缝合口内外切口，如果口内外软组织缺损导致无法关闭黏膜伤口，可以采用局部软组织瓣辅助关闭伤口，消除死腔。

如果颌骨感染区域很广泛或死骨摘除和病灶刮除手术无法控制感染，可考虑切除颌骨的感染区域，同期或二期行颌骨重建。

（五）其他治疗方案

高压氧治疗：颌骨出现骨髓炎时，局部水肿，炎症区供血不足，则必然影响骨修复过程。高压氧治疗具有下列优势：氧分压增大，大量氧气溶于血液，可以输送到血供差的组织，消除局部缺氧，防止炎症扩散；可以加速坏死组织的溶解，使病变组织与正常组织分离；可激活骨修复过程，加快新骨的形成和钙化；可提高白细胞的杀菌能力，缩短修复时间，促进骨愈合。

五、主要并发症及处理

伤口愈合不良或感染复发：规律换药，如果换药效果不佳，考虑二次行骨髓炎搔刮及清创手术。

病理性骨折：术前及术中评估，术后可能出现病理性骨折，术中可采用重建钛板对剩余骨质进行固定。术后如出现病理性骨折，可采用局部制动，一般可自行愈合。

颌骨缺损：后期可行骨移植手术。

六、随访及预后评估

术后短期内密切随访，观察口内外伤口初期愈合情况。如果伤口愈合不良甚至伤口裂开、骨面暴露，应积极进行伤口换药处理，局部伤口可覆盖或填塞碘仿纱条，定期换药，创面可逐渐缩小，并最终愈合。如果伤口持续存在明显的脓性分泌物，则提示感染复发或者骨髓炎手术不彻底，应考虑二次手术。

术后短期口内外伤口愈合良好者，应长期随访，并根据具体情况，后期考虑进行植骨、咬合重建等治疗。

磨牙症诊疗指南

（2022年版）

磨牙症诊疗指南（2022年版）编写审定专家组(按姓名笔画排序)组长:周永胜，成员:刘云松、张磊、徐啸翔、曹烨、谢秋菲、潘韶霞。

一、概述

磨牙症是指人在非生理功能状态下咀嚼肌不自主活动，使上下颌牙齿产生节律性或间断性的磨动或紧咬，一般在无意识状态下出现，可发生在睡眠时，称为睡眠期磨牙或夜磨牙，也可发生在清醒期间，称为清醒期磨牙或日磨牙。磨牙症是口腔门诊中的常见病，儿童和成人的患病率分别为3.5%～40.6%、8%～31.4%，65岁以上老年人患病率约为3%，随年龄增长呈下降趋势。

磨牙症可导致牙体硬组织过度磨耗、牙周组织创伤、关节及咀嚼肌损伤、修复体及种植体的并发症，严重时直接影响口腔咀嚼功能，甚至可能引起慢性口颌面部疼痛，对患者的精神状态、生活和工作会造成不同程度的负面影响。

二、病因

磨牙症的病因尚不明确，主要相关因素如下：

精神心理因素：压力、紧张、疲劳和不良情绪均与磨牙症有关。研究显示多数磨牙症患者存在焦虑、抑郁等负面情绪。

中枢神经和睡眠因素：有研究显示磨牙症的发生与中枢神经系统的某些神经递质异常，或睡眠受打扰所导致的轻度觉醒异常有关。

遗传因素：磨牙症具有一定的家族遗传倾向，若父母患有磨牙症，其子女患磨牙症的概率会增高。

生活习惯因素：吸烟、饮酒及咖啡因的摄入与磨牙症相关，吸二手烟与儿童和青少年的磨牙症显著相关。

呼吸及气道问题：阻塞性睡眠呼吸暂停低通气综合征和气道狭窄与磨牙症有一定关联。

咬合因素：咬合关系不协调可能引发磨牙症。

三、诊断

（一）临床表现

根据磨牙时下颌运动特点的不同，磨牙症可分为非正中磨动型（简称为非正中型）和正中紧咬型（简称为正中型），这两类磨牙症均可以发生于清醒和睡眠时。非正中型磨牙症的患者常因磨牙声而就诊，正中型磨牙症通常无牙齿磨动和磨牙声，容易被患者忽视，常首先由口腔医师发现，临床多见双侧咬肌紧张度高或肥大。磨牙症严重时可导致牙齿过度磨耗、牙本质敏感、牙齿劈裂、颌面部肌肉及颞下颌关节区不适等问题。

（二）专科检查

临床上可通过病史收集、临床检查以及辅助检查结果，对磨牙症进行评估和诊断。

1. 病史收集

通过临床问诊或问卷调查，了解患者对于磨牙症自知情况、发生频率和强度、持续时间、疼痛症状，注意询问既往磨牙症、牙齿敏感、口颌面疼痛、颞下颌关节紊乱病、口腔治疗等病史，询问患者的精神心理状况、睡眠状况、工作紧张程度、有无重大生活事件发生，记录患者用药（如中枢神经系统刺激性药物等）、饮酒、吸烟和咖啡因摄入等情况，同时可向家属了解、印证患者是否出现夜间磨牙音等相关信息。

2. 临床检查

除口腔专业常规检查之外，重点检查与磨牙症紧密相关的体征。

（1）口内检查　一般检查同其他常规检查，尤其注意以下检查内容。牙体状况：检查咬合面的磨耗特征和严重程度，有无非功能性磨耗平面（非正中型）或杯状缺损（正中型），有无楔状缺损、牙隐裂、牙尖劈裂、根折。牙周状况：是否存在牙周支持组织丧失、牙龈退缩、唇颊侧牙槽骨结节样增生。黏膜状况：是否存在颊黏膜和舌侧缘齿痕。咬合检查：有无正中早接触和非正中咬合干扰。修复体状况：如果口内有修复体，应特别注意修复体机械并发症的情况，如崩瓷、义齿重度磨损、种植修复基台折断、种植体折裂等问题。

（2）肌肉检查　通过咬肌、颞肌、二腹肌和肩颈部肌肉触诊，检查有无压痛及压痛部位、程度；嘱患者咬合，检查肌肉收缩的强度和对称性，是否有咬肌或颞肌肥厚、放松时咀嚼肌紧张度高的现象。

（3）颞下颌关节　检查关节有无压痛、弹响和杂音，关注压痛的部位、程度，弹响和杂音的性质、发生的时相,双侧关节动度是否对称,有无开口受限。

(三)辅助检查

1. 多导睡眠监测

需要专业人员检测,分析检查结果是否存在磨牙及微觉醒事件,记录磨牙发生的时间和频率,可客观评价患者的睡眠周期、咀嚼肌节律性运动、呼吸、心率及以上指标间的相关性。

2. 磨牙痕迹检测

多为0.1 mm膜片压制而成的夜磨牙检测装置,表面有涂层,患者在夜间戴用,通过观察磨牙痕迹类型诊断磨牙症,并判断磨牙症类型。

3. 磨牙音视频记录

采用音视频采集设备,记录患者的磨牙声音和活动。

4. 其他辅助检查

(1)心理状态评估　可采用中文版抑郁焦虑压力量表-21(略),评估患者抑郁、焦虑、压力等心理状态。

(2)睡眠质量评估　采用中文版匹兹堡睡眠质量指数量表(略),评估患者的睡眠质量,包括七个睡眠因子:主观睡眠质量、入睡时间、睡眠时间、睡眠效率、睡眠障碍、服用催眠药物情况、日间功能障碍。

(四)诊断标准

一般可根据病史和临床检查作出初步诊断,主要诊断依据为患者自述或他人告知有明确的磨牙或紧咬牙问题,结合患者年龄、病史长短、牙齿异常磨耗及肌肉不适症状等情况,可协助判断磨牙症的严重程度和类型。多导睡眠监测是诊断夜磨牙症的金标准。

(五)鉴别诊断

通过病史、临床表现,磨牙症可与其他原因引起的牙体硬组织病理性损耗相鉴别。

除了有特定饮食或口腔习惯,喜食硬质食物或咬硬物造成的牙体磨损一般发生在牙齿的功能面;酸蚀症患者具有酸性饮食习惯、长期接触酸性物质的职业环境、服用酸性药物或反酸病史,酸蚀可发生在牙齿所有暴露面,受累的牙面具有呈丝绸样光滑的特征。以上两类患者均没有磨牙或紧咬牙的病史。

四、治疗

(一)治疗原则

目前尚缺乏能够治愈磨牙症的方法,临床中主要应遵循的原则为重视患者的精神心理状况、预防磨牙症的损害、保护口颌系统的功能健康。

因精神心理因素与磨牙症相关性较强,应注重对患者的心理疏导,消除紧张情绪,缓解精神压力,改变不良生活习惯。必要时应针对性地采取精神心理治疗。

对于口颌系统处于生理状态的患者,即:虽然存在磨牙问题,但口颌系统结构、功能基本正常,可不采取口腔专业治疗。应认识到对于某些个体来说磨牙症存在一定积极意义,需与患者充分沟通病情及预后,并定期随访观察。

对于口颌系统功能处于病理状态的患者,即:存在磨牙问题,且软硬组织结构出现一定异常,此时应以保守治疗为主,如咬合板、肌松弛治疗、牙本质脱敏治疗等,减少磨牙症对口腔软硬组织的损伤,减轻对口颌功能的影响,避免口颌系统受到严重破坏。

对于已发生口颌功能紊乱及软硬组织严重破坏的患者,还需结合调𬌗修复、牙体牙髓、正畸等治疗方式,积极处理。

(二)主要治疗方法

咬合板治疗:咬合板是治疗磨牙症的常用方法,操作简便、无创,主要目的是分散磨牙时产生的负荷,防止牙齿硬组织损伤,降低肌张力,缓解肌肉和颞下颌关节不适症状。可采用的咬合板类型主要包括弹性咬合板、稳定咬合板、NTI-tss咬合板。其中,NTI-tss咬合板属于前牙接触型咬合板,长期使用有导致咬合紊乱的风险,需要密切随访,不遵医嘱者禁用。

肌松弛治疗：对于存在明显肌紧张的患者，可考虑采用针对肌肉的理疗按摩、肌痛点的封闭等，降低肌张力。

咬合干预：对于存在明确咬合干扰、咬合创伤的患者，需要调𬌗磨除非生理性咬合接触，必要时采用正畸治疗；对于过锐牙尖、嵴，可适当调磨圆钝以减小劈裂风险。

多学科联合治疗：对于存在明显精神心理问题、睡眠障碍的患者，可与心理医师合作，针对性地采取心理治疗和生活习惯指导，调节患者焦虑、抑郁、紧张等情绪，改善睡眠质量，指导患者形成健康的生活习惯。

五、随访和预后

针对患者的情况制定个性化的随访周期，观察磨牙症病情的发展变化及口颌系统情况，结合患者精神心理状况，及时调整治疗方案。

舌癌诊疗指南

（2022年版）

舌癌诊疗指南（2022年版）编写审定专家组（按姓名笔画排序）组长：张益，成员：朱洪平、刘树铭、安金刚、苏家增、何伟、单小峰、贺洋、郭玉兴、彭歆、蔡志刚。

一、概述

舌癌是常见的口腔癌，98%以上为鳞状细胞癌，腺癌较少。舌癌占口腔鳞状细胞癌的37%～53%。舌癌的主要治疗模式以手术为主，并且根据病理特征加以术后治疗。口腔颌面外科医师在治疗中起中心作用，但是要想获得最佳的治疗效果，还需要头颈外科、放疗科、肿瘤内科等多学科医师团队的参与。

二、适用范围

按UICC分类，舌前2/3的癌属于口腔癌范畴；舌后1/3的癌属于口咽癌。本指南适用于舌前2/3的舌体癌。

三、诊断

（一）临床表现

局部常有慢性刺激因素（如锐利牙尖或残根）；也可有白斑等癌前病损；或无明显诱发因素，病变发展较快。病变局部疼痛是最常见的症状。早期可无症状或者表现为轻微的疼痛，随着病情的发展，疼痛逐渐加重，可向耳颞部发展，影响进食和言语。

（二）专科检查

多表现为溃疡性肿块，边界不清、基底浸润、触痛明显。舌侧缘多见，其次为舌腹和舌背。当肿物局限于游离舌时，舌体运动不受限；当癌瘤侵犯舌外肌时，可出现不同程度的舌运动受限。晚期舌癌还会累及口底、下颌骨、舌根、咽侧壁等结构。舌癌早期便可能出现淋巴结转移，多表现为同侧颌下或上颈部的淋巴结肿大、质硬，当发生淋巴结包膜外侵犯时与周围结构粘连，活动度差。累及中线或对侧的舌癌也可能会出现对侧淋巴结转移。舌癌的远处转移发生率较低，晚期病例中可能会转移至肺部。

（三）辅助检查

1. 病理检查

活检病理诊断是口腔癌诊断的金标准。对于怀疑为舌癌的肿瘤，应于肿瘤边缘行切取活检术，待病理诊断明确再行确定的手术治疗。

2. 影像学检查

（1）B超检查　可以用来明确颈部淋巴结

的情况。

(2)X线检查 使用较少,曲面断层片可以用来评估下颌骨受侵犯的情况。胸部平片可以作为肺转移筛查的首选,如果怀疑肺转移需要加拍肺CT。

(3)CT 头颈部增强CT可以用来评估肿瘤的范围,以及与重要结构的毗邻关系,是口腔癌临床分期、治疗设计、预后预测和复查常用的影像学检查方法。增强CT对颈部淋巴结转移的敏感性和特异性较强。

典型增强CT表现:病灶呈不均匀软组织密度影,边界不清,病灶呈明显的不均匀强化;转移淋巴结可出现肿大,变圆,中心液化坏死周围环形增强。当淋巴结发生包膜外侵犯时可能会边界不清楚,或者发生多个淋巴结融合。

(4)磁共振成像 磁共振成像在观察软组织病变时有独特的优势,可以补充CT成像的信息,可以更好地评估舌肌纤维之间的浸润信息。不过其对骨组织不能显影,当病变侵犯骨组织时需要加拍CT观察变化。平扫磁共振成像显示病灶边缘较为清晰,T1WI呈等-低混杂信号、T2WI呈等-高混杂信号,T1WI增强扫描不均匀强化。转移淋巴结结构清楚,周围可出现不完全环状脂肪增生带。

(5)PET-CT 对于晚期舌癌患者,PET-CT可以用来评估病灶范围、远处转移及同时发生第二原发癌的状况。对于怀疑肿瘤残存或复发时,推荐使用PET-CT。

(四)诊断标准

活体组织病理检查为舌癌诊断的金标准。舌癌的分期与治疗和预后有直接的关系。舌体鳞状细胞癌根据美国癌症联合委员会口腔肿瘤的TNM分期标准分期。2017年颁布、2018年生效的第八版分期标准见表(略)。相较于前一版,第八版的主要变化包括:使用浸润深度确定T分期;不再把舌外肌浸润定为T4a分期的标准;在N分期中纳入淋巴结外侵犯情况作为标准。

四、治疗

(一)治疗原则

舌癌的治疗应贯彻以手术为主的多学科综合治疗。根据病情,确定治疗方案。

(二)手术治疗

1. 原发肿瘤

对于原发肿瘤需要采用对肿瘤的扩大切除,一般需要在肿瘤边界外1~1.5 cm行对肿瘤的扩大切除,切除后标本中,癌瘤外有5 mm以上的正常组织可以认为有足够的安全边界。手术切除计划的制定应当以原发肿瘤的侵犯程度为基础,可以通过临床检查和影像学检查来确定。

2. 颈部淋巴结处理

原则上舌癌的手术治疗在切除原发灶的同时需要行同侧的颈部的淋巴清扫术;对于对侧转移或者肿瘤侵犯越过中线的患者,还应行对侧的颈淋巴结清扫手术。对于根治性颈淋巴结清扫术,可根据实际情况决定是否保留副神经、胸锁乳突肌和颈内静脉。

N0患者,采用肩胛舌骨上淋巴清扫术。对于cT1N0M0的患者,颈部淋巴结的处理存在争议,可以观察随访、选择性颈淋巴结清扫或者前哨淋巴结活检。N1患者,采用肩胛舌骨上淋巴清扫术或根治性颈淋巴结清扫术。N2及以上的患者,采用根治性颈淋巴结清扫术。

3. 整复手术

切除后舌缺损小于1/3时,可以直接拉拢缝合;缺损大于1/3时,可以采用邻位瓣、带蒂瓣或者血管化游离皮瓣来修复;对于侵犯下颌骨,切除后存在下颌骨缺损的情况可以采用血管化骨瓣修复。

(三)其他治疗方法

1. 放射治疗

早期病例首先手术,如因各种原因无法接受手术,可行根治性放疗。对于手术后存在不良预后因素的,应行辅助放疗,例如:边缘阳性、颈部淋巴结转移(单个淋巴结转移是否需要放疗存在争议)、神经周围侵犯等。术前诱导放疗需谨慎采用。

2.全身综合治疗

包括化疗、靶向治疗、免疫治疗和基因治疗等,对于晚期病例常作为辅助性治疗方法酌情使用。

3.其他治疗

营养支持、镇痛、心理干预、中医中药等可用于提高患者生活质量、增强治疗信心。

五、主要并发症及处理

出血:肿瘤侵犯到一定深度,破坏血管系统可能会造成自发性出血,手术后也可能出现出血。对于肿瘤造成的出血,可以行局部加压包扎,完善手术准备后予以切除肿瘤,缝扎血管。对于手术后出现的出血同样予以缝扎出血点。疼痛:舌癌早期便可能出现疼痛,影响进食和言语。应该积极给予镇痛治疗,并积极治疗癌瘤。感染:舌癌手术前的感染多较表浅。舌癌手术后的感染可能出现手术区和肺部感染,需要积极抗炎治疗。对于手术区的感染需充分引流。窒息:癌瘤生长变大,可能会导致呼吸道变窄。如果再出现出血,可能会导致窒息的发生。手术后的局部肿胀、血肿等也可能导致窒息,需尽早发现,积极行气管切开术。

六、随访及预后评估

根据不同单位的回顾性研究,舌体鳞状细胞癌5年总体生存率为42%~73%。早期(T_1~$2N_0$)的结局较好,5年总体生存率为79%,无病生存率为70%。治疗失败的主要原因是局部复发和颈部复发,其复发率分别为14%~31%和15%~34%。口腔鳞状细胞癌5年内发生远处转移的概率大约为10%,大多转移至肺、骨、皮肤和肝。

根据美国癌症联合委员会的TNM分期,其中N分期是一个独立的预后因素,PN_0患者的5年疾病特异性生存率为85%,当出现病理确认的颈部转移,疾病特异性的5年生存率降为49%。其他的因素如切缘状态、肿瘤的厚度和浸润深度、神经周围侵犯和免疫状态也和生存率相关。

舌下腺囊肿诊疗指南

(2022年版)

舌下腺囊肿诊疗指南(2022年版)编写审定专家组(按姓名笔画排序)组长:张益,成员:朱洪平、刘树铭、安金刚、苏家增、何伟、单小峰、贺洋、郭玉兴、彭歆、蔡志刚。

一、概述

舌下腺囊肿常见于青少年,临床上可以分为单纯型、口外型和哑铃型。主要病因为舌下腺导管破裂、黏液外漏入组织间隙所致。

二、适用范围

各种类型的舌下腺囊肿,局部无感染、无溃疡、无全身手术禁忌证。

三、诊断

(一)临床表现

单纯型舌下腺囊肿:为典型的舌下腺囊肿表现,占舌下腺囊肿的大多数。囊肿常位于口底一侧,有时可扩展至对侧,较大的囊肿可将舌抬起,状似“重舌”。囊肿因创伤而破裂后,流出黏稠而略带黄色或蛋清样液体,囊肿暂时消失。数日后创口愈合,囊肿又长大如前。囊肿发展很大时,可引起吞咽、言语及呼吸困难。

口外型(潜突型)舌下腺囊肿:囊肿主要表现为颌下区肿物,而口底囊肿表现不明显。

哑铃型舌下腺囊肿:为上述两种类型的混合,即在口内舌下区及口外颌下区均可见囊性肿物。

(二)专科检查

舌下腺囊肿常位于下颌舌骨肌以上的舌下区,由于囊壁菲薄并紧贴口底黏膜,囊肿呈浅紫蓝色,扪之柔软有波动感。口外型舌下腺囊肿触诊柔软,与皮肤无粘连,不可压缩,低头时因重力关系,肿物稍有增大。

(三)辅助检查

穿刺检查:穿刺可抽出蛋清样黏稠液体。影像检查:B超检查为囊性影像,可分辨病变与邻近结构的关系。CT或MRI有利于评估囊肿的类型、范围及与周围结构位置关系。

(四)诊断标准

临床检查:临床检查可见口底浅蓝紫色囊状肿物,扪之柔软有波动感。口外型舌下腺囊肿表现为颌下区肿物。穿刺检查:穿刺可抽出蛋清样黏稠液体。

(五)鉴别诊断

舌下腺囊肿需与口底皮样囊肿及颌下区淋巴管畸形(大囊型)相鉴别。

口底皮样囊肿:位于口底正中,呈圆形或卵圆形,边界清楚,表面黏膜及囊壁厚,囊腔内含半固体状皮脂性分泌物,因此触诊有面团样柔韧感,无波动感,可有压迫性凹陷。肿物表面颜色与口底黏膜相似而非浅紫蓝色。

颌下区淋巴管畸形(大囊型):常见于婴幼儿,穿刺检查见囊腔内容物稀薄,无黏液,淡黄清亮。

四、治疗

(一)治疗原则

根治舌下腺囊肿的方法是切除舌下腺,残留部分囊壁不致造成复发。对于口外型舌下腺囊肿,可全部切除舌下腺后,将囊腔内的囊液吸净,在颌下区加压包扎,而不必在颌下区做切口摘除囊肿。

(二)手术治疗

患者取仰卧位,用局麻或者全麻。

切口:用开口器维持开口状态,用压舌板压舌向对侧,显露患侧口底。在舌下皱襞的外侧,沿导管走行方向,前自下颌尖牙相对部位,后至第一磨牙远中相对位置,做一弧形切口。牙龈侧黏膜应保留0.7 cm以上,以便创口缝合。

显露舌下腺:用文氏钳于黏膜下仔细分离,舌下腺前份有小分泌管通向黏膜表面及颌下腺导管,用眼科剪剪断。在黏膜创缘与舌下腺(和囊肿)之间行钝性分离,以显露舌下腺和囊肿。

分离:舌下腺显露后,先分离舌下腺和囊肿之外侧部和前部,即从下颌骨内侧分离舌下腺,逐渐游离舌下腺的外侧部与底部。接着在其内侧部和后部仔细分离。因舌下腺内侧与颏舌肌之间有颌下腺导管、舌神经以及舌深动/静脉等重要结构。故术中需光线充足,术野清楚,在明视下细心找出颌下腺导管,剪断舌下腺前份小分泌管,同时保护好颌下腺导管、舌神经等重要结构,用组织钳夹住舌下腺前端并将其提起,用文氏钳沿舌下腺内侧面分离,直达下颌舌骨肌后缘。

摘除:此时舌下腺已基本游离,最后在颌下腺深份的后端将舌下腺全部分离,完整切除舌下腺和囊肿。

缝合:以生理盐水冲洗创口,仔细结扎出血点。最后,由后向前缝合口底黏膜切口,并于创口内放置橡皮引流条,预防血肿。

(三)其他治疗方案

对全身情况不能耐受舌下腺切除的患者以及婴儿,可以做简单的成形性囊肿切开术,即袋形缝合术,切除覆盖囊肿的部分黏膜和囊壁,放尽液体,填入碘仿纱条。待全身情况好转或婴儿长至4~5岁或以后再进行舌下腺切除。

五、主要并发症及处理

血肿：多因术中止血不彻底所致，特别是在分离舌下腺后内方深面时，舌下动静脉的分支处理不当引起出血。故术中止血应十分仔细，切口缝合宜稀松以利于引流。

颌下腺导管阻塞：术中将颌下腺导管结扎或缝扎，唾液排出受限，术后数小时即可发生急性颌下腺肿胀。应将可疑缝线拆除，松解被结扎的导管。

舌神经损伤：引起舌麻木，如未切断舌神经，多可恢复。术中应注意颌下腺导管与舌神经的解剖关系，仔细操作可以避免损伤。

因此术者必须熟悉手术区的应用解剖，并应强调术中光线充足、术野清晰，同时在妥善保护好颌下腺导管、舌神经和舌深动/静脉的前提下，细心分离舌下腺的内侧和舌部。其次，术中应注意减少创伤，彻底止血。最后，缝合创口黏膜时要避免将颌下腺导管缝扎在一起而导致导管阻塞。

六、随访及预后评估

观察上呼吸道是否通畅：术后口底、咽侧壁肿胀、口咽部分泌物积存以及颈部不适当的加压包扎等可影响呼吸道通畅，甚至导致上呼吸道梗阻，故应密切观察，及时处理。一旦发现上呼吸道通气不畅，应紧急处理。

注意伤口出血现象：密切注意术后伤口出血现象，如纱布渗血量、口底肿胀程度、口底黏膜颜色改变情况、舌体位置以及舌体运动是否受限等。必要时手术探查止血。术后24～48 h抽除引流条。

伤口感染：术后常规应用抗生素预防感染。术后伤口感染的原因主要为无效腔存留。因此，术末放置橡皮引流条或负压引流管于口底区，并适当加压包扎以消灭无效腔是非常必要的。

医学教育

2021—2025年度全国科普教育基地认定名单

为贯彻落实《全民科学素质行动规划纲要(2021—2035年)》,团结引领广大科技工作者和科普工作者,提升社会化科普工作能力,中国科协启动了2021—2025年度第一批全国科普教育基地认定工作。

2022年3月30日,中国科协发布"关于命名2021—2025年第一批全国科普教育基地的决定"(科协发普字〔2022〕12号),命名中国科学院北京纳米能源与系统研究所(Maxwell科学+)等800个单位为2021—2025年度第一批全国科普教育基地,有效期至2025年,其中口腔类基地1个。2022年11月29日,中国科学技术协会发布"科协发普字〔2022〕54号"文件,命名474个单位作为2021—2025年度第一批补充认定全国科普教育基地,有效期至2025年,其中口腔类基地12个。口腔类基地合计13个,详见表1。

表1 2021—2025年第一批全国科普教育基地(含补充)认定名单

原序号	所在地区	申报单位	基地名称	推荐单位
732	陕西省	空军军医大学第三附属医院国际口腔医学博物馆	空军军医大学第三附属医院国际口腔医学博物馆	陕西省科学技术协会
14	北京市	北京大学口腔医学院(北京大学口腔医院)	北京大学口腔医学院(北京大学口腔医院)	中华口腔医学会
15	北京市	首都医科大学附属北京口腔医院	首都医科大学附属北京口腔医院口腔健康促进科普基地	中华口腔医学会
147	上海市	国家口腔疾病临床医学研究中心(上海交通大学医学院附属第九人民医院)	国家口腔疾病临床医学研究中心(上海交通大学医学院附属第九人民医院)	中华口腔医学会
148	上海市	上海市闵行区牙病防治所	闵行区儿童健牙乐园	中华口腔医学会
181	浙江省	杭州口腔医院	杭州口腔医院	中国女医师协会
213	福建省	福建医科大学附属口腔医院	福建医科大学附属口腔医院健康口腔指导中心	中华口腔医学会
248	山东省	青岛市口腔医院	青岛市口腔医院	中华口腔医学会
284	湖北省	武汉大学口腔医院	武汉大学口腔医院口腔科普教育基地	中华口腔医学会
305	广东省	佛山市口腔医院(佛山市牙病防治指导中心)	佛山市口腔医院(佛山市牙病防治指导中心)	中华口腔医学会
306	广东省	中山大学附属口腔医院	中山大学附属口腔医院	中华口腔医学会
354	四川省	四川大学华西口腔医院	华西口腔健康教育博物馆	中华口腔医学会
451	宁夏回族自治区	银川艾齿口腔医院有限公司	银川艾齿口腔医院口腔健康科普馆	宁夏回族自治区科学技术协会

首批虚拟教研室试点建设

为贯彻落实《教育部关于加快建设高水平本科教育 全面提高人才培养能力的意见》（教高〔2018〕2号）和《教育部关于深化本科教育教学改革 全面提高人才培养质量的意见》（教高〔2019〕6号）等文件精神，探索推进新型基层教学组织建设，经研究，教育部高等教育司决定开展虚拟教研室试点建设工作。

虚拟教研室试点建设的目标是以立德树人为根本任务，以提高人才培养能力为核心，以现代信息技术为依托，探索建设新型基层教学组织，打造教师教学发展共同体和质量文化，引导教师回归教学、热爱教学、研究教学，提升教育教学能力，为高等教育高质量发展提供有力支撑。2022年2月15日，教育部办公厅发布《教高厅函〔2022〕2号》文件，公布"首批虚拟教研室建设试点名单"，其中包括3个口腔医学试点，详见表2。

表2 首批虚拟教研室建设试点名单（口腔医学）

原序号	类型	教研室名称	学校名称	带头人
1	课程（群）教学类	口腔修复学课程虚拟教研室	北京大学	周永胜
195	课程（群）教学类	口腔医学课程虚拟教研室	上海交通大学	蒋欣泉
391	教学研究改革专题类	口腔医学人才培养模式改革虚拟教研室	四川大学	叶　玲

注：摘自教育部《教高厅函〔2022〕2号》文件之附件。

第七届中国国际"互联网+"大学生创新创业大赛

2021年4月16日，教育部发布《关于举办第七届中国国际"互联网+"大学生创新创业大赛的通知》（教高函〔2021〕2号），定于2021年4—10月举办第七届中国国际"互联网+"大学生创新创业大赛。大赛主题是"我敢闯，我会创"，主要任务是以赛促教、以赛促学、以赛促创。大赛由教育部、中央统战部、中央网络安全和信息化委员会办公室、国家发展改革委、工业和信息化部、人力资源社会保障部、农业农村部、中国科学院、中国工程院、国家知识产权局、国家乡村振兴局、共青团中央和江西省人民政府共同主办，南昌大学、南昌市人民政府和井冈山市人民政府承办。大赛共产生3 200个项目入围总决赛（港澳台地区参赛名额单列），其中高教主赛道2 000个（国内项目1 500个、国际项目500个）、"青年红色筑梦之旅"赛道500个、职教赛道500个、萌芽赛道200个。大赛总决赛于2021年10月15日落幕。

2022年1月18日，教育部发布《关于公布第七届中国国际"互联网+"大学生创新创业大赛获奖名单的通知》（教高函〔2022〕1号），最终获奖结果中，其中高教主赛道省市优秀组织奖10个，高校集体奖20个，国际项目优秀组织奖10个，冠军1名、亚军1名、季军4名，单项奖项目7个，金奖项目215个、银奖项目471个、铜奖项目1 419个，入围总决赛项目130个。口腔类获奖项目明细详见表3。

表3 第七届中国国际"互联网+"大学生创新创业大赛总决赛高教主赛道获奖名单（口腔类）

原序号	参赛项目	学校	负责人	参赛队员	指导教师	获奖
412	甄白洁牙——新一代美牙科技领航智造者	江西师范大学	吴晶晶	金泽龙 任一丹 杨 熙 何温杰 张亮华 熊玉菡 谢晓蝶 符雅雯 钱李丽 宋昊成	陈义旺 廖勋凡 钟 鸣 詹强南	银奖
794	齿正康（ORS）—大数据智能口腔诊断服务系统	山西医科大学	韩文泽	孟祥泽 杨雅睿 张琼玉 白子阳 宋俊杰 崔晨莹 胡 玥 赵仰政 李亚祺 汪紫豪 杨正琰 马野桐 成 诚 吕诗雨	武秀萍 都冰丽 郭潇木 胡 蓉	铜奖
1392	启齿医疗，领航中国智能牙科筛控系统	中山大学	范 杭	陈思诗 张 杰 张靖雯 吉瑞淇 陈天红 王羽成 岳毅然 梁纪童 周渤淮 朱 丽 田惠琪 王馨仪	杨 乐 任荣伟	铜奖
1694	牦牛Col—CMC—nHA三维支架医用材料在口腔医学中的应用	青海师范大学	周尊康	蒙 根 杨启帆 普措才普 李学雅 刘 微	张宏韬 崔 香	铜奖
1703	一口温柔——本草芳味，呵护口腔	宁夏医科大学	马 沛	郝东升 鲍 婕 蒲思岐 刘玛丽雅 庞 烁 周 硕 雷 鑫	茆春阳 杨长怡 刘 东	铜奖
2132	创复生材——国内首创基于仿生结构的牙齿种植修复膜	华东理工大学	何 湘	陈弋翀 张冰雁 吴润闰 沈舒文 吴 鑫 罗蕴涵	赵 玲 奚桢浩 高艺霞	入围总决赛
2158	"植齿填牙"的曙光：牙骨再生因子"bFGF"	温州医科大学	黄 臻	任雪坤 刘 欢 张文锋 赖盈吉 徐伟俊 闻丽彬 吴泽远 杨选鑫 杨智杰 林 俐 刘 拓 顾睿翎 沈 彦 夏 禹	王晓杰 李 乐 惠 琦	入围总决赛
2219	广东健泊——便捷式口腔炎症检测清除的开创者	佛山科学技术学院	郭晓琪	涂志豪 陈芝汎 林欣彤 黄可茵 张 烜 刘可可 刘琢玉 黄嘉源 蓝楚瑜 吴海伦	潘申权 龚道元 何敏怡	入围总决赛

中华口腔医学会Ⅰ类学分继续医学教育项目

2022年1月13日，全国继续医学教育委员会办公室根据《继续医学教育学分授予与管理办法》（全继委发〔2006〕11号）的有关规定，发布《关于公布2022年中华医学会等第一批Ⅰ类学分继续医学教育项目的通知》（全继委办发〔2022〕2号），文件公布2022年中华医学会等六个学会、协会第一批Ⅰ类学分继续医学教育项目，共计189项，其中中华口腔医学会48项；2022年6月29日，全国继续医学教育委员会办公室发布《关于公布2022年中华医学会等第二批Ⅰ类学分继续医学教育项目的通知》（全继委办发〔2022〕9号），文件公布2022年中华医学会等六学（协）会第二批Ⅰ类学分继续医学教育项目，共计119项，其中中华口腔医学会21项。口腔医学项目见表4。

表4　中华口腔医学会Ⅰ类学分继续医学教育项目*

项目编号	项目名称	主办单位	项目负责人	批次
口继教字2022001	口腔临床实用新技术新进展培训班	中华口腔医学会继续教育部	侯本祥	第一批
口继教字2022002	《中国口腔医学继续教育杂志》口腔医学继续教育新进展培训班	中华口腔医学会编辑部	刘宏伟	第一批
口继教字2022003	中华口腔医学会口腔生物医学专业委员会第七次全国口腔杰青优青研讨会	中华口腔医学会口腔生物医学专业委员会	李铁军	第一批
口继教字2022004	争鸣与共识——口腔医疗服务管理新模式探讨	中华口腔医学会口腔医疗服务分会	王佐林	第一批
口继教字2022005	2022年中华口腔医学会口腔预防医学专业委员会第二十二次全国学术年会	中华口腔医学会预防口腔医学专业委员会	林焕彩	第一批
口继教字2022006	2022年中华口腔医学会医学信息化管理分会医学信息化管理专题研讨会	中华口腔医学会口腔医学信息化管理分会	高　峰	第一批
口继教字2022007	2022年中华口腔医学会医学信息化管理分会第五次医学信息化管理学术年会	中华口腔医学会口腔医学信息化管理分会	高　峰	第一批
口继教字2022008	2022年全国唇隐裂治疗专题研讨会	中华口腔医学会唇腭裂专业委员会	尹宁北	第一批
口继教字2022009	2022年中华口腔医学会口腔种植专业委员会第八次专题研讨会	中华口腔医学会口腔种植专业委员会	宿玉成	第一批
口继教字2022010	中华口腔医学会牙体牙髓病学专委会第十五次全国牙体牙髓病学学术大会	中华口腔医学会牙体牙髓病学专业委员会	余　擎	第一批

续表

项目编号	项目名称	主办单位	项目负责人	批次
口继教字2022011	星路髓行——牙体牙髓临床技术规范化公益巡讲	中华口腔医学会牙体牙髓病学专业委员会	余　擎	第一批
口继教字2022012	龋病防治难度评估及应用培训班	中华口腔医学会牙体牙髓病学专业委员会	周学东	第一批
口继教字2022013	冠根一体化治疗学习班	中华口腔医学会牙体牙髓病学专业委员会	杜　毅	第一批
口继教字2022014	口腔颌面外科国家临床重点专科主任联席会议暨现代口腔颌面外科进展培训班	中华口腔医学会口腔颌面外科专业委员会	杨　驰	第一批
口继教字2022015	牙颌面畸形正颌外科治疗新进展培训班	中华口腔医学会口腔颌面外科专业委员会	王予江	第一批
口继教字2022016	唇缺损手术治疗方案新进展学习班	中华口腔医学会口腔颌面外科专业委员会	孙长伏	第一批
口继教字2022017	第一届颞下颌关节病学及𬌗学专题研讨会	中华口腔医学会颞下颌关节病学及𬌗学专业委员会	谢秋菲	第一批
口继教字2022018	第19次全国颞下颌关节病学及𬌗学学术研讨会	中华口腔医学会颞下颌关节病学及𬌗学专业委员会	傅开元	第一批
口继教字2022019	西部行——颞下颌关节病及𬌗学新进展培训班	中华口腔医学会颞下颌关节病学及𬌗学专业委员会	傅开元	第一批
口继教字2022020	唇裂鼻畸形的整形综合培训班	中华口腔医学会唇腭裂专业委员会	李　健	第一批
口继教字2022021	儿童口腔医学临床实用技术培训班	中华口腔医学会儿童口腔医学专业委员会	曾素娟	第一批
口继教字2022022	儿童口腔疾病预防管理新技术培训班	中华口腔医学会儿童口腔医学专业委员会	轩　昆	第一批
口继教字2022023	西部行——儿童口腔健康管理学习班	中华口腔医学会儿童口腔医学专业委员会	邹　静	第一批
口继教字2022024	西部行——口腔颌面部骨髓炎和骨坏死新进展学习班	中华口腔医学会口腔颌面创伤及正颌专业委员会	安金刚	第一批
口继教字2022025	西部行——口腔颌面创伤及继发畸形的治疗培训班	中华口腔医学会口腔颌面创伤及正颌专业委员会	张　益	第一批
口继教字2022026	数字化影像技术在口腔多学科诊疗(MDT)中应用公益继教培训班	中华口腔医学会口腔颌面放射专业委员会	王铁梅	第一批
口继教字2022027	口腔护理四手操作技术与院感防控培训班	中华口腔医学会口腔护理专业委员会	王春丽	第一批
口继教字2022028	口腔种植修复护理技术与院感防控培训班	中华口腔医学会口腔护理专业委员会	李秀娥	第一批
口继教字2022029	西部行——口腔专科护理技能培训班	中华口腔医学会口腔护理专业委员会	李秀娥	第一批

续表

项目编号	项目名称	主办单位	项目负责人	批次
口继教字2022030	口腔种植机器人临床应用继续教育学习班	中华口腔医学会口腔颌面修复专业委员会	赵铱民	第一批
口继教字2022031	西部行——口腔激光临床应用安全与规范化培训班	中华口腔医学会口腔激光医学专业委员会	宋应亮	第一批
口继教字2022032	口腔麻醉与镇静镇痛新技术新理念培训班	中华口腔医学会口腔麻醉学专业委员会	张　惠	第一批
口继教字2022033	西部行——精准功能美学修复实战培训班	中华口腔医学会口腔修复学专业委员会	于海洋	第一批
口继教字2022034	数字化口腔修复技术培训班	中华口腔医学会口腔修复学专业委员会	廖红兵	第一批
口继教字2022035	数字化技术在口腔修复中的应用与创新培训班	中华口腔医学会口腔医学计算机专业委员会	高　勃	第一批
口继教字2022036	数字化诊疗新技术在口腔正畸中的应用培训班	中华口腔医学会口腔正畸专业委员会	莫水学	第一批
口继教字2022037	基层口腔正畸继教公益培训班	中华口腔医学会口腔正畸专业委员会	金作林	第一批
口继教字2022038	西部行——口腔正畸专委会公益大讲堂	中华口腔医学会口腔正畸专业委员会	房　兵	第一批
口继教字2022039	中部崛起——口腔正畸新技术规范化培训班	中华口腔医学会口腔正畸专业委员会	白玉兴	第一批
口继教字2022040	中华口腔医学会民营口腔医疗分会西部继续教育培训班	中华口腔医学会民营口腔医疗分会	甘宝霞	第一批
口继教字2022041	口腔种植医疗质量控制培训班	中华口腔医学会民营口腔医疗分会	何宝杰	第一批
口继教字2022042	2022经典隐形矫治系列学习之不拔牙矫治培训班	中华口腔医学会民营口腔医疗分会	卢海平	第一批
口继教字2022043	复杂埋伏牙拔除及种植外科治疗新进展培训班	中华口腔医学会牙及牙槽外科专业委员会	王予江	第一批
口继教字2022044	西部行——牙槽外科新技术培训班	中华口腔医学会牙及牙槽外科专业委员会	胡开进	第一批
口继教字2022045	牙槽外科标准化操作及新进展培训班	中华口腔医学会牙及牙槽外科专业委员会	叶钟泰	第一批
口继教字2022046	西部行——牙周病与多学科联合诊疗培训班	中华口腔医学会牙周病学专业委员会	葛少华	第一批
口继教字2022047	中部崛起——牙周基础手术规范化培训班	中华口腔医学会牙周病学专业委员会	栾庆先	第一批
口继教字2022048	口腔舒适化治疗边疆行培训班	中华口腔医学会镇静镇痛专业委员会	万　阔	第一批

续表

项目编号	项目名称	主办单位	项目负责人	批次
口继教字2022049	舒适化儿童口腔诊疗新技术培训班	中华口腔医学会镇静镇痛专业委员会	王小竞	第二批
口继教字2022050	舒适化口腔治疗学习班	中华口腔医学会镇静镇痛专业委员会	李小凤	第二批
口继教字2022051	数字化美学重建技术培训班	中华口腔医学会口腔美学专业委员会	陈　江	第二批
口继教字2022052	颌面创伤与正颌外科数字化治疗技术培训班	中华口腔医学会口腔颌面创伤及正颌专业委员会	田　磊	第二批
口继教字2022053	微创拔牙与拔牙窝处理策略新进展培训班	中华口腔医学会牙及牙槽外科专业委员会	孟凡文	第二批
口继教字2022054	儿童乳牙外伤的序列治疗培训班	中华口腔医学会儿童口腔医学专业委员会	郭青玉	第二批
口继教字2022055	儿童口腔健康管理学习班	中华口腔医学会儿童口腔医学专业委员会	邹　静	第二批
口继教字2022056	儿童口腔医学前沿理论与创新技术培训班	中华口腔医学会儿童口腔医学专业委员会	邢向辉	第二批
口继教字2022057	中部崛起——正畸治疗中牙周软硬组织风险防控策略培训班	中华口腔医学会牙周病学专业委员会	轩东英	第二批
口继教字2022058	埋伏牙及其相关疑难病例的矫治培训班	中华口腔医学会口腔正畸专业委员会	胡荣党	第二批
口继教字2022059	错𬌗畸形早期矫治规范化培训班	中华口腔医学会口腔正畸专业委员会	侯玉霞	第二批
口继教字2022060	儿童口腔早期矫正技术规范化培训班	中华口腔医学会民营口腔医疗分会	王昭文	第二批
口继教字2022061	目标化舌侧矫治技术理念及临床应用培训班	中华口腔医学会民营口腔医疗分会	卢卫华	第二批
口继教字2022062	实用全口义齿修复培训班	中华口腔医学会民营口腔医疗分会	邓邦莲	第二批
口继教字2022063	口腔医疗机构的可持续经营管理培训班	中华口腔医学会民营口腔医疗分会	陈雪峰	第二批
口继教字2022064	后牙残冠的冠根一体化治疗新进展培训班	中华口腔医学会老年口腔医学专业委员会	李　谨	第二批
口继教字2022065	口腔种植骨组织增量的临床规范化程序及应用推广培训班	中华口腔医学会口腔种植专业委员会	周延民	第二批
口继教字2022066	口腔健康教育综合能力提升培训班	中华口腔医学会口腔预防医学专业委员会	台保军	第二批
口继教字2022067	儿童口腔疾病预防与诊治技术新进展培训班	中华口腔医学会口腔预防医学专业委员会	朱赴东	第二批

续表

项目编号	项目名称	主办单位	项目负责人	批次
口继教字 2022068	颌面部组织缺损重建与畸形矫治学习班	中华口腔医学会口腔颌面外科专业委员会	吴国民	第二批
口继教字 2022069	显微根尖手术治疗要点及数字化设计培训班	中华口腔医学会牙体牙髓病学专业委员会	江千舟	第二批

注：摘自全国继续医学教育委员会办公室发布的《全继委办发〔2022〕2号》文件和《全继委办发〔2022〕9号》文件之附件。

全国优秀科普作品

2022年1月28，科技部行文《科技部关于公布2020年度全国优秀科普作品名单的通知》并于次日发布，字号“国科发才〔2022〕19号”。通知指出为深入贯彻落实习近平总书记关于科学普及工作的重要指示精神以及党的十九大和十九届历次全会精神，深入实施创新驱动发展战略，在全社会弘扬科学精神、普及科学知识、推动提升全社会科学文化素养，科技部组织开展了2020年度全国优秀科普作品推荐活动。活动得到了各地方各部门的高度重视和积极响应，共收到推荐作品434部（册、套）。经形式审查、专家评审，共评出《环球科学》新知丛书等100部（册、套）优秀科普作品，作为2020年度全国优秀科普作品向全社会推荐阅读。

《口腔科常见及多发病就医指南系列》获评2020年度全国优秀科普作品。该书由口腔疾病研究国家重点实验室、华西口腔医院周学东总主编，人民卫生出版社出版，四川省推荐。此前，蒋楚剑、台保军的作品《牙牙精灵战队之神秘的牙齿大峡谷》获得2019年全国优秀科普微视频作品三等奖；许俊卿主编的《小牙医漫谈》，由广东科技出版社出版，教育部推荐，入选2019年全国优秀科普作品名单。

新时代健康科普作品

2022年12月23日，国家卫生健康委办公厅、科技部办公厅、国家中医药局综合司、国家疾控局综合司和中国科协办公厅联合发布“国卫办宣传函〔2022〕447号”文件，即《关于公布健康知识普及行动——2022年新时代健康科普作品征集大赛优秀及入围作品名单的通知》。通知指出，大赛共计收到卫生健康、宣传、科技、科协等部门以及学校、社会组织、相关单位及专业人员推荐的作品18 160件。经过省级初审、推荐，各类别专家组复审、终审，大赛共评选出表演类优秀作品29件、入围作品45件；视频类优秀作品183件、入围作品348件；音频类优秀作品18件、入围作品29件；图文类优秀作品128件、入围作品201件；网络账号类优秀作品35件、入围作品41件。同时，根据组织参与、作品报送和入围情况，大赛评出优秀组织单位38家及特别贡献单位11家。其中口腔类获奖作品名单及优秀组织单位摘录于表5，排名不分先后。

表5　2022年新时代健康科普作品征集大赛优秀及入围作品名单(口腔类)

原序号	作品名单	制作者(单位)	报送单位	类别
17	《青少年口腔卫生》	李立伟　刘玉莲	安徽省阜阳市卫生健康委	微视频类优秀作品
19	《口腔健康,全身健康》	李玉兰	湖北省宜昌市中心人民医院	微视频类优秀作品
25	《缺牙奶奶镶牙记》	重庆医科大学附属口腔医院	重庆医科大学附属口腔医院	微视频类优秀作品
71	《乳牙失守,恒牙不保》	刘　敏	首都医科大学附属北京口腔医院	微视频类优秀作品
7	《不吃糖就不会长蛀牙？涂氟没有用？小朋友的专属口腔保护指南》	四川省卫生健康宣传教育中心	四川省卫生健康宣传教育中心	微视频类入围作品
9	《爱牙护齿守健康》	安徽省亳州市疾病预防控制中心	安徽省亳州市疾病预防控制中心	微视频类入围作品
10	《青少年口腔保健》	冯靓婧　邓祯旺　冯思婕	福建省三明市第一医院	微视频类入围作品
16	《孕前口腔检查Tips》	中山大学附属口腔医院牙体牙髓病科	中山大学附属口腔医院	微视频类入围作品
23	《天天刷牙还蛀牙是因为忽略了这些小事——预防儿童口腔龋齿小科普》	吴　丹	江苏省南通市口腔医院	微视频类入围作品
27	《听妈妈的话——可乐龋版》	同济口腔科普君	同济大学附属口腔医院	微视频类入围作品
29	《儿童龋齿科普宣传动画》	宋桂林　李玉峰　冯　妮　杨　芳	湖南省长沙市第四医院	微视频类入围作品
32	《牙膏如何选择》	马赟婷	浙江省绍兴市口腔医院	微视频类入围作品
43	《正确的刷牙方法——改良巴氏刷牙法》	王晨燚　王一涵　李欣娜　张红利	北京市顺义区医院	微视频类入围作品
146	《口气大作战》	王沪宁	上海市口腔医院	微视频类入围作品
154	《健康爱牙歌》	黑龙江省哈尔滨市卫生健康服务中心	黑龙江省哈尔滨市卫生健康服务中心	微视频类入围作品
170	《牙齿磕掉了后果严重吗?》	辽宁省沈阳市口腔医院	辽宁省沈阳市口腔医院	微视频类入围作品
14	《正确喂养妙颜生长》	吕艳超　孙　月　袁　杰	哈尔滨医科大学口腔医学院	动漫类入围作品
29	《小数字大健康再创作——口腔健康全身健康》	福建省疾病预防控制中心健康教育促进所	福建省疾病预防控制中心	动漫类入围作品

续表

原序号	作品名单	制作者(单位)	报送单位	类别
3	《让“好牙口”助力老年幸福生活》	张　隽　周　静	江苏省卫生健康宣传教育中心	音频类优秀作品名单
5	《健康从一口好牙开始》	北京市首都医科大学附属北京口腔医院	北京市首都医科大学附属北京口腔医院	音频类入围作品
7	《刷牙歌》	广东省佛山市口腔医院(佛山市牙病防治指导中心)	广东省佛山市口腔医院(佛山市牙病防治指导中心)	音频类入围作品
4	《牙牙精灵健康科普绘本》	台保军　蒋楚剑	武汉大学口腔医院	科普图书类入围作品
17	《氟斑牙、四环素牙……牙齿颜色不好看“难以启齿”?》	李德利　谭建国	中华口腔医学会、北京大学口腔医院	科普文章类优秀作品
10	《揭秘“老掉牙”的奥秘》	刘　芳	湖南省长沙市口腔医院	科普文章类入围作品
39	《牙疼，打呼噜……3分钟,揪出你的“心魔”!》	卢亚芳　阮　喆　刘志俊	湖北省武汉市中心医院	科普文章类入围作品
70	《老年人与牙周病的相遇相知》	韩光红	吉林大学口腔医院	科普文章类入围作品
11	《“改变就在100天”亲子活动记录手册(护牙行动篇)》	刘秀荣　曹　远　郭铭杰	北京市疾病预防控制中心	手册类入围作品
12	《牙小美防龋大作战》	纪　莹	辽宁省大连市口腔医院	手册类入围作品
14	《从小护口腔健康一生享》	戴　宁　贾志昕　厉勇成　李金阳	黑龙江省卫生健康管理服务评价中心	手册类入围作品
30	《“小北”十八般武艺》	北京大学口腔医院	中华口腔医学会	手册类入围作品
12	《关爱口腔健康，从小做起》	张　敏	昆明医科大学附属口腔医院	海报类入围作品
35	–	–	昆明医科大学附属口腔医院	优秀组织单位

注:摘自《国卫办宣传函〔2022〕447号》文件之附件。

教育部关于公布2021年度普通高等学校本科专业备案和审批结果的通知

教高函〔2021〕14号

各省、自治区、直辖市教育厅(教委),新疆生产建设兵团教育局,有关部门(单位)教育司(局),部属各高等学校、部省合建各高等学校:

根据《普通高等学校本科专业设置管理规定》(教高〔2012〕9号),我部组织开展了2021年度普通高等学校本科专业设置和调整工作。经申报、公示、审核等程序,对各地各高校向我部申请备案的专业予以备案;并根据高等学校专业设置与教学指导委员会评议结果,确定了同意设置的国家控制布点专业和尚未列入专业目录的新专业名单。现将备案和审批结果予以公布,并对普通高等学校本科专业目录进行更新。请你们加强对新设专业的建设和管理,不断提高人才培养质量。

附件:

1.2021年度普通高等学校本科专业备案和审批结果

2.列入普通高等学校本科专业目录的新专业名单

中华人民共和国教育部

2021年12月10日

附件略。

口腔医学相关名单见表6。

表6 2021年度普通高等学校本科专业备案和审批结果(口腔医学)*

原序号	学校名称	专业代码	专业名称	修业年限(年)	学位授予门类	备注
1164	武汉文理学院	101006	口腔医学技术	4	理学	备案
1173	荆州学院	101006	口腔医学技术	4	理学	备案
149	大连医科大学中山学院	101006	口腔医学技术	4	理学	撤销

注:*摘自教育部《教高函〔2021〕14号》文件之附件。

教育部关于公布2022年高等职业教育专科专业设置备案和审批结果的通知

教职成函〔2022〕1号

各省、自治区、直辖市教育厅(教委),新疆生产建设兵团教育局:

根据《普通高等学校高等职业教育(专科)专业设置管理办法》(教职成〔2015〕10号)要求,我部组织完成了2022年高等职业教育专科专业设置备案和审批相关工作,现将结果予以公布。

经省级教育行政部门备案并在我部汇总的2022年拟招生专业点共63 383个，备案结果可在全国职业院校专业设置管理与公共信息服务平台(网址:zyyxzy.moe.edu.cn)查询，专业名称、代码及修业年限以平台公布的为准。

我部共受理2022年拟新设国控专业点申请409个，经会同公安部、国家卫生健康委、国家中医药管理局等行业主管部门审核，同意设置209个，不同意设置200个，审批结果可在教育部政务服务管理平台(网址:gz.moe.gov.cn)查询。审批同意设置的国控专业将由我部导入全国职业院校专业设置管理与公共信息服务平台，自2022年起可以招生。

专业设置备案和审批结果已与全国普通高校招生来源计划网上管理系统相衔接，各有关单位不得将未经备案或审批的专业点添加到招生来源计划管理系统并安排招生。各地要加强对专业办学的监督和指导，特别是医学类和中医类国控专业设置当年招生规模原则上不超过50人。各地要规范工作程序，加强工作协同，严格按照本通知公布的结果指导开展招生录取等相关工作。

附件:2022年新设高职专科国控专业审批结果

中华人民共和国教育部

2022年1月25日

附件略。

口腔医学相关名单见表7。

表7　2022年新设高职专科国控专业审批不同意的专业点(口腔医学)*

原序号	省份	学校名称	专业名称	修业年限(年)
1	安徽	安徽卫生健康职业学院	口腔医学	3
4	广东	广东江市中医药职业学院	口腔医学	3
6	广东	广东珠江职业技术学院	口腔医学	3
12	吉林	吉林职业技术学院	口腔医学	3
14	吉林	长春东方职业学院	口腔医学	3
17	江苏	江苏卫生健康职业学院	口腔医学	3
18	江西	萍乡卫生职业学院	口腔医学	3
19	山东	齐鲁理工学院	口腔医学	3
21	四川	巴中职业技术学院	口腔医学	3
27	云南	云南新兴职业学院	口腔医学	3

注:*摘自教育部《教职成函〔2022〕1号》文件之附件。

中国高等学校口腔医学专业招生和培养简况

资料由我国高等学校口腔医学院系提供(尚有部分院系未提供)，中国香港、澳门特别行政区和台湾省口腔医学专业招生培养简况未统计在内。统计时限从2022年1月至2022年12月。详情见表8表~表12。

表8 2022年度中国口腔医学本科生招生培养简况

单位	在校生人数			招生人数			毕业人数		
	8年制	“5+3”一体	5年制	8年制	“5+3”一体	5年制	8年制	“5+3”一体	5年制
四川大学华西口腔医学院	238	79	866	30	40	147	29	–	208
北京大学口腔医学院	312	–	217	44	–	41	33	–	45
上海交通大学口腔医学院	168	88	85	28	42	3	–	–	20
空军军医大学口腔医学院	146	–	203	20	–	40	15	–	15
武汉大学口腔医学院	175	157	177	51	43	32	22	18	48
首都医科大学口腔医学院	30	234	116	–	30	20	–	28	24
南开大学口腔医学院	–	–	164	–	–	43	–	–	32
天津医科大学口腔医学院	–	248	–	–	50	–	–	48	3
河北医科大学口腔医学院	–	–	345	–	–	60	–	–	70
华北理工大学口腔医学院	–	–	428	–	–	90	–	–	82
河北北方学院	–	–	358	–	–	80	–	–	60
山西医科大学口腔医学院	–	–	598	–	–	130	–	–	94
内蒙古科技大学包头医学院	–	–	211	–	–	40	–	–	42
赤峰学院	–	–	319	–	–	60	–	–	77
中国医科大学口腔医学院	–	–	355	–	–	64	–	–	71
大连医科大学口腔医学院	–	–	366	–	–	64	–	–	82
大连大学医学院	–	–	358	–	–	59	–	–	58
吉林大学白求恩口腔医学院	–	197	225	–	40	40	–	40	42
北华大学口腔医学院	–	–	746	–	170	–	–	–	207
佳木斯大学口腔医学院	–	–	297	–	–	61	–	–	60
哈尔滨医科大学口腔医学院	–	–	243	–	–	50	–	–	50
牡丹江医学院	–	–	220	–	–	59	–	–	–
复旦大学口腔医学院	–	–	90	–	–	32	–	–	–
同济大学口腔医学院	–	20	206	–	20	30	–	–	50
南京大学医学院口腔医学院	9	–	121	1	–	21	2	–	16
南京医科大学口腔医学院	–	222	436	–	50	90	–	32	85
浙江大学口腔医学院	–	253	91	–	50	31	–	40	–
浙江中医药大学口腔医学院	–	–	521	–	–	112	–	–	98
杭州师范大学口腔医学院	–	–	320	–	–	76	–	–	37
温州医科大学口腔医学院	–	–	291	–	–	58	–	–	60
湖州师范学院医学院	–	–	254	–	–	81	–	–	40
安徽医科大学口腔医学院	–	–	412	–	–	93	–	–	64
皖南医学院	–	–	764	–	–	130	–	–	154
福建医科大学口腔医学院	–	–	617	–	–	134	–	–	114
厦门医学院	–	–	320	–	–	59	–	–	–
南昌大学口腔医学院	–	200	270	–	50	52	–	29	54

续表

单位	在校生人数			招生人数			毕业人数		
	8年制	“5+3”一体	5年制	8年制	“5+3”一体	5年制	8年制	“5+3”一体	5年制
井冈山大学临床医学院	–	–	317	–	–	85	–	–	64
山东大学口腔医学院	–	200	270	–	50	52	–	29	54
山东第一医科大学口腔医学院	–	–	788	–	–	150	–	–	158
青岛大学口腔医学院	–	–	211	–	–	40	–	–	49
潍坊医学院口腔医学院	–	–	551	–	–	90	–	–	96
滨州医学院口腔医学院	–	–	581		–	90	–	–	153
郑州大学口腔医学院	–	–	445	–	–	84	–	–	91
华中科技大学口腔医学院	–	–	131	–	–	25	–	–	33
湖北科技学院	–	–	513	–	–	78	–	–	129
中南大学湘雅口腔医学院	–	249	113	–	50	26	–	49	25
湖南中医药大学第一临床医学院	–	–	516	–	–	100	–	–	125
中山大学光华口腔医学院	–	207	351	–	30	76	–	44	61
暨南大学口腔医学院	–	–	555	–	–	150	–	–	65
南方医科大学口腔医学院	–	–	461	–	–	119	–	–	57
深圳大学口腔医学院	–	–	157	–	–	31	–	–	–
汕头大学医学院	–	–	190	–	–	63	–	–	31
佛山科学技术学院口腔医学院	–	–	545	–	–	83	–	–	97
广西医科大学口腔医学院	–	–	393	–	–	102	–	–	51
桂林医学院口腔医学院		–	404	–	–	81	–	–	76
右江民族医学院	–	–	261	–	–	48	–	–	56
海南医学院	–	–	460	–	–	107	–	–	78
重庆医科大学口腔医学院	–	–	399	–	–	80	–	–	83
江汉大学医学部	–	–	412	–	–	37	–	–	32
西南医科大学口腔医学院	–	–	471	–	–	119	–	–	88
川北医学院	–	–	805	–	–	150	–	–	158
贵州医科大学口腔医学院	–	–	784	–	–	130	–	–	259
遵义医科大学口腔医学院	–	–	1094	–	–	279	–	–	137
昆明医科大学口腔医学院	–	–	598	–	–	114	–	–	87
西安交通大学口腔医学院	–	–	256	–	–	63	–	–	67
西安医学院口腔医学院	–	–	528	–	–	106	–	–	99
兰州大学口腔医学院	–	–	444	–	–	77	–	–	81
西北民族大学口腔医学院	–	–	395	–	–	76	–	–	59
宁夏医科大学口腔医学院	–	–	332	–	–	58	–	–	73
石河子大学医学院	–	–	326	–	–	64	–	–	64
新疆医科大学口腔医学院	–	–	481	–	–	120	–	–	74

表9 2022年度中国口腔医学硕士研究生招生培养简况

硕士学位授予单位	学科专业	指导教师人数	在读硕士生人数	招生人数	毕业人数
四川大学	口腔基础医学	17	82	24	15
	口腔临床医学	70	585	197	199
北京大学	口腔基础医学	2	3	1	–
	口腔临床医学	96	208	80	37
上海交通大学	口腔基础医学	4	17	4	3
	口腔临床医学	59	235	56	53
空军军医大学	口腔基础医学	13	6	2	1
	口腔临床医学	85	31	12	10
	口腔医学	90	73	25	16
武汉大学	口腔基础医学	8	11	2	2
	口腔临床医学	43	74	26	7
	口腔医学	74	292	90	71
首都医科大学	口腔基础医学	8	13	5	6
	口腔临床医学	63	61	33	31
解放军医学院	口腔临床医学	15	43	15	11
北京协和医院	口腔临床医学	6	7	2	2
南开大学	口腔临床医学	20	4	2	1
	口腔医学	24	67	20	16
天津医科大学	口腔医学(学术学位)	31	47	15	12
	口腔医学	43	169	52	40
河北医科大学	口腔基础医学	2	2	–	1
	口腔临床医学	54	30	9	8
	口腔医学	97	197	68	46
华北理工大学	口腔临床医学	28	85	22	19
山西医科大学	口腔基础医学	5	10	5	–
	口腔临床医学	43	236	59	66
内蒙古科技大学包头医学院	口腔临床医学	7	2	–	2
中国医科大学	口腔基础医学	5	25	7	1
	口腔临床医学	60	375	116	73
大连医科大学	口腔基础医学	4	32	8	10
	口腔临床医学	6	49	16	12
大连大学	口腔临床医学	20	46	14	11
吉林大学	口腔临床医学	32	57	18	16
	口腔医学	58	301	99	72

续表

硕士学位授予单位	学科专业	指导教师人数	在读硕士生人数	招生人数	毕业人数
佳木斯大学	口腔医学	25	92	35	29
哈尔滨医科大学	口腔基础医学	18	40	10	3
	口腔临床医学	23	119	54	21
哈尔滨医科大学附四院	口腔临床医学	4	16	7	3
复旦大学	口腔临床医学	19	1	–	1
	口腔医学	17	33	7	6
同济大学	口腔基础医学	1	10	3	3
	口腔临床医学	16	71	24	26
	口腔医学	12	17	7	8
南京大学	口腔临床医学	42	116	45	26
南京医科大学	口腔基础医学	2	6	3	–
	口腔临床医学	24	54	18	19
	口腔医学	54	153	50	37
浙江大学	口腔基础医学	5	3	2	–
	口腔临床医学	30	24	10	3
	口腔医学	39	200	28	8
浙江中医药大学	口腔医学	19	88	32	21
杭州师范大学	口腔医学	7	64	25	7
温州医科大学	口腔医学	28	175	52	25
安徽医科大学	口腔基础医学	7	16	5	3
	口腔临床医学	30	84	34	17
	口腔医学	15	78	21	14
皖南医学院	口腔临床医学	16	56	16	12
福建医科大学	口腔基础医学	1	4	1	–
	口腔临床医学	39	63	19	23
	口腔医学	56	137	45	35
厦门医学院	口腔临床医学	2	6	6	–
南昌大学	口腔基础医学	10	35	11	5
	口腔临床医学	57	239	87	43
山东大学	口腔基础医学	6	14	5	4
	口腔临床医学	17	32	9	12
	口腔医学	25	113	38	42
青岛大学	口腔临床医学	39	130	43	44
潍坊医学院	口腔基础医学	4	4	4	–
	口腔临床医学	12	31	10	12
	口腔医学	27	52	22	13
滨州医学院	口腔临床医学	59	112	51	22

续表

硕士学位授予单位	学科专业	指导教师人数	在读硕士生人数	招生人数	毕业人数
郑州大学	口腔基础医学	20	11	5	1
	口腔临床医学	37	129	34	46
华中科技大学	口腔医学	16	24	22	12
中南大学	口腔临床医学	69	39	18	5
	口腔医学	67	201	64	36
湖南中医药大学	口腔临床医学	21	52	36	5
中山大学	口腔基础医学	13	16	4	5
	口腔临床医学	157	304	101	72
暨南大学	口腔医学	38	179	65	31
南方医科大学	口腔基础医学	–	1	–	–
	口腔临床医学	69	237	88	41
广西医科大学	口腔基础医学	2	9	4	4
	口腔临床医学	14	92	27	22
	口腔医学	23	64	24	22
桂林医学院	口腔临床医学	20	51	35	–
右江民族医学院	口腔临床医学	13	72	25	12
海南医学院	口腔临床医学	16	49	20	6
重庆医科大学	口腔基础医学	38	10	4	–
	口腔临床医学	38	57	19	13
	口腔医学	66	206	81	27
电子科技大学	口腔医学	12	15	6	1
西南医科大学	口腔临床医学	23	103	30	20
	口腔医学	26	106	32	18
川北医学院	口腔临床医学	5	6	2	2
	口腔医学	23	65	20	13
贵州医科大学	口腔临床医学	12	26	9	4
	口腔医学	30	78	34	15
遵义医科大学	口腔基础医学	19	55	20	9
	口腔临床医学	43	166	54	37
昆明医科大学	口腔基础医学	3	5	1	1
	口腔临床医学	18	41	14	14
	口腔医学	31	125	48	32
西安交通大学	口腔医学	20	117	38	12
	口腔基础医学	6	8	2	3
	口腔临床医医学	4	3	2	2

续表

硕士学位授予单位	学科专业	指导教师人数	在读硕士生人数	招生人数	毕业人数
兰州大学	口腔基础医学	7	26	7	3
	口腔临床医学	29	41	13	19
	口腔医学	36	190	70	46
宁夏医科大学	口腔基础医学	4	1	–	–
	口腔临床医学	10	6	2	2
石河子大学医学院	口腔临床医学	13	40	14	10
新疆医科大学	口腔临床医学	5	13	4	1
	口腔医学	12	197	50	42

注:*均为口腔医学专业教师挂靠有关学科的招生。

表10　2022年度中国口腔医学博士研究生招生培养简况

博士学位授予单位	学科专业	指导教师人数	在读博士生人数	招生人数	毕业人数
四川大学	口腔基础医学	8	53	18	16
	口腔临床医学	61	240	75	89
北京大学	口腔基础医学	3	9	3	2
	口腔临床医学	56	214	73	60
上海交通大学	口腔基础医学	6	18	6	6
	口腔临床医学	58	156	43	29
空军军医大学	口腔基础医学	9	8	2	2
	口腔临床医学	28	23	5	8
	口腔医学	24	28	9	19
武汉大学	口腔医学(科博)	26	84	26	25
	口腔医学	27	54	20	–
首都医科大学	口腔基础医学	7	14	5	6
	口腔临床医学	28	13	28	14
解放军医学院	口腔临床医学	9	13	4	6
北京协和医院	口腔临床医学	2	–	–	–
天津医科大学	口腔医学(科博)	5	7	3	1
	口腔医学	13	22	9	6
河北医科大学	临床口腔医学*	2	2	2	–
山西医科大学	口腔临床医学	10	3	3	–
中国医科大学	口腔基础医学	1	9	1	–
	口腔临床医学	14	76	25	13

续表

博士学位授予单位	学科专业	指导教师人数	在读博士生人数	招生人数	毕业人数
吉林大学	口腔临床医学	5	18	4	8
	口腔医学	22	64	29	15
哈尔滨医科大学	口腔基础医学	5	8	3	–
	口腔临床医学	3	11	5	3
复旦大学	临床医学*	6	8	5	4
	生物与医药*	6	8	3	3
同济大学	口腔基础医学	1	11	2	1
	口腔临床医学	8	44	10	10
	口腔医学	3	3	1	–
南京大学	口腔临床医学	10	40	9	6
南京医科大学	口腔基础医学	2	3	2	1
	口腔临床医学	6	11	5	2
	口腔医学	12	71	21	17
浙江大学	口腔基础医学	4	9	2	–
	口腔临床医学	12	29	14	2
	口腔医学	11	35	15	5
温州医科大学	口腔颌面修复与整形	8	1	1	–
	外科学*	9	9	3	–
	基础医学*	1	1	–	–
安徽医科大学	临床口腔医学	2	3	1	–
	外科学*	2	5	2	1
	口腔流行病学	1	1	–	–
福建医科大学	口腔基础医学	3	4	1	2
	口腔临床医学	10	20	5	4
	口腔医学	11	46	28	6
南昌大学	口腔临床医学	10	23	23	–
山东大学	口腔基础医学	4	7	3	2
	口腔临床医学	6	7	1	5
	口腔医学	6	20	7	–
青岛大学	口腔临床医学	7	29	6	–
郑州大学	外科学*	1	–	–	1
	临床口腔医学*	5	1	–	–
华中科技大学	口腔医学	5	12	9	3
中南大学	口腔医学	15	25	15	–
	口腔整形美容学*	15	39	8	2
湖南中医药大学	中西医结合临床*	3	4	3	–
	中医五官科学*	3	4	–	–

续表

博士学位授予单位	学科专业	指导教师人数	在读博士生人数	招生人数	毕业人数
中山大学	口腔基础医学	7	13	3	1
	口腔临床医学	38	125	44	42
南方医科大学	口腔临床医学	14	20	12	1
广西医科大学	口腔基础医学	2	5	2	2
	口腔临床医学	4	21	3	4
	口腔医学	6	35	8	3
	临床口腔医学*	3	1	–	3
重庆医科大学	口腔基础医学	10	1	–	–
	口腔临床医学	10	15	7	4
	口腔医学	13	46	24	4
遵义医科大学	老年病学*	1	1	–	–
	外科学*	2	3	1	–
	内科学*	1	4	1	–
	生物医学	1	1	–	–
昆明医科大学	口腔医学	4	4	4	–
	耳鼻咽喉科学*	8	18	–	1
	口腔临床医学	5	5	5	–
西安交通大学	口腔生物医学	15	15	4	1
	口腔医学	6	18	4	2
新疆医科大学	外科学*	3	27	4	7

注:*均为口腔医学专业教师挂靠有关博士学科的招生。

表11　2022年度中国口腔医学博士研究生毕业生一览表

博士学位授予单位	姓名	性别	出生年月	获学位年月	所授学位专业	指导教师	毕业论文题目
四川大学	龚　涛	男	1992.10	2022.06	生物学	周学东	转录因子RcrR调控变异链球菌生物膜形成和糖转运的机制研究
	黄海森	男	1986.11	2022.06	生物学	田卫东	肌肉组织细胞囊泡转运肌肉因子调节骨改建的研究
	古萌琴	女	1993.04	2022.06	口腔基础医学	李　伟	稀土掺杂羟基磷灰石载药系统的构建及在肿瘤联合治疗中的应用
	牛好曼	女	1992.04	2022.12	口腔基础医学	陈　宇	Smurf1通过泛素化降解RhoA调控成釉细胞极性的机制研究
	黄椿棚	男	1992.08	2022.09	口腔基础医学	包崇云	多级结构电纺纤维支架控释硬骨素抗体促进骨缺损再生的研究
	谭裕洁	女	1991.08	2022.09	口腔基础医学	包崇云	介孔硅纳米粒接枝白藜芦醇在糖尿病牙周炎治疗的探索研究

续表

博士学位授予单位	姓名	性别	出生年月	获学位年月	所授学位专业	指导教师	毕业论文题目
	康颖竹	女	1988.09	2022.06	口腔基础医学	张　平	uPA/uPAR在烟草相关口腔白斑恶变中的作用及机制研究
	沈　鑫	女	1991.06	2022.06	口腔基础医学	李　燕	牙周炎微生物组对1型糖尿病无菌鼠的免疫调控研究
	屠　叶	女	1993.10	2022.06	牙体牙髓病学	周学东	婴幼儿口腔-肠道菌群演替与移位定植的研究
	崔钰嘉	女	1994.05	2022.06	牙体牙髓病学	周学东	过表达Runx1对关节软骨影响的研究
	谭秀君	女	1990.10	2022.09	牙体牙髓病学	叶　玲	PgC3Mg复合水凝胶的构建及骨缺损修复研究
	刘小雨	女	1994.06	2022.06	牙体牙髓病学	叶　玲	FGF7调控成骨细胞生物学行为和机制研究
	席苒珲	女	1993.02	2022.06	牙体牙髓病学	李继遥	味觉信号通路在牙周、肠道和鼻腔上皮的免疫功能研究
	孙立众	男	1991.09	2022.06	牙体牙髓病学	李继遥	牙髓细胞膜伪装纳米粒子靶向修复炎性牙髓的作用及机制研究
	范梦琳	女	1994.11	2022.06	牙体牙髓病学	李继遥	湿粘附抗菌药物递送系统用于治疗牙周炎的作用及机制研究
	宋天柱	男	1985.11	2022.12	牙体牙髓病学	黄定明	BMP9调控牙髓炎症反应的作用及机制初探
	陈　璇	女	1993.07	2022.12	牙体牙髓病学	黄定明	IL-6/STAT3通路调控巨噬细胞M1极化参与P. gingivalis导致根尖周炎骨破坏机制研究
	杜　菁	女	1993.05	2022.06	牙体牙髓病学	黄定明	IRF1/miR-29b-3p/TTP轴对根尖周炎的调控作用及机制探究
	邓雅兰	女	1994.02	2022.06	牙体牙髓病学	胡　涛	环状(样)RNA影响变异链球菌生物膜胞外多糖代谢的机制研究
	张　睿	男	1991.12	2022.09	牙体牙髓病学	胡　涛	Foxp1调控p16影响牙髓干细胞衰老和损伤修复功能的作用及机制研究
	陆君卓	女	1992.11	2022.06	牙体牙髓病学	张凌琳	介孔生物活性玻璃/仿生多肽复合体构建及其牙本质修复作用研究
	王雨霏	女	1993.02	2022.06	牙体牙髓病学	张凌琳	抗菌肽GH12联用氟化钠的生态防龋研究
	李　好	女	1993.08	2022.06	牙体牙髓病学	程　磊	clpX与pstB介导季铵盐杀菌与耐药机制的研究
	王　峥	男	1992.12	2022.06	牙体牙髓病学	程　磊	白色念珠菌胞外囊泡对变异链球菌的作用研究

续表

博士学位授予单位	姓名	性别	出生年月	获学位年月	所授学位专业	指导教师	毕业论文题目
	刘诗雨	女	1993.07	2022.06	牙体牙髓病学	程　磊	pH敏感智能材料防治口腔鳞癌及对胃肠道菌群影响的研究
	张尽美	女	1990.10	2022.12	口腔牙周病学	吴亚菲	I型干扰素对牙周炎发生发展影响的研究
	周婕妤	女	1993.11	2022.06	牙周病学	吴亚菲	具核梭杆菌感染促动脉粥样硬化的作用及相关microRNA机制研究
	周祉延	女	1993.04	2022.06	牙体牙髓病学	徐　欣	牙龈成纤维细胞苦味受体TAS2R16参与调控牙周炎症反应的分子机制研究
	吴　偲	女	1992.04	2022.06	牙体牙髓病学	徐　欣	miR-93-5p调控牙髓干细胞成牙本质向分化的机制研究
	许春梅	女	1994.03	2022.06	牙周病学	吴亚菲	表达LepR的间充质细胞在牙周组织修复中的作用研究
	刘一颖	女	1992.02	2022.12	牙周病学	丁　一	牙龈EVs在实验性牙周炎小鼠脂肪组织功能紊乱中的作用研究
	马其钊	男	1989.12	2022.06	儿童口腔医学	邹　静	ActG/YkuR调节变异链球菌生物膜形成的机制研究
	陈延迪	男	1992.12	2022.06	儿童口腔医学	邹　静	季铵盐改性Giomer聚合体抗菌及继发龋防治效能的实验研究
	文　博	男	1993.09	2022.06	儿童口腔医学	郭维华	仿生矿化构建PAA-CMC-TDM促进牙本质/骨组织的修复再生
	崔迪新	女	1992.11	2022.12	儿童口腔医学	郑黎薇	表观遗传调控交互作用在成牙本质向分化中的作用与机制研究
	韩　祺	男	1989.03	2022.06	口腔黏膜病学	陈谦明	成骨细胞系内在Tsc1基因调控骨及骨髓脂肪形成的研究
	钟　良	男	1989.03	2022.09	口腔黏膜病学	陈谦明	口腔白斑病损细胞异质性对临床转归影响的系统性研究
	卿茂峰	男	1982.05	2022.06	口腔黏膜病学	陈谦明	CD8+组织驻留记忆性T细胞在口腔扁平苔藓中的调控机制研究
	邓　敬	男	1993.05	2022.06	口腔黏膜病学	陈谦明	SOX2异常表达及其阳性细胞恶性分化在口腔黏膜癌变中的作用研究
	柳　娜	女	1989.03	2022.09	口腔黏膜病学	陈谦明	当归素对口腔鳞状细胞癌的抑制作用及机制研究
	潘唯一	男	1993.07	2022.09	口腔黏膜病学	陈谦明	胞外游离DNA对牙周炎宿主免疫反应的影响及其靶向治疗价值的初步研究
	陈　倩	女	1993.10	2022.06	口腔黏膜病学	陈谦明	PA28γ调控骨髓间充质干细胞分化影响骨缺损修复的作用及机制研究

续表

博士学位授予单位	姓名	性别	出生年月	获学位年月	所授学位专业	指导教师	毕业论文题目
	赵 伟	女	1992.09	2022.12	口腔黏膜病学	周红梅	衰老期巨噬细胞对口腔鳞癌生物学行为的影响及其机制研究
	王诗萌	女	1992.05	2022.06	口腔黏膜病学	周红梅	FEN1介导T细胞免疫活性对头颈部鳞癌生长的影响及其机制研究
	孙 瑜	女	1990.02	2022.09	口腔黏膜病学	周红梅	DNMT1介导DNA甲基化对口腔鳞癌生物学行为的影响及分子机制研究
	陈尽欢	女	1990.03	2022.06	口腔黏膜病学	曾 昕	GSH-MoO3-x光热材料构建及其用于光热治疗口腔鳞状细胞癌的效果初探
	时玉洁	女	1993.10	2022.12	口腔黏膜病学	曾 昕	PA28γ与C1QBP相互作用影响口腔鳞状细胞癌恶性进程的机制探究
	叶 露	女	1987.07	2022.12	口腔黏膜病学	江 潞	PI3Kα非经典肿瘤生长信号机制研究及协同靶向治疗探索
	侯菲菲	女	1993.05	2022.09	口腔黏膜病学	江 潞	YAP/TAZ通过E6/E7癌基因调控HPV阳性肿瘤的机制及潜在治疗策略研究
	邢晓涛	男	1990.03	2022.06	口腔颌面外科学	田卫东	清除衰老骨髓间充质干细胞促进骨再生的相关研究
	张思诚	男	1992.08	2022.06	口腔颌面外科学	田卫东	HERS细胞来源外泌体样囊泡在牙髓牙本质再生中的应用
	梁 熙	男	1991.03	2022.06	口腔颌面外科学	田卫东	核壳水凝胶微囊的制备及其在预血管化微组织构建和牙髓再生中的应用
	黄艳丽	女	1989.07	2022.06	口腔颌面外科学	田卫东	脂多糖预处理牙囊干细胞外泌体对牙周炎免疫调控的机制研究
	李沐嘉	女	1993.04	2022.06	口腔颌面外科学	石 冰	目标区域捕获测序定位非综合征型唇腭裂易感位点
	Khaled Hussein Mohammed Alkebsi	男	1981.01	2022.09	口腔颌面外科学	石 冰	改良旋转推进法整复单侧完全性唇裂的初步研究
	乔翔鹤	男	1991.10	2022.06	口腔颌面外科学	李龙江	Fibroblasts通过线粒体转运和细胞融合挽救SACC能量代谢并促进其恶性进展
	李锦锦	女	1990.07	2022.09	口腔颌面外科学	李龙江	SACC外泌体来源miR-130b-3p调控雪旺细胞促SACC神经侵袭的研究

续表

博士学位授予单位	姓名	性别	出生年月	获学位年月	所授学位专业	指导教师	毕业论文题目
	陈　稳	女	1993.05	2022.06	口腔颌面外科学	李龙江	LncRNA MIR22HG在口腔鳞癌细胞中生物功能及机制的研究
	刘　珊	女	1993.11	2022.06	口腔颌面外科学	王晓毅	H3K27ac在二甲双胍治疗口腔鳞状细胞癌中的作用及调控机制的研究
	田　涛	男	1989.12	2022.06	口腔颌面外科学	郑　谦	牙槽突裂植骨对单侧完全性唇腭裂颌面稳定性影响的有限元分析
	张　焙	女	1995.01	2022.09	口腔颌面外科学	郑　谦	黏膜下腭裂的临床特征及术后腭咽功能的影响因素分析
	李佳杰	女	1992.10	2022.06	口腔颌面外科学	林云锋	四面体框架核酸搭载miRNA-22对损伤面神经的保护作用及机制研究
	赵　丹	女	1992.01	2022.06	口腔颌面外科学	林云锋	框架核酸及其复合物在药物相关性颌骨坏死防治方面的研究
	刘梦婷	女	1993.03	2022.06	口腔颌面外科学	林云锋	四面体框架核酸药物递送系统在肿瘤化学-免疫联合治疗中的应用
	张　美	女	1994.07	2022.06	口腔颌面外科学	梁新华	ZEB1-AS1靶向miR-4739/miR-577促进唾液腺腺样囊性癌嗜神经侵袭的分子机制
	戴　丽	女	1993.06	2022.06	口腔颌面外科学	梁新华	miR/DEC2在唾液腺腺样囊性癌休眠及侵袭转移中的作用及机制
	陈浩哲	男	1992.06	2022.06	口腔颌面外科学	祝颂松	构建基于脱细胞支架的人工颞下颌关节盘
	张　念	男	1990.10	2022.06	口腔颌面外科学	潘　剑	颌面部骨髓干细胞起源及其在骨再生过程中的去分化作用研究
	王典日	男	1994.08	2022.06	口腔颌面外科学	潘　剑	雪旺细胞来源细胞外囊泡通过内源性干细胞募集 促进牙髓牙本质再生
	高　鑫	女	1994.07	2022.09	口腔颌面外科学	刘　磊	类器官技术在组织修复研究中的应用
	李恺得	男	1992.03	2022.06	口腔颌面外科学	刘　磊	基于单宁酸的口腔颌面部骨修复材料的研发
	吴可伦	男	1992.11	2022.06	口腔颌面外科学	汤　炜	利用GELMA水凝胶长期保存外泌体的研究
	王　鹏	男	1989.12	2022.06	口腔颌面外科学	李继华	3D打印PU/n-HA掺杂介孔二氧化硅支架的骨免疫调节及成骨作用研究

续表

博士学位授予单位	姓名	性别	出生年月	获学位年月	所授学位专业	指导教师	毕业论文题目
	何　川	男	1991.08	2022.06	口腔颌面外科学	龙　洁	两种脂肪组织无细胞衍生物在脂肪再生及毛发生长中的作用比较
	袁　影	女	1992.05	2022.06	口腔修复学	宫　苹	OSM介导巨噬细胞Hippo-YAP信号调控钛种植体骨结合的作用及机制研究
	张　勤	女	1993.03	2022.06	口腔修复学	宫　苹	LPA经Hippo-YAP信号调控钛种植体骨结合的作用探究
	邵京京	女	1994.11	2022.06	口腔修复学	朱智敏	HIF1α调控骨-血管偶联促进老龄小鼠种植体骨结合的作用及机制研究
	谭　欣	女	1993.03	2022.06	口腔修复学	于海洋	种植基台用Mg/Ag PIII表面改性PEKK-GF30的生物力学特性研究
	高　静	女	1994.07	2022.06	口腔修复学	于海洋	引导方式对瓷贴面牙体预备深度准确度的影响及机制研究
	王茂夏	男	1993.07	2022.06	口腔修复学	莫安春	基于数字化技术的个性化骨替代材料在骨增量中的临床应用研究
	苏镇亚	男	1989.02	2022.09	口腔修复学	莫安春	基于数字化技术的骨增量同期即刻修复在美学区种植治疗中的临床研究
	米　雪	女	1989.06	2022.06	口腔修复学	莫安春	基于Ti3C2 MXene的3D打印复合支架促进骨再生的效果研究
	刘雨婷	女	1992.06	2022.06	口腔修复学	袁　泉	ALKBH1介导的DNA 6mA修饰调控细胞成脂分化的研究
	周欣奕	女	1993.10	2022.06	口腔修复学	袁　泉	METTL3介导的mRNA m6A修饰在牙周炎中的作用和机制研究
	熊秋婵	女	1993.08	2022.06	口腔修复学	袁　泉	METTL3介导的mRNA m6A修饰调控舌背上皮稳态的研究
	程馨霆	女	1993.03	2022.06	口腔修复学	万乾炳	pH响应性自聚集银纳米粒的构建及其靶向抗感染研究
	张艳艳	女	1992.09	2022.06	口腔修复学	沈颉飞	NMDAR参与调控神经损伤后口腔颌面部感觉功能异常的机制研究
	詹维晟	男	1991.10	2022.06	口腔修复学	满　毅	RIP1/RIP3/MLKL轴介导的程序性细胞坏死在牙周炎中的作用及机制研究
	王陈兵	男	1992.07	2022.06	口腔修复学	满　毅	取向电纺膜纤维直径对软组织修复的影响及其机制研究

续表

博士学位授予单位	姓名	性别	出生年月	获学位年月	所授学位专业	指导教师	毕业论文题目
	王　婧	女	1998.05	2022.06	口腔修复学	满　毅	美学区原位块状自体骨移植和引导骨/组织再生在口腔种植及显微根尖外科手术中的联合应用
	周　蜜	女	1993.06	2022.06	口腔修复学	蔡潇潇	DNA四面体对牙周炎抑制作用的体内外研究
	高邵静雅	女	1993.03	2022.06	口腔修复学	蔡潇潇	四面体框架核酸对1型和2型糖尿病预防作用研究
	董长春	男	1990.04	2022.06	口腔正畸学	赵志河	Din在小鼠切牙间充质干细胞稳态中的关键作用研究
	李亚祯	女	1992.11	2022.06	口腔正畸学	赵志河	多功能电活性支架用于糖尿病牙周骨缺损修复的研究
	张　博	女	1994.03	2022.06	口腔正畸学	赵志河	M1/M2型巨噬细胞极化在伴糖尿病牙周炎中的作用及机制研究
	何依若	女	1992.12	2022.06	口腔正畸学	白　丁	双醛海藻酸钠胶原基异构双层屏障膜的研制及其骨修复效果评价
	查　萨	女	1993.08	2022.06	口腔正畸学	白　丁	骨髓间充质干细胞介导的近日钟基因Bmal1在增龄性骨衰老中的作用研究
	王晴萱	女	1992.10	2022.06	口腔正畸学	赖文莉	微环境基质硬度调控破骨细胞分化的机制研究
	周雪曼	女	1991.07	2022.06	口腔正畸学	王　军	SM22α谱系细胞PDGFRβ/H2S信号轴在牙槽骨愈合中的作用及机制研究
	程才奇	女	1993.08	2022.06	口腔正畸学	王　军	Yap通过Sonic Hedgehog调控神经管和肢芽发育的研究
	郑英成	男	1992.10	2022.06	口腔正畸学	王　军	甘露糖诱导的铁死亡抑制在骨关节炎中的作用和机制探究
	方欣怡	女	1994.06	2022.06	口腔正畸学	王　军	CXCL12/CXCR4轴在应力介导牙根吸收中的免疫调控作用及机制探讨
	吴祖平	男	1993.03	2022.06	口腔正畸学	邹淑娟	CTGF调控牙周膜干细胞间交流及成牙骨质分化的机制研究
	李天成	男	1994.06	2022.06	口腔正畸学	邹淑娟	间歇性PTH作用下lncRNA LIT-TIP调控Wnt信号通路促进牙骨质修复的机制研究
	田　宓	女	1993.11	2022.06	口腔正畸学	陈　嵩	活性氧清除性儿茶素纳米粒的构建及其治疗慢性牙周炎的研究

续表

博士学位授予单位	姓名	性别	出生年月	获学位年月	所授学位专业	指导教师	毕业论文题目
北京大学	李昕怡	女	1994.09	2022.06	口腔正畸学	陈　嵩	正畸力诱导的牙根吸收与牙根发育状态的相关性及机制研究
	蒋福林	男	1992.05	2022.12	口腔正畸学	李　娟	基于深度学习的CBCT和口内扫描模型分割配准方法研究
	万竹青	女	1993.07	2022.07	口腔修复学	周永胜	温敏性水凝胶复合近红外光序列调控系统在骨再生中的应用及机制研究
	陈宇星	男	1991.11	2022.07	牙体牙髓病学	王晓燕	变异链球菌细胞分裂蛋白FtsZ耐酸机制研究
	韩　烨	女	1994.05	2022.07	牙周病学	侯建霞	牙周炎相关炎症性贫血及其机制的研究
	袁莎莎	女	1993.02	2022.07	牙周病学	胡文杰	CCR2在种植体周炎发生发展中的作用及机制研究
	邓立迪	男	1995.10	2022.07	牙周病学	栾庆先	MFN2调控人iPSCs分化为MSCs及iPSC-MSCs成骨分化的机制研究
	邢艺晓	女	1993.07	2022.07	口腔黏膜病学	华　红	唇腺间充质干细胞外泌体miR-125b通过PRDM1调控干燥综合征CD19+CD20-CD27+CD38+浆细胞的作用及机制研究
	李　杰	女	1993.06	2022.07	口腔预防医学	郑树国	CCD致病基因Runx2通过LncRNA-ROD/Qki轴调控破骨细胞分化和骨吸收的机制研究
	吴宗熙	男	1993.03	2022.07	口腔颌面外科学	蔡志刚	3D生物打印多组分神经复合支架及其生物相容性研究
	冯诗阳	女	1994.01	2022.07	口腔颌面外科学	傅开元	颞下颌关节盘移位致髁突骨吸收的机制研究
	赵　闫	男	1994.05	2022.07	口腔颌面外科学	甘业华	高脂血症联合雌激素诱发大鼠颞下颌关节骨关节炎的研究
	乔　桥	女	1990.06	2022.07	口腔颌面外科学	郭传瑸	BMPR1A-SHH信号轴在口腔鳞状细胞癌生长及骨侵犯过程中的作用及机制研究
	王明月	女	1993.07	2022.07	口腔颌面外科学	林　野	多巴胺调节骨质疏松骨重塑及用于种植体表面改性的实验研究
	高晓磊	女	1989.11	2022.07	口腔颌面外科学	王衣祥	p53参与头颈鳞癌和结肠癌脂代谢及耐药机制研究

续表

博士学位授予单位	姓名	性别	出生年月	获学位年月	所授学位专业	指导教师	毕业论文题目
	朱梦琪	男	1990.06	2022.07	口腔颌面外科学	俞光岩	白细胞介素-13诱导IgG4相关性唾液腺炎细胞衰老机制的研究
	杜志豪	男	1992.03	2022.07	口腔颌面外科学	俞光岩	乳牙牙髓干细胞来源的外泌体促进舍格伦综合征小鼠唾液分泌的作用及机制研究
	杜　菡	女	1993.06	2022.07	口腔颌面医学影像学	李　刚	基于牙齿医学影像的个体年龄推断及比对识别特征研究
	杜杨格	女	1994.12	2022.07	口腔修复学	周永胜	细胞周期蛋白CDC20在骨组织再生中的作用和机制研究
	李晓婵	女	1994.04	2022.07	口腔修复学	邓旭亮	基质材料电学特性调控牙源干细胞转分化研究
	白鹤飞	女	1993.06	2022.07	口腔修复学	孙玉春	基于三重刚性约束引导牙体预备的可摘局部义齿即刻修复技术的建立与评价
	宗　晓	女	1993.07	2022.07	口腔修复学	孙玉春	飞秒激光牙体切削参数优化及微织构制备调节牙本质磨损行为
	赵　凯	男	1992.08	2022.07	口腔修复学	卫　彦	牙形态发生的空间转录组和单细胞转录组分析
	韩奕能	女	1994.09	2022.07	口腔正畸学	李巍然	NLRP3炎症小体对牙周组织炎症反应和正畸骨改建的影响和机制研究
	汪　鑫	女	1994.06	2022.07	口腔正畸学	许天民	探索错𬌗畸形的人工智能特征分析
	陈雪慧	女	1994.04	2022.07	口腔正畸学	高雪梅	OSA患者唾液菌群及相关蛋白研究
	黄文斌	男	1993.10	2022.07	口腔正畸学	林久祥	GRHL3基因变异在非综合征型唇腭裂中的鉴定及功能机制研究
	刘　飞	女	1992.12	2022.07	口腔基础医学	李翠英	Ti2448合金表面含锶纳米管促成骨性能研究
	刘晓筱	女	1993.12	2022.07	口腔基础医学	李铁军	唾液腺多形性腺瘤与恶性转化及罕见唾液腺癌的分子病理学研究
	潘怡湘	女	1992.06	2022.12	牙体牙髓病学	王晓燕	基于原位生产纳米磷酸铜牙本质粘接预处理系统的研究
	方高峰	男	1993.09	2022.07	牙体牙髓病学	王晓燕	根尖手术治疗慢性根尖周炎临床疗效及影响因素研究
	臧　婧	女	1992.08	2022.07	牙周病学	栾庆先	软组织表型影响种植体周健康的横断面观察及干预性研究
	隋慧萍	女	1991.09	2022.07	牙周病学	孟焕新	短种植体的长期疗效观察及牙周炎病史患者种植体周黏膜下与邻牙龈下菌群特点的研究

续表

博士学位授予单位	姓名	性别	出生年月	获学位年月	所授学位专业	指导教师	毕业论文题目
	娄新哲	女	1992.12	2022.09	牙周病学	欧阳翔英	牙龈卟啉单胞菌调控NLRP6在内皮细胞中的表达、作用及机制
	寇玉倩	女	1991.01	2022.09	牙周病学	唐志辉	植体周炎患病率与影响因素的研究及相关预测模型的构建
	王　丹	女	1993.06	2022.07	儿童口腔医学	秦　满	长链非编码RNA IGFBP7-AS1调控人脱落乳牙牙髓干细胞成牙本质向分化作用及机制的研究
	王丹丹	女	1991.06	2022.07	儿童口腔医学	夏　斌	CXCR4高表达细胞膜囊泡负载姜黄素靶向促进抗炎作用的研究
	唐　哲	女	1993.03	2022.07	口腔预防医学	郑树国	学龄前儿童龋病综合管理的效果研究
	李梓萌	男	1992.09	2022.09	口腔颌面外科学	蔡志刚	放射性颌骨坏死外科治疗与手术风险的临床研究
	苏　琳	女	1994.03	2022.07	口腔颌面外科学	郭传瑸	髁突肥大口内入路手术前后颞下颌关节影像特征及功能变化的研究
	郭厚佐	男	1991.11	2022.07	口腔颌面外科学	林　野	一种计算机自动计算的颧骨种植体位置优化设计方法及其相关临床研究
	张　岩	女	1993.07	2022.12	口腔颌面外科学	林　野	4颗或6颗种植体支持的全牙弓种植即刻固定修复长期临床效果的比较
	王超飞	男	1991.07	2022.07	口腔颌面外科学	彭　歆	3D打印定制化手术接骨板的机械性能、生物力学及临床应用研究
	白　爽	女	1989.09	2022.07	口腔颌面外科学	彭　歆	游离腓骨瓣重建髁突的颞下颌关节影像学及功能改变
	贾梦琪	女	1992.02	2022.09	口腔颌面外科学	彭　歆	人工智能驱动的唾液腺癌预后生存模型的建立与验证研究
	张国昊	男	1992.06	2022.07	口腔颌面外科学	张　益	^{125}I粒子植入近距离放射治疗头颈部肿瘤的精准性及对儿少期患者颌面部组织的影响
	孙崇珂	男	1990.08	2022.09	口腔颌面医学影像学	李　刚	伴重度髁突形态改变的颞下颌关节骨关节病的自然转归、正畸治疗及正颌治疗稳定性研究
	赵雅宁	女	1993.05	2022.07	口腔颌面医学影像学	李　刚	不同方法治疗下颌下腺腺门部及腺内结石的临床研究
	马全诠	女	1992.02	2022.07	口腔修复学	谢秋菲	立体光固化成形多孔表面氧化锆种植体的设计制作和断裂强度研究

续表

博士学位授予单位	姓名	性别	出生年月	获学位年月	所授学位专业	指导教师	毕业论文题目
	齐　璇	女	1992.08	2022.07	口腔修复学	谭建国	大气压冷等离子体提高龋影响牙本质粘接性能的研究
	王　梅	女	1992.12	2022.07	口腔修复学	谢秋菲	小肠黏膜下层/硅酸钙仿生复合支架的构建及促成骨和成血管作用
	王思仪	女	1993.05	2022.07	口腔修复学	刘云松	3D打印含锌聚己内酯支架在骨缺损修复中的应用及其机制探索
	刘　敏	女	1993.02	2022.07	口腔修复学	刘云松	基于根尖片的种植体边缘骨吸收智能识别和预测方法建立及初步应用
	曾丽君	女	1990.02	2022.07	口腔修复学	周永胜	基于深度学习药效预测系统筛选的阿塔鲁伦和华蟾素对骨质疏松治疗效果的研究
	李海振	男	1993.07	2022.07	口腔正畸学	高雪梅	基于深度学习的口颌指标判别
	于　敏	女	1993.02	2022.07	口腔正畸学	高雪梅	夜间呻吟症的口颌系统表现及矫治探索
	马慧敏	女	1993.06	2022.07	口腔正畸学	李巍然	牙周骨增量对骨性Ⅲ类高角正颌外科患者前牙区牙槽骨形态的影响
	王晨新	女	1993.08	2022.07	口腔正畸学	李巍然	长链非编码RNA SNHG8通过调控缺氧相关炎性反应参与正畸牙齿移动的研究
	刘　浩	男	1995.01	2022.07	口腔正畸学	李巍然	长链非编码RNA-p21通过自噬调控压力下成牙骨质细胞的矿化
	李　晶	男	1993.11	2022.09	口腔正畸学	周彦恒	T细胞参与加力介导腭中缝骨改建的初步研究
	胡孟龙	男	1991.06	暂未获	口腔修复学	周永胜	核转录因子BHLHE40维持小鼠原代PαS细胞干性的作用和机制研究
	田月明	男	1993.12	暂未获	口腔修复学	周永胜	核转录因子ZIM1联合凝胶培养抑制原代PαS细胞衰老的作用和机制研究
	温兴龙	男	1989.02	暂未获	口腔颌面外科学	彭　歆	阻塞性睡眠呼吸暂停综合征患者上气道流体动力学及三维结构研究
	张佳音	女	1989.08	暂未获	口腔正畸学	许天民	颌面部垂直向变化的影响因素分析及舌力介导器的临床应用探索
上海交通大学	茅传圆	女	1991.02	2022.06	口腔医学	陆尔奕	力学调控对倾斜种植体周围骨组织生物学作用的研究
	周文洁	女	1989.10	2022.06	口腔医学	孙　坚	上颌窦内成骨过程及其临床意义探究

续表

博士学位授予单位	姓名	性别	出生年月	获学位年月	所授学位专业	指导教师	毕业论文题目
	孙　凯	男	1989.03	2022.06	口腔医学	唐国瑶	口腔扁平苔藓组织来源小细胞外囊泡诱导巨噬细胞M1极化的研究
	刘喆麒	男	1992.05	2022.06	口腔医学	陈万涛	长链非编码RNA FOXD2-AS1促进口腔鳞状细胞癌进展的机制研究
	吴千驹	男	1989.12	2022.06	口腔医学	蒋欣泉	掺锶氨基功能化介孔生物玻璃支架促进骨质疏松大鼠骨缺损修复的研究
	甘　宁	女	1990.05	2022.06	口腔医学	焦　婷	钛表面多功能植酸/金属离子配合物涂层的构建及抗菌、免疫调节和成骨性能的研究
	丁鑫鑫	女	1993.01	2022.06	口腔医学	赖红昌	含有氨基功能化生物活性玻璃的静电增强水凝胶促骨再生研究
	吴雅琴	女	1990.10	2022.06	口腔医学	胥　春	牵张加载下牙周膜细胞通过外泌体miR-9-5p调控巨噬细胞炎症反应的机制研究
	林承重	男	1990.02	2022.06	口腔医学	张诗雷	基于混合现实的头盔式手术导航在颅颌面创伤骨整复中的实验及应用研究
	郑吉驷	男	1988.10	2022.06	口腔医学	杨　驰	定制型金属TMJ假体临床回顾分析及PEEK用于TMJ假体的改性研究
	孙　健	女	1989.03	2022.06	口腔临床医学	王旭东	上颌突发育转录调控图谱分析及转录因子Dlx2和Foxp1在腭部发育中的作用
	HA NA YOUNG	女	1993.12	2022.06	口腔临床医学	王旭东	Hdac4通过调控神经嵴来源的成骨细胞增殖影响小鼠颅颌面部发育的研究
	张黎明	男	1993.12	2022.06	口腔临床医学	范新东	血清miR-18a-5p在静脉畸形血管发育异常中的作用及分子机制研究
	董　婷	女	1993.06	2022.06	口腔临床医学	黄正蔚	口腔微生态与亚临床甲状腺功能减退症相关性研究
	林思涵	男	1993.01	2022.06	口腔临床医学	蒋欣泉	Mg2+驱动能量代谢促高效BMP-2诱导骨再生的机制和应用研究
	毛润一	男	1991.04	2022.06	口腔临床医学	沈国芳	PZNF压电静电纺丝材料研发及在大鼠坐骨神经节段性缺损修复的实验研究

续表

博士学位授予单位	姓名	性别	出生年月	获学位年月	所授学位专业	指导教师	毕业论文题目
	杨　甦	女	1988.01	2022.06	口腔临床医学	汪　俊	PMS/PLP牙齿美白凝胶与IBM抗菌型渗透树脂的研制及性能研究
	邵彦雄	男	1990.10	2022.06	口腔临床医学	俞创奇	防己诺林碱通过Akt/mTOR信号通路抑制B细胞增殖在舍格伦综合征中的机制研究
	陈旭卓	男	1994.10	2022.06	口腔临床医学	张善勇	金属有机超分子笼多客体共载体系治疗大鼠颞下颌关节炎的效果及机制探讨
	顾子悦	男	1993.05	2022.06	口腔临床医学	张志愿	基于头颈鳞癌人源化细胞模型与药物基因组学开展生物标志物指导老药新用的研究
	石超吉	男	1988.01	2022.06	口腔临床医学	张志愿	基于CDK4基因分型的头颈黏膜黑色素瘤转化研究的探索与实践
	傅　友	男	1992.09	2022.06	口腔临床医学	张志愿	CD47抑制剂免疫治疗在头颈鳞癌中的标志物筛选及作用机制的研究
	王杞章	男	1993.05	2022.06	口腔临床医学	郑家伟	外泌体介导血管瘤细胞间功能调控的机制研究
	周知航	男	1994.05	2022.06	口腔临床医学	钟来平	干扰素γ通过调控ATG5转录促进口腔鳞癌自噬的机制研究
	许　晓	女	1992.04	2022.06	口腔基础医学	孙　皎	TGI/HA-CS双网络水凝胶构建与治疗关节盘穿孔的效果与机制
	陈柏延	男	1993.09	2022.06	口腔基础医学	段胜仲	口腔微生物在高血压和心肌梗死中的作用研究
	崔金婕	女	1992.05	2022.06	口腔基础医学	林开利	基于同轴静电纺丝的程序性药物释放及电刺激调控骨组织的修复与机制研究
	楼　超	男	1992.08	2022.12	口腔基础医学	徐　騣	N-Cadherin/KLRG1信号通路抑制NK细胞活性促进口腔癌自我种植
	王敏娇	女	1991.12	2022.12	口腔医学	沈国芳	骨性Ⅱ类错䫌畸形伴髁突吸收患者正颌正畸联合治疗的回顾性临床研究
	竺　越	男	1991.01	2022.12	口腔基础医学	孙　皎	二维Ti2C对口腔鳞状细胞癌和非小细胞肺癌的抑制效应及其机制
	王轶雯	女	1989.10	暂未获	口腔医学	陈万涛	多模MR脑和神经功能成像在原发性三叉神经痛中的应用研究

续表

博士学位授予单位	姓名	性别	出生年月	获学位年月	所授学位专业	指导教师	毕业论文题目
	李佩伦	女	1987.09	暂未获	口腔医学	黄正蔚	手性纳米纤维水凝胶调控牙髓干细胞促进骨缺损修复的研究
	林文珍	女	1991.05	暂未获	口腔临床医学	朱亚琴	口腔微生态在腹主动脉瘤中的作用和机制研究
	刘 婷	女	1992.03	暂未获	口腔基础医学	段胜仲	口腔菌群及肠道菌群在2型糖尿病中的作用及机制研究
	吴 琪	女	1991.04	暂未获	口腔临床医学	孙树洋	基于临床研究前模型的仿生纳米技术用于头颈鳞癌个性化光热治疗的研究
空军军医大学	沈敏娟	女	1993.12	2022.06	口腔基础医学	焦 凯	核酸稳定无定形磷酸钙介导胶原矿化的机制研究及其生物学意义
	窦 庚	男	1994.05	2022.06	口腔基础医学	金 岩	工程化凋亡小体靶向调控炎症及其在颌面部皮肤缺损再生中的作用研究
	刘思麟	女	1987.09	2022.07	口腔临床医学	金作林	Periostin对去势大鼠骨髓间充质干细胞成骨分化能力影响的机制研究
	白 玉	女	1986.11	2022.07	口腔医学	余 擎	转化生长因子β1在牙髓干细胞成牙本质向分化中的调控作用及其机制的研究
	王新革	男	1988.03	2022.12	口腔临床医学	李德华	车叶草苷对种植体周围炎的骨保护作用及机制研究
	李 欣	男	1986.02	2022.12	口腔医学	金作林	不同错殆畸形及正畸治疗对TMJ形态与下颌功能运动影响的临床研究
	刘雪梅	女	1987.12	2022.06	口腔临床医学	轩 昆	Gel@fMLP/SiO_2-FasL调控中性粒细胞引导的时序性炎症反应促进难愈性病损组织修复与再生的实验研究
	李 璇	女	1992.12	2022.06	口腔临床医学	陈发明	炎症微环境影响牙周膜干细胞成牙骨质分化的机制研究
	刘 倩	女	1992.11	2022.07	口腔医学	王美青	成骨细胞和骨髓脂肪细胞间转分化及其Piezo1分子机理研究
	张陶涛	女	1986.12	2022.12	口腔临床医学	王小竞	尼古丁通过lncRNA-NEAT1调控牙周膜干细胞自噬流及炎性因子表达的机制研究

续表

博士学位授予单位	姓名	性别	出生年月	获学位年月	所授学位专业	指导教师	毕业论文题目
武汉大学	相豆豆	女	1989.06	2022.12	口腔医学	余　擎	粪肠球菌与具核梭杆菌在牙髓根尖周病中的临床关联和相互作用的分子机制研究
	肖维维	男	1987.09	2022.06	口腔临床医学	吴　炜	可降解3D打印小口径血管移植体负载生物功能肽促进颈动脉快速内皮化的实验研究
	邵小夕	女	1993.01	2022.07	口腔医学	刘彦普	3D打印宏微观层级结构多孔钽和生物高熵合金支架的制备及成骨诱导性能的实验研究
	陈旭涛	男	1989.09	2022.12	口腔医学	宋应亮	ADSCs来源外泌体调控巨噬细胞活化及其结合CS水凝胶用于治疗种植体周围炎的研究
	田蓓敏	女	1988.02	2022.06	口腔临床医学	陈发明	掺钼生物玻璃陶瓷促进牙周组织再生的作用及其机制研究
	史雨林	男	1989.03	2022.07	口腔医学	刘彦普	基于点云深度学习的颅颌面畸形手术规划方法及临床应用
	蔡温晋	女	1992.02	2022.06	口腔临床医学	张玉峰	代谢重编程对间充质干细胞成骨向分化的调控作用及其机制研究
	段梦婷	女	1993.12	2022.06	牙体牙髓病学	范　兵	曲拉通X-100联合银离子协同抗粪肠球菌的作用研究
	何　莹	女	1988.03	2022.06	口腔临床医学	王家伟	Mettl3对软骨细胞分化、凋亡和自噬的作用及机制研究
	胡智慧	女	1994.01	2022.06	口腔颌面外科学	龙　星	甘草酸在颞下颌关节骨关节炎中的抗炎和抗氧化作用机制研究
	黄　卓	女	1990.12	2022.06	牙体牙髓病学	边　专	Mycn通过调控Klf4参与小鼠牙本质发育的研究
	李　豪	男	1994.01	2022.06	口腔颌面外科学	孙志军	三级淋巴结构对头颈鳞癌预后及免疫检查点阻断治疗的作用
	李梦莹	女	1991.02	2022.06	口腔临床医学	贺　红	CircRNA Lrp6对成牙骨质细胞分化、增殖和凋亡的影响及机制研究
	梁建飞	男	1990.05	2022.06	口腔临床医学	张玉峰	Ptip调控糖酵解决定骨骼干细胞命运维持骨发育的表观机制研究
	刘丹枫	女	1993.05	2022.06	口腔临床医学	杜民权	酸响应纳米颗粒介导的光动力抗龋作用研究
	刘耀励	女	1994.12	2022.06	牙体牙髓病学	边　专	氧化应激在口腔局部和全身炎症性疾病发生发展中的作用机制及应用研究

续表

博士学位授予单位	姓名	性别	出生年月	获学位年月	所授学位专业	指导教师	毕业论文题目
	马　莉	女	1995.04	2022.06	口腔临床医学	曹正国	CXXC型锌指蛋白5调控牙龈卟啉单胞菌刺激下成牙骨质细胞分化及自噬的作用机制研究
	孙　巧	女	1993.07	2022.12	口腔临床医学	贺　红	FTO/RUNX2信号轴促进成牙骨质细胞分化
	唐　颖	女	1994.05	2022.06	口腔临床医学	黄　翠	材料辅助蛭弧菌系统的构建及其在去除生物膜中的应用研究
	田　程	女	1993.06	2022.09	牙体牙髓病学	陈　智	ALKBH5调控牙本质生成的机制研究
	王　斐	女	1992.07	2022.12	口腔基础医学	边　专	牙周炎症状态下血液和唾液源性小细胞外囊泡在糖尿病发生发展中的作用研究
	王　欣	女	1991.01	2022.06	口腔临床医学	周　刚	蓝萼甲素抗口腔鳞癌的作用及机制研究
	肖　尧	男	1994.08	2022.06	口腔颌面外科学	孙志军	CD103+CD8+T细胞在口腔鳞状细胞癌中的作用及机制研究
	肖　瑶	女	1994.10	2022.06	牙体牙髓病学	陈　智	ZEB1依赖的染色质可及性区域揭示ZEB1调控成牙本质细胞分化的机制
	许玉明	男	1991.11	2022.06	口腔颌面外科学	尚政军	活化成纤维细胞促进口腔鳞癌血管生成的研究模型构建及机制研究
	杨静雅	女	1994.01	2022.06	口腔临床医学	周　刚	T细胞源性外泌体在口腔扁平苔藓中的作用及免疫调控机制研究
	余希婕	女	1991.06	2022.06	口腔临床医学	王家伟	内质网应激状态下DDIT3对软骨细胞分化的影响及机制研究
	赵　欢	女	1990.04	2022.06	牙体牙髓病学	彭　彬	干扰素调节因子5在根尖周炎中的表达及在骨重塑中的作用研究
	赵　晖	男	1992.04	2022.06	口腔颌面外科学	尚政军	代谢酶NNMT调控I型胶原沉积促进口腔鳞癌进展的机制研究
	郑惠文	女	1994.12	2022.06	口腔临床医学	袁国华	Mdm2对牙本质生成以及牙本质-牙髓复合体稳态的调控作用及其机制
首都医科大学	王　宁	女	1992.04	2022.06	口腔基础医学	范志朋	miR-4788/SUV39H1和miR-6807-5p/METTL7A通过FASN调控牙髓干细胞成牙向分化的作用及机制研究

续表

博士学位授予单位	姓名	性别	出生年月	获学位年月	所授学位专业	指导教师	毕业论文题目
	曹杨杨	男	1992.06	2022.06	口腔基础医学	范志朋	KDM2B/PRC2复合体对间充质干细胞成骨、成神经分化与再生的调控作用及机制研究
	韩　笑	女	1990.08	2022.06	口腔基础医学	范志朋	miR-196b-5p/LIN28B信号轴对牙源性干细胞成牙分化影响及机制研究
	刘　秀	女	1991.12	2022.06	口腔基础医学	胡　颖	天然抗HER2和抗CD47 IgG抗体对口腔鳞癌的作用及机制研究
	安佳莉	女	1992.05	2022.06	口腔基础医学	张祖太	添加甲基丙烯酸锌对聚甲基丙烯酸甲酯性能影响的研究
	尹盼盼	女	1992.09	2022.06	口腔基础医学	张辛燕	阻滞PI3K/AKT/MMP-9信号通路抑制口腔鳞状细胞癌生长和转移
	沈亚俊	男	1990.10	2022.06	口腔临床医学	汤晓飞	嘧菌酯通过作用线粒体呼吸链复合物Ⅲ和PRDX1抑制口腔癌进展的作用及机制研究
	李娟娟	女	1985.10	2022.06	口腔内科学	刘　怡	BMP6通过神经酰胺/NF-κB依赖途径调控Th1分化
	李　冉	女	1993.05	2022.06	口腔内科学	郑　颖	抗坏血酸在缺氧环境中促进牙髓牙本质复合体再生的实验研究
	王　雪	女	1991.11	2022.06	口腔颌面外科学	王松灵	无机硝酸盐和副交感神经在唾液腺功能损伤修复中的作用及机制研究
	杨　子	女	1993.09	2022.06	口腔颌面外科学	王松灵	唾液硝酸盐维持小肠细胞稳态及牙髓干细胞分泌CCL2调控免疫促进再生的机制研究
	徐豪越	男	1989.12	2022.06	口腔颌面外科学	韩正学	SKAs在头颈鳞癌中的作用与机制探究
	王博源	女	1990.11	2022.06	口腔颌面外科学	秦力铮	口腔鳞状细胞癌ALDH3A1对肿瘤相关巨噬细胞及其炎症的调控与机制研究
	王祥璞	男	1990.11	2022.06	口腔颌面外科学	陈仁吉	长链非编码RNA-USP17L6P介导的ceRNA调控网络在NSCL/P中的作用及调控机制的初步研究
	王凌霄	男	1993.10	2022.06	口腔颌面外科学	李　钧	miR-491家族调控2型糖尿病患者BMSCs生物学功能及机制研究

续表

博士学位授予单位	姓名	性别	出生年月	获学位年月	所授学位专业	指导教师	毕业论文题目
	罗　斌	男	1991.09	2022.06	口腔修复学	江青松	拔牙窝内残余牙周膜对颌骨内牙本质再生的影响
	余文婷	女	1992.10	2022.06	口腔正畸学	白玉兴	三维培养条件对"功能调节性"外泌体调控骨再生的作用及其机制研究
	戴子翔	男	1993.05	2022.06	口腔正畸学	白玉兴	纳米磷酸钙颗粒改性渗透树脂治疗牙釉质白斑病损的体外研究
	侯静怡	女	1993.05	2022.06	口腔正畸学	厉　松	丁酸钠影响牙龈成纤维细胞及牙周膜干细胞功能的机制研究
	郑君仪	女	1993.10	2022.06	口腔正畸学	杨　凯	细胞自噬在正畸牵张力诱导牙周膜干细胞成骨向分化过程中的作用研究
解放军医学院	胡　巍	男	1993.11	2022.06	口腔临床医学	郭　斌	褪黑素对伽马射线辐射损伤密质骨间充质干细胞的缓解作用及应用研究
	王潇宇	女	1990.07	2022.12	口腔临床医学	李鸿波	基于混合现实导航技术的口腔种植教学及培训方法的建立及应用
	田　瑜	女	1992.05	2022.06	口腔临床医学	张海钟	以GLUT1为靶点的小分子探针在口腔鳞癌成像中的实验研究
	李若珍	女	1985.05	2022.06	口腔临床医学	温　宁	多功能金属有机框架纳米材料的合成及其增强涎腺腺样囊性癌微波消融疗效的研究
	刘　琳	女	1982.06	2022.12	口腔临床医学	刘洪臣	基于混合现实技术的口腔种植导航系统的构建与初步应用研究
	吴　昊	男	1988.06	2022.12	口腔临床医学	郭　斌	框架核酸-金纳米颗粒复合材料的设计、合成及抗肿瘤性能初步研究
天津医科大学	田雨娟	女	1993.11	2022.06	口腔医学	李长义	钛合金表面微米沟槽/纳米网孔形貌增强成骨细胞黏附促进种植体骨结合的研究
	贺健康	男	1993.03	2022.06	口腔医学	邓嘉胤	聚羧基甜菜碱丙烯酰胺/无定形磷酸钙纳米复合物促进牙齿再矿化的研究
	刘　洁	女	1992.12	2022.06	口腔医学	邓嘉胤	龈下非龋性牙颈部缺损的危险因素及牙体-牙周联合治疗的研究
	胡美林	女	1995.04	2022.06	口腔医学	李长义	NAP1L2调节间充质干细胞衰老和抑制成骨分化的作用及机制研究

续表

博士学位授予单位	姓名	性别	出生年月	获学位年月	所授学位专业	指导教师	毕业论文题目
	汤　潞	女	1993.08	2022.06	口腔医学	隋　磊	糖尿病氧化应激诱导端粒损伤加剧牙周炎骨丧失的研究
	刘　为	女	1994.10	2022.06	口腔医学	隋　磊	亲水性径向P34HB电纺支架的制备及其对骨缺损修复的研究
	卢丹阳	女	1993.11	2022.06	口腔医学	张向宇	普适性淀粉样蛋白涂层负载奥替尼啶的防龋研究
中国医科大学	刘敬东	男	1976.10	2022.06	口腔临床医学	吴　琳	MKRN1通过增强PPARγ泛素化降解促进MC3T3-E1细胞成骨分化的研究
	付　颖	女	1977.11	2022.06	口腔临床医学	潘亚萍	牙龈卟啉单胞菌调控EphB4/ Eph-rinB2信号影响骨稳态的实验研究
	时小婷	女	1992.09	2022.06	口腔临床医学	潘亚萍	牙龈卟啉单胞菌诱导口腔上皮细胞铁代谢异常介导上皮连接破坏的调控机制研究
	金代强	男	1987.05	2022.06	口腔临床医学	刘　奕	变异链球菌对口腔正畸金属材料的微生物腐蚀研究
	金年强	男	1992.10	2022.06	口腔临床医学	孙宏晨	甘露糖修饰的铁基纳米酶激发内质网应激诱导细胞焦亡的抗肿瘤作用研究
	冯　旭	女	1992.06	2022.06	口腔临床医学	孙宏晨	机械敏感蛋白Piezo1介导异常咬合致颞下颌关节骨关节炎软骨退变的研究
	余　思	女	1992.09	2022.06	口腔临床医学	陈　旭	SCAP外泌体通过调控Treg转化促进糖尿病小鼠皮肤缺损愈合的作用与机制研究
	曲冠霖	女	1993.07	2022.06	口腔临床医学	周　青	转录因子TTF1对牙髓干细胞成软骨分化的影响及机制研究
	秦丽梅	女	1989.06	2022.06	口腔临床医学	吴　琳	低强度脉冲超声波抑制miR-1187上调BMP4促进多孔钛合金材料成骨作用的体内外研究
	喻施文	女	1994.03	2022.06	口腔临床医学	仇丽鸿	ATF4/MALAT1/JMJD3轴促进人牙髓干细胞成牙本质向分化的机制研究

续表

博士学位授予单位	姓名	性别	出生年月	获学位年月	所授学位专业	指导教师	毕业论文题目
	鲁 泽	男	1993.09	2022.06	口腔临床医学	潘亚萍	牙龈卟啉单胞菌经由ZFP36/CCAT1/MK2复合物促进人口腔上皮细胞致瘤潜能的机制研究
	雷 双	女	1990.11	2022.06	口腔临床医学	唐晓琳	牙龈卟啉单胞菌通过Mfsd2a/Caveolin-1增强血脑屏障通透性促进阿尔兹海默症样行为和病理改变机制初探
	雷博程	女	1986.10	2022.06	口腔临床医学	周 青	3D打印磷酸镁/聚已内酯原位组织再生支架的构建及体内外成骨性能研究
吉林大学	于东升	男	1984.11	2022.06	口腔临床医学	胡 敏	应用于正畸托槽表面TaAgB薄膜及TaCuN薄膜的 结构、摩擦学和生物学研究
	刘莉莉	女	1994.09	2022.06	口腔临床医学	孙宏晨	Vc-PEI CDots通过激活自噬增加细胞外基质分泌促进牙髓-牙本质复合体再生
	孟 琳	女	1993.10	2022.06	口腔临床医学	孙宏晨	BMSCs通过激活TGF-β/Ras/Raf/ERK通路促进口腔鳞状细胞癌发展
	王宁宁	女	1991.09	2022.06	口腔医学	朱 松	聚醚醚酮及其复合物在口腔颌面部骨缺损修复方面的实验研究
	杨 楠	女	1992.04	2022.06	口腔医学	刘志辉	人参皂苷Rc在骨质疏松骨形成中的作用机制
	聂 然	女	1992.07	2022.09	口腔医学	周延民	3D打印MXene复合水凝胶支架对口腔感染性骨缺损抗菌成骨作用的研究
	于 航	女	1990.01	2022.09	口腔临床医学	胡 敏	机械张力通过ephrinB2-EphB4正向信号促进成骨分化的 机制研究
	于士洋	男	1991.06	2022.09	口腔临床医学	朱 松	醛基改性功能性单体提高牙本质粘接耐久性的研究
	郝新青	女	1985.09	2022.12	口腔临床医学	孙宏晨	仿莼菜载药异质水凝胶持续次第释放BMP和WNT信号通路激活剂促骨再生的研究
	毛 智	男	1990.12	2022.12	口腔临床医学	胡 敏	基于人机交互和深度学习的牙齿分割改进方法及其应用研究

续表

博士学位授予单位	姓名	性别	出生年月	获学位年月	所授学位专业	指导教师	毕业论文题目
	于凯旋	女	1994.08	2022.12	口腔临床医学	周延民	BMMs联合BMSCs的双通道3D生物打印支架的免疫调节和成骨诱导应用研究
	刘　莉	女	1984.06	2022.12	口腔医学	张志民	负载GMSCs和TGF-β1的壳聚糖水凝胶促进牙周膜再生的实验研究
	李保胜	男	1988.08	2022.12	口腔医学	孟维艳	D-精氨酸增强α-淀粉酶对种植体表面生物膜清除作用的研究
	林泓兵	女	1986.01	2022.12	口腔医学	申玉芹	鹿茸间充质干细胞条件培养基促进牙槽骨再生的作用及机制研究
	徐志民	男	1988.12	2022.12	口腔医学	韩　冰	3D打印MXene/PCL原位骨组织工程支架及其成骨分子机制的研究
哈尔滨医科大学	于易秀	女	1990.10	2022.06	口腔颌面外科	焦晓辉	HOTAIRM1在口腔鳞状细胞癌中的表达及促进细胞增殖的机制研究
	李玥锟	女	1994.03	2022.06	口腔医学	牛玉梅	Ti6Al4V表面微弧氧化法锌改性涂层制备及生物学性能研究
	贾丛辉	男	1978.10	2022.06	口腔医学	牛玉梅	鼠颅神经嵴Dcaf2基因敲除对其颅面发育异常的影响
	孙翔宇	男	1987.12	2022.06	口腔医学	牛玉梅	石墨烯/壳聚糖导管及牙髓干细胞在兔面神经修复中的应用
哈尔滨医科大学附四院	马　巍	女	1980.07	2022.06	口腔临床医学	毕良佳	血卟啉单甲醚介导的蓝光光动力疗法对金黄色葡萄球菌灭菌效果及机制的研究
	王　涛	男	1979.10	2022.06	口腔临床医学	毕良佳	低频低强度超声对金黄色葡萄球菌生物膜促渗作用的研究
	贺龙飞	女	1988.09	2022.06	口腔临床医学	毕良佳	牙周炎免疫微环境生物信息学分析及组织学研究
	张　祎	女	1993.04	2022.06	口腔临床医学	毕良佳	超活化血小板裂解物对实验性大鼠牙周炎的作用研究
	张雪松	男	1989.11	2022.06	口腔临床医学	毕良佳	三氧化二砷联合微波消融治疗口腔鳞癌基因表达谱分析及ceRNA网络的构建
复旦大学	陈晴晴	女	1987.10	2022.06	临床口腔医学	刘月华	肥胖合并慢性间歇性低氧加重小鼠颏舌肌损伤的机制研究

续表

博士学位授予单位	姓名	性别	出生年月	获学位年月	所授学位专业	指导教师	毕业论文题目
	孙 扬	女	1987.03	2022.06	临床口腔医学	余优成	两种成骨诱导生物材料的构建及生物学性能评估
	王 莉	女	1987.11	2022.06	生物与医药	刘月华	TRPC6在适宜应力介导牙周组织重建中的作用研究
	张 慧	女	1986.08	暂未获	临床口腔医学	孙红英	LncRNA AC083837.1/miR-23b-5p/SDH调控琥珀酸代谢异常对口腔扁平苔癣角质形成细胞增殖与凋亡的影响
	何 旭	女	1993.02	暂未获	临床口腔医学	赵守亮	人牙髓干细胞携带溶瘤腺病毒的抗癌研究
	笪东欣	男	1989.04	暂未获	生物与医药	张 颖	上海社区老年人口腔健康状况与阿尔茨海默病相关性研究
	宋 亮	男	1982.06	暂未获	生物与医	余优成	载EGCG可降解纳米纤维膜载促进骨再生中的研究
同济大学	余幸鸽	女	1991.07	2022.07	口腔基础医学	林开利	基于水凝胶的生物打印支架调控骨再生及机制研究
	韩先卓	女	1991.08	2022.07	口腔临床医学	李永明	硅磷酸钙系材料的免疫介导成骨效应研究
	乔亚南	女	1991.06	2022.07	口腔临床医学	李永明	口腔微生物在自闭症谱系障碍中的作用及机制研究
	田原野	男	1992.12	2022.07	口腔临床医学	康非吾	破骨细胞内HIF-1α对下颌骨骨愈合的影响及相关机制研究
	解 健	女	1992.10	2022.07	口腔临床医学	苏俭生	电纺取向纳米纤维调控巨噬细胞极化引导牙周炎骨改建与皮肤再生及其机制研究
	刘肖晨	男	1992.01	2022.07	口腔临床医学	张 旗	促消退介质Lipoxin A4和Resolvin E1联合应用对牙髓炎症的调控作用和机制研究
	巩旭燕	女	1991.09	2022.07	口腔基础医学	孙 瑶	初级纤毛和IFT140在小鼠磨牙发育中的作用
	雷婧诗	女	1991.10	2022.07	口腔临床医学	王佐林	生长因子纳米载体的合成及负载释放功能的实验研究
	李 琴	女	1986.07	2023.03	口腔临床医学	王佐林	TRPM2经NLRP3炎性小体对牙周炎拔牙窝骨再生抑制作用的实验研究

续表

博士学位授予单位	姓名	性别	出生年月	获学位年月	所授学位专业	指导教师	毕业论文题目
南京大学	王丽娜	女	1990.10	2022.07	口腔临床医学	王佐林	生长因子纳米载体的合成及负载释放功能的实验研究
	肖　凡	女	1990.07	2022.12	口腔临床医学	苏俭生	室旁核-三叉周围神经投射对束缚应激下咬物和焦虑的影响机制
	章　茜	女	1991.06	2022.06	口腔医学	胡勤刚	OSCC转移淋巴结中成纤维细胞表征及其与被膜侵犯的相关性研究
	董　衡	男	1990.11	2022.12	口腔医学	牟永斌	聚乙烯亚胺修饰纳米氧化硅抗原载体调控DCs活化及其抗肿瘤机制研究
	卫　峥	女	1993.12	2022.06	口腔医学	韩　伟	吴茱萸碱联合吲哚菁绿纳米脂质体的制备及其治疗口腔鳞癌的实验研究
	崔　迪	女	1989.03	2022.06	口腔医学	闫福华	HIF-1α乏氧通路在人牙周膜细胞促牙周组织再生中的作用研究
	禹怡君	女	1992.05	2022.03	口腔医学	苗雷英	氧化铈纳米酶调控牙周炎症环境促进骨组织再生及其机制研究
	陈季平	女	1993.12	2022.12	口腔医学	李　煌	TGFβ3和BMP2共缓释仿生磷酸钙-丝素蛋白复合涂层支架材料修复关节骨软骨缺损的研究
南京医科大学	朱伟文	男	1992.08	2022.06	口腔基础医学	刘来奎	LncRNA CYTOR调控ZEB1依赖的线粒体代谢及糖酵解促进口腔鳞癌侵袭转移的机制研究
	闫朝婷	女	1987.11	2022.06	口腔医学	于金华	炎性DPSC胞外囊泡调控PDLSC成骨/成牙向分化的机制研究
	叶　宇	女	1990.05	2022.06	口腔医学	于金华	LncRNA NEAT1/miR-214-5p/SMAD4轴调控低氧状态下人牙周膜干细胞成牙骨质分化的机制研究
	周　逸	男	1994.08	2022.06	口腔临床医学	徐　艳	高糖炎性环境下PTPN2通过自噬调控人牙周膜干细胞衰老的机制研究
	李　娜	女	1992.12	2022.06	口腔医学	于金华	PD-1通过SHP2/NF-κB信号轴调控人根尖牙乳头干细胞成牙成骨向分化
	许　涛	男	1979.03	2022.06	口腔医学	于金华	金丝桃苷对大鼠骨髓间充质干细胞成骨向分化的影响及机制研究

续表

博士学位授予单位	姓名	性别	出生年月	获学位年月	所授学位专业	指导教师	毕业论文题目
	储伟明	男	1989.12	2022.06	口腔医学	吴煜农	eIF6调控口腔鳞状细胞癌生物学行为及其机制的研究
	李　邦	男	1990.07	2022.06	口腔医学	江宏兵	组蛋白去乙酰化酶Sirt6调控巨噬细胞胞葬在糖尿病牙周炎炎症消退中的作用和机制研究
	李　翔	男	1991.01	2022.06	口腔医学	江宏兵	Hsa_circ_0001361通过FUS/miR-181c-5p调控肿瘤脉管生成促进口腔鳞癌转移的机制研究
	杜劲英	女	1981.12	2022.06	口腔医学	江宏兵	Mg-2Zn-Mn- Ca-Ce合金表面羟基磷灰石膜的制备及引导骨再生作用的探讨
	唐诗佳	女	1992.05	2022.06	口腔医学	章非敏	双重各向异性磁水凝胶的制备及其促干细胞成骨分化的作用及机制研究
	汪乔那	女	1990.12	2022.06	口腔医学	汤春波	AGEs环境下periostin促进hPDLSCs成骨分化的作用和机制研究
	韩　骁	男	1981.08	2022.06	口腔医学	陈亚明	新型生物活性玻璃改性复合树脂的制备及其性能的研究
	陈汉帮	男	1989.02	2022.06	口腔临床医学	章非敏	负载γ-Fe2O3的"致密-疏松"3D支架的制备及其修复骨缺损的实验研究
	范力文	女	1993.03	2022.06	口腔医学	王　林	基于全基因组关联研究的遗传变异与下颌中切牙缺失易感性的机制研究
	袁礼婵	女	1991.05	2022.06	口腔医学	马俊青	主穹隆蛋白调控破骨细胞进而参与骨改建的作用机制研究
	卡　米	男	1986.02	2022.06	口腔医学	王　林	成年人不同矢状向骨性错殆患者的颈椎异常研究
	普盼君	女	1991.08	2022.06	口腔医学	严　斌	机械张应力通过巨噬细胞外泌体UCHL3调控正畸牙槽骨形成的研究
	许祥芹	女	1985.11	2022.12	口腔医学	陈亚明 王守林	不同酸蚀和粘接方式对乳牙釉质与树脂粘接性能影响的研究
	李中武	男	1988.01	2022.12	口腔医学	杨建荣	HMGA2-Snai2调控轴促进头颈鳞癌细胞干性维持的功能和机制研究

续表

博士学位授予单位	姓名	性别	出生年月	获学位年月	所授学位专业	指导教师	毕业论文题目
浙江大学	郑海燕	女	1993.03	2022.06	口腔临床医学	傅柏平	MDP脱矿-再矿化双重作用研究
	邵佳琦	女	1992.08	2022.06	口腔医学	林　军	磁响应矿化胶原涂层调控巨噬细胞极化促进成骨的研究
	何建祥	男	1994.01	2022.06	口腔临床医学	王慧明	化学因素促细胞机械敏感性的作用机制及应用研究
	王　慧	女	1992.06	2022.06	口腔医学	何福明	纯钛种植体表面锶银共掺杂微纳米涂层的制备和生物学性能研究
	韩佳吟	女	1993.02	2022.06	口腔医学	陈莉丽	纤维引导性牙周膜修复模块的研发及性能评估
	李　琦	女	1993.03	2022.06	口腔医学	王慧明	腭中缝在硬腭横向发育中的重要性及其组织的谱系分析
	蓝燕华	女	1992.08	2022.06	口腔医学	谢志坚	Nell1修饰骨髓间充值干细胞细胞外囊泡调控miR-25-5p/smad2信号调控骨组织再生
	郑海燕	女	1993.03	2022.06	口腔临床医学	傅柏平	MDP脱矿-再矿化双重作用研究
安徽医科大学	蒋思静	男	1989.08	2022.06	外科学*	何家才	构建放射状多孔纳米复合支架用于增强体内骨再生
福建医科大学	茅传青	男	1988.01	2022.06	口腔基础医学	陈伟辉	抑制Shh信号通路促进小鼠第二牙列发育
	兰　婷	女	1992.12	2022.06	口腔基础医学	郑大利	非典型钙粘蛋白CELSR3、FAT1及FAT4在头颈部鳞癌中的作用及分子机制研究
	林彦君	男	1992.10	2022.06	口腔临床医学	陈　江	基于转录组数据挖掘探索托法替尼治疗原发性舍格伦综合征的疗效和可能机制
	胡　勤	男	1992.07	2022.06	口腔临床医学	程　辉	数字化制造对口腔修复金属材料微观结构、力学性能、抗腐蚀性能及生物相容性影响的研究
	李艺君	女	1993.11	2022.06	口腔临床医学	黄晓晶	碘化钾联合抗菌光动力疗法对变异链球菌与白色念珠菌双菌种生物膜的作用及机制研究
	蔡森鑫	男	1989.11	2022.06	口腔临床医学	卢友光	Wnt/β-catenin信号在生物机械力过载刺激颞下颌关节软骨退变过程中的作用及分子机制研究

续表

博士学位授予单位	姓名	性别	出生年月	获学位年月	所授学位专业	指导教师	毕业论文题目
	姚　秀	女	1989.11	2022.06	口腔医学	陈　江	COMP在唾液腺多形性腺瘤发生发展中的作用及其机制研究
	廖彩玉	女	1991.04	2022.06	口腔医学	陈伟辉	硬腭的成骨特征及BMPI型受体在硬腭成骨过程中的作用
	刘　苑	女	1993.05	2022.06	口腔医学	程　辉	基于三维口腔黏膜模型的数字化制造口腔金属修复体的生物相容性研究
	甘国武	男	1990.04	2022.06	口腔医学	黄晓晶	慢性根尖周炎通过影响肠道菌群扰乱肠屏障促进apoE-/-小鼠动脉粥样硬化形成
	邹玉春	女	1992.07	2022.06	口腔医学	卢友光	整合素β2在实验性下颌偏斜大鼠颞下颌骨关节炎样变中的作用
	许雄程	男	1991.03	2022.06	口腔医学	骆　凯	纳米硅酸镁锂掺杂聚己内酯复合材料实现牙周组织再生研究
山东大学	林庆杰	男	1979.09	2022.03	口腔临床医学	徐　欣	神经嵴来源的颅颌面间充质细胞中构成式激活YAP对牙齿发育的影响
	王亚楠	女	1993.03	2022.06	口腔临床医学	徐　欣	ALDH6A1通过调控ROS/Wnt/β-catenin通路改善高脂血症小鼠种植体骨结合的作用及机制探究
	柳珊珊	女	1992.04	2022.06	口腔基础医学	李敏启	牙周炎状态下活性氧激活的NLRP3导致成骨细胞焦亡及成骨功能障碍的机制研究
	席　迅	女	1992.07	2022.06	口腔临床医学	刘东旭	ROS-Nrf2在周期性牵张力促进牙周膜干细胞成骨分化中的作用及机制研究
	丁　田	男	1994.01	2022.06	口腔临床医学	葛少华	序列递释bFGF与BMP-2原位组织工程支架促进牙周组织再生的作用研究
	杨盼盼	女	1991.07	2022.06	口腔基础医学	李敏启	NOTUM通过Shh/p-GSK3β/β-catenin信号通路调控OSCC细胞生物学行为的机制探究
	陈　帅	男	1993.07	2022.12	口腔临床医学	刘东旭	下颌后缩患者Twin Block矫治后上气道流体力学体内外仿真模拟及功能评价
郑州大学	董稳航	女	1988.03	2022.06	外科学	邱蔚六	TSF/FHA复合支架促进Mc3t3成骨分化的作用及机制研究

续表

博士学位授予单位	姓名	性别	出生年月	获学位年月	所授学位专业	指导教师	毕业论文题目
华中科技大学	谢炎伶	女	1993.02	2022.06	口腔医学	陈莉莉	机械力通过钟基因BMAL1激活破骨细胞影响正畸牙齿移动
	唐学智	男	1992.09	2022.06	口腔医学	曹颖光	一种低温大气压等离子体根管消毒装置辅助根管治疗的实验研究
	李麒麟	男	1991.10	2022.06	口腔医学	毛　靖	昼夜节律基因PER3对肿瘤干细胞的干性调控及其机制研究
中南大学	李　波	男	1980.06	2022.12	口腔整形美容学	唐瞻贵	母体胚胎亮氨酸拉链激酶在口腔鳞状细胞癌中 的异常表达与上皮-间质转化的联系
	邵春生	男	1979.05	2022.07	口腔整形美容学	陈良建	羟基磷灰石/钛酸钡的仿生多孔结构与压电特性对骨再生的影响
中山大学	王书琴	女	1988.09	2022.06	口腔医学	廖贵清	不同发育阶段小鼠BMMSCs的功能差异及调控机制
	杨耀成	男	1990.12	2022.06	口腔医学	陶　谦	成釉细胞瘤中纤连蛋白1的表达及功能机制研究
	黄沛娜	女	1991.11	2022.06	口腔医学	陈泽涛	不同巨噬细胞免疫微环境影响人牙龈成纤维细胞与光滑钛片结合的研究
	王迪侃	男	1992.07	2022.06	口腔医学	王　智	组织驻留记忆T细胞影响口腔鳞癌发展及预后的潜能探究
	陈珈瑶	女	1993.12	2022.06	口腔医学	林正梅	高脂饮食下调VDR重塑染色质可及性诱导BMSCs衰老的机制研究
	李　迪	女	1993.10	2022.06	口腔医学	徐　琼	METTL3调控炎症环境下破骨细胞生物学行为的机制研究
	王　菲	女	1991.12	2022.06	口腔医学	侯劲松	基于影像组学和病理组学预测舌鳞状细胞癌颈部淋巴结转移及总生存期的应用研究
	温丽玲	女	1992.03	2022.06	口腔医学	程　斌	口腔黏膜上皮恶性转化中牙龈卟啉单胞菌重塑免疫微环境的作用及意义
	吴金燕	女	1993.04	2022.06	口腔医学	林正梅	Thioredoxin-1调控ROS积累和成骨分化促进伴糖尿病的牙周炎牙周组织修复和再生
	林冬佳	女	1991.01	2022.06	口腔医学	王　智	牙龈卟啉单胞菌通过激活IGFBP5+肿瘤相关成纤维细胞促进胰腺癌发展的机制研究

续表

博士学位授予单位	姓名	性别	出生年月	获学位年月	所授学位专业	指导教师	毕业论文题目
	李梦婕	女	1993.04	2022.06	口腔医学	韦　曦	牙囊干细胞来源小细胞外囊泡调控氧化应激促进炎症牙髓修复的研究及智能递释体系的构建
	邓　淼	女	1994.05	2022.06	口腔医学	夏　娟	KRAS突变在口腔鳞状细胞癌发生发展中的作用及机制研究
	任　林	女	1993.02	2022.06	口腔医学	夏　娟	放射诱导的骨髓间充质干细胞成骨抑制的作用及机制研究
	张茜柳	女	1993.04	2022.06	口腔医学	余东升	核靶向纳米光敏剂介导的口腔鳞癌光免疫联合治疗的实验研究
	邵怡婷	女	1992.05	2022.06	口腔医学	寇晓星	间充质干细胞成脂转化促进口腔鳞癌生长及其机制研究
	郭远龙	男	1993.12	2022.06	口腔医学	陈泽涛	调控纳米拓扑结构干预巨噬细胞机械敏感膜蛋白-炎症反应的研究
	林义雄	男	1992.09	2022.06	口腔医学	陈泽涛	“系统T细胞-局部巨噬细胞互作”干扰生物钙磷灰石体内异物反应评价结论的研究
	张佳喻	女	1993.10	2022.06	口腔医学	程　斌	PLIN2依赖性脂滴积累促进口腔鳞癌转移的作用与机制研究
	陈园园	女	1993.03	2022.06	口腔医学	林焕彩	靶向变异链球菌淀粉样纤维小分子化合物的筛选及活性验证
	李梦迪	女	1990.11	2022.06	口腔医学	林正梅	SERPINH1调控牙龈上皮细胞IRE1α信号在伴糖尿病牙周炎中的作用及机制研究
	谢文强	男	1992.11	2022.06	口腔医学	王　智	免疫负调控分子Pik3ip1在自身免疫性疾病的作用及机制研究
	曹若妍	女	1993.02	2022.06	口腔医学	夏　娟	必需多不饱和脂肪酸抑制头颈鳞状细胞癌pEMT的机制研究
	施梦汝	女	1991.06	2022.06	口腔医学	夏　娟	基于端对端卷积神经网络的上前牙牙根倾斜度测量
	于瑞晴	女	1992.11	2022.06	口腔医学	徐　琼	Mettl3/Ythdf2/Pyk2调节巨噬细胞炎症反应和活性氧产生
	竺　越	女	1993.02	2022.06	口腔医学	侯劲松	m6A甲基化修饰在atRA诱导C57BL/6J胎鼠腭裂中的作用机制研究

续表

博士学位授予单位	姓名	性别	出生年月	获学位年月	所授学位专业	指导教师	毕业论文题目
	肖育栋	男	1993.04	2022.06	口腔医学	廖贵清	语音机器听觉在口腔癌及口咽癌诊断与预后中的应用研究
	胥加斌	男	1990.02	2022.06	口腔医学	廖贵清	DCMV-TEX纳米肿瘤疫苗的研制及其在口腔鳞癌治疗中的应用
	李泓钰	男	1988.09	2022.06	口腔医学	余东升	铁死亡在口腔鳞状细胞癌中的生存预测价值及放疗增敏作用的实验研究
	李秋兰	女	1992.07	2022.06	口腔医学	赵　克	牙科梯度钇含量多层氧化锆材料的力学性能及失效机制研究
	池　莉	女	1991.07	2022.06	口腔医学	滕　伟	牙龈卟啉单胞菌通过肠-脑轴免疫途径损伤认知功能的研究
	李晓磊	男	1992.10	2022.06	口腔医学	许　跃	快速光交联水凝胶的制备及其在口颌面缺损修复中的应用研究
	俞笑冉	女	1993.05	2022.06	口腔医学	邓飞龙	钛纳米管重建糖尿病巨噬细胞稳态改善成骨微环境的机制研究
	谭灵屏	女	1993.02	2022.06	口腔医学	施松涛	间充质干细胞凋亡囊泡治疗急性呼吸窘迫综合征的研究
	何依帆	女	1993.02	2022.06	口腔医学	施松涛	淋巴结间充质干细胞通过MCP-1/PD-L1轴赋能T细胞的研究
	王文瑾	男	1994.01	2022.06	口腔医学	侯劲松	LINC00152激活FOSL1相关超级增强子促进头颈鳞癌“瘤芽”细胞转移的分子机制研究
	吴　迪	女	1994.08	2022.06	口腔医学	曹　阳	数学模型观测间充质干细胞状态并预测其再生能力
	雷芳草	女	1991.10	2022.08	口腔医学	林正梅	凋亡囊泡促进间充质干细胞年轻化以缓解衰老相关骨丧失
	渠　艳	女	1991.11	2022.08	口腔医学	滕　伟	多能干细胞来源凋亡囊泡传承SOX2增强宿主干细胞功能促进皮肤伤口愈合的研究
南方医科大学	郑则楠	男	1992.08	2022.06	口腔医学	吕晓智	长链非编码RNA AC007271.3通过miR-125b-2-3p/Slug信号轴促进口腔鳞状细胞癌进展的机制
广西医科大学	周　俊	男	1990.03	2022.06	临床医学	陈文霞	pH/光双响应装载化疗-光热-免疫多功能药物递送系统的构建及抗癌效果的初步评价

续表

博士学位授予单位	姓名	性别	出生年月	获学位年月	所授学位专业	指导教师	毕业论文题目
	沈慧娟	女	1989.12	2022.06	临床医学	周　诺	miR-146a调控骨髓间充质干细胞参与牵张成骨骨形成的研究初探
	林轩东	男	1990.12	2022.06	口腔医学	卢小玲	新型纳米抗体双特异性T细胞激动剂CD3-CD105/Nb-BiTE抗肿瘤作用研究
	朱佩琪	女	1991.12	2022.06	口腔医学	周　诺	牵张成骨及骨缺损修复过程中的细胞类型分析及PRRX1促进牵张成骨的机制研究
	吴恬恬	女	1994.09	2022.06	口腔医学	陶人川	口腔慢性移植物抗宿主病中miR-769-5p靶向TGF-β/SMADs信号通路介导M2型巨噬细胞活化的作用研究
	蒋伟东	男	1993.11	2022.06	口腔医学	周　诺	MicroRNA-205靶向NOTCH2调控ECFC参与牵张成骨血管生成的机制研究
	陈志兴	男	1990.08	2022.06	口腔医学	周　诺	基于前额特征的上切牙定位模型在广西地区正颌患者中的适用性探索
	张思琴	女	1991.09	2022.06	口腔医学	农晓琳	青蒿琥酯联合二甲双胍对2型糖尿病口干症大鼠唾液分泌的影响及作用机制的研究
	高碧云	女	1982.10	暂未获	临床医学	农晓琳	1型糖尿病口腔微生态分析及青蒿琥酯对1型糖尿病口干症模型唾液分泌的影响
	吴　姝	女	1988.10	暂未获	口腔医学	李　萍	ANLN促进口腔鳞状细胞癌恶性生物学行为及其机制研究
	麦昱颖	男	1986.08	暂未获	口腔医学	廖红兵	PLGA酸性代谢成分对血管内皮细胞血管新生的作用研究
	安小宁	男	1992.11	暂未获	口腔医学	周　诺	RORA调控内皮集落形成细胞参与牵张成骨血管形成的机制研究
重庆医科大学	刘丰艺	女	1994.08	2022.06	口腔临床医学	季　平	GelMA/PAMAM-MA水凝胶的构建及其在骨和软骨缺损修复中的作用
	李帝泽	男	1993.02	2022.06	口腔临床医学	季　平	糖尿病微环境响应性“双逻辑”水凝胶在血糖控制不良状态下促进骨缺损修复的效应评价及机制研究

续表

博士学位授予单位	姓名	性别	出生年月	获学位年月	所授学位专业	指导教师	毕业论文题目
	周梦娇	女	1994.07	2022.06	口腔临床医学	宋锦璘	C反应蛋白通过PI3K/AKT通路调控糖尿病牙周炎骨稳态的作用机制研究
	王　璐	女	1990.12	2022.06	口腔临床医学	张红梅 宋锦璘	自组装响应型双载药纳米颗粒对糖尿病大鼠牙周炎的生物学作用
	荆　璇	女	1992.08	2022.06	口腔医学	郑雷蕾 宋锦璘	负载牙源性外泌体的微环境响应性DNA水凝胶在糖尿病大鼠骨再生中的作用及机制研究
	陈红应	男	1983.05	2022.06	口腔医学	戴红卫	基于混合膜仿生纳米载体的构建及靶向颌骨侵袭区的抗癌实验研究
	蒋　倩	女	1992.05	2022.06	口腔医学	杨德琴	V型质子泵调控白色念珠菌-变异链球菌生物膜致龋性及其机制研究
	敬　蒸	女	1988.08	暂未获	口腔医学	季　平 杨　生	烟草毒素激活铁死亡信号诱发骨质疏松的机制研究
昆明医科大学	游顶云	男	1985.02	2022.12	耳鼻咽喉科学	何永文	癌相关成纤维细胞源性外泌体miR-3529-3p促进口腔鳞状细胞癌恶性行为的作用及机制
西安交通大学	杨宇轩	男	1993.08	2022.06	口腔医学	王　爽	高强度形状记忆水凝胶材料在骨关节炎手术治疗中的应用研究
	关晓月	女	1988.05	2022.06	口腔医学	侯铁舟	Gremlin1对牙周炎的促进作用及相关机制探讨
	赵晓丹	女	1993.06	2022.06	口腔生物医学	李　昂	载药水凝胶在伴糖尿病的牙周炎和口腔颌面软组织损伤修复中的应用研究
新疆医科大学	王　健	男	1984.09	2022.06	外科学*	阿地力·莫明	长链非编码RNA FOXD2-AS1在头颈鳞状细胞癌中的作用及机制研究
	许颖捷	女	1993.07	2022.06	外科学*	龚忠诚	基于NF-κB及MIF/CXCR4-NLRP3信号通路探究异常流体剪切力促进TMJOA的作用及机制
	阿巴斯江·艾赛提	男	1985.06	2022.06	外科学*	赵　今	Toll样受体信号通路基因单核苷酸多态性和DNA甲基化水平与新疆维吾尔族慢性牙周炎的相关性研究

续表

博士学位授予单位	姓名	性别	出生年月	获学位年月	所授学位专业	指导教师	毕业论文题目
	姚　源	男	1989.10	2022.06	外科学*	何惠宇	circRNA_1809通过调节miR-370-3p/Kitlg途径促进rBMSCs成骨分化的机制
	刘佳林	女	1992.12	2022.06	外科学*	何惠宇	LncRNA Tug1调控骨髓间充质干细胞成骨分化的功能及其作用机制的研究
	张　蕾	女	1981.07	2022.11	外科学*	何惠宇	表面处理提高可切削复合陶瓷高嵌体粘接性能的机制研究
	马　婷	女	1991.08	暂未获	外科学*	赵　今	乌鲁木齐市3-5岁肥胖儿童口腔及肠道菌群微生物的相关性研究

表12　2022年度中国口腔医学8年制毕业生一览表

博士学位授予单位	姓名	性别	出生年月	获学位年月	所授学位专业	指导教师	毕业论文题目
四川大学	李家驰	女	1995.07	2022.06	牙体牙髓病学	周学东	成骨细胞对软骨细胞糖酵解影响因素的实验研究
	胡玉洁	女	1997.02	2022.06	牙体牙髓病学	叶　玲	O-GlcNAc糖基化修饰对人牙髓细胞成牙本质向分化的作用及机制研究
	刘奕方	女	1996.05	2022.06	牙体牙髓病学	李继遥	有机-无机多功能涂层的构建及用于种植体涂层的研究
	佟佳儒	女	1997.03	2022.06	牙体牙髓病学	黄定明	PIPS和SWEEPS模式铒激光在根管冲洗中的效用初探
	张　月	女	1995.10	2022.06	牙体牙髓病学	胡　涛	精胺改性淀粉递送反义vicR调控变异链球菌致龋能力的机制研究
	冯泽宁	男	1996.01	2022.09	牙体牙髓病学	张凌琳	乳铁蛋白衍生抗菌肽LF-1对变异链球菌及多菌种生物膜的调控作用研究
	黄禹瑶	女	1996.02	2022.06	牙体牙髓病学	程　磊	变异链球菌Sec分泌系统对其致龋能力与耐药性的影响研究
	赵迪芳	女	1996.02	2022.06	儿童口腔医学	郑黎薇	孕期尼古丁暴露对子代小鼠牙釉质形成的影响
	丁婷婷	女	1996.09	2022.06	口腔黏膜病学	陈谦明	抗氧化黏附核苷水凝胶的构建及其用于预防口腔白斑病癌变初探
	彭嘉宽	男	1996.08	2022.06	口腔黏膜病学	曾　昕	基于计算病理学构建口腔白斑病上皮异常增生判别系统

续表

博士学位授予单位	姓名	性别	出生年月	获学位年月	所授学位专业	指导教师	毕业论文题目
	马　悦	女	1995.11	2022.06	口腔颌面外科学	田卫东	3D生物打印技术用于牙周组织再生的研究
	易根正	男	1996.05	2022.06	口腔颌面外科学	田卫东	牙囊细胞来源的基质小泡用于修复牙槽骨缺损的研究
	郭昱皞	女	1996.06	2022.12	口腔颌面外科学	李龙江	不同构型纳米聚多巴胺载药体系对口腔鳞癌治疗效果的影响
	田旭东	男	1990.11	2022.09	口腔颌面外科学	王晓毅	HPV+和HPV-头颈鳞癌免疫分子亚型识别验证及分子亚型分类器开发
	张宇宁	女	1996.11	2022.06	口腔颌面外科学	郑　谦	咽后壁瓣咽成形术后腭裂患者生活质量调查及相关并发症的研究
	胡植乔	女	1997.01	2022.06	口腔颌面外科学	包崇云	磷酸三钙陶瓷诱导骨形成中破骨细胞生成及机制探究
	刘育豪	男	1995.10	2022.06	口腔颌面外科学	林云锋	新型双佐剂mRNA纳米疫苗的研发及肿瘤预防应用
	李沛然	男	1996.07	2022.12	口腔颌面外科学	祝颂松	家族性下颌前突患者基因多态性与颌骨发育异常相关性初步研究
	陈俊天	男	1996.05	2022.06	口腔颌面外科学	汤　炜	云化增强现实导航系统的研发及在口腔颌面外科中的应用
	胡　楠	女	1995.08	2022.09	口腔修复学	于海洋	术区开口度匹配度对后牙区种植体植入准确度的影响研究
	王映凯	男	1996.04	2022.06	口腔修复学	于海洋	隧道GBR技术用于牙槽骨水平骨增量的动物实验和临床研究
	李妍熹	女	1996.12	2022.06	口腔修复学	宫　苹	含铜钛合金对放射后机体局部免疫调节血管生成的影响研究
	李超越	女	1996.03	2022.09	口腔修复学	沈颉飞	上下无牙颌种植修复传统与数字化印模法精度的比较研究
	张博文	男	1996.02	2022.06	口腔修复学	蔡潇潇	基于杂交链式反应构筑DNA四面体框架结构探针的研究
	陈　苗	女	1996.10	2022.06	口腔正畸学	赵志河	PPARβ/δ对糖尿病骨缺损修复的影响及机制研究
	王江玥	女	1996.01	2022.06	口腔正畸学	白　丁	纳米羟基磷灰石甲基丙烯酰明胶双层膜的制备及在骨修复的应用
	单　越	女	1996.06	2022.06	口腔正畸学	赖文莉	HA/SA/RANKL可降解微针的制备表征及其在加速大鼠牙移动实验中的应用

续表

博士学位授予单位	姓名	性别	出生年月	获学位年月	所授学位专业	指导教师	毕业论文题目
北京大学	肖小月	女	1997.02	2022.06	口腔正畸学	邹淑娟	大鼠上颌扩弓及复发过程中ERK1/2和STAT3信号通路的调控机制探究
	杨　偲	女	1996.03	2022.06	口腔正畸学	李　娟	基于深度学习预测骨性I、II类成年患者正畸后侧貌变化的研究
	盛春辉	男	1994.03	2022.01	口腔修复学	周永胜	人脂肪间充质干细胞外泌体治疗骨质疏松的疗效与机制研究
	贾宽宽	男	1994.10	2022.07	口腔颌面外科学	张　益	下颌骨弥漫性硬化性骨髓炎的鉴别诊断的临床研究
	李梦迪	女	1995.11	2022.07	口腔修复学	姜　婷	siRNA-NLK促进神经化组织工程骨再生
	王　铮	女	1995.11	2022.07	口腔修复学	谢秋菲	氧化锆多孔表面对成骨细胞增殖及分化的影响及机制研究
	萧　宁	男	1995.02	2022.07	口腔修复学	孙玉春	光固化三维打印牙颌类模型精度研究
	丁　敏	女	1993.07	2022.10	口腔预防医学	郑树国	手动牙刷和电动牙刷控制口腔卫生初探
	汤梓艳	女	1995.04	2022.07	牙周病学	栾庆先	北京城区2型糖尿病患者血浆中游离线粒体DNA含量与牙周炎的相关性研究
	柳星宇	女	1996.09	2022.07	儿童口腔医学	赵玉鸣	少汗性外胚层发育不良患者基因突变检测及功能分析与缺牙表型分析
	刘　博	女	1996.06	2022.07	口腔颌面外科学	张　杰	北京市口腔医生口腔癌认知情况及口腔癌患者就医情况调查
	孙时雨	女	1996.05	2022.10	口腔修复学	邓旭亮	IGFBP7介导高分化程度间充质干细胞对血管内皮细胞抑制作用的研究
	刘思民	男	1995.11	2022.07	牙体牙髓病学	王晓燕	动态导航辅助下根尖手术中根尖定位与切除精度的体外研究
	韦　宁	男	1996.10	2022.07	牙周病学	胡文杰	角化组织宽度的数字化模型评价及游离龈移植术后角化组织愈合变化影响因素的探究
	范莹莹	女	1996.11	2022.07	口腔修复学	谢秋菲	染料木素拮抗雌激素加重咬合干扰致慢性咬肌痛敏的中枢机制

续表

博士学位授予单位	姓名	性别	出生年月	获学位年月	所授学位专业	指导教师	毕业论文题目
	马欣蓉	女	1995.11	2022.07	口腔修复学	谭建国	大气压冷等离子体促进牙本质胶原纤维交联化及再矿化的研究
	陈俊鹏	男	1996.12	2022.07	口腔颌面外科学	郭传瑸	健康人和颌骨重建患者下颌运动分析及个性化动力学虚拟建模
	郑思源	女	1997.02	2022.10	口腔预防医学	郑树国	口腔治疗喷溅物时空分布和防控措施研究
	刘子建	男	1996.04	2022.07	口腔黏膜病学	刘宏伟	白芍总苷胶囊治疗复发性阿弗他溃疡的临床及代谢组学研究
	赵　昳	女	1996.04	2022.07	口腔正畸学	李巍然	巨噬细胞极化受机械张力影响并调控成牙骨质细胞矿化的作用及机制研究
	陈　鹏	男	1997.06	2022.07	口腔正畸学	江久汇	细胞焦亡在牙周炎发病过程中作用机制研究
	陈延珑	男	1995.10	2022.07	口腔正畸学	高雪梅	睡眠呼吸障碍所致间歇性缺氧与牙周炎关系的研究
	毛思聪	女	1996.06	2022.07	牙体牙髓病学	董艳梅	牙本质基质提取蛋白修饰介孔二氧化硅纳米粒子促进软骨再生的研究
	赵泉泉	女	1997.05	2022.07	牙周病学	欧阳翔英	构建牙周免疫稳态相关ceRNA网络
	吴政达	男	1994.12	2022.07	口腔颌面外科学	林　野	可切削种植修复材料的颜色、透明度与厚度、粗糙度间的定量关系研究
	王宇轩	男	1995.10	2022.07	口腔修复学	姜　婷	功能引导路径技术在固定咬合重建中的应用可能性初探
	郭燕宁	女	1996.07	2022.07	口腔正畸学	周彦恒	颞下颌关节软骨细胞凋亡趋化破骨细胞的机制研究
	仇师禹	男	1996.06	2022.07	口腔颌面外科学	蔡志刚	正常下颌骨形态学数据库的人工智能匹配及其在下颌骨重建中应用的研究
	王程儀	男	1997.12	2022.07	口腔颌面外科学	张　益	面中部骨整形手术软组织预测人工智能算法的研发及初步临床研究
	易　科	男	1995.11	2022.07	牙周病学	唐志辉	3D生物打印i-prf/明胶/海藻酸钠/hGFs复合体的生物学性能研究
	李　敏	女	1994.12	2023.01	口腔颌面医学影像学	李　刚	深度学习在下颌骨成釉细胞瘤及牙源性角化囊肿鉴别诊断中的应用
	陈超伦	男	1996.02	2022.07	口腔颌面外科学	俞光岩	唾液流率和成分检测的影响因素及正常参考值的研究

续表

博士学位授予单位	姓名	性别	出生年月	获学位年月	所授学位专业	指导教师	毕业论文题目
	唐忠旺	男	1995.08	2022.07	儿童口腔医学	夏 斌	乳磨牙非金属冠式修复体的关键设计参数的体外验证研究
	邵玉子	女	1996.04	暂未获	口腔修复学	周永胜	人红细胞凋亡囊泡对间充质干细胞成骨分化的作用和机制研究
	杨 随	男	1991.04	暂未获	口腔修复学	谢秋菲	氟离子体外诱导成釉细胞自噬的作用和机制研究
空军军医大学	赵国强	男	1996.01	2022.06	口腔医学	宋应亮	2型糖尿病个体应用即刻种植修复的可行性及相关影响因素的研究
	李登科	男	1996.09	2022.06	口腔医学	胡开进	骨靶向CTSK抑制剂促进牙周炎环境下牙槽骨再生的可行性及机制研究
	李子涵	男	1996.07	2022.06	口腔医学	金 岩	乳牙牙髓干细胞来源凋亡囊泡促进牙髓血运重建的作用机制研究
	叶庆元	男	1996.07	2022.06	口腔医学	王勤涛	凋亡囊泡通过巨噬细胞发挥抗炎效应的应用基础研究
	顾俊婷	女	1996.05	2022.06	口腔医学	陈吉华	聚磷酸盐改性胶原塞促拔牙创愈合作用及相关机制研究
	徐博雅	女	1996.02	2022.06	口腔医学	张玉梅	钛表面可控纳米金涂层的构建及其对巨噬细胞-成骨细胞的交互作用研究
	刘利鹏	男	1996.04	2022.06	口腔医学	马楚凡	钛表面PDLLA-LN332控释涂层构建及对上皮细胞和间充质干细胞调控的研究
	郭 佳	女	1997.03	2022.06	口腔医学	金 钫	外泌体调节DPSCs线粒体代谢促进骨再生的研究
	方世殊	男	1996.12	2022.06	口腔医学	金作林	缓释过氧化氢隐形矫治器对牙齿影响的研究
	孙唯夫	男	1995.03	2022.06	口腔医学	金作林	linc01135在静态牵张力作用下调节炎症来源牙周膜干细胞成骨分化的研究
武汉大学	陈德润	男	1997.01	2022.06	口腔医学	孙志军	抑制组蛋白去乙酰化酶增强抗肿瘤免疫的研究&病例报告
	陈 旭	男	1995.04	2022.06	口腔医学	尚政军	细胞接触信号介导口腔鳞癌中成纤维细胞表型转化的实验研究&病例报告
	邓浩强	男	1995.98	2022.06	口腔医学	尚政军	黑色素瘤小细胞外囊泡调控癌相关成纤维细胞促血管生成表型的分子机制研究&病例报告

续表

博士学位授予单位	姓名	性别	出生年月	获学位年月	所授学位专业	指导教师	毕业论文题目
	高旭东	男	1996.01	2022.06	口腔医学	曹正国	基于生物信息学分析与牙周炎中免疫细胞浸润相关的关键基因&临床病例报告
	郭　锐	男	1995.07	2022.06	口腔医学	黄　翠	白藜芦醇改性粘接剂对牙本质粘接的影响研究&临床病例报告
	郭威廷	男	1995.04	2022.06	口腔医学	张　露	实验性硅酸二钙水门汀直接盖髓效果研究&病例报告
	李雨桑	女	1995.10	2022.06	口腔医学	王贻宁	钛表面SLA-GL13K抗菌肽涂层的制备及性能研究&临床病例报告
	梁威镰	男	1995.01	2022.06	口腔医学	尚政军	肿瘤来源的小细胞外囊泡及FOXD1在口腔鳞状细胞癌进展中的研究&病例报告
	刘冰倩	女	1995.05	2022.06	口腔医学	彭　彬	PINK1和Parkin在人根尖周组织的表达及小鼠破骨细胞分化中的作用研究&临床病例报告
	刘　欣	男	1996.07	2022.06	口腔医学	龙　星	模式识别受体TLR4、TLR2及ALPK1在颞下颌关节骨关节炎病变中的作用机制&病例报告
	莫文婷	女	1995.06	2022.06	口腔医学	张玉峰	二氧化钛和二氧化硅表面蛋白修饰促进牙龈成纤维细胞黏附研究&病例报告
	彭问安	男	1996.08	2022.06	口腔医学	黄　翠	两种预处理剂提高牙本质粘接界面耐久性的实验研究&临床病例报告
	齐浩宁	男	1996.06	2022.06	口腔医学	张玉峰	两种钛表面纳米形貌影响免疫细胞炎性激活的实验研究&病例报告
	邱　韵	女	1996.08	2022.06	口腔医学	张玉峰	无机金属纳米材料通过引起蛋白质聚集促进持留菌形成的研究&病例报告
	熊佳璧	女	1995.01	2022.06	口腔医学	施　斌	经优化的口内扫描技术应用于种植体周软组织的精度评价及病例报告
	许筱霄	女	1994.09	2022.06	口腔医学	王家伟	Fibulin-3在TNF-α刺激下对ATDC5细胞软骨向分化的作用和机制研究&临床病例报告

续表

博士学位授予单位	姓名	性别	出生年月	获学位年月	所授学位专业	指导教师	毕业论文题目
	余　凯	男	1996.11	2022.06	口腔医学	张　露	磨除深度影响老化复合树脂修补的研究&病例报告
	赵纯逸	女	1995.05	2021.06	口腔医学	贺　红	鸢尾素对成牙骨质细胞表达破骨相关因子的影响&病例报告
	郑　越	男	1993.11	2022.06	口腔医学	李祖兵	负载二氧化硅纳米颗粒的纤维增强型丝素水凝胶促骨修复的实验研究&病例报告
	周书慧	女	1997.04	2021.06	口腔医学	杜民权	人参皂苷Rd在牙周炎中的抗菌、抗炎及抗骨吸收作用研究&病例报告
	姜步琳	女	1996.07	2022.12	口腔医学	黄　翠	IRX5对骨髓间充质干细胞双向分化的影响及机制研究&临床病例报告
	杨绍宸	男	1995.02	2022.12	口腔医学	孙志军	抑制DNA甲基转移酶1增强口腔鳞癌抗肿瘤免疫的研究&病例报告
	周俊杰	男	1996.01	2022.12	口腔医学	孙志军	氧化细菌纤维素膜增强光热疗法抑制头颈鳞癌术后残留的实验研究&病例报告
南京大学	廖倬逸	男	1995.02	2022.08	口腔医学	孙卫斌	遗传学牙龈纤维瘤病的致病基因定位和功能研究
	黄悦臻	女	1995.02	2022.09	口腔医学	闫福华	Lactobacillus rhamnosus GG对牙周炎伴高脂血症下牙周骨再生的影响及其机制研究

（本文编辑　吴婷）

科学研究

中华医学科技奖

2022年1月29日，中华医学会发布“医会科评发〔2022〕19号”文件，即关于2021年中华医学科技奖奖励的决定，对91项2021年中华医学科技奖获奖项目(人)进行表彰。授予80个项目为2021年中华医学科技奖医学科学技术奖，其中8个项目为一等奖、24个项目为二等奖、48个项目为三等奖。此外，授予1个项目为2021年中华医学科技奖卫生管理奖，授予2个项目为2021年中华医学科技奖医学科学技术普及奖，授予7个项目为2021年中华医学科技奖青年科技奖，授予中国卫生经济学会饶克勤教授为2021年中华医学科技奖卫生政策奖获奖人。

口腔医学领域有2个项目荣获医学科学技术奖三等奖，项目负责人分别为赖文莉和胡涛。项目明细如下：

202103202，错䝟畸形舒适高效矫治的机制研究及临床应用，四川大学、上海精功齿科技术有限公司，赖文莉、赵志河、龙虎、王艳、叶年嵩、简繁、杨秩、王璟。

202103253，基于牙体牙髓原生理念的疾病精准防治新策略，四川大学，胡涛、程然、高原、程立、张茹、雷蕾、邵美瑛、周学东。

中华口腔医学会科技奖

2022年11月28日，中华口腔医学会发文，公布2022中华口腔医学会科技奖获奖项目。中华口腔医学会科技奖由国家科学技术奖励工作办公室于2013年正式批准设立，2014年进行首次评奖，每两年评审、授奖一次，是面向全国口腔医学领域设立的经常性科学技术奖。中华口腔医学会科技奖旨在调动广大口腔医学科技工作者的积极性和创造性，促进我国口腔医学科学技术的发展，提高人民健康水平。

2022中华口腔医学会科技奖共计收到推荐项目26项，其中由全国口腔医学院校推荐20项，省级口腔医学会推荐6项。经过形式审查、初评、公示、终评、结果确认等环节，2022中华口腔医学会科技奖产生一等奖1名、二等奖3名，三等奖5名。获奖详情见表1。

表1　2022中华口腔医学会科技奖获奖项目

奖项	编号	项目名称	第一完成单位	主要完成人
一等奖	CSA2022101	口腔硬组织修复材料仿生设计和研发	北京大学口腔医院	邓旭亮　卫　彦　张学慧　徐明明　Boon Chin Heng　刘雯雯　黄　颖　何　颖　郭亚茹　江圣杰　白云洋　吴宇佳　郭雨思

续表

奖项	编号	项目名称	第一完成单位	主要完成人
二等奖	CSA2022201	牙周内源性组织再生的机理及其调控策略研究	中国人民解放军空军军医大学第三附属医院	陈发明 闫福华 葛少华 田蓓敏 吴瑞鑫 张杨珩 于 洋 贺小涛 殷 园 李 璇
二等奖	CSA2022202	生物导向种植牙功能整复的研究和应用	四川大学华西口腔医院	袁 泉 宫 苹 满 毅 莫安春 姚 洋 伍颖颖 杨醒眉 唐 华 熊 毅 张士文
二等奖	CSA2022203	口腔黏膜区域免疫特征与疾病的发生和防治	中山大学附属口腔医院	王 智 崔 隽 房 娟 杨利洒 单忠艳 郭君怡 文书琼 马 达
三等奖	CSA2022301	口腔颌面部软硬组织缺损修复材料的研发与应用	南方医科大学口腔医院	邵龙泉 郭 瑞 盛立远 高 峰 曾胜山 刘 玉 冯龙宝 赵夫健 吴珺蓉 刘 嘉
三等奖	CSA2022302	周围性面神经损伤诊断和治疗体系的创建和应用	北京大学口腔医院	蔡志刚 俞光岩 单小峰 张 雷 谢 尚 康一帆 李仕骏 丁梦坤 李梓萌 肖 苒
三等奖	CSA2022303	颌骨生长及再生的正畸技术创新及推广应用	上海交通大学医学院附属第九人民医院	房 兵 吴成铁 夏伦果 叶年嵩 黄 雷 陈振华 毛丽霞 江凌勇 王 博 欧阳宁鹃
三等奖	CSA2022304	牙种植修复关键界面生物力学损伤机理研究及临床防治关键技术应用	四川大学华西口腔医院	于海洋 朱旻昊 杨帮成 高姗姗 甘雪琦 朱卓立 陈 曦 赵雨薇 余 萍
三等奖	CSA2022305	微纳结构介导的光敏种植体界面修饰新技术及其机制研究	浙江大学	王慧明 俞梦飞 程 逵 刘 超 龚佳幸 余晓雯 冯 斌 周 颖 兰叶天

华夏医学科技奖

2022年12月15日，中国医疗保健国际交流促进会(以下简称中国医促会)发文公布关于2022年度华夏医学科技奖奖励的决定。根据《华夏医学科技奖奖励条例》的规定，经华夏医学科技奖评审委员会评审、华夏医学科技奖理事会审定，并报中国医促会第六届第四次常务理事会审核通过，中国医促会决定对2022年度华夏医学科技奖获奖项目进行奖励。授予“骨性错𬌗畸形防治的关键技术创新与推广应用”等8项成果华夏医学科学技术奖一等奖；授予21项成果华夏医学科学技术奖二等奖；授予41项成果华夏医学科学技术奖三等奖；授予3项成果华夏医学卫生管理奖；授予3项成果华夏医学科普奖；授予外国专家华夏医学国际合作促进奖。口腔医学相关获奖项目见表2。

表2　华夏医学科技奖获奖人选名单(口腔医学)

时间	项目	第一获奖单位	成员	获奖
2022年	骨性错𬌗畸形防治的关键技术创新与推广应用	华中科技大学	陈莉莉　邓旭亮　张玉峰　张珞颖　邵龙泉　林久祥　卫　彦　唐清明　杨　成　刘加荣　等	一等奖
2021年	自主创新国产无托槽隐形矫治系统核心技术的研发和临床应用	首都医科大学附属北京口腔医院	白玉兴　张　宁　张　磊　林　峰　李华敏　王喆垚　王邦康　王红梅	三等奖
2020年	牙周炎与动脉粥样硬化的相关机制及天然药物干预治疗的研究	北京大学口腔医学院	栾庆先　蔡　宇　轩　艳　于　寰　曾佳骏　王啸轩　张　勇	三等奖
2020年	牙种植修复关键界面生物力学损伤机理及临床防治研究	四川大学	于海洋　朱旻昊　杨帮成　高姗姗　蔡振兵　甘雪琦　张保荣　朱卓立	三等级
2019年	脂肪源性间充质干细胞定向分化机制研究	四川大学	林云锋　蔡潇潇　张　陶　彭　强　李　果	三等奖
2018年	放射性颌骨坏死的诊治研究	上海交通大学医学院附属第九人民医院	何　悦　侯劲松　李晓光　刘　冰　黄洪章　刘忠龙　姜钧健　马春跃　张陈平　张志愿	二等奖
2018年	提高口腔颌面部骨缺损修复与再生能力的新材料与基础研究	四川大学	万乾炳　王　剑　陈文川　裴锡波　陈俊宇	三等奖
2017年	中国唇腭裂序列治疗模式的建立与推广	四川大学	石　冰　李精韬　李承浩　贾仲林　尹　恒　龚彩霞　郑　谦　李　杨	三等奖
2017年	牙周病的致病机制及其再生治疗技术的应用	上海交通大学医学院附属第九人民医院	束　蓉　宋忠臣　谢玉峰　程　岚　林智恺　刘大力　葛琳华　宋爱梅	三等奖
2016年	下颌下腺移植治疗重症干眼关键技术体系的创建及应用	北京大学	俞光岩　吴立玲　蔡志刚　吕　岚　丛　馨　邹留河　张　雷　朱正宏　苏家增　刘筱菁　等	一等奖
2016年	口腔微生物、炎症因子与牙体牙周疾病致病机制的研究	上海交通大学医学院附属第九人民医院	梁景平　黄正蔚　姜　葳　刘　斌　夏文薇　王　娟　李超伦　汪　嘉　张明珠　马　瑞	二等奖
2016年	颌骨重度萎缩与缺损患者种植修复关键技术体系的创建和应用	上海交通大学医学院附属第九人民医院	吴轶群　邹多宏　黄　伟　王　凤　陈晓军　张志勇　张陈平　周　咏	三等奖

续表

时间	项目	第一获奖单位	成员	获奖
2015年	基于数字外科技术建立眼眶骨折诊断与治疗系统的研究	北京大学口腔医学院	张 益 张智勇 贺 洋 安金刚 邹立东	三等奖
2014年	牙周炎与全身疾病相关关系及相应治疗策略的研究	北京大学口腔医院	孟焕新 章锦才 束 蓉 闫福华 杨丕山 吴亚菲 潘亚萍 王勤涛 李成章 欧阳翔英	二等奖
2013年	牙颌面畸形的正颌正畸联合治疗-临床与基础研究	上海交通大学医学院附属第九人民医院	沈国芳 房 兵 王旭东 唐友盛 朱 敏 张诗雷 蔡 鸣 于洪波 张文斌	二等奖
2012年	口腔鳞癌发生发展及转移的分子机制与防治研究	四川大学	李龙江 梁新华 江 潞 陈谦明 张 壮 王 智 曾 昕 李 一 韩 波 黄灿华	二等奖
2011年	疑难牙髓根尖周疾病诊治高新技术的基础和临床研究	四川大学华西口腔医院	周学东 施文元 薛 晶 邹 玲 王人可 叶 玲 黄定明 李继遥 张 岚	二等奖
2011年	牙齿发育异常的病因机制研究	北京大学口腔医学院	冯海兰 王 莹 赵红珊 宋书娟 张晓霞 韩 冬 吴 华 曲 红	三等奖

注:*摘自历年华夏医学科技奖获奖人选名单。

树兰医学奖

2022年12月17日,备受瞩目的树兰基金成立10周年暨第九届“树兰医学奖”颁奖盛典在杭州良渚举行。郎景和院士、谭蔚泓院士和刘良院士荣获“树兰医学奖”。郝峻巍、张岩、王迪、毛琛、王琳、周建、谢辉、谭韬、刘宏、俞梦飞、曹鹏、金红芳等12位青年医学科学家摘取“树兰医学青年奖”桂冠。时任全国人大常委会副委员长陈竺院士、树兰基金理事长郑树森院士和李兰娟院士,中国工程院、中华医学会、中国医师协会、浙江大学、树兰医院等各界领导嘉宾参会。

树兰医学奖每年评审一次,评选对象是在医药卫生领域中取得原始性突破创新成果并经实践检验证实科学有效的中国国籍(含港、澳、台地区)杰出科技人才。口腔医学领域获奖名单见表3。

表3 树兰医学青年奖获奖者名单(口腔医学)*

时间	姓 名	年 龄	专 业	单 位
第九届	俞梦飞	35岁	口腔医学(口腔种植学)	浙江大学医学院附属口腔医院
第八届	卫 彦	42岁	口腔医学(口腔修复学)	北京大学口腔医学院
第七届	钟来平	43岁	口腔医学(颌面外科学)	上海交通大学医学院附属第九人民医院

续表

时间	姓名	年龄	专业	单位
第六届	袁　泉	39岁	口腔医学(口腔种植学)	四川大学华西口腔医院
第五届	牛丽娜	35岁	口腔医学(口腔修复学)	中国人民解放军空军军医大学第三附属医院
第三届	邓旭亮	44岁	口腔医学(口腔修复学)	北京大学口腔医学院
第二届	蒋欣泉	44岁	口腔医学(口腔修复学)	上海交通大学医学院附属第九人民医院

注:*摘自历年树兰医学青年奖获奖者名单。

中国2021年度重要医学进展

2022年4月17日,中国医学科学院在中国医学发展大会上发布了中国2021年度重要医学进展。中国2021年度重要医学进展聚焦该年度产生的具有一定学术影响力、社会影响力和促进学科发展、改进“促防诊控治康”实践、推动健康产业进步潜力的医学科技进展,遴选采取“多元化计量指标”与“多主体研判”相结合的分类评价方式,纳入多源数据,包括我国研究者在2021年度发表的医学研究论文、获授权的国际专利、获批上市的国产药物产品、批准注册的国产创新医疗器械产品,收集总计多达27.6万余条数据作为遴选基础数据。通过研究团队进行量化分析、专家评价和综合研判,形成77个备选项,经中国医学科学院学术咨询委员会学部委员推荐、审核委员会审核、执委会审定,最终产生31项年度重要进展。其中,临床医学领域(7项)、口腔医学领域(1项)、基础医学与生物学领域(8项)、药学领域(8项)、卫生健康与环境领域(3项)、生物医学工程与信息领域(4项)。

口腔医学领域唯一一项入选,题名为“揭示白色念珠菌在促根面龋发生发展过程中的作用”。主要完成单位:四川大学华西口腔医(学)院、中国科学院微生物研究所等;主要完成人:徐欣、周学东、张立新、杜倩、任彪等;主要呈现形式:论文。

根面龋是老年人最常见的口腔感染性疾病,严重危害口腔和全身健康。华西口腔医学院(华西口腔医院)、口腔疾病研究国家重点实验室周学东教授研究团队与中国科学院微生物研究所张立新教授团队合作,通过建立根面龋患者临床队列,结合体外研究与动物疾病模型验证,首次发现白色念珠菌可导致牙菌斑生物膜微生态失衡,促进变异链球菌定植,增强生物膜的致龋毒力,促进根面龋的发生发展。白色念珠菌PHR2基因参与调控白色念珠菌的定植与毒力,是牙菌斑生物膜微生态的关键调控因子,为根面龋的防治提供了新的思路。研究成果发表于国际微生态学领域的顶级期刊*ISME J*。

中国高被引学者榜单

2022年4月14日,全球性信息分析公司爱思唯尔正式发布了2021“中国高被引学者”(Highly Cited Chinese Researchers)榜单。2021爱思唯尔“中国高被引学者”榜单以全球权威的引文与索引数据库——Scopus作为中国学者科研成果的统计来源,采用软科(上海软科教育信息咨询有限公司）设计的遴选方法，最终得到4 701名各学科最具全球影响力的中国学者。

2021年“中国高被引学者”榜单覆盖了教育部10个学科门类的84个一级学科，高被引学者的基础数据提取使用了进一步优化并更新后的爱思唯尔教育部一级学科分类映射（已覆盖111个学科）。这项文章级别的映射使得中国学者的学科归属、学科表现等方面的数据更加直观地展现了契合中国学科设置的学术研究生态，完善并科学、精确地描绘了中国学者的科研产出。

2021年“中国高被引学者”来自523所高校、企业和科研机构，中国科学院（其各科研院所合并统计）拥有最多的高被引学者，共458位。在口腔医学领域中，本次共计27名学者入选“2021年中国高被引学者榜单”，按姓名笔画排序整理如下：

王松灵　首都医科大学
王贻宁　武汉大学
王晓静　青岛大学
田卫东　四川大学
边　专　武汉大学
孙　姣　上海交通大学
李太文　四川大学
李龙江　四川大学
李铁军　北京大学
杨　驰　上海交通大学
张玉峰　武汉大学
张志愿　上海交通大学
陈万涛　上海交通大学
陈发明　中国人民解放军空军军医大学
陈吉华　中国人民解放军空军军医大学
陈谦明　四川大学
林云锋　四川大学
金　岩　中国人民解放军空军军医大学
周学东　四川大学
赵领洲　中国人民解放军空军军医大学
胡　静　四川大学
施松涛　中山大学
凌均棨　中山大学
黄洪章　中山大学
梁新华　四川大学
彭　彬　武汉大学
程　磊　四川大学

中国高等院校口腔医学院和口腔医院获科技成果奖简况

本栏目收录范围主要为2022年度中华人民共和国各部委、省（自治区）、直辖市和中国人民解放军军级以上单位授予的口腔医学科技成果奖。详情见表4。

表4　中国高等院校口腔医学院（系）和口腔医院科技成果获奖一览表

获奖项目名称	主要完成单位	获奖人员	奖励名称与等级	授奖部门
新型生物牙根构建及种植关键技术	四川大学	田卫东　谢　利　杨　波　郭淑娟　陈国庆　霍芳军	高等学校科学研究优秀成果奖（技术发明一等奖）	中华人民共和国教育部
口腔硬组织修复材料仿生设计制备和临床关键技术	北京大学口腔医院	邓旭亮　卫　彦　张学慧　杨小平　蔡　晴　宁成云　徐明明　刘雯雯　黄　颖　何　颖　等	高等学校科学研究优秀成果奖（科学技术进步一等奖）	中华人民共和国教育部

续表

获奖项目名称	主要完成单位	获奖人员	奖励名称与等级	授奖部门
口腔粘接修复新技术及其临床应用	空军军医大学口腔医院	牛丽娜　陈吉华　方　明　李　芳　周　唯　王　富　张　凌　黄　鹂　马　赛　孙　翔	高等学校科学研究优秀成果奖一等奖	中华人民共和国教育部
牙槽骨重度缺损修复重建新技术体系创建与推广应用	上海交通大学	邹多宏　杨　驰　何家才　白　果　周　咏　郑吉驷　李　岩　朱友明　张茂林	高等学校科学研究优秀成果奖(科学技术进步二等奖	中华人民共和国教育部
卓越引领，医工融合，"口腔医学+"人才培养模式的创新与实践	四川大学	叶　玲　张凌琳　赵志河　何　苗　王　了　岳　莉　袁　泉　罗　恩　林云锋　于海洋	四川省高等教育教学成果奖特等奖	四川省教育厅
多元浸润　精准培育　大学生创新创业能力培养体系探索与实践	四川大学	张　林　兰利琼　叶　玲　李　卡　邓富民　吴　迪　冉桂琼　武　梅　卢　莉　贾舜宸	四川省高等教育教学成果奖特等奖	四川省教育厅
口腔颌面外科学	四川大学	朱桂全	四川省第六届高校青年教师教学竞赛决赛医科组一等奖	四川省总工会、四川省教育厅
新医科卓越口腔医学人才培养体系的构建与实践	四川大学	周学东　孙建勋　张凌琳　白　丁　周　瑜　谢蟪旭　甘雪琦　赵　行　王　了　郑庆华	四川省高等教育教学成果奖二等奖	四川省教育厅
推进"健康中国"的"口腔预防医学"社会服务型人才的创新培养与实践	四川大学	胡　涛　程　然　程　立　周红梅　尹　伟　刘　洋　龙　虎　李　雪　洪　潇　鄢　澜	四川省高等教育教学成果奖二等奖	四川省教育厅
仿生修复牙体硬组织的基础研究与临床关键技术构建	四川大学	叶　玲　张凌琳　汪成林　杨　静　彭　栗　张　岚　白明茹　李波儿　尹　贝　宋东哲	四川省科学技术进步奖一等奖	四川省人民政府
特殊人群牙周病诊疗策略的建立与应用	四川大学	吴亚菲　丁　一　赵　蕾　黄　萍　孟　姝　郭淑娟　王　骏　叶畅畅	四川省科学技术进步奖二等奖	四川省人民政府
高韧性高生物相容性口腔医用梯度材料制备技术及应用	成都大学	林丽君　刘谋山　王昌健　鄢新章　邓聪颖　郑开彬	四川省科学技术进步奖三等奖	四川省人民政府

续表

获奖项目名称	主要完成单位	获奖人员	奖励名称与等级	授奖部门
牙再生功能组织模块构建及牙种植新技术研究	四川大学华西口腔医院	田卫东 金 岩 杨 波 李 蓓 郭淑娟 轩 昆 李中瀚 隋秉东 谢 利 郭 皓	中华医学科技奖二等奖	中华医学会
框架核酸在基因和药物传递中的关键理论与技术应用	四川大学华西口腔医院	林云锋 蔡潇潇 石思容 田陶然 张 陶	中华医学科技奖青年科技奖	中华医学会
老年人龋病发病机制及防治关键技术的研究与推广应用	四川大学华西口腔医院	程 磊 周学东 任 彪 彭 显 李继遥 徐 欣 李雨庆 郑 欣	中华医学科技奖三等奖	中华医学会
生物导向种植牙功能整复的研究和应用	四川大学华西口腔医院	袁 泉 宫 苹 满 毅 莫安春 姚 洋 伍颖颖 杨醒眉 唐 华 熊 毅 张士文	中华口腔医学会科技奖二等奖	中华口腔医学会
牙种植修复关键界面生物力学损伤机理研究及临床防治关键技术应用	四川大学华西口腔医院	于海洋 朱旻昊 杨帮成 高姗姗 甘雪琦 朱卓立 陈 曦 赵雨薇 余 萍	中华口腔医学会科技奖三等奖	中华口腔医学会
基于间充质干细胞的牙周组织发育与再生的应用研究	四川大学华西口腔医院	王 骏 谢旭东 许春梅 张士文 胡芝爱	四川省医学青年科技奖一等奖	四川省医学会
生理性支抗控制理论的创建及正畸高效矫治体系研发与推广应用	北京大学口腔医院	许天民 韩 冰 陈 贵 林久祥 姜若萍 陈 斯 苏 红 陈贤明 张晓芸 戴帆帆 等	北京市科学技术奖科技进步二等奖	北京市人民政府
口腔硬组织修复材料仿生设计和研发	北京大学口腔医院	邓旭亮 卫 彦 张学慧 徐明明 皇文进 刘雯雯 黄 颖 何 颖 郭亚茹 江圣杰 等	中华口腔医学科技奖一等奖	中华口腔医学会
周围性面神经损伤诊断和治疗体系的创建和应用	北京大学口腔医院	蔡志刚 俞光岩 单小峰 张 雷 谢 尚 康一帆 李仕骏 丁梦坤 李梓萌 肖 苒 等	中华口腔医学科技奖三等奖	中华口腔医学会
颌骨生长及再生的正畸技术创新及推广应用	上海交通大学	房 兵 吴成铁 夏伦果 叶年嵩 黄 雷 陈振华 毛丽霞 江凌勇 王 博 欧阳靖 等	中华口腔医学会科技奖三等奖	中华口腔医学会

续表

获奖项目名称	主要完成单位	获奖人员	奖励名称与等级	授奖部门
目标导向可视化牙骨移动的精准正颌正畸技术及辅助装置	上海交通大学	王旭东 朱 敏 李 彪 何东明 朱妍菲 吴 昊	“春昇杯”医学创新人才大赛(创业组)三等奖	上海市卫生健康委员会
牙槽骨缺损修复新技术体系的创建及相关产品研发应用	上海交通大学	邹多宏 郑吉驷 白 果 张茂林 刘小涵 杨 驰 张志愿	上海医学科技奖青年奖	上海市医学会
头颈部恶性肿瘤诊疗模式的整合与创新	上海交通大学	张陈平 孙树洋 蔡惠明 陶晓峰 李 江 钟来平	中国发明协会发明创业奖创新奖一等奖	中国发明协会
口腔种植复杂骨缺损的关键治疗技术创新与应用	空军军医大学口腔医院	李德华 金 钫 魏洪波 隋秉东 陈 骥 刘 毅 马 威 王 鑫 陈贤帅 谢 超 等	陕西省科技进步奖一等奖	陕西省科技厅
牙周内源性组织再生的机理及其调控策略研究	空军军医大学口腔医院	陈发明 闫福华 葛少华 田蓓敏 吴瑞鑫 张杨珩 于 洋 贺小涛 殷 园 李 璇	中华口腔医学会科技奖二等奖	中华口腔医学会
口腔粘接修复机制、耐久性改进策略及临床应用	空军军医大学口腔医院	牛丽娜 陈吉华 方 明 张 凌 周 唯 王 富 李 芳 黄 鹂 马 赛 孙 翔	陕西高等学校科学技术研究优秀成果特等奖	陕西省教育厅
颜面部骨组织缺损的修复与功能重建	空军军医大学口腔医院	孔 亮 张 兰 蔡卜磊 李云鹏 刘富伟 田 磊 张 凯 高 晔 侯 燕	陕西高等学校科学技术研究优秀成果一等奖	陕西省教育厅
仿生矿化技术制备骨缺损修复材料	空军军医大学口腔医院	牛丽娜 焦 凯 慕 昭 马雨轩 王晨语 万千千 顾俊婷 李 婧 秦 雯 李志军	陕西省科技工作者创新创业大赛一等奖	陕西省科学技术协会
自主式种植牙机器人	空军军医大学口腔医院	赵铱民 白石柱 谢 瑞 李志文 任 楠	健康中国十大医疗器械“科创中国”先导技术	人民日报、中国科学技术协会
面向战场需求,军事口腔颌面外科学人才培养体系的创立与实践	空军军医大学第三附属医院	雷德林 杨耀武 田 磊 张浚睿 孔 亮 于世宾 周宏志 张 惠 薛 洋	军队级教学成果奖二等奖	中央军委政治工作部、后勤保障部、训练管理部

续表

获奖项目名称	主要完成单位	获奖人员	奖励名称与等级	授奖部门
面向卓越医师培养,口腔修复学“三一三”本科教学体系的创新与实践	空军军医大学第三附属医院	牛丽娜 赵铱民 陈吉华 王富 许浩坤 田敏 王忠山 冯志宏 方明 张凌	陕西省高等教育教学成果奖特等奖	陕西省人民政府
茅以升科学技术奖	首都医科大学附属北京口腔医院	张宁	茅以升科学技术奖北京青年科技奖	北京茅以升科技教育基金会
国产无托槽隐形矫治技术的研发和临床应用	首都医科大学附属北京口腔医院	白玉兴 张宁 林峰 王喆垚 李华敏	麒麟科学技术奖科技创新奖	北京科技人才研究会
基于fMRI的非综合征性唇腭裂患者语言相关脑区功能特征的研究	首都医科大学附属北京口腔医院	陈仁吉 张文婧 张旭 李春林	中国康复医学会科学技术奖二等奖	中国康复医学会
一种用于口腔和牙齿治疗的机器人系统	中国人民解放军总医院第一医学中心	张海钟 冯杭	第二十三届中国专利奖优秀奖	国家知识产权局
先天缺牙患者遗传学诊断及综合序列治疗研究与应用	天津医科大学口腔医院	张向宇 张婷婷 张旭 骆树瑜 刘义	天津市科学技术进步奖三等奖	天津市科技局
矫治器治疗阻塞性睡眠呼吸暂停低通气综合征对颏舌肌的影响	河北医科大学口腔医院	刘春艳 乔星 康文静 卢海燕 马文盛	河北医学科技奖一等奖	河北省医学会
下颌前移矫治器治疗阻塞性睡眠呼吸暂停综合征的疗效及机制研究	河北医科大学口腔医院	卢海燕 王雯 张士珑 刘春艳 康文静	河北医学科技奖一等奖	河北省医学会
不同材料全瓷冠经表面抛光或上釉后磨损性能的临床研究	河北医科大学口腔医院	陈志宇 李雅 焦建平 仇亚非 袁硕	河北医学科技奖一等奖	河北省医学会
先天缺牙致病基因筛查及机制研究	河北医科大学口腔医院	沈文静 任嘉宝 刘博宇 张红玉 路良其	河北医学科技奖一等奖	河北省医学会
镍钛根管器械使用的损伤评估及风险防控研究	河北医科大学口腔医院	徐彦彬 李春年 刘冰 黄香河 陈瑞雪	河北医学科技奖二等奖	河北省医学会
正琦治疗阻塞性睡眠呼吸暂停的关键技术创新及应用	河北医科大学口腔医院	卢海燕 刘春艳 马文盛 张士珑 乔星 王雯 朱德超 康文静 刘晔 刘杰	河北省科技进步奖二等奖	河北省人民政府
口腔颌面特征的法医学同一认定关键技术与应用	山西医科大学	李冰 上官宏 张雄 武秀萍 贠克明 王玉瑾 武有成	山西省科学技术进步奖二等奖	山西省科技厅

续表

获奖项目名称	主要完成单位	获奖人员	奖励名称与等级	授奖部门
青少年错𬌗畸形对龋发生及严重性影响的研究	河北北方学院扶苏第一医院口腔科	王钟华 肖金萍 杨永超 安 峰 冯建梅 等	河北医学科技奖一等奖	河北省卫生健康委员会
调控微环境促进颌骨缺损修复的新策略新技术研究	吉林大学	孙宏晨 张 杰 林锦新 史 册 徐晓薇 刘麒麟 苗雷英 李道伟 李 琛	吉林省科学技术进步奖一等奖	吉林省人民政府
稀土纳米材料通过局部氧化抑制口腔致病生物膜的研究	吉林大学	王 林 周延民 李春艳 孙晓琳 齐曼霖	吉林省自然科学奖二等奖	吉林省人民政府
口腔颌面软硬组织缺损的修复重建	吉林大学	刘志辉 郭玉鹏 刘金钟 王博蔚 陈 树	吉林省科学技术进步奖二等奖	吉林省人民政府
牙周炎对口腔和全身健康的危害及其关键防治技术的研究和推广	南京大学医学院附属口腔医院	闫福华 林敏魁 李厚轩 李艳芬 雷 浪 骆 凯 张杨珩 柯晓菁 张 倩 崔 迪 等	高等学校科学研究优秀成果奖（科学技术进步二等奖）	中华人民共和国教育部
基于牙槽骨改建的数字化排牙技术的可视化正畸治疗	南京大学医学院附属口腔医院	雷 浪 李厚轩 闫 翔	江苏省医学新技术引进二等奖	江苏省卫生健康委员会
口腔癌精准切除与重建体系的建立及临床推广应用	蚌埠医学院第一附属医院	张 凯 王育新 陈永锋 蒲玉梅 刘 亮 蔡惠明 王 栋 梁 军	安徽省科学技术奖二等奖	安徽省人民政府
机器人在种植修复诊疗中的临床应用	佳木斯大学附属口腔医院	周立波 刘惠萍 赵 刚 宋 佳 马 菁	黑龙江省医疗卫生新技术应用一等奖	黑龙江省卫生健康委员会
前牙微创瓷贴面的美学修复治疗	佳木斯大学附属口腔医院	刘明达 赵璞玉 王辰轩 阿依巴合提·努尔塔扎 王一博	黑龙江省医疗卫生新技术应用二等奖	黑龙江省卫生健康委员会
Frankel功能矫治器联合CAD/CAM技术在儿童乳牙列及混合牙列期错𬌗畸形早期矫治中的应用	佳木斯大学附属口腔医院	赵 玥 李美娜 李冬梅 宗 芳 李昕华	黑龙江省医疗卫生新技术应用二等奖	黑龙江省卫生健康委员会
氢氟酸表面处理对增加CAD/CAM陶瓷黏结强度的应用分析	佳木斯大学附属口腔医院	肖媛媛 杨典淞 冯 瑶 高士军 姜家真	黑龙江省医疗卫生新技术应用三等奖	黑龙江省卫生健康委员会
激光辅助微创诊疗技术在伴全身疾病的牙周炎患者慢病管理中的应用	南京医科大学附属口腔医院	徐 艳 孙 颖 李 璐	医学新技术引进奖一等奖	江苏省卫生健康委员会
疑难根管数字化精准诊疗体系的建立和临床应用	南京医科大学附属口腔医院	张光东 张悦蓉 徐 海	医学新技术引进奖二等奖	江苏省卫生健康委员会

续表

获奖项目名称	主要完成单位	获奖人员	奖励名称与等级	授奖部门
穿翼/穿颧种植技术在重度骨萎缩无牙颌固定修复中的应用	南京医科大学附属口腔医院	汤春波 邱 憬 路萌萌	医学新技术引进奖二等奖	江苏省卫生健康委员会
口腔菌斑性疾病微环境机制及临床干预策略	南京医科大学附属口腔医院	徐 艳 孙 雯 李 璐 沈 铭 谢海峰 魏 昕 汤春波 王晓茜 孙 颖	江苏省科学技术奖二等奖	江苏省人民政府
微纳结构介导的光敏种植体界面修饰新技术及其机制研究	浙江大学	王慧明 俞梦飞 程 逵 刘 超 龚佳幸 余晓雯 冯 斌 周 颖 兰叶天	中华医学科技奖	中华医学会
口腔颌面部肿瘤精准治疗与功能性修复重建体系的构建和应用	山东第一医科大学附属省立医院	张东升 黄圣运 吴海威 刘 超 陈占伟 马 利 张世周 张卫东 李文刚	山东省科学技术进步奖二等奖	山东省科技厅
口腔健康科普讲堂	郑州大学	孙 强	河南省医学科技奖一等奖	河南省医学会
基于代谢标志物群的口腔扁平苔藓新型诊断模型研究及应用	郑州大学	赵红宇	河南省医学科技奖一等奖	河南省医学会
骨性错𬌗畸形防治的关键技术创新与推广应用	华中科技大学	陈莉莉 邓旭亮 张玉峰 张珞颖 邵龙泉 林久祥 卫 彦 唐清明 杨 成 刘加荣 等	华夏医学科技奖一等奖	中国医疗保健国际交流促进会
微酸性电解水用于印膜只去消毒效果的评价	中南大学湘雅口腔医院	罗 姜 肖 环 何 泽 唐小芳 张 丹 李晓娟	湖南省护理科技三等奖	湖南省护理学会
牙槽骨吸收机理及防治研究	中南大学湘雅二医院	冯云枝 郭 玥 周后德 陈 赟 赵娅琼 赵 洁 周映辉 郭琳娜 刘 琼 谭 力	湖南省医学科技进步二等奖	湖南省医学会
功能导向的下颌多组织“保存-重建-康复”新策略的建立与应用	中山大学附属口腔医院	廖贵清 梁玉洁 李忠明 周建英 郑广森 李 翔 王 琳 徐家壮 杨 乐 杨子楠	广东省科学技术进步奖二等奖	广东省科技厅
口腔黏膜区域免疫特征与疾病的发生和防治	中山大学附属口腔医院	王 智 崔 隽 房 娟 杨利洒 单忠艳 郭君怡 文书琼 马 达	中华口腔医学会科技奖二等奖	中华口腔医学会
口腔颌面部软硬组织缺损修复材料的研发与应用	南方医科大学口腔医院	邵龙泉 郭 瑞 盛立远 高 峰 曾胜山 刘 玉 冯龙宝 赵夫健 吴珺蓉 刘 嘉	中华口腔医学会科技奖三等奖	中华口腔医学会
保留天然牙的临床技术相关机制及应用	重庆医科大学附属口腔医院	杨德琴 于 洋 赵天宇 陈 亮 窦 磊 邵秉一 罗文萍 张 燕 黄文明 高 敬	重庆市科技进步奖二等奖	重庆市人民政府

续表

获奖项目名称	主要完成单位	获奖人员	奖励名称与等级	授奖部门
口腔癌局部免疫微环境及淋巴结转移的基础和临床研究	重庆医科大学附属口腔医院	李　勇　邱丽华　张富贵　李　显　赵洪伟　朱露颖	重庆市科技进步奖三等奖	重庆市人民政府
牙源性间充质干细胞在2型糖尿病伴牙周炎机制和组织再生治疗中的研究	遵义医科大学	刘　琪　刘　锐　杨　琨　李　骏　李　刚　葛　颂　钟雯怡	贵州省科学技术进步奖二等奖	贵州省人民政府
牙源性间充质干细胞在牙周医学疾病机制和组织再生治疗中的研究	遵义医科大学	刘　琪　杨　琨　刘　锐　温秀杰　李　骏　李　刚　钟雯怡	贵州医学科技奖一等奖	贵州省医学会
基于多组学筛选恶性肿瘤预后及疗效预测相关标志物研究	遵义医科大学	周建国　宋具昆　刘建国　马　虎　金甦晗　柏玉举	贵州医学科技奖二等奖	贵州省医学会
脱矿牙本质基质骨诱导机制及其应用基础研究	昆明医科大学附属口腔医院	谢志刚　鲍济波　杨禾丰　陈　平　杨胜银　王志娅　贺　钧	云南科学技术进步奖三等奖	云南省人民政府
云南省口腔专科护理技术体系创建与应用	昆明医科大学附属口腔医院	姚　兰　刘　娟　周　妮　陈彦廷　李艳苹　李莹梅　王　荣　李　彬　胡耀燕　李佳曦　易忠梅	云南省卫生科技成果奖三等奖	云南省卫生科技教育管理协会
多种复合组织瓣在口腔颌面部缺损修复中的应用	昆明医科大学附属口腔医院	王卫红　邹智荣　朱　谨　吴　勇　许　彪　杨　春　刘　屿　付　帅　曾　琳	云南省卫生科技成果奖三等奖	云南省卫生科技教育管理协会
牙颌面畸形精准修复重建的关键技术研究与临床创新	兰州大学	任利玲　马东洋　包广洁　康　宏　庞超远　程维平　范增杰　聂子焱　周　平　张文凯	甘肃省科技进步奖二等奖	甘肃省科技厅
口腔癌生物标志物和物理治疗方法的研究	兰州大学	王　静　陈　健　张宝平　赵　媛　高　岑　国晋崧　高雪翔　吴军正	甘肃省科技进步奖二等奖	甘肃省科技厅
儿童口腔健康科普知识	西北民族大学口腔医学院	万巧英	甘肃省健康科普作品一等奖	甘肃省卫生健康委员会
新疆地区儿童口腔健康调查及龋病病因和防治研究	新疆医科大学口腔医学院	赵　今　张婉婷　吴泽钰　于　倩　连冰洁　刘　媛　马　丽　侯鑫山　从兆霞	新疆维吾尔自治区科技进步奖二等奖	新疆维吾尔自治区科技厅
新疆多民族儿童口腔健康调查分析及微生物群	新疆医科大学口腔医学院	赵　今　张婉婷　吴　龙　林　静　连冰洁　程　春　李　艳　马　丽　刘　媛	新疆医学科技奖二等奖	新疆维吾尔自治区医学会
“以学生为中心”的实践创新型口腔医学本科人才培养	新疆医科大学口腔医学院	赵　今　孟凡琦　龚忠诚　连冰洁　刘　媛　凌　彬　王　星　赛格林	十一届自治区高等教育教学成果奖三等奖	新疆维吾尔自治区人民政府办公厅

中华口腔医学会优秀专业委员会(分会)考评

2月22日,中华口腔医学会第十五次专业委员会(分会)工作会议于广州召开,38个专业委员会(分会)的主任委员参加会议。会议宣布了2021年度专业委员会(分会)工作考评结果。郭传瑸会长为7个综合优秀专业委员会(分会)颁发证书,王兴、俞光岩、周学东名誉会长分别为4个专项优秀专业委员会(分会)和7位优秀秘书颁发证书。

2021年度工作考评综合优秀专业委员会(分会):

口腔正畸专业委员会、口腔种植专业委员会、牙及牙槽外科专业委员会、牙体牙髓病学专业委员会、口腔颌面修复专业委员会、口腔医学科研管理分会、口腔医学教育专业委员会

2021年度工作考评专项优秀专业委员会(分会):

会员发展突出贡献:民营口腔医疗分会、口腔颌面外科专业委员会

支持学会期刊建设:口腔修复学专业委员会、全科口腔医学专业委员会

2021年度优秀秘书(按姓名笔画排序):

口腔颌面外科专业委员会工作秘书(王琪贇)、口腔种植专业委员会学术秘书(刘倩)、牙体牙髓病学专业委员会工作秘书(李娜)、口腔正畸专业委员会工作秘书(武俊杰)、牙及牙槽外科专业委员会工作秘书(郑雪妮)、口腔医学科研管理分会学术秘书(单艳华)、口腔医学教育专业委员会工作秘书(董美丽)

国家级获奖项目简介

口腔粘接修复新技术及其临床应用

该项目荣获教育部高等学校科学研究优秀成果一等奖。主要完成人:牛丽娜、陈吉华、方明、李芳、周唯、王富、张凌、黄鹂、马赛、孙翔。

本项目揭示牙齿与高分子材料的粘接形成机制及粘接衰退机制,阐明预防粘接衰退的干预靶点,首创4项预防粘接失效的新措施,为维持粘接修复体耐久稳定提供了技术保障;明确高效粘接的性能要求,实现关键粘接材料的功能改性,研发出4类新型功能性粘接修复材料,为提高粘接效果提供了材料支撑;深入开展粘接技术的临床研究,牵头制定了2项粘接修复技术的临床标准,为规范临床粘接操作、全面提升粘接修复远期疗效提供了应用指南。主要创新内容如下:

阐明预防牙齿与高分子材料粘接衰退的干预靶点,首创气体加压涂布粘接剂技术等4项预防粘接失效的新措施,为维持粘接修复体耐久稳定提供了技术保障,填补了粘接耐久性研究领域的多项空白。

明确高效粘接的性能要求,实现关键粘接材料的功能改性,研发出4类新型功能性粘接修复材料,为提高粘接效果提供了材料支撑,在行业中形成引领效应,为打破粘接材料市场进口产品的垄断奠定重要基础。

深入开展粘接技术的临床研究,牵头制

定了2项粘接修复技术的临床标准，为规范临床粘接操作提供了应用指南，对于全面提升粘接修复远期疗效发挥了关键作用。

研究成果填补了专业领域多项空白，推动粘接研究从基础理论到临床应用的发展。成果写入5部教材，国际会议特邀报告23次；团队2人入选全球前2%顶尖科学家，彰显其领域研究中的国际领先地位。自主研发4类新材料，为打破粘接材料市场进口产品垄断奠定重要基础，2项口腔粘接修复新技术及2项规范被全国30余家医院推广，证实显著改善口腔粘接修复效果，基于此开展的近三年临床修复累计产生经济效益7.1亿元，体现了良好的经济社会效益。

（空军军医大学口腔医学院供稿）

新型生物牙根构建及种植关键技术

该项目荣获高等学校科学研究优秀成果奖（技术发明一等奖）。主要完成单位：四川大学。主要完成人：田卫东、谢利、杨波、郭淑娟、陈国庆、霍芳军。

牙缺失是影响口腔乃至全身健康的突出问题。种植牙是目前牙缺失较好的治疗方法，但仍属非生理性赝复体修复。研发具有活性牙髓和牙周组织支持的"生物牙根"成为当今口腔医学重大的科学问题。该项目历经20余年研发，发明了新型生物牙根及种植新技术。简述如下：

发明了基于处理牙本质基质（treated dentin matrix，TDM）的新型生物牙根支架材料及其制备技术。成功研制保留优异成牙诱导活性和力学强度的处理TDM材料；解决了TDM制备过程中兼顾保留活性物质和降低免疫源性的技术难题。

发明了"生理性、功能性、个性化"新型生物牙根构建技术体系。国际上首次发现用于牙髓-牙本质复合体再生的新型牙髓再生多能干细胞，完成了符合GMP标准的牙源性干细胞建库并启动临床研究，完成了生物牙根构建和咬合功能负载的临床前研究。

发明了具有"早期抑菌+促生物学封闭"功能的种植体及新型生物牙根穿龈系统。发明了生物牙根嵌合式穿龈基台系列组件，及新型穿龈基台超疏水表面改性技术，突破生物牙根与牙冠连接部力学传递与生物学封闭的技术瓶颈。

该项目获发明专利20项，发表高水平学术论文，被*Cell Stem Cell*、*Nat Rev Mater*等顶刊引用和正面评价。成果在空军军医大学、成都世联康健生物科技有限公司及江阴金泰克生物技术有限公司等推广应用，具有显著社会经济效益。

（四川大学华西口腔医学院供稿）

口腔硬组织修复材料仿生设计制备和临床关键技术

该项目为邓旭亮教授科研团队项目，荣获教育部高等学校科学研究优秀成果奖科学技术进步一等奖。第一完成单位：北京大学口腔医院。主要完成人：邓旭亮、卫彦、张学慧、杨小平、蔡晴、宁成云、徐明明、刘雯雯、黄颖、何颖、郭亚茹、江圣杰、白云洋、吴宇佳、郭雨思、郑晓娜、李文静。

口腔疾病几乎涉及每个个体，严重危害国民健康。项目组在"国家重点研发计划""863计划""国家自然科学基金重大项目"等支持下，立足"道法自然"，针对牙本质敏感治疗难、牙齿缺损修复预后差、牙齿缺失后牙槽骨垂直骨增量的世界性难题，开创性提出“牙齿/颌骨材料微结构仿生设计和组织适配”新理念，突破材料从微观特征设计到宏观效果提升的多级仿生技术瓶颈，发明晶体/非晶多级组装、“离子传感”阻断、多物理特性微环境重构等关键技术，首创聚阳离子牙齿脱敏凝胶、数字桩核一体化修复体，研制新型冠桥修复材料、梯度功能化引导组织再生膜、电响应牙槽骨增量修复膜等产品，建立牙齿/颌骨缺损修复临床新策略，取得了创新性成果。

从纳观—介观—宏观尺度和物理微环境阐明牙齿/颌骨多级构效机制，提出牙本质小管阳离子迁移和牙齿力学耗散等新理论：解析牙本质小管内非对称纳米通道微观结构特点，提出牙本质小管“阳离子迁移”感觉传递新理论，为牙齿敏感治疗提供科学依据；解析牙釉质晶体/非晶耦合微观力学结构特点，提出晶体/非晶耦合牙釉质力学耗散新理论，为人造牙釉质的宏观组装提供新途径；阐明细胞外基质尺寸、界面、电学等多物理效应，揭示牙槽骨仿生微环境促进垂直骨增量的级联调控机制。

发明牙齿/颌骨缺损修复材料仿生制备新技术，实现修复体结构重现与功能协同：发明抑制牙本质小管离子定向迁移新技术，实现牙齿感觉有效阻断；发展晶体/非晶多级组装和多相多维填料增强技术，实现材料高刚度、硬度、强度、粘弹性和韧性完美结合；构建多相/多级纤维制备技术，实现手性纳米纤维可控制备；发明电学宏观量级精准仿生、电学异质性可控设计、多场耦合动态调控技术，促进牙槽骨垂直骨增量。

发明口腔硬组织修复系列新产品，创新临床策略，提升牙齿/颌骨缺损修复效果：发明离子阻断型牙齿脱敏凝胶，高效缓解牙本质过敏并长效维持；构筑晶体/非晶耦合新型冠桥修复材料，攻克仿生领域最“硬核”挑战，实现牙釉质完美修复；原创数字一体化桩核修复体，实现力学-结构双重适配；发明结构-功能梯度化纳米纤维引导组织再生膜，实现上皮阻隔、力学支撑和骨诱导高效协同；研发电响应牙槽骨修复膜，显著提升垂直骨增量。

授权发明专利 28 项，其中国际专利 4 项。获国家药品监督管理局Ⅲ类医疗器械注册证 3 个。产品在国内外 1 500 余家医疗机构推广，应用 1 000 余万例。成果发表在 *Science*、*Nat Commun*、*Adv Mater*、*ACS Nano*、*Adv Func Mater* 等期刊上，得到了新华网、*Science News*、国家自然科学基金委委刊等的专题报道。培养国家“杰青”、教育部“新世纪优秀人才”、国家“优青”等高水平人才 20 人次，培养博士/硕士 50 余人。成果强力支撑了口腔医学理论革新，创新了临床治疗策略，引领了口腔医学行业发展。

（北京大学口腔医学院供稿）

牙槽骨重度缺损修复重建新技术体系创建与推广应用

该项目荣获 2022 年高等学校科学研究优秀成果奖科学技术进步奖二等奖。主要完成人：邹多宏、杨驰、何家才、白果、周咏、郑吉驷、李岩、朱友明、张茂林。

在口腔临床疾病诊治过程中，牙槽骨是牙种植、口腔正畸、牙周治疗及口腔功能修复重建的基础。牙槽骨缺损是一类常见且严重影响患者口腔功能、颌面美观、身心健康及生活质量的口腔疾病，特别是老年上颌无牙颌患者（>1 000 万）常伴有重度骨缺损，这给修复重建带来挑战。因此，如何有效完成牙槽骨的修复与再生，进而实现口腔功能修复重建具有重大临床意义和社会价值。上海交通大学邹多宏教授团队从牙槽骨重度缺损的修复重建入手，以创建新治疗技术及医疗器械产品研发为突破口，以基础研究与临床成果转化为抓手，历经八年构建出新技术体系并完成自主知识产权的产品研发及推广应用，获2022年高等学校科学研究优秀成果奖科学技术进步奖二等奖。

主要内容如下：围绕血管生成与骨形成耦合共存研究，结合组织工程技术，创建骨缺损修复治疗新理念；以临床问题为导向，瞄准牙槽骨重度骨缺损的口腔功能修复重建课题，围绕“以稳定为核心”的骨修复与再生理念，创建新治疗技术。基于临床成果转化，开展医疗器械产品研发与应用，尝试解决口腔种植体及相关医疗器械关键技术“卡脖子”的问题。

该团队通过校企联合科技攻关，构建阳极氧化/酸蚀双涂层技术，利用超长光滑颈圈优化设计及颈部牙龈色氧化涂层工艺，研发了特殊口腔种植体(包括老年专用种植体、穿颧骨种植体及穿翼板种植体)；基于专利技术及先进机械制作工艺，研发了牙槽骨骨增量装置、后牙即刻种植工具盒、V-II-V种植手术专用器械等医疗产品。积极推进产学研用深度融合，提升企业集成创新和原始创新能力，进而提升国产医疗产品的质量和核心竞争力。该项目技术成果辐射国内26个省市的15家公立单位以及两千多家民营口腔门诊，诊治患者2万多例；授权国家专利72项，获得成果转化4项（合同经费2 260万元，Ⅰ期到账经费860万）；获批医疗注册证20张（Ⅰ类15张，Ⅱ类5张）；主编及参编多部专著，发表多篇临床治疗指南性论文，参与多个牙槽外科疾病治疗专家共识的制定。

（上海交通大学口腔医学院供稿）

省级获奖项目简介

卓越引领，医工融合，“口腔医学+”人才培养模式的创新与实践

该项目荣获2021年四川省高等教育教学成果奖特等奖。主要完成人：叶玲、张凌琳、赵志河、何苗、王了、岳莉、袁泉、罗恩、林云锋、于海洋。

全民健康关乎中华民族伟大复兴，实现健康中国，关键在人才，基础在教育。新一轮科技和产业革命浪潮席卷下的世界医学发展新要求、实施健康中国战略新任务以及社会问题日趋复杂的新形势渴求能够担当时代使命的卓越口腔医学人才。华西口腔作为中国现代口腔医学的发源地和摇篮，长期以来一直引领我国口腔医学教育的发展。面对口腔医学人才培养新需求，华西口腔准确识变、主动求变，前瞻性应答“教育强国”和“健康中国”战略，以新医科统领口腔医学发展，突破人才培养瓶颈，构建了新医科引领的“口腔医学+”卓越人才培养模式。

该成果依托华西口腔“A+”学科平台的强力支撑，以德智体美劳全面发展为着力点，搭建“良医”“科学家”和“创业者”发展路径多元化的全素质平台，深度挖掘口腔医学未来领跑者的能力内涵和外延，致力于培养“硬技能”和“软实力”兼备的卓越口腔医学人才。以跨学科多维融合，院际、校际、校企和国际多元合作，支撑新时代人才培养；以社会主义核心价值观为引领，五育并举提升“软实力”，促进学生全面发展；以信息技术与口腔医学教育深度融合为手段，重构教学生态，推动教学质量持续提升。

经过多年实践，逐步实现了教学体系由

单一学科向“口腔医学+”转变，教学理念由技能专精向“德能协同”转变，教学手段由被动式教学向“师生共同体”转变，全面推进了口腔医学生大健康观念、终身学习能力、创新创业能力、智能素养等时代需求新能力的塑造，提升人才培养质量，领跑未来口腔医学发展。

该成果推广应用以来，受到国内外高校及医学教育界高度肯定，多次被人民网、新华网、《光明日报》等国内权威媒体报道。2018年，该成果作为新时代全国高等学校本科教育工作会议重要日程接待教育部、各省教育行政主管部门领导和全国400余所高校校长一行，通过现场参观和实地体验，受到了与会专家和领导的高度赞赏；同年，成果第一完成人受邀在欧洲牙科教育协会年会上发出中国强音，向世界展示卓越口腔医学人才培养新模式，引起国内外口腔医学领域广泛关注。

（四川大学华西口腔医学院供稿）

面向卓越医师培养，口腔修复学“三一三”本科教学体系的创新与实践

该项目荣获2022年陕西省高等教育教学成果奖特等奖。主要完成人：牛丽娜、赵铱民、陈吉华、王富、许浩坤、田敏、王忠山、冯志宏、方明、张凌。

根据《教育部卫生部关于实施卓越医生教育培养计划的意见》文件精神，为培养适应我国卫生事业发展的卓越口腔医学人才，口腔修复学教研室依托“A+”学科优势，长期致力于口腔修复学人才培养模式的探索与实践。

该成果通过“三个进入”，构建一个课程新体系，贯通三大协同育人路径，在教学资源、教学内容、教学模式三个层面持续优化创新，先后获评国家精品课、国家精品视频公开课、首批国家一流本科课程、陕西省一流本科课程；教学团队获批国家级教学团队、教育部创新团队、陕西省首批虚拟教研室；连续担任6版《口腔修复学》全国统编教材主编单位，获陕西省优秀教材一等奖；出版教材专著30余部，发表教学论文70余篇。

空军军医大学口腔医学院始终秉承“建一流学科、育一流人才、练一流技术、出一流成果”的理念，以学校“学研练考比”活动为抓手，着力“教法创新、教材建设、教学研究”三个维度，对标“教员、学员、教辅人员”三个群体，将优秀育人环节的经验做法凝练总结，进一步反哺课堂，提升育人质效。

（空军军医大学口腔医学院供稿）

仿生修复牙体硬组织的基础研究与临床关键技术构建

该项目荣获2022年四川省科学技术进步奖一等奖。主要完成人：叶玲、张凌琳、汪成林、杨静、彭栗、张岚、白明茹、李波儿、尹贝、宋东哲。

该项目属于口腔医学领域。围绕牙体硬组织仿生修复机制及关键技术开展系列研究，历时17年，取得了多项创新成果：

项目基于仿生思想创建了牙釉质仿生修复新模式，围绕牙体硬组织矿化模式与调控机理研究，提出了釉原蛋白功能多肽修复牙体硬组织的新策略，研发了具有釉质界面分子识别、纳米颗粒自组装和仿生晶体生长的牙体硬组织仿生修复功能多肽，实现了牙釉质仿生自生长修复。

基于牙本质修复再生微环境调控的生理机制，采用细胞归巢技术诱导牙本质再生，开

展基于CGF微环境诱导干细胞归巢的牙髓-牙本质仿生修复队列研究。该仿生技术硬组织再生率较传统治疗方式提高了15%，为诱导牙本质仿生修复奠定了坚实的理论及技术基础。

针对国人牙体硬组织与毗邻重要解剖结构的相对位置和根尖手术成功率的相关性，提出了“手术入路线”概念，并建立了根尖手术的难度评估标准。在此基础上，构建了基于仿生设计的全程3D导板数字化显微根尖手术流程，实现了显微根尖手术的精准定位、量化切割，较传统根尖手术并发症明显减少，手术成功率显著提高。

该项目授权发明专利7项，其中国际发明专利1项；发表代表性文章29篇；编著教材专著21部；主办继续教育培训22次，培训人员12 000人次。项目研究成果在全国多个院校的医疗、科研、教学等方面进行应用推广，取得显著的社会经济效益。

（四川大学华西口腔医学院供稿）

口腔种植复杂骨缺损的关键治疗技术创新与应用

该项目荣获陕西省科学技术进步一等奖。主要完成人：李德华、金钫、魏洪波、隋秉东、陈骥、刘毅、马威、王鑫、陈贤帅、谢超、汤雨龙。

牙齿缺失被世界卫生组织定义为残疾，我国成年人牙齿缺失率高达60.2%。与传统修复方法相比，口腔种植更接近于天然牙，已成为治疗首选，去年我国治疗量接近500万颗。然而，目前种植牙并发症发生率高，年均20余万颗种植体脱落，造成数十亿经济损失。骨量充足稳定是种植成功的基础，复杂骨缺损高发且治疗技术不完善是种植并发症的关键原因。为解决上述难题，空军军医大学口腔医院历经十余年攻关，建立了针对复杂骨缺损种植治疗全流程的创新技术体系，解决了种植并发症高发的临床难题。主要创新点如下。

创设牙槽骨缺损分类，创建复杂骨缺损重建关键技术；发现种植骨流失多因素致病机制，首创以生物学为导向临床防控新策略，研发出牙种植体新产品；发现干细胞成骨功能下降关键新机制，创建干细胞和微循环协同治疗新策略。

主要成果产出新技术2项、新策略2项，牵头、参与制定技术标准、指南、规范4部，参与国际专家共识1部，副主编国家规划教材《口腔种植学》，发表SCI论文56篇（其中4篇IF>10），授权国际专利2项、国家发明专利8项。受邀世界大会主旨、专题演讲等27次，举办国外培训班21期，国内技术推广400余场次。

（空军军医大学口腔医学院供稿）

颜面部骨组织缺损的修复与功能重建

该项目荣获陕西省高等学校科学研究优秀成果一等奖。主要完成人：孔亮、张兰、蔡卜磊、李云鹏、刘富伟、田磊、张凯、高晔、侯燕。

外伤、肿瘤切除、先天发育畸形等造成的颜面部骨缺损，严重影响患者容貌，常引起咀嚼、吞咽、发音、呼吸等功能障碍，甚至导致严重的心理和社会问题。针对颜面部骨组织缺损的修复与功能重建这一临床难题，从内源性干细胞再生修复与外源性植入体替代修复两个角度，从发现新机制—创建新技术—研发新产品—临床转化应用四个层面，从基础到临床层层递进展开研究，实现了颜面部骨组织修复与功能重建，显著提升了颜面部骨缺损的修复效果。主要创新点如下。

发现中性粒细胞是骨损伤后最早被激活的免疫细胞，其N2极化可以快速高效募集骨髓间充质干细胞，是诱导早期骨再生的关键。

首创自体干细胞群机械震荡提取技术，具有获取效率高、细胞活性好、生物安全性高、易于临床转化等优势；首创利用合金元素之间标准电极电位差异制备可控、高强度纳米形貌的弱碱活化-固态除湿技术，能够满足骨植入体在体长期稳定的生物学和生物力学性能。

研制出具有自主知识产权的自体干细胞群机械震荡提取原型机，实现手术室内同期高效提取、处理与临床应用；研制出具有自主知识产权的具备仿生活化改性表面、牵张成骨功能等的系列新型植入体，缩短颜面骨缺损修复的治疗周期。

（空军军医大学口腔医学院供稿）

仿生矿化技术的新型骨缺损修复材料

该项目荣获陕西省科技工作者创新创业大赛一等奖。主要完成人：牛丽娜、焦凯、慕昭、马雨轩、王晨语、万千千、顾俊婷、李婧、秦雯、李志军。

各类原因导致的骨缺损发生率高，危害大，严重影响了患者的生活质量与身心健康。临床上常使用的骨替代材料主要有自体骨、同种异体骨、异种骨，自体骨移植存在取骨量有限且二次创伤等不足，而其余骨替代材料则存在疾病传播、免疫排斥与成骨性能差等缺点。系统性研究硬组织缺损修复策略，研制或开发出兼具骨缺损修复与骨再生功能的新型骨替代材料，并推进临床转化及产业发展，是骨缺损修复与组织再生领域的重大研究课题。目前的人工材料虽然模拟了骨组织的基本成分，但却未能准确模拟其结构特征，导致其无法兼具自然骨优良的机械性能及良好的生物活性。制备高仿真骨修复材料的关键在于模拟自然骨组织的纤维内矿化模式和多级分级结构特征，而仿生矿化技术就是达到这一目的的一个重要手段。

团队通过对仿生矿化材料进行系统性研究，利用仿生矿化理论，构建了系列结构功能一体化的仿生骨缺损修复材料，并实现对材料性能的精准调控，加速了材料与机体的整合，建立了从矿化原理到活体应用的系列原创性成果，推进了仿生矿化技术在骨组织修复与再生方面的临床转化及应用。

在材料生物性能方面，构建的新型仿生矿化材料具有力学性能优、生物相容性高、促成骨活性强等优势，克服了常规骨组织工程中种子细胞获取困难、来源有限、费用昂贵、成骨活性不足等严重缺陷。该成果的转化推广将有利于解决临床上目前仿生骨缺损修复材料短缺的问题，有效提高骨缺损患者的治疗效果，在骨组织工程中具有极大应用前景。

在合成技术路线方面，自主研发的骨修复材料，不仅容易获取，并且成本低廉，能够极大地降低患者的治疗费用。因此，该成果的转化应用将为国家建设带来巨大的经济、社会效益。同时，也将进一步提高我国在组织工程材料构建中的竞争力，具有非常重大的意义。

该项目前期研究结果已获国家发明专利5项，包括如下内容：《纤维内仿生硅钙杂化胶原支架材料的应用》（ZL201410488125.3）、《双因子携载型杂化仿生骨支架的制备方法及其应用》（ZL201710265384.3）、《一种抗菌仿生硅化胶原支架材料的构建方法及应用》（ZL201410488167.7）、《高分子聚电解质诱导胶原纤维内仿生钙化的方法及其应用》(ZL201710305365.9)和《一种聚阴离子改性纤维内仿生矿化材料、制备方法及应用》(ZL201711241916.6)。项目组已发表相关SCI论文100余篇。该项目受到国家自然科学基金、陕西省自然科学基金的资助。

(空军军医大学口腔医学院供稿)

调控微环境促进颌骨缺损修复的新策略新技术研究

该项目荣获吉林省科学技术进步一等奖。主要完成人:孙宏晨、张杰、林锦新、史册、徐晓薇、刘麒麟、苗雷英、李道伟、李琛。完成单位:吉林大学、北京大学口腔医院、中国科学院福建物质结构研究所、南京大学医学院附属口腔医院。

由衰老、骨折、肿瘤、炎症等各种原因引起的骨吸收破坏和骨缺损,将导致骨骼功能丧失,严重影响患者身心健康和生活质量。目前,临床骨缺损修复常采用游离组织瓣和钛植入体修复,但存在塑形困难、强度有待提高和骨结合能力有限等问题,致使治疗过程中出现植入体松动折裂等弊端,且精准度有待进一步提高。孙宏晨教授带领研究团队历时17年,在1项国家重点研发计划项目和2项省科技厅项目的支持下,针对骨再生和功能修复过程中的微环境调控和个性化修复两大关键问题,系统研究了骨重塑的机理,全面探索了促进骨损伤修复和植入体骨结合的方法和技术,已在国内10余家口腔医院推广应用,取得了良好的临床治疗效果和社会效益。该项目以第一作者和通信作者发表SCI论著38篇,累计被引1 000余次,其中单篇最高被引113次。获国家发明专利3项。入选国家重大人才计划1人,入选国家重大人才计划青年人才项目1人、长白山学者特聘教授1名、中国科协青年托举人才2名,另有辽宁省优秀论文获得者7名。

(吉林大学白求恩口腔医学院供稿)

关于公布中国博士后科学基金第71批面上资助获资助人员名单的通知

中博基字〔2022〕号

各博士后设站单位:

根据《中国博士后科学基金资助规定》(中博基字〔2020〕7号),经专家评审和评审结果公示,确定对3 880人给予中国博士后科学基金第71批面上资助。获资助人员名单详见附件,部分获资助人员另行发布通知。

附件:中国博士后科学基金第71批面上资助获资助人员名单

中国博士后科学基金会

2022年6月30日

口腔医学第71批、第72批及2022年度中国博士后科学基金特别资助(含站前、站中)获资助人员名单见表5~表8。

表5　中国博士后科学基金第71批面上资助获资助人员名单(口腔医学)*

资助编号	姓　名	原序号	博管会编号	设站单位	一级学科	资助金额（万元）
2022M710173	张　鸣	164	294144	中山大学	口腔医学	12
2022M710254	万竹青	244	307468	北京大学医学部	口腔医学	8
2022M710255	文　曦	245	288372	北京大学医学部	口腔医学	8
2022M710256	张碧荷	246	268973	北京大学医学部	口腔医学	8
2022M710257	张云帆	247	288369	北京大学医学部	口腔医学	8
2022M710748	李　双	654	301336	复旦大学	口腔医学	8
2022M711301	常　蓓	1156	308219	吉林大学	口腔医学	8
2022M711905	商玲玲	1716	299208	山东大学	口腔医学	8
2022M711906	王　兵	1717	276893	山东大学	口腔医学	8
2022M712158	伍　云	1967	292707	深圳北京大学香港科技大学医学中心	口腔医学	8
2022M712239	陈　婧	2047	302771	四川大学	口腔医学	8
2022M712240	李　博	2048	295885	四川大学	口腔医学	8
2022M712241	陶思颖	2049	302770	四川大学	口腔医学	8
2022M712384	李彦静	2192	295388	天津医科大学	口腔医学	8
2022M712757	黄萧瑜	2544	293060	浙江大学	口腔医学	8
2022M712880	杨雷雷	2667	304288	郑州大学	口腔医学	8
2022M713043	杨宗澄	2819	311831	中国科学技术大学	口腔医学	8
2022M713575	陈首丞	3351	294160	中山大学	口腔医学	8
2022M713576	黄永胜	3352	284649	中山大学	口腔医学	8
2022M713577	穆文欣	3353	294157	中山大学	口腔医学	8
2022M713578	尚冯青	3354	294227	中山大学	口腔医学	8
2022M713579	谈济洲	3355	290446	中山大学	口腔医学	8
2022MD713819	毓天昊	141	306522	中国医科大学	口腔医学	8

注：*摘自2022年6月30日中国博士后科学基金第71批面上资助名单附件，军队系统获资助人员名单略。

表6　中国博士后科学基金第72批面上资助获资助人员名单（口腔医学）*

原序号	姓名	博管会编号	设站单位	一级学科	资助等级
7	宋　佳	320857	北京大学医学部	口腔医学	1
168	陈　洁	324904	中山大学	口腔医学	1
291	李庆祥	287924	北京大学医学部	口腔医学	2
292	王丹丹	325147	北京大学医学部	口腔医学	2
293	武云舒	289882	北京大学医学部	口腔医学	2
294	袁晓静	287994	北京大学医学部	口腔医学	2

续表

原序号	姓　名	博管会编号	设站单位	一级学科	资助等级
673	陈黎曼	284207	复旦大学	口腔医学	2
1140	方　蛟	326932	吉林大学	口腔医学	2
1237	周　平	296683	兰州大学第二医院	口腔医学	2
1430	娄　姝	328346	南京医科大学	口腔医学	2
1688	王亚楠	327923	山东大学	口腔医学	2
1875	傅稼耀	323363	上海交通大学医学院	口腔医学	2
1876	殷　实	323349	上海交通大学医学院	口腔医学	2
1976	王晓燕	308537	首都医科大学	口腔医学	2
2024	张德茂	295842	四川大学	口腔医学	2
2025	张　鑫	295874	四川大学	口腔医学	2
2026	周　蜜	322470	四川大学	口腔医学	2
2121	胡美林	324281	天津医科大学	口腔医学	2
2168	巩旭燕	323092	同济大学	口腔医学	2
2507	丁婷婷	323646	浙江大学	口腔医学	2
2508	卢洪叶	292849	浙江大学	口腔医学	2
2509	罗洪科	293253	浙江大学	口腔医学	2
2510	於　科	292748	浙江大学	口腔医学	2
3373	范　乐	294151	中山大学	口腔医学	2
3374	何依帆	324907	中山大学	口腔医学	2
3375	卢涣滋	294145	中山大学	口腔医学	2
3376	吴家顺	313961	中山大学	口腔医学	2
3377	吴宗熙	324919	中山大学	口腔医学	2
3378	俞笑冉	324914	中山大学	口腔医学	2
3459	翟启明	300288	重庆医科大学	口腔医学	2
3460	刘丰艺	327176	重庆医科大学	口腔医学	2
3463	古萌琴	326959	重庆医科大学附属口腔医院	口腔医学	2

注：*摘自2022年11月18日中国博士后科学基金第72批面上资助名单附件，军队系统获资助人员名单略。

表7　中国博士后科学基金第4批特别资助（站前）获资助人员名单（口腔医学）*

资助编号	姓 名	原序号	批次	设站单位	一级学科	资助金额（万元）
2022TQ0110	赵丹雷	85	4	华中科技大学同济医学院附属协和医院	口腔医学	18
2022TQ0222	高邵静雅	180	4	四川大学	口腔医学	18
2022TQ0381	刘育豪	332	4	中山大学	口腔医学	18
2022TQ0395	李帝泽	346	4	重庆医科大学	口腔医学	18

注：*摘自2022年7月22日“中博基字〔2022〕7号”文件《中国博士后科学基金第4批特别资助（站前）获资助人员名单》。

表8 中国博士后科学基金第15批特别资助(站中)获资助人员名单(口腔医学)*

资助编号	原序号	姓 名	博管会编号	设站单位	一级学科	资助金额(万元)
2022T150024	24	江圣杰	256844	北京大学医学部	口腔医学	18
2022T150295	261	欧玲伶	293393	南方医科大学	口腔医学	18
2022T150447	406	王 瑗	264888	四川大学	口腔医学	18
2022T150739	691	熊宏刚	300841	中南大学	口腔医学	18
2022T150753	705	陈楚雯	280119	中山大学	口腔医学	18

注:*摘自2022年7月22日"中博基字〔2022〕7号"文件《中国博士后科学基金第15批特别资助(站中)获资助人员名单》,军队系统获资助人员名单略。

关于2022年国家自然科学基金集中接收申请项目评审结果的通告

国科金发计〔2022〕号46号

2022年国家自然科学基金项目申请集中接收期间,国家自然科学基金委员会(以下简称自然科学基金委)共接收项目申请294 396项,经初审和复审后共受理292 829项。根据《国家自然科学基金条例》、国家自然科学基金相关项目管理办法和专家评审意见,经国家自然科学基金委委务会议审批,资助面上项目20 472项、重点项目761项、重点国际(地区)合作研究项目79项、青年科学基金项目22 262项、优秀青年科学基金项目630项、优秀青年科学基金项目(港澳)25项、国家杰出青年科学基金项目415项、创新研究群体项目43项、地区科学基金项目3 521项和外国学者研究基金项目109项(包括外国优秀青年学者研究基金项目49项、外国资深学者研究基金项目60项)。集中接收期间接收的其他类型项目正在评审或审批过程中。

依托单位科学基金管理人员和申请人可于9月8日以后登录科学基金网络信息系统(https://isisn.nsfc.gov.cn)查询相关申请项目评审结果。自然科学基金委将于9月8日至13日使用report@pro.nsfc.gov.cn电子邮箱向申请人发送申请项目批准资助通知、不予资助通知以及专家评审意见。随后,将向相关依托单位寄发纸质项目资助结果通知,并附资助项目清单和不予资助项目清单。

未获资助的申请人如对不予资助决定有异议,可向自然科学基金委提出不予资助项目复审申请,相关注意事项详见附件。

欢迎各依托单位和科研人员对国家自然科学基金项目评审工作提出意见和建议。

附件:2022年国家自然科学基金不予资助项目复审工作注意事项

国家自然科学基金委员会

2022年9月7日

附件略。

中国高等院校口腔医学院和口腔医院获科研基金资助简况

本栏目收录范围主要为中华人民共和国各部委、省(自治区)、直辖市和中国人民解放军军级以上单位授予的可公开的口腔医学科研基金项目,市级、校级以及立项无资助的项目均未统计。收录时间为2022年度,其余年份部分增补(见表9)。

表9　中国高等院校口腔医学院(系)和口腔医院获科研基金资助一览表

项目名称	项目负责人	单位	基金或资助类目全称	批准号或编号	资助金额(万元)
基于再生原理的牙颌生物重建及其转化应用研究	田卫东	四川大学	国家重点研发计划	2022YFA-1104400	2 800.00
口腔仿生树脂渗透陶瓷冠桥材料的研发与多维度评价及应用示范	沈颉飞	四川大学	国家重点研发计划	2022YFC-2410100	2 000.00
口腔黏膜病损修复用对称核苷生物医用材料研究	赵　行	四川大学	国家重点研发计划课题	2022YFC-2402901	150.40
具核梭杆菌与厌氧消化链球菌共聚协同促进肿瘤细胞糖酵解的机制研究	郑　欣	四川大学	国家自然科学基金面上项目	32270120	54.00
UHRF1在牙龈卟啉单胞菌磷酸酶促进细胞迁移中的作用及机制研究	刘程程	四川大学	国家自然科学基金面上项目	32270193	54.00
Sema3A/Nrp1参与应力微环境下神经-骨交互调控及其能量代谢机制研究	李　娟	四川大学	国家自然科学基金面上项目	32271364	54.00
牙周膜细胞通过外泌体传递力学信号促进颌骨再生的作用机制研究	苏晓霞	四川大学	国家自然科学基金面上项目	32271365	54.00
"持续产氧+光响应"核壳微球的构建及其调控牙周局部微生态治疗牙周炎的研究	谢　利	四川大学	国家自然科学基金面上项目	32271415	54.00
应力敏感circINO80通过Hh/Gli1信号轴调控颌骨缺损修复的作用及机制研究	赵志河	四川大学	国家自然科学基金面上项目	32271416	54.00
METTL3过表达的工程化人脐带间充质干细胞在颅颌面骨缺损修复中的应用基础研究	陈文川	四川大学	国家自然科学基金面上项目	82270957	52.00
Notch信号介导巨噬细胞乳酸代谢重构调控基于xTDM-aDFCSs生物牙根再生相关研究	郭维华	四川大学	国家自然科学基金面上项目	82270958	52.00
基于Notch信号阶段式调控的血管新生体系改善颌骨血管衰老状态的机制研究	陈俊宇	四川大学	国家自然科学基金面上项目	82270961	52.00
近红外光/乳酸双重响应型异质结精准防治早期龋的作用及机制研究	梁坤能	四川大学	国家自然科学基金面上项目	82270970	52.00
变异链球菌-白色念珠菌生物膜以代谢-酶交互作用主导的共生模式及致龋机制研究	胡　涛	四川大学	国家自然科学基金面上项目	82270972	52.00
"锰免疗法"阻遏口腔白斑病衍进的机制与增效路径研究	曾　昕	四川大学	国家自然科学基金面上项目	82270986	52.00

续表

项目名称	项目负责人	单位	基金或资助类目全称	批准号或编号	资助金额（万元）
去乙酰化酶SIRT6对牙周Gli1+间充质干细胞功能的调控作用及机制研究	王　骏	四川大学	国家自然科学基金面上项目	82270990	52.00
KLK1调控血管内皮细胞中类病毒cGAS-STING信号通路产生的细胞因子风暴在放射性颌下腺炎发生发展中的机制研究	李春洁	四川大学	国家自然科学基金面上项目	82270994	50.00
颞下颌关节骨关节炎中NOTCH3+关节盘干细胞的命运转归及调控机制研究	毕瑞野	四川大学	国家自然科学基金面上项目	82270999	52.00
miR-429-3p靶向Kir家族调控神经损伤后口腔颌面部感觉功能异常的机制研究	沈颉飞	四川大学	国家自然科学基金面上项目	82271014	52.00
取向型免疫应答材料通过T细胞TGF-β信号通路调控种植体周软组织再生作用及机制研究	满　毅	四川大学	国家自然科学基金面上项目	82271015	52.00
基于ROS/锌动态平衡策略的响应性水凝胶体系治疗糖尿病种植体周围炎的效用机制研究	裴锡波	四川大学	国家自然科学基金面上项目	82271016	52.00
Piezo1介导Ca^{2+}内流激活mtROS/NLRP3级联效应对正畸牙根吸收的作用研究	邹淑娟	四川大学	国家自然科学基金面上项目	82271017	52.00
IL-33/SOD3调控牙槽骨重塑并反向调控牙骨质代谢的机制	徐　晖	四川大学	国家自然科学基金面上项目	82271018	52.00
PDGFRα/Sirt1轴在骨缝SM22+间质细胞介导的颅颌骨改建中的作用及调控机制研究	王　军	四川大学	国家自然科学基金面上项目	82271019	52.00
邻面牙釉质与富精氨酸仿生nano-3Y-TZP/PEKK配副间复合微动磨损匹配性机制研究	于海洋	四川大学	国家自然科学基金面上项目	82271020	52.00
FGFR1在牙周炎患者正畸牙移动氧化应激微环境中调控组织改建的机制	韩向龙	四川大学	国家自然科学基金面上项目	82271022	52.00
pH敏感智能材料抗口腔幽门螺杆菌的作用及机制研究	程　磊	四川大学	国家自然科学基金面上项目	82271033	52.00
兼具优良空间维持力和湿粘接性的仿生双层GTR膜的构建及其促进软硬组织再生的机制研究	王　剑	四川大学	国家自然科学基金面上项目	82271034	52.00
可注射湿黏附超分子核苷水凝胶的优化及其促进拔牙窝愈合的效果及机制研究	赵　行	四川大学	国家自然科学基金面上项目	82271035	52.00
口腔鳞癌NLRX1/TUFM/线粒体自噬/MHC-I降解免疫抑制新通路的解析及其介导PD-1单抗治疗抵抗的作用机制研究	罗小波	四川大学	国家自然科学基金面上项目	82272899	52.00
染色质重塑蛋白LSH介导DNA复制压力耐受促进口腔鳞状细胞癌化疗抵抗形成的作用和分子机制研究	许小平	四川大学	国家自然科学基金面上项目	82273165	52.00
乏氧肿瘤细胞外囊泡调控Tr1细胞介导口腔鳞癌淋巴结转移前微环境形成的分子机制	朱桂全	四川大学	国家自然科学基金面上项目	82273307	52.00

续表

项目名称	项目负责人	单位	基金或资助类目全称	批准号或编号	资助金额（万元）
PA28γ(hi)CAFs主导的细胞间"串扰"诱导免疫抑制微环境促进OSCC恶性进程的机制与意义	李　敬	四川大学	国家自然科学基金面上项目	82273320	52.00
新型脂质过氧化荧光探针的构建及其在衰老相关疾病中的成像应用	石　磊	四川大学	国家自然科学基金青年科学基金项目	22207079	30.00
YAP/TAZ介导角质形成细胞分化的机制研究	袁　尧	四川大学	国家自然科学基金青年科学基金项目	32200577	30.00
微波蓝光共辐照制备高强度3D打印义齿树脂及其抗氧化损伤机制研究	胥一尘	四川大学	国家自然科学基金青年科学基金项目	32201096	30.00
聚多酚/抗生素修复膜促进牙周炎牙槽骨缺损修复的作用及机制研究	肖诗梦	四川大学	国家自然科学基金青年科学基金项目	52203179	30.00
面向口腔智慧诊疗的牙齿Mesh图像识别算法探究	薛超然	四川大学	国家自然科学基金青年科学基金项目	62206190	30.00
应力分子NMⅡA/B通过Cadherin/Catenin-YAP调控牙发育的机制研究	杜　文	四川大学	国家自然科学基金青年科学基金项目	82201003	30.00
基于DNA四面体的可注射核酸水凝胶用于颌骨缺损修复的作用及机制研究	田陶然	四川大学	国家自然科学基金青年科学基金项目	82201027	30.00
基于可调控Notch信号的水凝胶促进血管化牙髓再生的研究	张思远	四川大学	国家自然科学基金青年科学基金项目	82201029	30.00
α-酮戊二酸介导H3K27me3去甲基化调控IL6家族促进口腔软组织修复的研究	王　瑗	四川大学	国家自然科学基金青年科学基金项目	82201030	30.00
Irisin靶向调控炎症状态下牙髓干细胞自噬促进其成牙本质向分化的机制研究	李向芬	四川大学	国家自然科学基金青年科学基金项目	82201044	30.00
Ca^{2+}/NFATc1调节牙髓MSC衰老的作用机制研究	余钒源	四川大学	国家自然科学基金青年科学基金项目	82201045	30.00
低龄儿童龋口腔微生物的分型与致龋性研究	周辛璇	四川大学	国家自然科学基金青年科学基金项目	82201046	30.00
VicK激酶/磷酸酶活性交互调控变异链球菌生长及生物膜的分子机理研究	王诗达	四川大学	国家自然科学基金青年科学基金项目	82201047	30.00
BMPR1A/AREG信号轴在Gli1阳性牙周膜干细胞成牙骨质中的作用研究	谢旭东	四川大学	国家自然科学基金青年科学基金项目	82201073	30.00
AMPK重塑线粒体网络稳态调控口腔白斑病异常增殖的效应和分子机制研究	王冏珂	四川大学	国家自然科学基金青年科学基金项目	82201074	30.00
多层级胶原体通过T细胞TGF-β通路调控免疫微环境及口腔软组织修复的机制研究	胡　琛	四川大学	国家自然科学基金青年科学基金项目	82201106	30.00
富尖端细胞的仿生骨松质介导Notch-Wnt串话调控牙槽骨缺损血管化再生的机制研究	张　鑫	四川大学	国家自然科学基金青年科学基金项目	82201128	30.00
四面体框架核酸载抗生素提高耐药菌对抗生素敏感性的作用及机制研究	孙　玥	四川大学	国家自然科学基金青年科学基金项目	82201131	30.00

续表

项目名称	项目负责人	单位	基金或资助类目全称	批准号或编号	资助金额（万元）
乳杆菌抗CD47蛋白表达递送系统防治OSCC的机制研究	陈　婧	四川大学	国家自然科学基金青年科学基金项目	82203008	30.00
甘露糖通过NAD+介导线粒体自噬调控口腔鳞癌能量代谢的机制研究	王　琨	四川大学	国家自然科学基金青年科学基金项目	82203597	30.00
牙发育过程中的细胞命运转变及调控机制	周陈晨	四川大学	国家自然科学基金优秀青年科学基金项目	82222015	200.00
智能牙齿识别与分割技术研究及其临床应用	李小兵	四川大学	四川省社会发展领域重点研发项目	2022YFG-0203	20.00
3D打印仿生微孔磷酸钙支架调控人脂肪干细胞成骨分化的lncRNA机制研究	刘　钧	四川大学	四川省高新技术领域重点研发项目	2022YFG-0280	20.00
颌骨畸形人工智能数字化诊断与手术设计系统的构建与研究	罗　恩	四川大学	四川省社会发展领域重点研发项目	2022YFS-0038	100.00
口腔白斑病的动态演化机制及免疫治疗研究	周　瑜	四川大学	四川省社会发展领域重点研发项目	2022YFS-0039	100.00
基于种植体周围免疫调节手术细胞靶向再生材料的愈合机制探究及图谱构建	屈依丽	四川大学	四川省社会发展领域重点研发项目	2022YFS-0041	50.00
Numb/Numbl调控Gli1+间充质干细胞命运决定机制研究	娄　锋	四川大学	四川省社会发展领域重点研发项目	2022YFS-0114	20.00
载黄连素的壳聚糖缓释系统用于年轻恒牙根尖周炎的治疗研究	孙建勋	四川大学	四川省社会发展领域重点研发项目	2022YFS-0115	20.00
噬菌体纳米材料靶向调控巨噬细胞区域免疫促进牙周炎骨修复的机制研究	尹　星	四川大学	四川省社会发展领域重点研发项目	2022YFS-0117	20.00
唾液uPA和KLK5联合检测预测口腔黏膜癌前病损恶性转化技术的建立和应用	张　平	四川大学	四川省社会发展领域重点研发项目	2022YFS-0118	20.00
应力蛋白YAP在咬合创伤加重牙周炎免疫反应中调节自噬通路的机制研究	郝　亮	四川大学	四川省社会发展领域重点研发项目	2022YFS-0119	20.00
负载BMP9的PEG-4ACR复合水凝胶的构建及其治疗慢性牙髓炎的作用与机制研究	宋东哲	四川大学	四川省社会发展领域重点研发项目	2022YFS-0120	20.00
同位素示踪解析糖皮质激素诱导腭裂的代谢异质性	李承浩	四川大学	四川省社会发展领域重点研发项目	2022YFS-0121	20.00
牵张力在膜内成骨中的作用及机制研究	叶　斌	四川大学	四川省社会发展领域重点研发项目	2022YFS-0122	20.00
基于深度学习的颌骨骨髓炎智能影像辅助诊疗系统的研发	龙　洁	四川大学	四川省社会发展领域重点研发项目	2022YFS-0123	20.00
构建成骨微环境诱导内源性干细胞归巢促进颌骨再生的临床前应用	谢蟪旭	四川大学	四川省社会发展领域重点研发项目	2022YFS-0124	20.00
可注射纳米羟基磷灰石/透明质酸/重组人源Ⅲ型胶原促进骨缺损修复的研究	王　杭	四川大学	四川省社会发展领域重点研发项目	2022YFS-0125	20.00

续表

项目名称	项目负责人	单位	基金或资助类目全称	批准号或编号	资助金额(万元)
负载PDLSCs来源外泌体的多巴胺-石墨烯复合材料促进牙周炎骨缺损修复的作用及机制研究	陈 嵩	四川大学	四川省社会发展领域重点研发项目	2022YFS-0127	20.00
基于深度学习的图像生成技术用于正畸术后侧貌预测与决策模型的建立	李沛霖	四川大学	四川省社会发展领域重点研发项目	2022YFS-0128	20.00
盐酸法舒地尔在GPR39介导的口腔鳞癌中的治疗作用探究	江宇辰	四川大学	四川省社会发展领域重点研发项目	2022YFS-0207	20.00
缓释雷诺昔芬的类骨吸收陷窝拓扑形貌种植体涂层促进骨质疏松下骨结合的研究	霍芳军	四川大学	四川省社会发展领域重点研发项目	2022YFS-0283	20.00
MAT2A抑制剂在牙釉质发育缺陷治疗中的应用潜能研究	万 冕	四川大学	四川省社会发展领域重点研发项目	2022YFS-0284	20.00
多模态儿童隐形矫治相关龋风险预警机制研究	周 媛	四川大学	四川省社会发展领域重点研发项目	2022YFS-0285	20.00
咀嚼应力对小鼠口腔种植体和天然牙周围骨的影响研究	田 也	四川大学	四川省社会发展领域重点研发项目	2022YFS-0286	20.00
诱导巨胞饮调控顺铂胞内摄取效率在口腔鳞癌治疗中的作用及机制研究	吉 宁	四川大学	四川省社会发展领域重点研发项目	2022YFS-0003	20.00
自组装仿生功能多肽水凝胶诱导牙髓再生的作用研究	王 琨	四川大学	四川省社会发展领域重点研发项目	2022YFS-0287	20.00
免疫细胞膜包被纳米粒子的构建及其对牙周炎免疫调节作用的机制研究	梁坤能	四川大学	四川省社会发展领域重点研发项目	2022YFS-0288	20.00
IRF2BP2/YAP信号轴介导口腔鳞癌脂肪酸氧化重编程调控淋巴结转移的分子机制	梁新华	四川大学	四川省社会发展领域重点研发项目	2022YFS-0289	20.00
抗菌抗氧化膜的构建及其在牙周骨缺损修复中的应用研究	肖诗梦	四川大学	四川省省院省校合作项目	2022YFS-Y0057	20.00
基于肿瘤微环境探究交感神经在口腔黏膜癌变中的作用及机制	神应强	四川大学	四川省省院省校合作项目	2022YFS-Y0058	20.00
DNA四面体-牙周膜细胞-静电纺丝膜在牙周组织再生中的运用及作用机制	金 樱	四川大学	四川省川渝科技创新合作计划项目	2022YFQ-0002	50.00
新型群体感应抑制剂在口腔细菌生物膜防控中的应用研究	李雨庆	四川大学	四川省国际科技创新合作重点研发项目	2022YFH-0048	30.00
智慧口腔正畸诊疗体系的研发与应用	赵志河	四川大学	四川省重大科技专项	2022ZDZ-X0031	560.00
“十四五”规划下西部高校附属医院人才队伍发展模式研究	施文斌	四川大学	四川省软科学项目	2022JDR-0148	5.00
红色基因融入高校党员教育的实践路径探索	谭 静	四川大学	四川省软科学项目	2022JDR-0219	10.00
新形势下口腔医学学科建设评价指标体系的探索研究	杨 鎏	四川大学	四川省软科学项目	2022JDR-0279	5.00

续表

项目名称	项目负责人	单位	基金或资助类目全称	批准号或编号	资助金额（万元）
口腔组织工程青年科技创新研究团队	蔡潇潇	四川大学	四川省青年科技创新研究团队	2022JDT-D0021	40.00
仿生矿化构建牙本质矿物基质凝胶用于牙体硬组织修复再生相关研究	郭维华	四川大学	四川省科技创新人才项目	2022JDR-C0043	30.00
微环境硬度调控人根尖牙乳头细胞间交流的机制研究	谢　静	四川大学	四川省科技创新人才项目	2022JDR-C0044	30.00
高灵敏高稳定性脂滴荧光探针	石　磊	四川大学	四川省科技创新创业苗子工程	2022JDR-C0086	10.00
Ca^{2+}/NFATc1促进MSC自我更新与硬组织再生的机制研究	余钒源	四川大学	四川省科技创新创业苗子工程	2022JDR-C0130	10.00
基于DNA四面体的细胞捕获结构在骨组织再生的应用研究	田陶然	四川大学	四川省科技创新创业苗子工程	2022JDR-C0143	10.00
基于医院-社区-互联网的口腔健康科普培训实践及体系构建	毕小琴	四川大学	四川省科普项目	2022JDK-P0007	30.00
揭秘种植牙	林　洁	四川大学	四川省科普项目	2022JDK-P0085	15.00
齿时齿刻，我们伴您身边——阻生第三磨牙科普系列短视频	刘济远	四川大学	四川省科普项目	2022JDK-P0090	15.00
Notch-mTOR信号介导巨噬细胞免疫代谢重编程对异种生物牙根再生影响的相关研究	韩　雪	四川大学	四川省科技创新苗子工程培育项目	2022081	2.00
智能响应型荧光纳米羟基磷灰石载药系统在口腔鳞癌精准诊疗中的应用	古萌琴	四川大学	四川省科技创新苗子工程培育项目	2022080	3.00
四面体框架核酸促进颅颌面组织修复与再生的机制研究	林云锋	四川大学	四川省自然科学基金重大项目	2022NSF-SC0002	100.00
多组学解析头颈肿瘤发生的免疫微环境互作研究	李太文	四川大学	四川省自然科学基金重点项目	2022NSF-SC0054	40.00
基于硼酯键的手性超分子核苷水凝胶的构建及组织工程应用初探	刘　江	四川大学	四川省自然科学基金面上项目	2022NSF-SC0289	20.00
二氧化钛刺球增强型抗菌粘接体系的构建及其界面稳定性研究	高姗姗	四川大学	四川省自然科学基金面上项目	2022NSF-SC0365	20.00
基于天然高分子的新型可注射水凝胶的构建及抗口腔致病菌性能探究	韩向龙	四川大学	四川省自然科学基金面上项目	2022NSF-SC0366	20.00
低温等离子体防治口腔菌斑微生物研究	陈　宇	四川大学	四川省自然科学基金面上项目	2022NSF-SC0367	20.00
基于Hippo通路用于预防和治疗颌骨骨坏死的新型材料的研究与开发	宋　健	四川大学	四川省自然科学基金面上项目	2022NSF-SC0371	20.00
可吸附双层结构明胶基质水凝胶的构建及其在牙髓再生中的应用基础研究	郑庆华	四川大学	四川省自然科学基金面上项目	2022NSF-SC0380	20.00
具有抗菌和促再生功能的仿生微球体系在感染性牙周缺损再生中的应用基础研究	胡芝爱	四川大学	四川省自然科学基金面上项目	2022NSF-SC0595	20.00

续表

项目名称	项目负责人	单位	基金或资助类目全称	批准号或编号	资助金额（万元）
光开关时空响应材料通过Lamin A/C信号调控干细胞成骨分化的机制研究	万乾炳	四川大学	四川省自然科学基金面上项目	2022NSF-SC0596	20.00
OGT/O-GlcNAc调控间充质干细胞命运选择的机制研究	尹　贝	四川大学	四川省自然科学基金面上项目	2022NSF-SC0598	20.00
GDF9B-SMAD信号调控间充质干细胞命运决定的作用机制研究	廖雪阳	四川大学	四川省自然科学基金面上项目	2022NSF-SC0601	20.00
Orai1介导库控钙内流促进修复性牙本质再生的机制研究	杜　文	四川大学	四川省自然科学基金面上项目	2022NSF-SC0612	20.00
糖代谢重编程调控牙髓干细胞成牙本质向分化的作用及机制研究	程　立	四川大学	四川省自然科学基金面上项目	2022NSF-SC0613	20.00
釉原蛋白衍生肽TVH-19对牙髓-牙本质复合体的多层次修复作用及机制研究	韩思理	四川大学	四川省自然科学基金面上项目	2022NSF-SC0614	20.00
共刺激分子B7-H3通过调节免疫微环境促进口腔鳞癌转移的机制研究	唐休发	四川大学	四川省自然科学基金面上项目	2022NSF-SC0635	20.00
严重骨性错殆畸形“1+2”精准诊疗数据共享平台的构建	薛超然	四川大学	四川省自然科学基金面上项目	2022NSF-SC0637	20.00
基于云平台的口腔颌面外科诊疗数据库的构建与协同共享关键技术研究	曾　维	四川大学	四川省自然科学基金面上项目	2022NSF-SC0639	20.00
外泌体递送m6A关键蛋白调控头颈鳞癌放射免疫效应的机制研究	朱桂全	四川大学	四川省自然科学基金面上项目	2022NSF-SC0681	20.00
铁死亡介导B细胞浸润影响牙周炎免疫微环境及临床表型的机制研究	徐　晖	四川大学	四川省自然科学基金面上项目	2022NSF-SC0695	20.00
BMP信号通路调控软骨基质代谢在鼻软骨发育及塑形中的作用与机制	黄汉尧	四川大学	四川省自然科学基金面上项目	2022NSF-SC0743	20.00
巨噬细胞极化参与P. gingivalis免疫逃逸导致根尖周炎骨破坏的机制研究	谭学莲	四川大学	四川省自然科学基金面上项目	2022NSF-SC0751	20.00
TET介导SLC6A8去甲基化在牙龈卟啉单胞菌促进口腔鳞状细胞癌侵袭转移中的作用及机制	刘程程	四川大学	四川省自然科学基金面上项目	2022NSF-SC0773	20.00
牙周膜干细胞亚群分选及其功能研究	谢旭东	四川大学	四川省自然科学基金面上项目	2022NSF-SC0795	20.00
α酮戊二酸协同JMJD2介导组蛋白去甲基化调控骨折修复的研究	王　瑷	四川大学	四川省自然科学基金青年科学基金	2022NSF-SC1334	10.00
具有胶原稳定作用的仿生再矿化材料对牙本质生物改性及提高牙本质粘接耐久性的研究	陶思颖	四川大学	四川省自然科学基金青年科学基金	2022NSF-SC1342	10.00
可注射光敏ZIF-8/SIM水凝胶在骨缺损中的修复作用及其机制研究	罗　锋	四川大学	四川省自然科学基金青年科学基金	2022NSF-SC1345	10.00
内脂素visfatin介导组蛋白乙酰化水平导致高脂血症小鼠牙本质发育不全的机制研究	周雅川	四川大学	四川省自然科学基金青年科学基金	2022NSF-SC1358	10.00

续表

项目名称	项目负责人	单位	基金或资助类目全称	批准号或编号	资助金额（万元）
变异链球菌c-di-AMP信号分子调控白色念珠菌致根面龋毒力的机制研究	程兴群	四川大学	四川省自然科学基金青年科学基金	2022NSF-SC1359	10.00
多功能磁控外泌体对骨肉瘤侵袭转移的智能预测及靶向治疗	薛铁元	四川大学	四川省自然科学基金青年科学基金	2022NSF-SC1364	10.00
正畸牙移动及调控牙周自噬对小鼠脑功能的影响与机制研究	何姝姝	四川大学	四川省自然科学基金青年科学基金	2022NSF-SC1376	10.00
口腔黏膜间质微环境重建对放射性口炎再上皮化的调控机制研究	罗晶晶	四川大学	四川省自然科学基金青年科学基金	2022NSF-SC1377	10.00
仿生蛋白微球缓释体系的构建及其在骨损伤修复中的应用研究	侯　毅	四川大学	四川省自然科学基金青年科学基金	2022NSF-SC1382	10.00
镁离子涂层对糖尿病小鼠种植体骨结合的影响及机制研究	张士文	四川大学	四川省自然科学基金青年科学基金	2022NSF-SC1384	10.00
Hedgehog通路调控牙周干细胞在牙槽骨缺损修复中的机制研究	徐若诗	四川大学	四川省自然科学基金青年科学基金	2022NSF-SC1431	10.00
外泌体介导三叉神经节神经元-神经胶质细胞信号通路调控颌面部炎性疼痛机制研究	简　繁	四川大学	四川省自然科学基金青年科学基金	2022NSF-SC1443	10.00
IL-1α经IL-1RI-ERK/p65信号通路影响成釉细胞pH调控的机制研究	蒙明梅	四川大学	四川省自然科学基金青年科学基金	2022NSF-SC1455	10.00
Hif-1α/KDM4B轴调控老龄BMSCs成骨-成脂分化平衡促进骨损伤愈合的研究	张建康	四川大学	四川省自然科学基金青年科学基金	2022NSF-SC1462	10.00
低磷通过促进长骨软骨形成及软骨细胞成骨导致佝偻病/骨软化症的研究	李　蕙	四川大学	四川省自然科学基金青年科学基金	2022NSF-SC1476	10.00
降钙素基因相关肽（CGRP）及其受体在低强度脉冲超声（LIPUS）促进骨质疏松大鼠骨髓间充质干细胞（BMSCs）成骨分化中的机制研究	陈晨峰	四川大学	四川省自然科学基金青年科学基金	2022NSF-SC1478	10.00
Toll样受体在放射性口腔黏膜炎中的作用及其机制研究	王　艳	四川大学	四川省自然科学基金青年科学基金	2022NSF-SC1482	10.00
表观调控基因Lsh对口腔鳞癌细胞生物学行为及耐药形成的分子机制研究	许小平	四川大学	四川省自然科学基金青年科学基金	2022NSF-SC1495	10.00
口腔耐药肺炎克雷伯菌通过TLR4-M1-IL23R-γδT免疫级联响应机制调控炎症性肠病的研究	汤博钰	四川大学	四川省自然科学基金青年科学基金	2022NSF-SC1507	10.00
具有抗菌促成骨双功能类病毒纳米颗粒的构建及其在骨修复中的应用	曹叔琴	四川大学	四川省自然科学基金青年科学基金	2022NSF-SC1511	10.00
USP34介导线粒体自噬调控颞下颌关节骨关节炎的研究	郭雨晨	四川大学	四川省自然科学基金青年科学基金	2022NSF-SC1515	10.00
应用可降解阳离子二氧化硅纳米粒子控制唇裂术后瘢痕的实验研究	曾　妮	四川大学	四川省自然科学基金青年科学基金	2022NSF-SC1519	10.00

续表

项目名称	项目负责人	单位	基金或资助类目全称	批准号或编号	资助金额（万元）
Maresin 1重塑牙周稳态的机制研究	杨靖梅	四川大学	四川省自然科学基金青年科学基金	2022NSF-SC1521	10.00
长链非编码RNA AC012181.1通过调控细胞内信号网络影响口腔癌增殖及侵袭转移的机制研究	陈娅飞	四川大学	四川省自然科学基金青年科学基金	2022NSF-SC1525	10.00
利用特异性多能牙囊干细胞亚群再生牙周复合体的研究	陈金龙	四川大学	四川省自然科学基金青年科学基金	2022NSF-SC1540	10.00
溃疡性结肠炎通过IL-1β信号诱导骨髓细胞训练免疫加重牙周炎牙槽骨吸收机制研究	贾小玥	四川大学	四川省自然科学基金青年科学基金	2022NSF-SC1566	10.00
口腔扁平苔藓相关B细胞分布特征及生物学功能研究	史雪珂	四川大学	四川省自然科学基金青年科学基金	2022NSF-SC1599	6.00
搭载产氢纳米平台的取向型静电纺丝膜调控软组织修复的机制研究	满　毅	四川大学	四川省中央引导地方科技发展资金面上项目	2022ZYD-0052	40.00
巨胞饮调控耐顺铂OSCC胞内顺铂含量的抗耐药作用及机制研究	赵　行	四川大学	四川省中央引导地方科技发展资金面上项目	2022ZYD-0053	40.00
Ezh2调节Nfatc1+MSC再生能力的表观机制研究	余钒源	四川大学	四川省中央引导地方科技发展资金面上项目	2022ZYD-0055	40.00
代谢性小分子材料化调控糖尿病颌骨损伤修复与再生	余雷晓	四川大学	四川省中央引导地方科技发展资金面上项目	2022ZYD-0065	40.00
DNA四面体框架核酸水凝胶用于软组织缺损修复的研究	田陶然	四川大学	四川省中央引导地方科技发展资金面上项目	2022ZYD-0074	40.00
NFATC1+MSC谱系定向的表观遗传机制	余钒源	四川大学	中国科协青年人才托举工程项目	2022QNR-C001	60.00
口腔疾病的规范化和个性化的治疗研究	蔡志刚	北京大学	科技部重点研发项目	2022YFC-2504200	1 494.50
牙髓及牙周软组织的高场MRI精细成像技术研究及样机研制	彭　歆	北京大学	科技部重点研发项目	2022YFC-2402100	800.00
调节性T细胞精准调控干细胞谱系分化促进牙颌生物重建与原位再生	杨瑞莉	北京大学	科技部重点研发项目	2022YFA-1105800	500.00
牙周病-糖尿病的口腔微生态检测技术及调控机制研究	袁　超	北京大学	科技部重点研发项目	2022YFE-0118300	300.00
唾液腺腺癌类器官模型规范化体系建立及口腔癌类器官芯片构建	蔡志刚	北京大学	科技部重点研发课题	2022YFC-2504204	359.50
口腔颅颌面手术机器人应用的临床评价	张　益	北京大学	科技部重点研发课题	2022YFC-2405404	350.00
生物基材料防治牙釉质龋的研究	刘欣宇	北京大学	科技部重点研发课题	2022YFC-2405903	297.50

续表

项目名称	项目负责人	单位	基金或资助类目全称	批准号或编号	资助金额（万元）
高场MRI精细成像技术评价牙髓及牙周软组织的动物实验研究	彭　歆	北京大学	科技部重点研发课题	2022YFC-2402104	344.00
新型口腔生物医用材料及产品安全性和有效性评价技术研究	皇文进	北京大学	科技部重点研发课题	2022YFC-2401803	245.00
牙/颌骨功能修复生物材料	邓旭亮	北京大学	国家自然科学基金创新研究群体项目	82221003	1 000.00
口腔修复	卫　彦	北京大学	国家自然科学基金杰出青年科学基金	82225012	400.00
光响应电活性屏障膜材料抑菌抗炎及促进牙周再生研究	邓旭亮	北京大学	国家自然科学基金联合基金项目	U22A20160	255.00
无机抗菌纳米线-胶原多级组装仿生支架材料调控免疫炎症微环境并修复感染性骨缺损的研究	刘　燕	北京大学	国家自然科学基金重点项目	82230030	261.00
基于力-化学耦合效应的牙本质断裂机理研究	朱浚鑫	北京大学	国家自然科学基金青年科学基金项目	12202016	30.00
力-电协同调控骨髓间充质干细胞粘附和成骨分化	白云洋	北京大学	国家自然科学基金青年科学基金项目	32200658	30.00
基于HoMS的抗生素-miRNA时空次序递送系统对口腔颌面部感染性骨缺损的疗效研究	张云帆	北京大学	国家自然科学基金青年科学基金项目	82201017	30.00
介孔纳米硅运载抗RANKL适配体靶向治疗骨质疏松症的应用及机制研究	杨　洋	北京大学	国家自然科学基金青年科学基金项目	82201018	30.00
时空调控HIF-1α表达的功能化SHEDs聚集体促血管化牙髓再生的研究	袁晓静	北京大学	国家自然科学基金青年科学基金项目	82201019	20.00
小分子化合物Parishin-A调节BMMSCs干性在颌骨稳态与再生中的作用及机制研究	王　禹	北京大学	国家自然科学基金青年科学基金项目	82201020	30.00
碳化钛光热转换效应及温控释放地塞米松协同促成骨研究	陈　英	北京大学	国家自然科学基金青年科学基金项目	82201021	30.00
Fibronectin可变剪接域EDA介导成纤维细胞干预衰老机体骨愈合的机制研究	杨静文	北京大学	国家自然科学基金青年科学基金项目	82201022	30.00
糖异生关键酶PCK2介导的糖酵解信号通路在不同硬度细胞外基质中促进骨再生的机制研究	李　峥	北京大学	国家自然科学基金青年科学基金项目	82201023	30.00
线粒体转移调控AMPK-BNIP3信号轴激活自噬过程促进rBMSCs功能研究	迟晓培	北京大学	国家自然科学基金青年科学基金项目	82201031	30.00
双硫仑/海藻酸钙水凝胶调控细胞焦亡和骨免疫促进牙周再生	李文静	北京大学	国家自然科学基金青年科学基金项目	82201062	20.00
消退素RvD1经ALX/FPR2受体促进M2型巨噬细胞极化和胞葬作用对牙周炎消退的机制研究	邓　婕	北京大学	国家自然科学基金青年科学基金项目	82201063	30.00

续表

项目名称	项目负责人	单位	基金或资助类目全称	批准号或编号	资助金额（万元）
Hippo-YAP通路介导Gli1+软骨下骨祖细胞调控TMJOA异常骨改建的机制研究	雷　杰	北京大学	国家自然科学基金青年科学基金项目	82201091	30.00
电学微环境调控尖端细胞和茎细胞分化	郭亚茹	北京大学	国家自然科学基金青年科学基金项目	82201123	30.00
含铌锆基块体非晶合金作为口腔种植材料的性能及生物力学研究	武云舒	北京大学	国家自然科学基金青年科学基金项目	82201125	20.00
麦胚凝集素-两性离子高分子偶联物的构建及其在口腔干燥症的应用	刘欣宇	北京大学	国家自然科学基金青年科学基金项目	82202327	30.00
基于乙酸盐代谢途径探究抑制G6PD增强T细胞抗肿瘤免疫功能的作用及机制	王逸飞	北京大学	国家自然科学基金青年科学基金项目	82203514	30.00
钴基单原子纳米酶近红外光响应动力学与免疫微环境抗肿瘤机制研究	王宇光	北京大学	国家自然科学基金面上项目	52271127	54.00
增材制造锌锂镁合金多孔支架的降解调控与促成骨机制	夏丹丹	北京大学	国家自然科学基金面上项目	52271243	54.00
梯度结构可注射复合水凝胶的制备及其调控血管化成骨行为研究	王晓燕	北京大学	国家自然科学基金面上项目	52273062	55.00
树脂渗透钛酸钡增强增韧压电自抗菌口腔种植修复基台研究	张学慧	北京大学	国家自然科学基金面上项目	52273258	53.00
Kdf1通过调控牙上皮细胞极化和细胞连接决定牙冠形态发生的机制研究	韩　冬	北京大学	国家自然科学基金面上项目	82270944	52.00
人牙胚釉结细胞群的鉴定及功能和机制研究	张　然	北京大学	国家自然科学基金面上项目	82270945	52.00
颅颌面骨组织损伤激活间充质干细胞命运决定的机制研究	周永胜	北京大学	国家自然科学基金面上项目	82270954	52.00
白介素-13对嗜酸性唾液腺导管炎导管上皮杯状细胞化生的作用及调控机制	俞光岩	北京大学	国家自然科学基金面上项目	82270993	50.00
巨噬细胞参与机械力介导腭中缝间充质干细胞成骨的机制研究	柳大为	北京大学	国家自然科学基金面上项目	82271009	52.00
生物材料调控骨再生的单细胞时空图谱绘制与基于机制研究的新型骨修复材料研发	吕珑薇	北京大学	国家自然科学基金面上项目	82271032	52.00
颜面缺损修复三维目标参照数据构建的区域权重非刚性配准算法研究	王　勇	北京大学	国家自然科学基金面上项目	82271039	52.00
MYC在头颈鳞状细胞癌PTC596耐药中的作用及机制研究	贾凌飞	北京大学	国家自然科学基金面上项目	82272706	52.00
无菌护创液体敷料对口腔种植软组织创面愈合影响的随机对照临床试验	刘晓强	北京大学	教育部高校产学研创新基金	2021JH003	20.00

续表

项目名称	项目负责人	单位	基金或资助类目全称	批准号或编号	资助金额（万元）
即刻种植即刻修复联合无菌护创液体敷料促进复杂拔牙创愈合的应用研究	蒋　析	北京大学	教育部高校产学研创新基金	2021JH052	5.00
无菌液体敷料加载LncRNA/多巴胺用于促进牙种植体骨愈合的应用基础研究	林　野	北京大学	教育部高校产学研创新基金	2021JH002	20.00
基于人工智能的牙齿三维个体识别和分割技术研发	刘晓强	北京大学	教育部高校产学研创新基金	CXY0510	5.00
数字化技术在拔牙后即刻种植修复中的应用研究	林　野	北京大学	中央保健科研课题	2022ZD18	100.00
混合现实技术辅助口腔颌面部肿瘤手术的精度研究	彭　歆	北京大学	中央保健科研课题	2022YB45	15.00
新型仿生牙修复材料研发	卫　彦	北京大学	北京市科技计划	Z2211000-07422088	500.00
基于OCT的新型口腔肿瘤诊疗装备联合研究及验证	王宇光	北京大学	北京市科技计划	Z2211000-02722004	150.00
外场响应双功能仿生植骨支架的构建及其精准治疗感染性骨缺损的研究	刘　燕	北京大学	北京市科技计划	Z2211000-02722003	150.00
变异链球菌细胞分裂蛋白FtsZ耐酸机制研究	王晓燕	北京大学	北京市自然科学基金	7222220	20.00
PAX1和ZNF582基因甲基化与口腔鳞状细胞癌发生发展相关性的研究	彭　歆	北京大学	北京市自然科学基金	7222221	20.00
LncRNA IGFBP7-AS1形成RNA双链促进SHED成牙本质向分化的研究	王媛媛	北京大学	北京市自然科学基金	7222222	20.00
基于单细胞转录组测序Gremlin1+牙髓干细胞鉴定及其促进牙本质再生的机制研究	陈　硕	北京大学	北京市自然科学基金	7222223	20.00
人脂肪干细胞来源的凋亡微囊泡促进颅颌面骨缺损修复的作用及其机制研究	张　晓	北京大学	北京市自然科学基金	7222224	20.00
LncRNA MRPL23-AS1诱导失巢凋亡抵抗在涎腺腺样囊性癌肺转移中的作用	葛兮源	北京大学	北京市自然科学基金	7222225	20.00
仿生电学微环境调控巨噬细胞雌激素信号促进成骨作用机制研究	张学慧	北京大学	北京市自然科学基金	7222226	20.00
线粒体DNA在牙周炎与糖尿病关系机制中的潜在作用	栾庆先	北京大学	北京市自然科学基金	7222227	20.00
基于标志点赋权算法建立“虚拟患者”标准咬合平面关键机制研究	潘韶霞	北京大学	北京市自然科学基金	7222228	20.00
乳酸激活嗅觉受体Olfr1440调控骨髓间充质干细胞促进颌骨损伤修复的机制研究	魏　泰	北京大学	北京市自然科学基金	7224350	10.00
无托槽隐形矫治用多层复合膜片临床前质量评价	林　红	北京大学	北京市自然科学基金	L222025-2	30.00
高精度CBCT成像技术的实验验证与临床评价	刘晓默	北京大学	北京市自然科学基金	L222001-2	20.00

续表

项目名称	项目负责人	单位	基金或资助类目全称	批准号或编号	资助金额（万元）
牙体预备机器人关键技术的建立和临床应用研究	谭建国	北京大学	北京市自然科学基金	L222023	100.00
基于CBCT影像的龋病及根尖周病智能诊断系统的建立	梁宇红	北京大学	北京市自然科学基金	L222026	100.00
近红外光响应性形态功能双可调4D打印支架的研发及其在骨缺损修复中的应用与机制研究	周永胜	北京大学	北京市自然科学基金	L222030	100.00
颌骨干细胞来源外泌体对骨修复和骨再生的特异性作用及机制研究	刘云松	北京大学	北京市自然科学基金	L222090	29.30
口腔颅颌面畸形截骨机器人手术智能规划与安全协同控制方法研究	贺　洋	北京大学	北京市自然科学基金	L222105	29.30
隐形矫治预置附件系统的研发及临床初步研究	柳大为	北京大学	北京市自然科学基金	L222116	29.30
细胞通讯启发的仿生晶胶微载体促血管化骨再生关键技术及机制研究	赵玉鸣	北京大学	北京市自然科学基金	L222144	29.30
仿生磁纳米颗粒通过快速富集和靶向投递高成骨性能干细胞外泌体治疗骨质疏松的研究	刘　浩	北京大学	北京市自然科学基金	L222145	29.30
椅旁CAD/CAM一体化纤维增强树脂桩核临床修复效果评价	邓旭亮	北京大学	首都卫生发展科研专项	首发2022-14101	90.00
面神经功能人工智能评价方法的建立与面瘫综合诊疗系统的开发	蔡志刚	北京大学	首都卫生发展科研专项	首发2022-14102	32.00
针对罹患重度牙周病变磨牙区拔牙位点保存的多维度临床应用研究	胡文杰	北京大学	首都卫生发展科研专项	首发2022-24103	32.00
基于先验数据的牙颌面畸形治疗虚拟规划:数据库的建立与应用	李自力	北京大学	首都卫生发展科研专项	首发2022-24104	32.00
基于多组学标志物早期检测低龄儿童龋动态变化特征的应用研究	孙翔宇	北京大学	首都卫生发展科研专项	首发2022-24102	32.00
可摘局部义齿基牙精准预备技术临床应用研究	陈　虎	北京大学	首都卫生发展科研专项	首发2022-2Z4106	32.00
基于信息化的口腔器械临床试验管理平台建立及评价研究	华　红	北京大学	首都卫生发展科研专项	首发2022-2Z4107	32.00
老年人群龋和牙髓病的适宜技术研究与应用	梁宇红	北京大学	首都卫生发展科研专项	首发2022-34108	15.00
虚拟颌位引导外科-正畸联合治疗儿童颞下颌关节强直继发牙颌面畸形的临床研究	陈　硕	北京大学	首都卫生发展科研专项	首发2022-44109	20.00
冬奥"闭环"诊疗模式在封管控区人员口腔急症患者诊疗中的延续和完善	施祖东	北京大学	北京市卫生健康科技成果和适宜技术推广项目	BHTPP20-22042	0.80

续表

项目名称	项目负责人	单位	基金或资助类目全称	批准号或编号	资助金额（万元）
机器学习和人工智能在OSAHS诊疗中的应用	陈　斯	北京大学	宁夏回族自治区重点研发计划	2022BEG-02031-1	14.60
OSAHS远程医疗的数据传输和可穿戴设备分析	高雪梅	北京大学	宁夏回族自治区重点研发计划	2022BEG-02031-2	13.80
适合远程医疗的OSAHS矫治器的设计研发	梁　炜	北京大学	宁夏回族自治区重点研发计划	2022BEG-02031-3	4.80
适合3D打印的OSAHS矫治器高分子材料研发	韩　冰	北京大学	宁夏回族自治区重点研发计划	2022BEG-02031-4	11.20
基于榫卯固定理论的智能颅颌面重建手术机器人系统的研发与验证	刘剑楠	上海交通大学	国家重点研发计划青年科学家项目	2022YFC-2407900	200.00
口腔癌类器官规范化、个性化治疗体系的临床验证及推广应用	钟来平	上海交通大学	国家重点研发计划子课题	2022YFC-2504205	285.00
树脂基材料防治牙本质龋的研究	房　兵	上海交通大学	国家重点研发计划子课题	2022YFC-2405904	300.00
高场MRI精细成像技术评价牙髓和牙周软组织的临床试验	唐子圣	上海交通大学	国家重点研发计划子课题	2022YFC-2402105	136.00
凝胶基杂化生物材料动物实验验证与体内修复机制探索	秦兴军	上海交通大学	国家重点研发计划子课题	2022YFC-2403204	190.00
低氧引发的溶酶体-外泌体功能失衡诱导免疫微环境变化调控口腔鳞癌恶性进展	陈万涛	上海交通大学	国家自然科学基金重点项目	82230090	261.00
HPV整合致FUT8高表达介导PD-L1核心岩藻糖基化促口咽癌免疫逃逸及机制研究	李　江	上海交通大学	国家自然科学基金面上项目	82273017	52.00
压电复合水凝胶的仿生构筑及其抗菌与免疫调控牙周组织再生的作用和机制	刘　昕	上海交通大学	国家自然科学基金面上项目	82271024	50.00
EDA缺失通过调控破骨细胞分化影响外胚层发育不良患者种植骨结合的作用和机制研究	吴轶群	上海交通大学	国家自然科学基金面上项目	82271004	52.00
磷酸化-泛素化联动修饰的KDM6A调控头颈鳞癌细胞糖酵解途径的代谢重编程作用及机制研究	王　旭	上海交通大学	国家自然科学基金面上项目	82272815	52.00
LncRNA FOXD2-AS1/ATG9A信号轴通过调控自噬促进PD-L1表达及口腔鳞癌免疫逃逸的机制研究	曹　巍	上海交通大学	国家自然科学基金面上项目	82272816	52.00
糖酵解关键酶PKM2通过代谢重编程上调SLC7A11诱导口腔鳞癌细胞铁死亡抵抗的分子机制研究	杨　溪	上海交通大学	国家自然科学基金面上项目	82272831	52.00
乳酸/STING/干扰素α信号轴促进头颈鳞癌“冷”肿瘤微环境形成的机制研究	马海龙	上海交通大学	国家自然科学基金面上项目	82272983	52.00

续表

项目名称	项目负责人	单位	基金或资助类目全称	批准号或编号	资助金额（万元）
N-cadherin介导的Rac1/Pak1信号通路在口腔癌压力性细胞竞争过程中的作用及调控机制研究	徐　骎	上海交通大学	国家自然科学基金面上项目	82273095	52.00
电刺激耦合结构/活性元素促骨折愈合的GBR膜设计与成骨机制研究	林开利	上海交通大学	国家自然科学基金面上项目	32271379	54.00
基于谱系示踪技术研究Scara5+细胞在正畸应力调控牙周改建中的作用与命运转归	江凌勇	上海交通大学	国家自然科学基金面上项目	82271006	52.00
ATF-3/AP-1转录因子介导IL-10+调节性B细胞分化抑制实验性口腔黏膜界面炎的研究	王宇峰	上海交通大学	国家自然科学基金面上项目	82270976	52.00
针对糖尿病条件下颌骨愈合障碍问题构建“抗炎+促成骨+炎性靶向”三重功效的miR-21@AB-MSN缓释递送系统及其功效、作用机制的研究	李　岩	上海交通大学	国家自然科学基金面上项目	82270952	52.00
力学刺激协同炎症因子PGE2通过抑制Fbxw7诱导的Runx2泛素化在人工关节肌肉骨化中的作用及假体局部载药体系研究	何冬梅	上海交通大学	国家自然科学基金面上项目	82270996	52.00
仿生金属-凝胶耦合控释Thbs4促咀嚼肌再附着的机制研究	白　果	上海交通大学	国家自然科学基金面上项目	82271038	52.00
可注射光热响应型多孔自修复水凝胶用于腔隙型颌骨缺损修复研究	曹玲燕	上海交通大学	国家自然科学基金面上项目	82270953	52.00
基于聚多巴胺的智能载药水凝胶系统应用于种植体周围炎的治疗作用及机制研究	赖红昌	上海交通大学	国家自然科学基金面上项目	82271028	52.00
基于P.gingivalis LPS-TLR4-NOX2轴调控中性粒细胞胞外诱捕网(NETs)形成在牙周炎致学习记忆损伤中的作用及机制研究	宋忠臣	上海交通大学	国家自然科学基金面上项目	82270974	52.00
衰老机体中肝脏前体细胞动员失败：中性粒细胞通过LL-37/CRAMP激活甲酰肽受体2促进肝脏前体细胞分子伴侣介导自噬	金　敏	上海交通大学	国家自然科学基金面上项目	82271589	52.00
血管内皮细胞TIE2突变通过负性调控TRAIL引发平滑肌细胞表型转化在静脉畸形中的作用及机制研究	杜　仲	上海交通大学	国家自然科学基金青年科学基金项目	82201085	30.00
缺氧微环境介导的TRAF6自泛素化调控PVR表达促进口腔鳞癌免疫逃逸的机制研究	石剑波	上海交通大学	国家自然科学基金青年科学基金项目	82203614	30.00
Dlx5-CTCF-Runx1信号轴介导染色质三维构象改变调控骨髓间充质干细胞成骨向分化的机制研究	张剑飞	上海交通大学	国家自然科学基金青年科学基金项目	82201006	30.00
基于养阴止痛法研究白芍总苷通过阻断MAPK/NF-κB信号轴抑制M1巨噬细胞极化治疗口腔扁平苔藓的机制	邓一文	上海交通大学	国家自然科学基金青年科学基金项目	82205200	30.00

续表

项目名称	项目负责人	单位	基金或资助类目全称	批准号或编号	资助金额（万元）
OTUD1调控GLS1泛素化修饰在舍格伦综合征Th17细胞异常糖脂代谢中的作用机制	傅稼耀	上海交通大学	国家自然科学基金青年科学基金项目	82201086	30.00
ARID1B调控成体牙源性间充质干细胞稳态和激活的机制研究	杜佳慧	上海交通大学	国家自然科学基金青年科学基金项目	82201004	30.00
靶向Treg细胞活性微针贴片释控效应miRNA调控老年牙周组织再生的作用及机制研究	殷　实	上海交通大学	国家自然科学基金青年科学基金项目	82201005	30.00
N2型中性粒细胞通过IGF-1/CXCR4轴调控干细胞募集促进rhBMP-2骨再生的研究	吴晓琳	上海交通大学	国家自然科学基金青年科学基金项目	82201007	30.00
“海参状”结构功能一体化微粒协同压电纳米粒子用于高性能口腔复合树脂的构建及机制研究	陈红艳	上海交通大学	国家自然科学基金青年科学基金项目	82201115	30.00
微裂诱导牙周膜-牙根界面力学微环境变化特征及其对牙根吸收影响的研究	肖圣钊	上海交通大学	国家自然科学基金青年科学基金项目	12202274	30.00
Pax9+细胞在牙发育及再生中的功能及转录因子Pax9对其调控机制研究	段余峰	上海交通大学	国家自然科学基金青年科学基金项目	32201221	30.00
促炎型成纤维细胞亚群招募和活化中性粒细胞在牙周炎发生发展中的作用与机制研究	钱姝娇	上海交通大学	国家自然科学基金青年科学基金项目	82201048	30.00
Notch4调控骨髓CCR8+Treg细胞功能在老年骨损伤修复中的作用机制研究	陈睿莹	上海交通大学	国家自然科学基金青年科学基金项目	82201093	30.00
PLK1-Miro调控线粒体内质网接触对高糖环境下钛骨结合的影响及机制研究	刘蓓蕾	上海交通大学	国家自然科学基金青年科学基金项目	82201094	30.00
基于羟基磷灰石纳米线取向调控的种植体上部修复材料及应用	肖作慧	上海交通大学	国家自然科学基金青年科学基金项目	82201116	30.00
RRM2靶向干预与CDKN2A功能缺失在口腔黏膜黑色素瘤中协同致死作用的机制研究	姚艳丽	上海交通大学	国家自然科学基金青年科学基金项目	82202916	30.00
口腔手术机器人发展战略咨询研究	张志愿	上海交通大学	中国工程院院地合作项目(地方院重点)	2022-DZ-04	80.00
新型诊疗技术进入医疗体系市场准入流程案例分析及优化相关环节政策建议	李　军	上海交通大学	国家发展改革委体改司项目	-	1.00
磁场诱导的工程化细胞外囊泡促进颌骨再生的研究	杨光正	上海交通大学	中国科协青年人才托举工程	-	45.00
基于头颈鳞癌个体化模型的iPSC-NK免疫细胞疗法临床转化研究	顾子悦	上海交通大学	中国科协青年人才托举工程	-	30.00
口腔医疗机器人发展战略咨询研究	刘剑楠	上海交通大学	中国科协科技智库青年人才计划	-	5.00
精准缓控释碱性短肽AVHS维持儿童口腔生物膜稳态的防龋作用及其机制研究	陆海霞	上海交通大学	上海市科学技术委员会港澳台科技合作项目	2241076-0200	30.00

续表

项目名称	项目负责人	单位	基金或资助类目全称	批准号或编号	资助金额（万元）
医疗器械中应用的无机纳米材料体内分布的评价标准研究	刘　昕	上海交通大学	上海市科学技术委员会技术标准项目	22DZ220-1300	15.00
骨髓Treg细胞来源的Progranulin调控老年骨损伤修复的作用机制研究	陈睿莹	上海交通大学	上海市科学技术委员会浦江A类	22PJ140-9100	30.00
微纳结构修饰羟基磷灰石材料介导Gli1+干细胞自噬促进颌骨再生的三维时空观察及机制探索	经　典	上海交通大学	上海市科学技术委员会浦江A类	22PJ140-9200	30.00
包裹GMSCs的组织粘附性水凝胶序列治疗种植体周围炎	丁鑫鑫	上海交通大学	上海市科学技术委员会浦江D类	22PJD038	30.00
组蛋白乳酸化修饰在头颈鳞癌免疫逃逸中的作用及机制研究	马海龙	上海交通大学	上海市科学技术委员会启明星A类	22QA140-5300	40.00
基于深度学习和多模态影像分析的个性化牙槽骨缺损重建	史俊宇	上海交通大学	上海市科学技术委员会启明星A类	22QA140-5200	40.00
战时紧急颌面部创伤条件下气道打开装置中殆垫的设计与优化	姜　滨	上海交通大学	上海市科学技术委员会军民融合专项	22xtcx0-0602	5.00
可注射自修复型工程化水凝胶用于干细胞命运的串联调控及腔隙型颌骨缺损修复研究	曹玲燕	上海交通大学	上海市科学技术委员会上海自然基金	22ZR143-6400	20.00
NSD1-DLX5信号轴在成骨细胞STAT3失活导致AD-HIES颅面骨发育畸形中的作用与机制研究	江凌勇	上海交通大学	上海市科学技术委员会上海自然基金	22ZR143-6700	20.00
NSUN3介导的SLC7A11 m5C修饰在头颈鳞癌铁死亡抵抗中的作用及机制研究	金淑芳	上海交通大学	上海市科学技术委员会上海自然基金	22ZR143-6800	20.00
基于ALKBH5-m6A-Notch2调控的多形性腺瘤恶性转化机制研究	田　臻	上海交通大学	上海市科学技术委员会上海自然基金	22ZR143-7000	20.00
Gls1-MPRL43促进T细胞免疫代谢亢进在舍格伦综合征中的作用机制研究	俞创奇	上海交通大学	上海市科学技术委员会上海自然基金	22ZR143-7400	20.00
ATX-LPA-LPAR信号轴介导血脑屏障稳态失衡在牙周炎所致认知损害中的作用	周　薇	上海交通大学	上海市科学技术委员会上海自然基金	22ZR143-7500	20.00
肌功能保存型颞下颌关节假体的研发和关键技术创新	郑吉驷	上海交通大学	上海市科学技术委员会生物医药支撑专项	22S3190-3400	25.00
肿瘤低氧微环境介导的TRAF6自泛素化促进CD155表达调控头颈鳞癌免疫逃逸的作用及机制研究	石剑波	上海交通大学	上海市科学技术委员会扬帆计划	22YF142-1600	20.00
生物活性个性化钛植入体表面多级微纳结构改性及其促进成骨机制研究	张金凯	上海交通大学	上海市科学技术委员会扬帆计划	22YF142-1300	20.00
抗病毒蛋白Tetherin诱发Th17/Treg免疫代谢失衡在舍格伦综合征中的作用机制研究	傅稼耀	上海交通大学	上海市科学技术委员会扬帆计划	22YF142-2100	20.00
非晶体氧化铝阵列复合晶体羟基磷灰石材料用于牙釉质修复的研究	肖作慧	上海交通大学	上海市科学技术委员会扬帆计划	22YF142-2000	20.00

续表

项目名称	项目负责人	单位	基金或资助类目全称	批准号或编号	资助金额（万元）
工程化细胞外囊泡传递效应miR-146b改善衰老模型骨结合的作用及机制研究	殷　实	上海交通大学	上海市科学技术委员会扬帆计划	22YF142-2200	20.00
VEGFR2通过MHC-I介导口腔鳞癌细胞免疫逃逸的机制研究	赵铜超	上海交通大学	上海市科学技术委员会扬帆计划	22YF142-1700	20.00
齿龈阿米巴引起的中性粒细胞外诱捕网释放在牙周炎发病过程中的机制研究	鲍　欣	上海交通大学	上海市科学技术委员会扬帆计划	22YF142-2300	20.00
人工智能辅助下根尖病损的无创诊断分型及预后分析模型的建立	黄正蔚	上海交通大学	上海市科学技术委员会医学创新研究专项	22Y2190-1000	100.00
学龄前儿童乳牙龋风险评估系统的验证及优化	陈　曦	上海交通大学	上海市科学技术委员会医学创新研究专项	22Y1190-3200	30.00
下颌下腺转位联合同期面神经移植功能性修复腮腺癌根治术后缺损	刘胜文	上海交通大学	上海市科学技术委员会医学创新研究专项	22Y1190-3300	30.00
上海市口腔疾病研究中心	杨　驰	上海交通大学	上海市卫生健康委员会2022年上海市重中之重研究中心项目	2022ZZ0-1017	800.00
口腔潜在恶性疾病的中西医协同规范化诊疗体系建立	吴　岚	上海交通大学	上海市卫生健康委员会中医药传承三年行动计划	-	70.00
基于肿瘤微环境多组学解析的晚期口腔癌免疫治疗耐药机制研究	何　悦	上海交通大学	上海市卫生健康委员会领军人才	2022LJ0-01	45.00
人牙髓干细胞干性特征的增龄性变化及NUP62在其衰老与退化中的调控机制研究	邹多宏	上海交通大学	上海市卫生健康委员会新百人	2022XD0-38	45.00
基于BMP-2和ZIF-8的温敏杂化水凝胶绿色微创治疗炎症种植体周围的骨缺损	张晓梦	上海交通大学	上海市卫生健康委员会新优青	2022YQ0-41	30.00
基于活血化瘀法研究丹酚酸B对5-ALA光动力治疗口腔白斑病的增效作用及分子机制	吴　岚	上海交通大学	上海市卫生健康委员会中医药创新团队	-	35.00
微创颌骨手术联合正畸治疗改善轻度骨性上颌前突的临床研究	刘加强	上海交通大学	上海市卫生健康委员会卫生行业临床研究专项	20224Z0-010	30.00
牙周疱疹病毒感染与牙周炎和认知功能障碍的因果关系：一项队列研究	李　飞	上海交通大学	上海市卫生健康委员会卫生行业临床研究专项面上项目	2022403-55	10.00
种植体支持式可摘局部义齿修复Kennedy Ⅰ、Ⅱ类牙列缺损的随机对照临床研究	黄庆丰	上海交通大学	上海市卫生健康委员会卫生行业临床研究专项面上项目	2022403-54	10.00

续表

项目名称	项目负责人	单位	基金或资助类目全称	批准号或编号	资助金额（万元）
牙周非手术治疗早期干预预防伴Ⅲ期牙周炎的慢性肾脏病患者咀嚼功能障碍的研究：一项单中心随机对照临床试验	陈慧文	上海交通大学	上海市卫生健康委员会卫生行业临床研究专项青年项目	20224Y0-353	5.00
钴铬合金烤瓷和氧化锆全瓷冠修复体对牙周组织作用的队列研究	王　洁	上海交通大学	上海市卫生健康委员会卫生行业临床研究专项青年项目	20224Y0-356	5.00
基于PCL/HA/β-TCP低温打印支架的个性化牙槽骨缺损修复	史俊宇	上海交通大学	上海市教育委员会曙光计划	-	15.00
微创激光技术在龋病防治中的临床推广及应用	黄正蔚	上海交通大学	上海市申康医院发展中心新兴前沿技术联合攻关项目	SHDC120-22120	30.00
基于AR技术可视化多功能种植导航系统研发及临床推广应用	邹多宏	上海交通大学	上海市申康医院发展中心医企融合创新成果转化专项	SHDC2022-CRD002	40.00
中心化监查风险评估模型构建及其在口腔临床研究项目监查中的应用	钱铁峰	上海交通大学	上海市申康医院发展中心医企融合创新支撑技能培训专项	SHDC2022-CRS043	10.00
上海市医用人工替代物交互界面力学行为和设计专业技术服务平台	陆尔奕	上海交通大学医学院附属仁济医院	上海市“科技创新行动计划”专业技术服务平台	21DZ229-4700	200.00
材料调控牙体硬组织仿生再矿化机制研究	牛丽娜	空军军医大学	国家重点研发计划子课题	2022YFC-2405901	300.00
牙颌生物重建与原位再生工程化技术研究	金　钫	空军军医大学	国家重点研发计划子课题	2022YFA-1104403	728.00
嵌套式4D弹性体控释免疫多肽重构血管再生微环境以诱导颈动脉再生的基础研究	吴　炜	空军军医大学	国家自然科学基金重大研究计划	92268119	70.00
牙髓成纤维细胞外泌体通过miR-22/NF-κB/NLRP3信号通路协同调控巨噬细胞极化与焦亡参与牙髓炎发展的机制研究	蒋文凯	空军军医大学	国家自然科学基金面上项目	82270973	50.00
脱落SDC4刺激滑膜细胞异常分泌加速髁突软骨退变的作用及机制研究	于世宾	空军军医大学	国家自然科学基金面上项目	82271000	50.00
骨植入材料表面微结构通过破骨前体细胞迁移体中Pten mRNA调控其分化成熟的机制研究	宋　文	空军军医大学	国家自然科学基金面上项目	82271029	52.00
基于光致聚合-断裂-再聚合机制的牙科低聚合收缩应力复合树脂的研究	赵信义	空军军医大学	国家自然科学基金面上项目	82271030	53.00
仿生无定形颗粒融合制造磷酸钙口腔陶瓷材料的研究	慕　昭	空军军医大学	国家自然科学基金青年科学基金项目	22205257	30.00

续表

项目名称	项目负责人	单位	基金或资助类目全称	批准号或编号	资助金额（万元）
SHED凋亡囊泡转运HYOU1靶向调控血管内皮细胞功能促进牙髓再生的机制研究	伍美玲	空军军医大学	国家自然科学基金青年科学基金项目	82201013	30.00
褪黑素生物合成调控线粒体自噬逆转细胞衰老的机制研究	谭一舟	空军军医大学	国家自然科学基金青年科学基金项目	82201058	30.00
ATG8ylation通过自噬-溶酶体机制调控炎性环境下牙周膜干细胞成骨分化的基础研究	殷　园	空军军医大学	国家自然科学基金青年科学基金项目	82201061	30.00
MMPs-FnN-TLRs-MMPs恶性环路在异常咬合所致下颌髁突软骨退变中的作用机制研究	张虹云	空军军医大学	国家自然科学基金青年科学基金项目	82201089	30.00
CeA-PCRt投射通路中GABA能神经元在心理应激致口颌肌紧张度升高中的作用及机制研究	赵雅娟	空军军医大学	国家自然科学基金青年科学基金项目	82201090	30.00
基于改性羧甲基壳聚糖纤维外脱矿技术构建新型牙本质粘接体系及其机制研究	余　凡	空军军医大学	国家自然科学基金青年科学基金项目	82201112	30.00
基于单细胞测序技术研究ACC小胶质细胞-神经元cross-talk在重复七氟醚暴露致新生鼠远期认知功能障碍中的作用	赵又谊	空军军医大学	国家自然科学基金青年科学基金项目	82201414	30.00
基于磁响应性仿生基质形变的周期性微机械力载荷促进周围神经再生修复的策略及机制研究	夏　冰	空军军医大学	国家自然科学基金青年科学基金项目	82201537	30.00
“身心同治”针刺疗法治疗难治性颞下颌关节疼痛的多中心临床研究	杨　帆	空军军医大学	陕西省科技厅重点产业创新链项目	2022ZDL-SF03-08	60.00
口腔颌面部复杂性脉管畸形应用基础研究及综合治疗技术研发	杨耀武	空军军医大学	陕西省科技厅重点产业创新链项目	2022ZDL-SF03-13	60.00
特异靶向种植体的光热药物控释递送系统的构建及其应用基础研究	孔　亮	空军军医大学	陕西省科技厅杰出青年科学基金	2022JC-52	50.00
AREG在LPS调控牙髓干细胞分化中作用及机制研究	何文喜	空军军医大学	陕西省科技厅重点项目	2022JZ-42	20.00
BMSCs来源外泌体转运miR-21调节巨噬细胞表型治疗放射性颌骨骨坏死的机制研究	田　磊	空军军医大学	陕西省科技厅重点项目	2022JZ-50	20.00
SDC4相关通路在颞下颌关节骨关节炎髁突软骨退变中的作用机制研究	于世宾	空军军医大学	陕西省科技厅重点项目	2022JZ-52	20.00
ER-phagy对炎症微环境下牙周膜干细胞旁分泌功能的调控机制研究	安　莹	空军军医大学	陕西省科技厅青年科技新星	2022KJXX-100	10.00
特定微环境下口腔不同位点微生物群落抗失调能力及其有关机制的研究	程小刚	空军军医大学	陕西省科技厅青年科技新星	2022KJXX-101	10.00
Apelin纳米微球缓释系统促进T2DM下种植体骨结合的应用基础研究	任　楠	空军军医大学	陕西省科技厅一般项目	2022KW-17	8.00

续表

项目名称	项目负责人	单位	基金或资助类目全称	批准号或编号	资助金额（万元）
儿童龋病人工智能多因素识别系统的研发	陈宇江	空军军医大学	陕西省科技厅一般项目	2022KW-12	8.00
自体牙移植中牙槽窝预备的数字化设计及临床应用研究	侯　锐	空军军医大学	陕西省科技厅一般项目	2022SF-147	6.00
个性化牙列套在口腔疾病护理关键技术中的应用研究	刘　蕊	空军军医大学	陕西省科技厅一般项目	2022SF-146	6.00
牙冠原位旋转术在儿童上颌中切牙倒置阻生治疗中的研究和应用	白玉娣	空军军医大学	陕西省科技厅一般项目	2022SF-043	6.00
基于人脸识别技术的儿童腺样体扁桃体肥大的早期筛查诊断系统的开发和应用	高　洁	空军军医大学	陕西省科技厅一般项目	2022SF-227	6.00
全颌牙齿修复三维动态分析系统的建立及其在固定修复预告中的应用	张　凌	空军军医大学	陕西省科技厅一般项目	2022SF-096	6.00
局部递送siRNA修复牙周炎引起的牙槽骨缺损的研究	马志伟	空军军医大学	陕西省科技厅一般项目	2022SF-095	6.00
新型水硬性氟化物防龋涂膜材料的研制及制备技术研究	赵信义	空军军医大学	陕西省科技厅一般项目	2022SF-099	6.00
混合现实技术引导血管化骨瓣修复重建颌骨缺损的应用研究	杨新杰	空军军医大学	陕西省科技厅一般项目	2022SF-129	6.00
CTSK通过HIF-1α参与调控BMMSCs-ECM沉积及血管化进而影响骨再生修复的作用研究	周宏志	空军军医大学	陕西省科技厅一般项目	2022SF-097	6.00
颌面种植体系统及配套产品研发	魏洪波	空军军医大学	陕西省科技厅一般项目	2022SF-165	6.00
颞下颌关节骨关节炎中软骨细胞成脂分化的示踪及其信号调控治疗机制	杨鸿旭	空军军医大学	陕西省科技厅一般项目	2022SF-326	5.00
PIEZO1调控成骨细胞向脂肪细胞转分化在颞下颌关节骨关节炎骨丢失中的作用研究	张　婧	空军军医大学	陕西省科技厅一般项目	2022SF-441	5.00
数字化聚芳醚酮牙周夹板用于牙周病修复治疗的关键技术研究	方　明	空军军医大学	陕西省科技厅一般项目	2022SF-062	6.00
LC-Vme去甲肾上腺素能神经元调控心理应激致咀嚼肌功能亢进的机制研究	赵雅娟	空军军医大学	陕西省科技厅一般项目	2022JQ-785	5.00
双向离子交换对齿科二硅酸锂玻璃陶瓷力学行为的影响	蒙　萌	空军军医大学	陕西省科技厅一般项目	2022JM-467	5.00
尼古丁通过细胞自噬调控NLRP3炎症小体在吸烟相关牙周炎中的作用研究	杜　样	空军军医大学	陕西省科技厅一般项目	2022JQ-915	5.00
FnN在MMPs致颞下颌关节骨关节炎软骨基质降解中的机制研究	张虹云	空军军医大学	陕西省科技厅一般项目	2022JQ-888	5.00
MAP4K3调控软骨细胞凋亡与自噬在颞下颌关节骨关节炎软骨退变中的作用研究	许浩坤	空军军医大学	陕西省科技厅一般项目	2022JQ-929	5.00

续表

项目名称	项目负责人	单位	基金或资助类目全称	批准号或编号	资助金额（万元）
Met-NF 明胶支架促进糖尿病牙周组织再生的实验研究	吴瑞鑫	空军军医大学	陕西省科技厅一般项目	2022JQ-959	5.00
CKIP-1 通过 MFN 介导的线粒体融合影响 BMSCs 骨缺损修复效果的机制研究	戴太强	空军军医大学	陕西省科技厅一般项目	2022JQ-788	5.00
3D 打印可摘局部义齿支架的计算机辅助结构优化设计	于　海	空军军医大学	陕西省卫生健康科研基金项目	2022B006	2.00
下颌骨运动功能恢复训练器的应用	常士平	空军军医大学	陕西省卫生健康科研基金项目	2022D028	2.00
聚维酮碘溶液对口腔致病菌的体外研究	李　娜	空军军医大学	陕西省卫生健康科研基金项目	2022D029	2.00
仿生抑菌口腔修复膜的基础与临床研究	李　婧	空军军医大学	中华口腔医学会青年临床基金	CSA-SIS-2022-15	2.50
基于 3dMD、EMG 及 T-scan 研究隐形矫治对成人面部软组织的影响	高　洁	空军军医大学	中华口腔医学会青年临床基金	CSA-SIS-2022-01	5.00
基于致病菌和宿主免疫应答的牙周炎发病机制及牙周再生研究	张玉峰	武汉大学	国际(地区)合作与交流项目	8222010-8018	250.00
转录调控网络决定颅神经嵴细胞多向分化命运的机制研究	陈　智	武汉大学	国家自然科学基金重点项目	82230029	261.00
调控 MYCN 表达的增强子功能变异与非综合征型唇腭裂易感性的关联研究	何　淼	武汉大学	联合基金项目/重点支持项目	U22A203-13	255.00
DDIT3/Parkin 调控线粒体自噬途径抑制增龄性骨质疏松的机制研究	杨贝宁	武汉大学	国家自然科学基金青年科学基金项目	82201025	30.00
Zeb1 调控 Th17 细胞来源外泌体递送 PKM2 促进根尖周骨破坏	孙筱月	武汉大学	国家自然科学基金青年科学基金项目	82201042	30.00
HIF-1α 调控巨噬细胞免疫记忆在慢性根尖周炎发生发展中的作用及机制研究	杨　凯	武汉大学	国家自然科学基金青年科学基金项目	82201043	30.00
NAD+介导线粒体结构重塑调控口腔扁平苔藓 T 细胞能量代谢模式转换的作用及机制研究	王　芳	武汉大学	国家自然科学基金青年科学基金项目	82201067	30.00
cGAS-STING-TBK1 信号通路介导 γδT 细胞功能分化调控口腔扁平苔藓免疫炎症反应的作用机制研究	谭雅芹	武汉大学	国家自然科学基金青年科学基金项目	82201068	30.00
介孔羟基磷灰石负载 CeO_2-Cu 纳米酶促进种植体周围炎中骨缺损再生修复的研究	吴　涛	武汉大学	国家自然科学基金青年科学基金项目	82201103	30.00
口腔鳞癌细胞外囊泡通过脂代谢关键酶 ACLY 调控组蛋白乙酰化促进 CAF 活化的作用机制研究	周小程	武汉大学	国家自然科学基金青年科学基金项目	82203666	30.00
缺失 Mdm2 的骨细胞通过凋亡小体激活成骨细胞内 TRPM8 通道调控颌骨骨形成和改建的机制研究	杨国斌	武汉大学	国家自然科学基金面上项目	82270947	52.00

续表

项目名称	项目负责人	单位	基金或资助类目全称	批准号或编号	资助金额（万元）
胚胎期腭上皮Krt14和Krt5细胞谱系向周皮共演化机制研究	刘　欢	武汉大学	国家自然科学基金面上项目	82270948	52.00
组蛋白甲基转移酶Ptip调控颌骨骨骼干细胞谱系分化影响种植体骨结合的作用与机制研究	白　轶	武汉大学	国家自然科学基金面上项目	82270956	52.00
CCL3介导牙髓组织三级淋巴结构形成的过程及其增强牙髓抗炎免疫应答的机制研究	尹　伟	武汉大学	国家自然科学基金面上项目	82270967	50.00
二甲双胍通过Man-PTS系统降低粪肠球菌碱抗性的作用机制及其应用研究	范　伟	武汉大学	国家自然科学基金面上项目	82270968	53.00
m5C甲基转移酶NSUN2在牙髓炎症微环境中的调控作用和机制研究	郭继华	武汉大学	国家自然科学基金面上项目	82270969	52.00
ATG13相分离调控牙周致病菌自噬溶酶体逃逸的机制及应用研究	赵　钦	武汉大学	国家自然科学基金面上项目	82270981	52.00
上皮内淋巴细胞介导黏膜免疫应答在口腔扁平苔藓炎症反应中的作用及调控机制研究	周　刚	武汉大学	国家自然科学基金面上项目	82270983	52.00
基于自矿化光响应性胶原网络构建仿牙本质生物活性层的机制研究	黄　翠	武汉大学	国家自然科学基金面上项目	82271010	52.00
Snhg15-Ncl复合体通过调控细胞周期参与骨再生及预防正畸牙根吸收的研究	贺　红	武汉大学	国家自然科学基金面上项目	82271011	52.00
构建外泌体-靶细胞体内互作检测系统探究肿瘤外泌体在肿瘤免疫逃逸及治疗中的作用	张　伟	武汉大学	国家自然科学基金面上项目	82272962	52.00
Barx2驱动肿瘤特异性MHC Ⅱ类信号诱导头颈鳞癌微环境中CD4+效应T细胞活化的机制研究	张佳莉	武汉大学	国家自然科学基金面上项目	82273201	51.00
红系前体细胞调控口腔鳞癌免疫逃逸的分子机制	孙志军	武汉大学	国家自然科学基金面上项目	82273202	52.00
STAT3/NNMT/LOX信号环路对口腔鳞癌-干细胞龛互惠共生的分子调控	尚政军	武汉大学	国家自然科学基金面上项目	82273306	52.00
牙颌干细胞谱系命运决定及其协同发育研究	范志朋	首都医科大学	国家重点研发计划	2022YFA-1104401	644.00
牙周病干细胞治疗和生物治疗个性化体系的建立	刘　怡	首都医科大学	国家重点研发计划	2022YFC-2504202	280.00
天然产物嘧菌酯通过调控Prx1靶向线粒体复合物Ⅲ核心亚基CYC1诱导口腔白斑细胞凋亡机制研究	汤晓飞	首都医科大学	国家自然科学基金面上项目	82270977	53.00
巨噬细胞和上皮干/祖细胞互扰在唾液腺再生中的作用和机制研究	秦力铮	首都医科大学	国家自然科学基金面上项目	82270992	52.00
SUV39H1/FASN信号通路对牙髓干细胞成牙分化与再生功能的影响及机制研究	夏登胜	首都医科大学	国家自然科学基金面上项目	82270951	50.00

续表

项目名称	项目负责人	单位	基金或资助类目全称	批准号或编号	资助金额（万元）
硝酸盐调控巨噬细胞促炎/抑炎平衡预防牙周炎的作用及分子机制研究	李韶容	首都医科大学	国家自然科学基金青年科学基金	82201054	30.00
回植干细胞通过线粒体Zn^{2+}/STAT1/MMP-10促进血管化组织工程骨再生机制研究	刘奕彤	首都医科大学	国家自然科学基金青年科学基金	82201053	30.00
缺氧诱导间充质干细胞凋亡小体通过miRNAs-SLC7A1/5-氧化磷酸化途径抑制破骨细胞分化的机制研究	李笑妍	首都医科大学	国家自然科学基金青年科学基金	82201052	30.00
YTHDF2通过m6A甲基化修饰调控FBLN1及根尖牙乳头干细胞牙向分化和再生功能	杨昊清	首都医科大学	国家自然科学基金青年科学基金	82201010	30.00
口腔稳态与全身健康的前沿发展战略研究	王松灵	首都医科大学	国家自然科学基金专项项目	L2224038	30.00
无托槽隐形矫治用多层复合膜片制备工艺及性能研究	张　宁	首都医科大学	北京市自然科学基金海淀原始创新联合基金	L222025	100.00
基于多模态临床数据的口腔正畸智能辅助诊断与治疗决策系统研究	谢贤聚	首都医科大学	北京市自然科学基金海淀原始创新联合基金	L222024	100.00
个性化三维颅颌面解剖结构混合现实系统的实现及其在正颌外科应用研究	张栋梁	首都医科大学	北京市科技新星计划	-	40.00
基于生物正交光催化的蛋白组学预测口腔黏膜异常增生癌变风险的前瞻性队列研究	冯芝恩	首都医科大学	北京市科学技术委员会科技计划项目	Z221100007422046	35.00
创悦®无菌护创液体敷料治疗多种口腔创面的临床前实验研究	张栋梁	首都医科大学	中国高校产学研创新基金	2021JH039	30.00
口腔种植手术机器人智能手术规划及精准定位与控制的研究	陈　溯	首都医科大学	北京市自然科学基金海淀原始创新联合基金	L222155	29.30
3D打印的预成型多功能隐形矫治附件系统的研发	方东煜	首都医科大学	北京市自然科学基金海淀原始创新联合基金	L222115	29.30
儿童牙颌畸形早期干预智能判别系统的研究	张海萍	首都医科大学	北京市自然科学基金海淀原始创新联合基金	L222113	29.30
种植钉辅助上颌快速扩弓治疗骨性上颌牙弓狭窄的预测研究	贾海潮	首都医科大学	北京市自然科学基金海淀原始创新联合基金	L222112	29.30
负载不同来源BMSC-Exos的新型纳米材料在修复糖尿病骨缺损中的作用和机制	马　攀	首都医科大学	北京市自然科学基金海淀原始创新联合基金	L222088	29.30

续表

项目名称	项目负责人	单位	基金或资助类目全称	批准号或编号	资助金额（万元）
数字化牙颌模型人工智能排牙数据集的建立与临床验证	厉　松	首都医科大学	北京市自然科学基金海淀原始创新联合基金	L222008	16.00
登峰计划（四期）	陈　溯	首都医科大学	北京市医院管理局“登峰”人才培养计划	DFL2022-1301	55.76
智能化口腔健康云管理平台建设	刘　敏	首都医科大学	高层次公共卫生技术人才培养计划	2022-3-031	21.00
异基因BMMSCs治疗舍格伦综合征的调控机制研究	吴志芳	首都医科大学	北京市教委科技计划项目	KM20221-0025009	15.00
计算机辅助设计儿童全周期矫治系统的临床应用	张栋梁	首都医科大学	北京市卫生健康科技成果和适宜技术推广项目	BHTPP-2022021	5.00
混合牙列期颌骨囊肿开窗术的全流程规范化技术	冯芝恩	首都医科大学	北京市卫生健康科技成果和适宜技术推广项目	BHTPP-2022020	5.00
口腔手术机器人在牙体保存术中优化手术规划的探索	汪　林	解放军总医院	北京市自然科学基金海淀原始创新联合基金	-	29.30
口腔颌面多形性腺瘤切除仿生软体机器人设计与自适应控制	王　懿	解放军总医院	北京市自然科学基金	-	29.30
基于DCEF调控的4-METT水凝胶体系构建及其在骨缺损修复中的作用机制研究	李鸿波	解放军总医院	国家自然科学基金面上项目	82271012	53.00
北京市科技新星计划-交叉课题	姜　华	解放军总医院	北京市科学技术委员会	2022048-4208	50.00
MSC来源凋亡小体经JAK/STAT通路调控巨噬细胞极化促进损伤皮肤修复与再生的机制研究	刘　瑾	解放军总医院	国家自然科学基金青年项目	82201014	30.00
联勤保障部队科技三才一队托举工程	时　权	解放军总医院	联勤保障部队	-	40.00
衰老条件下牙周膜干细胞生物学功能变化及调控机制研究	顾　斌	解放军总医院	国家老年疾病临床医学研究中心开放课题	NCRCG-PLAGH-2022017	8.00
经口入路微创颅颌面外科智能手术机器人系统	张海钟	解放军总医院	中华人民共和国科学技术部	2022YFC-2405400	50.00
单原子层TiO_2改性牙科粘接树脂制备及抗菌增效机制研究	许荣宸	解放军总医院	博士后基金特别资助项目	-	18.00
基于液体活检的食管癌早期筛查和微小残留病灶检测模型的构建	徐　娟	解放军总医院	国家重点研发计划	2021YFC-2501004	30.00
口腔手术机器人在onlay植骨手术中的精准设计与控制	王俊成	解放军总医院	北京市自然科学基金海淀前沿项目	L222109	29.30

续表

项目名称	项目负责人	单位	基金或资助类目全称	批准号或编号	资助金额（万元）
ENPP1通过cGAS-STING和腺苷信号通路调控头颈鳞癌免疫抑制的作用机制研究	马　超	北京协和医院	国家自然科学基金青年科学基金项目	82002894	24.00
数字化截骨重建复合导板在颌骨功能重建中的研发与推广	张　韬	北京协和医院	首发基金资助创新类	首发2020-2Z-40116	30.00
铒激光辅助根管系统化学预备的流体动力学研究	赵继志	北京协和医院	北京自然科学基金面上项目	7212075	20.00
面向面瘫患者面神经运动功能智能评估方法与关键技术研究	张　韬	北京协和医院	北京自然科学基金面上项目	4222040	20.00
颌骨缺损数字化重建术中腓骨瓣截骨手术导航机器人的研发	张　韬	北京协和医院	创新工程临床与转化	2020-I2M-C&T-B-024	40.00
铒激光在种植修复去粘接中的应用	张新媛	北京协和医院	创新工程临床与转化	2021-I2M-C&T-B-024	40.00
铒激光激活荡洗为主导的微创根管治疗体系	赵继志	北京协和医院	创新工程临床与转化	2022-I2M-C&T-B-003	50.00
基于数字化技术的上颌骨缺损赝复体修复的临床研究	董海涛	北京协和医院	创新工程临床与转化	2022-I2M-C&T-B-022	50.00
基于高通量测序技术检测唾液中游离肿瘤DNA用于口腔癌早期诊断的临床研究	马　超	北京协和医院	创新工程临床与转化	2022-I2M-C&T-B-028	50.00
肿瘤微环境响应型纳米探针在口腔癌联合免疫治疗中的应用研究	张晓燕	天津市口腔医院	国家自然科学基金青年科学基金	32201178	30.00
靶向caspase-1的细胞外囊泡递送系统治疗颞下颌关节OA及其机制探究	张智玲	天津市口腔医院	京津冀基础研究合作专项	22JCZXJ-C00080	60.00
3D打印多孔钛合金支架胞元结构和表面微纳化构建对口腔颌面部肿瘤术后骨缺损修复的影响研究	刘　浩	天津市口腔医院	天津市应用基础研究多元投入重点项目	21JCZDJ-C00920	20.00
负载外泌体可注射水凝胶促进颞下颌关节骨关节炎髁突骨质修复及发育的机制研究	张智玲	天津市口腔医院	天津市应用基础研究多元投入面上项目	21JCYBJ-C01340	10.00
同轴电纺构建双基因活化基质及其在牙周组织再生中的应用	刘　更	天津市口腔医院	天津市应用基础研究多元投入面上项目	21JCYBJ-C01320	10.00
仿生型纳米纤维形貌介导的巨噬细胞免疫表型在牙槽骨再生中的作用及机制研究	应怡倩	天津市口腔医院	天津市应用基础研究多元投入青年项目	21JCQNJ-C00970	6.00
多孔钛纤维网表面改性牙种植体复合间断力学刺激对骨结合稳定性的影响及机制研究	李晋蒙	天津市口腔医院	天津市应用基础研究多元投入青年项目	21JCQNJ-C01820	6.00
缺氧响应型双功能水凝胶用于颌面部肿瘤光热治疗及骨缺损修复的研究	陈文娟	天津市口腔医院	天津市应用基础研究多元投入青年项目	21JCQNJ-C01490	6.00

续表

项目名称	项目负责人	单位	基金或资助类目全称	批准号或编号	资助金额（万元）
基于虚拟现实技术的口腔健康科普平台建设及推广	戴艳梅	天津市口腔医院	天津市科学技术普及项目	22KPXMR-C00040	8.00
口腔健康与全身健康——面向老年人群体的口腔健康专题科普宣传活动	张　岩	天津市口腔医院	天津市科学技术普及项目	22KPHDR-C00230	3.00
兼具成骨-成血管功效载淫羊藿苷微球治疗牙周炎的研究	宁　佳	天津医科大学	天津市卫生健康科技项目青年项目	TJWJ2022-QN025	5.00
多孔可降解镁合金-胶原复合支架的制备及成骨研究	王　瑶	天津医科大学	天津市卫生健康科技项目青年项目	TJWJ2022-QN022	5.00
Ag/CNC-HPC/HAP 纳米复合材料改性双功能牙本质粘接的研究与应用	郭晓伟	天津医科大学	天津市卫生健康科技项目青年项目	TJWJ2022-QN024	5.00
在种植体钛表面构建掺铋的纳米级羟基磷灰石双功能涂层	钟　雪	天津医科大学	天津市卫生健康科技项目青年项目	TJWJ2022-QN023	5.00
多模态纳米探针构建及其靶向光动力杀伤革兰阴性菌研究	张　娟	天津医科大学	天津市卫生健康科技项目面上项目	TJWJ2022-MS015	10.00
双波长激光辅助治疗中重度牙周炎的疗效观察	武明轩	河北医科大学	河北省医学适用技术跟踪项目	GZ2022056	1.00
釉原蛋白、酪蛋白磷酸肽诱导碳酸脱矿牙釉质修复的研究	李春年	河北医科大学	河北省医学科学研究课题计划指令性课题	20220179	0.50
基于全基因组测序和RNA-seq 技术对唇腭裂进行基因诊断的研究	梁蓓蓓	河北医科大学	河北省医学科学研究课题计划指令性课题	20220180	0.50
全瓷高嵌体修复上颌前磨牙腭尖缺损的抗折性能研究	陈志宇	河北医科大学	河北省医学科学研究课题计划指令性课题	20220181	0.50
上颌倒置埋伏中切牙治疗后牙根发育长度的影响因素研究	胡丽华	河北医科大学	河北省医学科学研究课题计划指令性课题	20220182	0.50
口腔颌面外科教学案例(库)的建设及应用	任贵云	河北医科大学	河北省教育厅项目	KCJSZ-2022067	2.00
线上-线下混合式教学结合数字化头影测量技术在口腔正畸研究生实验教学中的应用	王　雯	河北医科大学	河北省教育厅项目	KCJSZ-2022068	2.00
饮酒对牙周炎的影响及机制的实验研究	刘　庆	河北医科大学	河北省政府资助项目	361029	20.00
IGF2BP1对头颈鳞癌细胞上皮间质转化的影响	任贵云	河北医科大学	河北省政府资助项目	361029	13.00
牙髓干细胞对牙周骨修复作用的研究	李春年	河北医科大学	河北省政府资助项目	361029	11.00
低龄儿童龋活性及其膳食营养的相关性研究	石　宏	河北医科大学	河北省政府资助项目	361029	10.00

续表

项目名称	项目负责人	单位	基金或资助类目全称	批准号或编号	资助金额（万元）
双交联载阿司匹林及纳米羟基磷灰石水凝胶促进骨缺损修复的实验研究	陈志宇	河北医科大学	河北省政府资助项目	361029	10.00
富血小板血浆来源外泌体对颞下颌关节骨关节炎的作用及机制	赵　琛	河北医科大学	河北省政府资助项目	361029	12.00
METTL14 通过调节 CALD1 的 mRNA 和 m6A 水平促进口腔鳞癌进展	陈瑞雪	河北医科大学	河北省政府资助项目	361029	8.00
钛板支抗骨性Ⅲ类牵引矫治青少年骨性Ⅲ类错𬌗患者颞下颌关节改变的CBCT研究	马文盛	河北省科技厅	河北省科技计划卫生健康创新专项	22377764D	6.00
硫酸乙酰肝素蛋白多糖通过外泌体调控唾液腺腺样囊性癌肺转移机制研究	张艳宁	河北医科大学	河北省科技计划卫生健康创新专项	22377755D	8.00
低能量激光调控SDF-1/CXCR4信号通路促进牙周相关干细胞归巢的实验研究	武明轩	河北医科大学	河北省高等学校科学技术研究重点项目	ZD2022-0007	7.00
Piezo1对异常张应力作用下牙周膜干细胞凋亡的影响	王　雯	河北医科大学	河北省高等学校自然科学研究重点项目	ZD2022-0010	7.00
抑郁状态及抗抑郁药物对大鼠种植体骨结合影响的实验研究	陈志宇	河北医科大学	河北省高等学校自然科学研究青年基金	QN2022-171	3.00
EDA基因突变影响先天缺牙临床表型及调控牙齿发育机制的研究	沈文静	河北医科大学	河北省自然科学基金精准医学联合基金	H202220-6246	10.00
老年人不同种类可摘局部义齿修复对龈沟液生物标志物的影响	张　钊	河北医科大学	河北省财政厅老年病防治科研项目	361029	5.00
影响老年人牙周病病情严重程度的因素及预防策略	刘　欣	河北医科大学	河北省财政厅老年病防治科研项目	361029	1.00
老年人牙本质过敏症的防治研究	李　涛	河北医科大学	河北省财政厅老年病防治科研项目	361029	4.00
大麻素受体2在牙周炎M1型巨噬细胞极化中的作用研究	刘春艳	河北医科大学	河北省人力资源和社会保障厅项目	C20220353	3.00
乳牙形态测量及其预成冠研发	周永川	河北医科大学	河北省人力资源和社会保障厅项目	C20221089	1.00
不同胚层起源移植骨块中Hoxc10调控Caspase3影响自体骨移植愈合的机制研究	王　兴	山西医科大学	国家自然科学基金面上项目	82271023	52.00
稀土掺杂羟基磷灰石陶瓷及荧光增强关键技术的转化和推广	李　冰	山西医科大学	中央引导地方科技发展资金项目	-	70.00
新型齿科纳米复合结构材料的研制与应用示范	李　冰	山西医科大学	山西省重点研发计划项目	-	287.00
多功能稀土掺杂羟基磷灰石纳米晶/二硅酸锂复合材料的合成、性能研究与应用	武秀萍	山西医科大学	山西省科技厅项目	2022040-41101004	35.00
用于β-内酰胺酶光催化分解的氮化碳调控策略及其在牙周炎辅助治疗中的应用研究	赵　彬	山西医科大学	山西省卫生健康委重大科技攻关专项	2022XM14	20.00
免疫调控型丝素蛋白基复合支架的构筑及其促血管再生与颌骨缺损修复研究	王　璐	山西医科大学	山西省卫生健康委引导性科技专项	2022XM56	10.00

续表

项目名称	项目负责人	单位	基金或资助类目全称	批准号或编号	资助金额（万元）
医学科技领军人才	李　冰	山西医科大学	山西省卫生健康委	2022RC09	3.00
DOX@NGO-PEG-HN-1对口腔鳞癌靶向诊疗的研究	李　然	山西医科大学	山西省留学人员科技活动择优资助项目	20220020	12.00
羟基磷灰石负载钙钛矿量子点荧光探针的创制及唾液检测ELISA方法研究	武秀萍	山西医科大学	山西省回国留学人员科研项目	-	6.00
实时响应血糖的3D打印壳聚糖支架负载BMSC源外泌体促进糖尿病颌骨缺损修复的研究	王翔宇	山西医科大学	山西省基础研究计划面上项目	2021030-21224231	9.00
基于功能磁共振成像探讨前扣带皮层尾侧部参与牙源性疼痛大鼠痛情绪的调控机制	何东宁	山西医科大学	山西省基础研究计划面上项目	2021030-21224232	9.00
3D打印支架影响破骨细胞行为介导牙槽骨再生的研究	侯如霞	山西医科大学	山西省基础研究计划青年项目	2021030-21223225	4.00
靶向FAP纳米探针用于口腔鳞状细胞癌诊疗一体化的研究	高瑞芳	山西医科大学	山西省基础研究计划青年项目	2021030-21223235	4.00
干细胞因子复合4D自折叠微管诱导根尖牙乳头干细胞归巢及牙髓再生的研究	谢　斯	山西医科大学	山西省基础研究计划青年项目	2021030-21223218	5.00
基于组基轨迹建模的学龄前儿童膳食模式与龋病的纵向研究	刘佳佳	山西医科大学	中华口腔医学会项目	CSA-ICP-2022-05	5.00
“双体系”丝素基活性支架的构建及其促颌骨血管化与再生的研究	王　璐	山西医科大学	山西省基础研究计划面上项目	-	10.00
调控microRNA-31表达的牙髓间充质干细胞结合具有定向通道的复合材料对骨缺损修复的实验研究	田　峰	山西医科大学	山西省基础研究计划青年项目	2022030-21212373	5.00
中心体激酶Nek2B调控wnt信号通路影响口腔鳞状细胞癌发展的机制研究	闫文鹏	山西医科大学	山西省基础研究计划青年项目	2022030-21212379	4.00
HN-1/RGD-NGO载药系统双靶向治疗口腔鳞状细胞癌的研究	刘　军	山西医科大学	山西省基础研究计划青年项目	2022030-21212364	5.00
单胺类神经递质参与牙源性疼痛大鼠cACC脑区痛情绪的机制研究	王倩倩	山西医科大学	山西省基础研究计划青年项目	2022030-21212367	5.00
用于牙髓组织再生的透明质酸/丝素蛋白共聚水凝胶的制备及性能研究	夏一菁	山西医科大学	山西省基础研究计划青年项目	2022030-21212370	5.00
Hoxc10介导植骨块位点记忆调控跨胚层游离移植机制的研究	张鹏飞	山西医科大学	山西省基础研究计划青年项目	2022030-21212368	5.00
特异性操控海马神经元记忆痕迹在记忆维持中的作用机制研究	郭潇木	山西医科大学	山西省基础研究计划青年项目	-	5.00
氮化碳表面微结构调控创面敷料光催化抗菌性能的研究	柳美仙	山西医科大学	山西省教育厅项目	2022L165	2.00
负载牙源性外泌体的微环境响应性核苷酸基水凝胶在糖尿病牙周缺损修复中的作用及机制研究	荆　璇	山西医科大学	山西省教育厅项目	2022L166	2.00

续表

项目名称	项目负责人	单位	基金或资助类目全称	批准号或编号	资助金额（万元）
单胺类神经递质参与牙源性疼痛大鼠cACC脑区痛情绪的机制研究	王倩倩	山西医科大学	山西省教育厅项目	2022L167	2.00
具有取向结构的SF/HA/BG复合静电纺丝材料制备及性能研究	夏一菁	山西医科大学	山西省教育厅项目	2022L168	2.00
$Li_2Si_2O_5$晶须增强型玻璃陶瓷的制备及性能研究	闫晶煜	山西医科大学	山西省教育厅项目	2022L169	2.00
$Li_2Si_2O_5$晶须增强型玻璃陶瓷的制备与生物安全性评价	刘小明	山西医科大学	山西省教育厅项目	2022L170	2.00
3D打印微环境响应性水凝胶抗菌膜在牙周炎治疗中的作用及机制研究	胡　蓉	山西医科大学	山西省教育厅项目	2022L171	2.00
炎症环境下负载脱落乳牙牙髓干细胞水凝胶支架诱导年轻恒牙牙髓再生	刘佳佳	山西医科大学	山西省教育厅项目	2022L172	2.00
儿童乳磨牙根管治疗后两种修复方式的社会卫生经济学分析	鲁　杰	山西医科大学	山西省教育厅项目	2022L173	2.00
蛋白HSPA9在口腔白斑发病过程中的机制研究	史晓彤	山西医科大学	山西省教育厅项目	2022L174	2.00
基于PET/CT分子影像学探究大鼠牙髓炎自然发展过程中相关脑区α7-神经烟碱型乙酰胆碱受体的动态研究	孟祥杰	山西医科大学	山西省教育厅项目	2022L175	2.00
胚层特异性基因介导中胚层源性细胞维持软骨化成骨方式调控骨愈合机制的研究	张鹏飞	山西医科大学	山西省教育厅项目	2022L176	2.00
多维度口腔医学生综合能力培养教学体系的构建	李　冰	山西医科大学	中华医学会医学教育分会课题	2020A-N-02001	2.00
基于AI的OBE教学理论在口腔预防医学教学中的应用	王翔宇	山西医科大学	中华医学会医学教育分会课题	2020A-N-02037	2.00
以“课程思政”促进口腔人才培养的探索与实践	武秀萍	山西医科大学	山西省教育科学“十四五”规划项目	-	2.00
精准化视域下口腔医学生思想政治教育探索与实践	侯芳宇	山西医科大学	山西省教育科学“十四五”规划项目	-	2.00
天地之争——了解青少年错𬌗畸形	史晓彤	山西医科大学	山西省科学技术厅项目	-	1.00
“乳”此重要——乳牙防护攻略	梁　毅	山西医科大学	山西省科普宣传专项	-	1.00
海洋塑料污染的危害	李　然	山西医科大学	山西省科学技术厅项目	-	1.00
名不虚传	王　玮	山西医科大学	山西省科学技术厅项目	-	1.00
口腔世界，你氟不氟	王翔宇	山西医科大学	山西省科学技术厅项目	-	1.00

续表

项目名称	项目负责人	单位	基金或资助类目全称	批准号或编号	资助金额（万元）
探究牙齿的奥秘	史晓彤	山西医科大学	山西省科学技术厅项目	-	1.00
护牙健齿少年强，健康中国民族兴	王翔宇	山西医科大学	山西省科学技术厅项目	-	1.00
口腔癌相关唾液外泌体肿瘤标志物多维检测微流控芯片研究	刘慧颖	大连医科大学	国家自然科学基金面上项目	62271104	53.00
通过追踪腾腿膜谱系发育轨迹研究软腭裂发生的分子机制	刘　超	大连医科大学	国家自然科学基金面上项目	82270949	52.00
成骨细胞靶向性工程化sEV递送miR21在慢性根尖周炎中的作用与机制研究	牛卫东	大连医科大学	国家自然科学基金面上项目	82270971	52.00
基于光动力/纳米酶的复合粒子对种植体周围炎的免疫调节作用及其机制研究	王　林	吉林大学	国家自然科学基金面上项目	82170998	55.00
担载miR-23b的工程化外泌体治疗牙周炎的相关机制研究	胡　敏	吉林大学	国家自然科学基金面上项目	82170994	55.00
新型高性能聚多巴胺基微纳材料的可控构筑、抗氧化活性调节及其在牙周炎治疗中的应用	包幸福	吉林大学	国家自然科学基金面上项目	22178140	60.00
Nell-1通过Ihh/Gli-1信号通路调控软骨内成骨的效应与机制研究	齐慧川	吉林大学	国家自然科学基金青年基金	82100956	30.00
第六批青年拔尖人才国家支持经费	徐晓薇	吉林大学	海外高层次人才-青年	-	140.00
机械压力促牙髓干细胞极化和管状牙本质形成的研究	常　蓓	吉林大学	中国博士后基金委面上项目	2022M71-1301	8.00
新型微生物辅助仿生级联反应器治疗种植体周围炎的基础研究	方　蛟	吉林大学	中国博士后基金委面上项目	2022M72-1316	8.00
机械压力通过Piezo1/Integrin/RhoA通路促成牙本质细胞极化和管状牙本质再生的研究	常　蓓	吉林大学	中国科协青年托举项目	-	45.00
基于CO缓释的aPDT治疗系统对种植体周围炎的作用和机制研究	程　梁	吉林大学	吉林省科技厅科技发展计划项目	YDZJ2022-01ZYTS274	10.00
LINC01614作为ceRNA吸附miR-138-5p调控FOXC1促进口腔鳞状细胞癌癌变的机制研究	卢　晴	吉林大学	吉林省科技厅科技发展计划项目	YDZJ2022-01ZYTS251	10.00
MXene多功能敷料促进伤口愈合的研究	李保胜	吉林大学	吉林省科技厅科技发展计划项目	YDZJ2022-01ZYTS244	10.00
含纳米抗菌无机填料牙科树脂粘接剂的研究	张　红	吉林大学	吉林省科技厅科技发展计划项目	YDZJ2022-01ZYTS124	10.00
载美沙拉嗪可注射型水凝胶治疗牙周炎的机制研究	闫嘉晴	吉林大学	吉林省科技厅科技发展计划项目	YDZJ2022-01ZYTS082	10.00

续表

项目名称	项目负责人	单位	基金或资助类目全称	批准号或编号	资助金额（万元）
低能量Er:YAG激光提高生物活性玻璃促进正畸釉质龋白斑再矿化效能的实验研究	孙秀梅	吉林大学	吉林省科技厅科技发展计划项目	YDZJ2022-01ZYTS081	10.00
聚多巴胺修饰纳米金刚石复合涂层抗种植体周围炎的基础研究	方　蛟	吉林大学	吉林省科技厅科技发展计划项目	YDZJ2022-01ZYTS080	10.00
ActivinA-FST系统在牙周炎发生发展中的作用研究	姜玲玲	吉林大学	吉林省科技厅科技发展计划项目	YDZJ2022-01ZYTS079	10.00
不同材料牙种植体力学性能和应力分布的多维度对比研究	赵静辉	吉林大学	吉林省科技厅科技发展计划项目	YDZJ2022-01ZYTS078	10.00
个性化牙颌畸形功能矫治器的材料研究	朱宪春	吉林大学	吉林省科技厅科技发展计划项目	YDZJ2022-01ZYTS057	10.00
植物乳杆菌细胞外囊泡内RNA通过调节口腔黏膜上皮细胞免疫因子清除白色念珠菌的机制研究	王东阳	吉林大学	吉林省科技厅科技发展计划项目	YDZJ2022-01ZYTS047	10.00
LncRNAKCNQ1OT1-IQGAP1通过ceRNA途径调控OSCC过度自噬提高放疗敏感性的分子机制研究	乔春燕	吉林大学	吉林省科技厅科技发展计划项目	YDZJ2022-01ZYTS039	10.00
载BMP2PLGA/β-TCP仿生牙根支架促牙髓-牙本质复合体再生的研究	倪世磊	吉林大学	吉林省科技厅科技发展计划项目	YDZJ2022-01ZYTS034	10.00
新型多功能铈基药物递送系统对细胞内炎症与自噬相关微环境的调控研究	孙　悦	吉林大学	吉林省科技厅科技发展计划项目	YDZJ2022-01ZYTS017	10.00
TiO_2纳米管贵金属复合声敏材料产业化技术开发	徐文洲	吉林大学	吉林省科技厅科技发展计划项目	20220201-121GX	50.00
同种异体骨联合i-PRF治疗牙槽突裂新疗法的应用研究	李男男	吉林大学	吉林省科技厅科技发展计划项目	20220203-149SF	10.00
负载siRNAp65自供氧纳米药物治疗牙周炎	孙晓琳	吉林大学	吉林省科技厅科技发展计划项目	20220203-145SF	10.00
上转换荧光增强型牙周炎诊断传感器的开发与研究	李春艳	吉林大学	吉林省科技厅科技发展计划项目	20220204-128YY	50.00
新型镧系上转化纳米光敏剂开发及其在种植体周围炎的应用研究	张天首	吉林大学	吉林省科技厅科技发展计划项目	20220204-099YY	50.00
用于牙釉质浅龋预防和治疗的原位复合仿生材料的临床前研究	闫通通	吉林大学	吉林省科技厅科技发展计划项目	20220401-092YY	50.00
新型基质与填料的光固化复合树脂的研究	朱　松	吉林大学	吉林省科技厅科技发展计划项目	20220402-077GH	10.00
SIRT1/PGC-1α通过调控线粒体功能障碍缓解牙周炎相关肾损伤的作用机制研究	于维先	吉林大学	吉林省科技厅科技发展计划项目	20220402-069GH	15.00
中药单体木犀草素治疗干燥综合征的机制研究	魏　微	吉林大学	吉林省科技厅科技发展计划项目	20220402-042GH	10.00

续表

项目名称	项目负责人	单位	基金或资助类目全称	批准号或编号	资助金额（万元）
吉林省口腔疾病临床医学研究中心	朱　松	吉林大学	吉林省科技厅科技发展计划项目	YDZJ2022-02CXJD044	50.00
吉林省牙颌面畸形精准矫治临床研究中心	吴国民	吉林大学	吉林省科技厅科技发展计划项目	YDZJ2022-02CXJD048	50.00
新型仿生釉原蛋白功能多肽构建及其用于牙周炎治疗研究	李道伟	吉林大学	吉林省发展与改革委员会项目	2022C044-7	15.00
局部应用的多功能光敏剂开发及口腔应用	王　林	吉林大学	吉林省发展与改革委员会项目	2022C044-1	20.00
无托槽隐形矫治的数字化智能设计与临床监控的关键技术验证与产业化实现	胡　敏	吉林大学	吉林省发展与改革委员会项目	2022C043-3	20.00
3D虚拟头颅模型智能定位和测量系统的应用研究	王　琳	吉林大学	吉林省教育厅科学技术研究项目	JJKH2022-1099KJ	5.00
还原性增强型多孔铈基纳米材料对牙周炎症微环境中免疫与自噬的调节机制研究	孙　悦	吉林大学	吉林省教育厅科学技术研究项目	JJKH2022-1098KJ	5.00
羟基磷灰石与锐钛矿表面界面亲和力的第一性原理研究	王　敏	吉林大学	吉林省教育厅科学技术研究项目	JJKH2022-1097KJ	10.00
三氮唑-金属-有机框架化合物在牙外伤治疗中的实验研究	于玮炜	吉林大学	吉林省教育厅科学技术研究项目	JJKH2022-1096KJ	2.50
PLGA/β-TCP/TF骨组织工程支架的制备及性能研究	张　莉	吉林大学	吉林省教育厅科学技术研究项目	JJKH2022-1095KJ	2.50
新型偶联材料增强复合树脂有机无机界面的相关研究	贺　玺	吉林大学	吉林省教育厅科学技术研究项目	JJKH2022-1094KJ	2.50
促成骨活性鹿茸多肽的筛选及其修饰的聚多巴胺涂层3D打印β-磷酸三钙支架的制备	段蒙娜	吉林大学	吉林省教育厅科学技术研究项目	JJKH2022-1093KJ	5.00
外泌体诱导磷酸钙离子簇复合组装体促进牙槽骨再生的研究	张　艳	吉林大学	吉林省教育厅科学技术研究项目	JJKH2022-1092KJ	5.00
多孔二氧化锰载体的构建及其介导抗菌光动力/基因协同治疗牙周炎的研究	孙晓琳	吉林大学	吉林省卫生健康科技能力提升项目	2022Jc076	5.00
青少年牙颌面畸形TMJ治疗的药物辅助策略	李明贺	吉林大学	吉林省药物临床合理使用项目	-	2.00
隐形矫治与固定矫治对成年女性面部软组织影响的比较研究	王玉琢	吉林大学	中华口腔医学会青年临床科研基金	CSA-O2022-04	10.00
抗菌型自修复功能填料在流动树脂中的应用研究	车鸿泽	吉林大学	吉林省自然科学基金青年成长科技项目	20230508-182RC	12.00
牙槽骨增骨量中个性化仿生钛网结构及其性能探索	王心彧	佳木斯大学	黑龙江省自然科学基金	LH2022H-089	10.00
紫杉醇、IPATASERTIB联合用药对OSCC细胞EMT过程影响及机制研究	徐鹏锟	佳木斯大学	黑龙江省卫生健康委科研课题	20220202-081023	0.30

续表

项目名称	项目负责人	单位	基金或资助类目全称	批准号或编号	资助金额（万元）
吉西他滨和siRNA靶向共递送系统在OSCC治疗和疗效监测中的一体化应用	刘　冰	哈尔滨医科大学	国家自然科学基金面上项目	82272674	52.00
FAM20B通过糖基化Biglycan促进骨形成治疗老年骨质疏松的作用及其机制研究	赛音乌力吉	哈尔滨医科大学	国家自然科学基金面上项目	82172496	53.00
新型碳基纳米材料修复周围神经损伤研究	牛玉梅	哈尔滨医科大学	黑龙江省科技厅黑龙江省重点研发计划	2022ZX06C05	80.00
SATB2促进牙髓干细胞成牙本质向分化的机制研究	张　琳	哈尔滨医科大学	黑龙江省科技厅黑龙江省自然科学基金	LJ2022H043	10.00
缓释纳米纤维膜的构建及其促进牙周组织再生的机制研究	宋　蓉	哈尔滨医科大学	黑龙江省科技厅黑龙江省自然科学基金	LH2022H044	10.00
基于人神经肌肉接头芯片研究Sirt1/HIF-1a在上气道扩张肌低氧损伤修复的作用及机制	刘月华	复旦大学	国家自然科学基金面上项目	82271007	52.00
基于cGAS-STING/NLRP3炎症小体通路探讨自身免疫原胞质DNA在口腔扁平苔藓免疫炎性级联反应中的作用及机制研究	孙红英	复旦大学	国家自然科学基金面上项目	82270984	52.00
微流控技术用于细胞物理化学微环境重构及肿瘤转移研究	刘妍君	复旦大学	国家自然科学基金面上项目	22274026	54.00
光滑念珠菌通过分泌乙醛酸抑制DNA双加氧酶TET2在其逃避宿主免疫反应中的功能及机制研究	程舟礼	复旦大学	国家自然科学基金青年科学基金项目	32200458	30.00
NF2及其磷酸化修饰通路在生理及病理性血管新生中的分子机制研究	王　瑜	复旦大学	国家自然科学基金青年科学基金项目	32200570	30.00
TTBK1非激酶活性介导的自噬抑制在神经退行性疾病发生发展中的作用机制	史　晴	复旦大学	国家自然科学基金青年科学基金项目	82201571	20.00
新型骨靶向杂合外泌体修复牙槽骨缺损的作用及机制研究	刘安琪	复旦大学	国家自然科学基金青年科学基金项目	82201100	30.00
Inhibin B通过负反馈FSH介导头颅照射致远端生殖损伤的分子机制	胡松玲	复旦大学	国家自然科学基金青年科学基金项目	82203964	30.00
FGG联合牙周组织再生术两阶段法治疗角化龈宽度不足骨下缺损的前瞻性随机对照研究	陈美华	复旦大学	上海市科学技术委员会医学创新研究专项	22Y11903000	30.00
基于组织锚定型仿生载体对调节性T细胞外泌体的炎症响应性递送用于牙周炎治疗的研究	李　双	复旦大学	上海市科学技术委员会扬帆计划	22YF1439400	20.00
口外负压抽吸系统在新型冠状病毒流行期间维持口腔科正常诊疗的作用	刘海江	复旦大学	上海市卫生健康委员会临床研究专项面上项目	202240171	10.00

续表

项目名称	项目负责人	单位	基金或资助类目全称	批准号或编号	资助金额（万元）
不同正畸热压膜材料对隐形矫治矢状向牙齿移动效率的影响	赵丙姣	复旦大学	上海市卫生健康委员会临床研究专项面上项目	202240182	10.00
基于三维面扫的全口义齿颌位关系记录与虚拟美学排牙的研究及其临床应用	王　珏	复旦大学	上海市卫生健康委员会临床研究专项	202240213	10.00
牙周序列治疗对牙周源性上颌窦炎治疗价值的前瞻性研究	宋　珏	复旦大学	上海市卫生健康委员会临床研究专项	202240389	10.00
牙颌面垂直向控制技术治疗成人疑难高角突面畸形的机制分析	王愉惠	复旦大学	上海市卫生健康委员会临床研究专项	20224Y0391	5.00
牙周基础治疗对于高血脂症伴牙周炎患者的血脂水平的影响	施钊铖	复旦大学	上海市卫生健康委员会临床研究专项	20224Y0390	5.00
基于临床数据的儿童口腔医学专病数据系统构建与科研服务应用	张　皓	复旦大学	上海申康医院发展中心研究型医师创新转化能力培训项目	SHDC2022-CRS055	10.00
PRX1阳性细胞在牙周膜发育和再生中的作用研究	巩旭燕	同济大学	中国博士后科学基金	2022M72-2406	8.00
截冠留根术联合应用CGF对防止下颌第三磨牙拔除后下牙槽神经损伤的临床效果评价及其作用机制探究	康非吾	同济大学	上海市科学技术委员会项目	22Y1190-3100	30.00
3D打印囊肿塞在儿童及青少年大型颌骨囊性病变中恒牙保留的应用效果研究	李功臣	同济大学	上海市卫生健康委员会项目	20224Y0-197	5.00
基于深度学习的牙周炎分期分级诊断辅助系统的研发	罗礼君	同济大学	上海市卫生健康委员会项目	202240196	10.00
口腔黏膜病损修复用对称核苷生物医用材料研究	何　园	同济大学	国家科技部项目	SQ2022YF-C2400066	12.00
基于仿生矿化策略制备天然多糖矿化膜促口腔牙周组织再生的应用研究	冯妍慧芝	同济大学	上海市科学技术委员会项目	22PJD081	30.00
DTβ4负载血管移植体促进前体细胞募集及内皮向分化在颈动脉再生中的作用研究	陈婉丽	同济大学	国家自然科学基金	82201032	30.00
Trem2+巨噬细胞主导的成骨微环境建立调控上颌窦底提升术骨再生的作用和机制研究	翁雨藤	同济大学	国家自然科学基金	82201033	30.00
lincRNA-EPS/miR-193/lipocalin-2调控破骨细胞及其在LPS诱导性牙周炎中机制机理研究	王雅冰	同济大学	国家自然科学基金	82201077	30.00
纤毛膜基因ARL13B阻断纤毛斩首促进牙本质形成及损伤修复的机制研究	孙　瑶	同济大学	国家自然科学基金	82270963	52.00

续表

项目名称	项目负责人	单位	基金或资助类目全称	批准号或编号	资助金额（万元）
底丘脑旁核介导咀嚼参与应激及血压稳态调节的神经环路及机制	刘伟才	同济大学	国家自然科学基金	82270998	52.00
HIF-1α通过组蛋白赖氨酸乳酸化修饰调控颌骨手术后局部骨加速的机制研究	康非吾	同济大学	国家自然科学基金	82271013	52.00
MALAT1/miR-129-5p/FYN信号轴影响骨髓间充质干细胞的细胞骨架网络导致衰老相关骨流失的机制研究	李生娇	同济大学	上海市科学技术委员会项目	22ZR146-7200	20.00
PDLSC球体经TSG6增强可塑性并改善炎症微环境促进牙周再生的作用及机制研究	闫香珍	同济大学	上海市科学技术委员会项目	22ZR146-7300	20.00
巨噬细胞Trem2信号通过调控Spp1表达促进上颌窦底提升骨再生的作用和机制研究	翁雨藤	同济大学	上海市科学技术委员会项目	22YF145-1600	20.00
破骨细胞初级纤毛影响正畸牙移动速度的作用与机制研究	张梦琦	同济大学	上海市科学技术委员会项目	22YF145-1700	20.00
调节巨噬细胞自噬在PGS/PCL动脉移植体体内重塑过程中的作用机制研究	陈婉丽	同济大学	上海市科学技术委员会项目	22YF145-1500	20.00
壳聚糖酶促物理交联水凝胶载PDLSC球体促进牙周再生的临床前研究	闫香珍	同济大学	上海市科学技术委员会项目	22S1190-2800	40.00
仿生骨电学活性牙槽骨/牙周再生材料研制	范　震	同济大学	国家科技部项目	2021YFC-2400403-3	60.00
上海市医苑新星	李　琼	同济大学	上海市卫生健康委员会项目	-	5.00
微创激光技术在龋病防治中的临床推广及应用	蒋备战	同济大学	上海市申康医院发展中心项目	SHDC120-22120	7.50
干细胞休眠和激活在维持血液与骨骼稳态中的调控机制研究	孙　瑶	同济大学	国家科技部项目	2022YFA-1103201	336.00
假丝酵母菌通过Clec4d/Card9分子轴激活中性粒细胞胞外诱捕网影响口腔白斑发生发展的机制	朱雅男	南京大学	国家自然科学基金青年科学基金	82201055	30.00
外泌体联合新型硅酸钙锂生物陶瓷支架对炎症微环境下大鼠牙周再生的作用及其机制的研究	张　倩	南京大学	国家自然科学基金青年科学基金	82201065	30.00
自粘结智能示踪水凝胶牙根纵裂诊治一体化探索	林梓桐	南京大学	国家自然科学基金青年科学基金	82201135	30.00
牙周炎介导的肠道菌群紊乱通过色氨酸-AhR信号轴调控雌激素缺乏状态下牙槽骨吸收的机制研究	闫福华	南京大学	国家自然科学基金面上项目	82270979	67.60
牙周炎通过肠道菌群影响糖代谢的机制研究	李丽丽	南京大学	江苏省自然科学基金青年基金	BK2022-0198	20.00

续表

项目名称	项目负责人	单位	基金或资助类目全称	批准号或编号	资助金额（万元）
间充质干细胞线粒体转移对巨噬细胞M2极化和牙周再生的影响及机制研究	陈　斌	南京大学	江苏省自然科学基金青年科学基金	BK2022-0199	20.00
构建同轴抗菌纤维膜用于牙周组织修复再生的研究	苗雷英	南京大学	江苏省自然科学基金面上项目	BK2022-1177	10.00
基于DESI-MSI原位质谱成像空间代谢组学揭示口腔鳞癌关键演进过程	韩　伟	南京大学	江苏省重点研发计划社会发展项目	BE2022-671	50.00
利用肠道菌群调控色氨酸-AhR信号轴治疗高脂肥胖状态下牙槽骨吸收的研究	闫福华	南京大学	江苏省重点研发计划社会发展项目	BE2022-670	50.00
康复训练在老年无牙颌疑难病例中应用效果的研究	张　红	南京大学	江苏省卫生健康委员会老年健康	LKM2022-039	1.00
肥胖状态下脂肪外泌体对颞下颌骨关节炎的作用及其机制研究	李　煌	南京大学	江苏省卫生健康委员会重点项目	ZD2022-025	20.00
基于“口腔-肠道菌群-免疫”轴探究黄芪寡糖辅助治疗牙周炎的作用机制	汤旭娜	南京大学	江苏省中医药管理局面上项目	MS2022-051	5.00
SIRT1去乙酰化修饰GATA4调控神经嵴细胞分化进而影响颅颌面组织发育的机制研究	张宇新	南京医科大学	国家自然科学基金	82201002	30.00
METTL3介导的pre-miR-665/DLX3 m6A甲基化修饰在人根尖牙乳头干细胞定向分化中的作用及机制研究	李泽汉	南京医科大学	国家自然科学基金	82201024	30.00
群体感应分子AI-2促进菌斑生物膜形成加速牙周炎进展的机制研究	李　璐	南京医科大学	国家自然科学基金	82201072	30.00
肠道菌群代谢物胆汁酸调节FXR信号在钛离子促进炎性骨破坏中的作用机制	朱文卿	南京医科大学	国家自然科学基金	82201096	30.00
动态激发电信号通过FOXO1调控色氨酸代谢促进高糖环境种植体骨结合研究	蔡坤展	南京医科大学	国家自然科学基金	82201097	30.00
FAM83A-c-Myc正反馈环调控有氧糖酵解促进头颈鳞状细胞癌侵袭转移的机制研究	钟　旖	南京医科大学	国家自然科学基金	82203580	30.00
金银花有机酸活性部位通过PDPK1/IRF3调控巨噬细胞M1型极化改善牙周炎的作用及机制研究	黄　鑫	南京医科大学	国家自然科学基金	82204896	30.00
自噬受体OPTN驱动相分离促进线粒体自噬在颌面发育中的机制研究	郭舒瑜	南京医科大学	国家自然科学基金	82270943	52.00
多组学联合分析ARID3B及遗传变异影响HIF-1通路导致NSCL/P的机制研究	潘永初	南京医科大学	国家自然科学基金	82270946	52.00
可注射活性水凝胶复合压电膜材料促进牙髓/牙本质复合体再生的机制研究	江　飞	南京医科大学	国家自然科学基金	82270955	52.00
Keap1-Nrf2通路介导的掺锌钛表面抗氧化保护机制及其在种植体周围骨改建中的作用	邱　憬	南京医科大学	国家自然科学基金	82271003	52.00

续表

项目名称	项目负责人	单位	基金或资助类目全称	批准号或编号	资助金额（万元）
超级增强子驱动的核心转录调控环路SMAD3-RUNX1-ETS2激活Slug转录促进口腔鳞癌侵袭转移的分子机制	王琰玲	南京医科大学	国家自然科学基金	82273446	52.00
光热抗菌生物活性玻璃通过免疫调控促成骨治疗牙周炎的研究	徐　艳	南京医科大学	国自然国际合作与交流项目	8221153-0117	9.60
高场口腔MRI图像增强、分割与量化算法	严　斌	南京医科大学	国家重点研发计划子课题	SQ2022YFC-2400575	24.00
FGGY基因m6A-SNP与非综合征型唇腭裂易感性的遗传学机制研究	娄　姝	南京医科大学	江苏省教育厅项目	22KJB32-0003	5.00
METTL3表观遗传修饰在SCAPs成牙/骨向分化中的作用及机制研究	李泽汉	南京医科大学	江苏省教育厅项目	22KJB32-0001	5.00
释放活性离子促钛种植体血管化和骨整合机制研究	梁薇薇	南京医科大学	江苏省教育厅项目	22KJB32-0002	5.00
多组学联合分析神经母细胞瘤相关蛋白及遗传变异导致NSCL/P的机制研究	潘永初	南京医科大学	江苏省教育厅重大项目	22KJA32-0002	30.00
硅烷@绿原酸治疗体系通过改善ROS微环境和激活Wnt/β-catenin通路改善糖尿病骨结合的作用及机制研究	谢海峰	南京医科大学	江苏省老年健康科研课题项目	LKM2022-025	1.00
PRP在老年颞下颌骨关节病的应用研究	周薇娜	南京医科大学	老年健康科研课题项目	LKM2022-026	1.00
基于多源大数据深度融合的智能正畸诊疗技术研究与临床应用	严　斌	南京医科大学	江苏省重点研发计划社会发展项目	BE2022-795	200.00
促进糖尿病种植体骨结合新策略：硅烷偶联绿原酸治疗体系调控ROS与维持线粒体稳态的作用及机制研究	谢海峰	南京医科大学	江苏省重点研发计划社会发展项目	BE2022-797	50.00
m5C去甲基化介导tRNA剪切调控骨纤维异常增殖症骨髓微环境的机制研究	傅　瑜	南京医科大学	江苏省自然科学基金	BK2022-1300	10.00
UCHL5通过去泛素化NLRP3抑制间充质细胞成骨分化调控颌骨缺损愈合的机制研究	王瑞霞	南京医科大学	江苏省自然科学基金	BK2022-1301	10.00
Circ-6148在羊膜间充质干细胞促进血管化骨再生中的作用机制研究	沈　铭	南京医科大学	江苏省自然科学基金	BK2022-1302	10.00
N6-甲基腺嘌呤(m6A)修饰相关遗传变异rs835435与非综合征型唇腭裂的易感性及机制研究	娄　姝	南京医科大学	江苏省自然科学基金	BK2022-0309	20.00
基于“类器官+药物筛选”口腔鳞癌精准化疗临床转化平台构建	程　杰	南京医科大学	江苏省卫生健康委员会课题	ZD2022-007	20.00

续表

项目名称	项目负责人	单位	基金或资助类目全称	批准号或编号	资助金额（万元）
牙弓适形牵张成骨矫治唇腭裂颌骨发育不足的临床研究	李　盛	南京医科大学	江苏省卫生健康委员会课题	M2022041	5.00
负载Irisin的纳米介孔生物活性玻璃对牙周免疫炎症反应和骨修复的影响及机制研究	马　骞	南京医科大学	江苏省卫生健康委员会课题	M2022060	5.00
反应性星形胶质细胞源性GABA介导术后认知功能障碍的分子机制研究	孙　强	南京医科大学	江苏省卫生健康委员会课题	M2022077	5.00
钛基和氧化锆基口腔种植体表面多功能生物活性涂层研究	徐　艳	南京医科大学	中国-斯洛伐克国际合作交流项目	国科外=[2022]5号	8.00
内窥偏振敏感光学相干层析术在早期龋检测的应用研究	沈　红	南京医科大学	中华口腔医学会口腔医生龋病防治能力提升计划项目	CSA-ICP-2022-02	5.00
无托槽隐形矫治对唇腭裂患者牙周健康及口腔菌群的影响	刘璐玮	南京医科大学	中华口腔医学会青年临床科研基金口腔正畸研究项目	CSA-02022-06	10.00
口腔黏膜病损修复用对称核苷生物医用材料研究	陈谦明	浙江大学	国家重点研发计划	2022YFC-2402900	800.00
基于高分子调控无机聚合的新型仿生牙修复复合材料的研究	邵长鸽	浙江大学	国家自然科学基金青年科学基金	22205202	30.00
仿生材料力学调控破骨细胞分化的化学生物学研究	靳文静	浙江大学	国家自然科学基金青年科学基金	22207097	30.00
抗衰老蛋白Sestrin1通过LRP5/SP7-NFATc1成骨通路重塑老年骨质疏松种植体骨结合的效应及机制研究	黄廷贲	浙江大学	国家自然科学基金青年科学基金	82201008	30.00
动态可控脉冲电场时序调控巨噬细胞极化促进骨缺损修复的机制研究	陈肖依	浙江大学	国家自然科学基金青年科学基金	82201009	30.00
Hmmr通过Ankrd26/ERK1/2/PPARγ2信号轴调控脂肪干细胞成脂分化的机制研究	张　萧	浙江大学	国家自然科学基金青年科学基金	82201016	30.00
ECF产能传递模块介导的生物素跨膜转运在变异链球菌致龋中的作用及分子机制研究	王　媛	浙江大学	国家自然科学基金青年科学基金	82201035	30.00
白色念珠菌PHR2基因差异调控根面龋中变异链球菌和血链球菌的机制与潜在价值研究	杜　倩	浙江大学	国家自然科学基金青年科学基金	82201036	30.00
基于口腔灌注种植体周围炎动物模型探索多细菌感染后的宿主免疫反应机制	孙静晴	浙江大学	国家自然科学基金青年科学基金	82201049	30.00
咬合创伤激活牙周膜细胞力学感受器plexin D1介导CCL25/CCR9信号轴促进Treg细胞功能耗竭的作用及机制研究	徐玮哲	浙江大学	国家自然科学基金青年科学基金	82201050	30.00

续表

项目名称	项目负责人	单位	基金或资助类目全称	批准号或编号	资助金额（万元）
泛素特异性蛋白酶30抑制线粒体自噬影响牙周炎性骨丧失的作用与机制研究	罗洪科	浙江大学	国家自然科学基金青年科学基金	82201051	30.00
氯化锂激活β-catenin上调DNA修复促进辐射后味蕾重建的作用与机制研究	朱健慧	浙江大学	国家自然科学基金青年科学基金	82201088	30.00
锌锶离子时序控释交互调控H型血管新生并加速骨整合的机制研究	陆　薇	浙江大学	国家自然科学基金青年科学基金	82201114	30.00
碱性磷酸酶调控无定形聚磷酸钙诱导I型胶原纤维内矿化及其机制研究	周子淮	浙江大学	国家自然科学基金青年科学基金	82201120	30.00
新型仿生多功能胶原糖胺聚糖复合膜的制备及其在大尺寸牙槽骨缺损修复中的效应和机制研究	周　琦	浙江大学	国家自然科学基金青年科学基金	82201121	30.00
Piezo1/Cytoskeleton介导的YAP核易位在4D仿生骨膜修复骨缺损中的作用及机制研究	游东奇	浙江大学	国家自然科学基金青年科学基金	82201122	30.00
AURKA介导初级纤毛丢失促进口腔白斑癌变的效应及分子机制研究	尹凤英	浙江大学	国家自然科学基金青年科学基金	82203345	30.00
苦瓜素I通过内质网应激/肿瘤免疫双重抑制口腔鳞癌的机制研究	孔建鲁	浙江大学	国家自然科学基金青年科学基金	82203404	30.00
转录因子KLF6激活IRG1 / 衣康酸调控牙髓免疫微环境促进修复性牙本质形成的机制研究	陈　卓	浙江大学	国家自然科学基金面上项目	82270964	52.00
应力作用下FoxO1/Notch轴调控颞下颌关节软骨稳态的作用和机制研究	吴梦婕	浙江大学	国家自然科学基金面上项目	82270995	52.00
跨膜受体LRP5出核转运调控PITX1/SIRT6去乙酰化促进种植体骨结合的作用及机制研究	杨国利	浙江大学	国家自然科学基金面上项目	82271001	52.00
Nell-1差异性调控骨组织细胞重塑正畸牙槽骨的作用和机制研究	陈小燕	浙江大学	国家自然科学基金面上项目	82271008	52.00
掺锶种植体激活TRIM30a/NETosis/STING新型抑炎轴重塑成骨微环境的效应和机制研究	何福明	浙江大学	国家自然科学基金面上项目	82271026	52.00
IGFBP5/NOTCH3介导的干细胞均质化治疗骨质疏松性骨缺损	袁　渊	浙江大学	国家自然科学基金面上项目	82272467	52.00
基于CaF_2纳米粒子自发重构的反应性脱矿牙本质基质界面的粘接混合层一体化构建及机制研究	罗巧洁	浙江大学	国家自然科学基金面上项目	32271407	54.00
牙龈卟啉单胞菌介导的NLRP3炎性小体抑制自噬致牙周区域稳态失衡的机制研究	丁佩惠	浙江大学	浙江省自然科学基金杰出青年项目	LR23H14-0001	80.00

续表

项目名称	项目负责人	单位	基金或资助类目全称	批准号或编号	资助金额（万元）
双槽沟三段式多功能口腔正畸矫治技术的研发与应用	丁王辉	浙江大学	浙江省自然科学基金探索项目/探索公益	LTGY23H-140007	10.00
HIF-1/NCOA4介导铁蛋白自噬促进肌成纤维细胞活化致放射性唾液腺纤维化的作用和机制研究	甘飞鸿	浙江大学	浙江省自然科学基金探索项目/探索青年	LQ23H1-40005	10.00
新型双效长链季铵盐窝洞消毒剂在继发龋防治中的作用及其机制研究	黄萧瑜	浙江大学	浙江省自然科学基金探索项目/探索青年	LQ23H14-0004	10.00
丙戊酸双重靶向调节巨噬细胞M2型极化与微血管系统阻遏放射性口腔黏膜炎的效应与机制研究	蔡祖超	浙江大学	浙江省自然科学基金探索项目/探索青年	LQ23H14-0003	10.00
基于计算流体动力学探索根管内高效冲洗的研究	周　娜	浙江大学	浙江省自然科学基金探索项目/探索公益	LTGC23H-140001	10.00
社区人群全生命周期口腔健康云管理平台建设和应用研究	谢严毅	浙江大学	浙江省自然科学基金探索项目/探索公益	LTGY23H-140006	10.00
金属离子配位改建脱矿基质水凝胶样界面提高牙本质粘接持久性的机制研究	舒　畅	浙江大学	浙江省自然科学基金探索项目/探索青年	LQ23H14-0002	10.00
咖啡因通过A1/2aARs/CREMα通路调控T淋巴细胞介导的绝经后骨质疏松进程	周　益	浙江大学	浙江省自然科学基金探索项目	LY23H14-0001	10.00
间充质干细胞自分泌在种植体周围炎骨重塑中的作用及机制研究	童子安	浙江大学	浙江省自然科学基金探索项目/探索公益	LTGD23H-140001	10.00
FOXO1转录因子介导M1型巨噬细胞调控糖尿病小鼠种植体周围炎的机制研究	王　宇	浙江大学	浙江省自然科学基金联合基金/探索项目	LHDMY23-H070003	10.00
颌面软硬组织缺损修复新材料及数字化关键技术研究	王慧明	浙江大学	浙江省“尖兵”“领雁”研发攻关计划	2023C03-071	200.00
智能化正畸分级诊疗的关键技术研究及应用	章伟芳	浙江大学	浙江省“尖兵”“领雁”研发攻关计划	2023C03-072	190.00
美学区严重颌骨缺损行软硬组织再生种植的数字化全流程构建及推广	毛英杰	浙江大学	浙江省“尖兵”“领雁”研发攻关计划	2023C04-022	40.00
后疫情时代网络交往对青少年心理社会适应的影响研究	孙文菁	浙江中医药大学	浙江省社科联研究课题	2022N34	1.00

续表

项目名称	项目负责人	单位	基金或资助类目全称	批准号或编号	资助金额（万元）
MST1/VDAC1线粒体功能调控轴在牙周炎中的作用及机制研究	黄盛斌	温州医科大学	国家自然科学基金面上项目	82270991	50.00
树状多肽/蒙脱土基多功能纳米给药系统负载CORM-401适应性激活HO-1治疗炎症性肠病的作用机制研究	蔡晓军	温州医科大学	国家自然科学基金青年项目	82272150	52.00
新型可注射多功能温敏水凝胶的构建及其在牙周炎防治中的应用研究	黄盛斌	温州医科大学	浙江省医药卫生重大科技计划重大项目	WKJ-ZJ-2311	50.00
NO/PDT协同抗菌体系Ce6@Arg-MSN的构建及其牙周炎治疗性能研究	胡荣党	温州医科大学	浙江省自然科学基金/探索公益	LTGY23H-140004	10.00
多酶活性金属基纳米酶级联催化CO气体系统的构建及其在糖尿病牙周炎的应用研究	林　坚	温州医科大学	浙江省自然科学基金/探索公益	LTGY23H-140003	10.00
3D打印可降解多孔锌合金支架的制备及在颌面部骨缺损修复中的应用研究	朱　莉	温州医科大学	浙江省自然科学基金/探索公益	LTGY23H-140002	10.00
具有促进种植体周围软组织封闭和骨结合功能的仿生涂层构建及其作用机制研究	吕　磊	温州医科大学	浙江省自然科学基金/探索公益	LTGY23H-140001	10.00
钛材表面新型促神经化MOF涂层促进骨质疏松大鼠早期骨结合的研究	马萍萍	温州医科大学	浙江省自然科学基金/探索青年	LQ23H14-0001	10.00
糖萼仿生构建长效抗凝血抗菌中心静脉导管表面的研究	邱　华	安徽医科大学	国家自然科学基金青年项目	52203131	30.00
CEMP1仿生双亲肽分子的共组装构建双功能生物活性纳米纤维促进牙骨质再生	王晴晴	安徽医科大学	国家自然科学基金青年项目	82201127	30.00
NEAT1介导FGF2核定位基序修饰调控BMSCs细胞周期稳态及其在颌骨再生中的作用	张亨国	安徽医科大学	国家自然科学基金青年项目	82201026	30.00
巨噬细胞外泌体膜包被的仿生Cu-TiO_{2-x}声敏剂的构建及其在脑胶质瘤中的协同治疗研究	王咸文	安徽医科大学	国家自然科学基金青年项目	52202343	30.00
具有类酶活性的铜基纳米粒通过Nrf2/Keap1通路缓解炎症性肠病的作用及机制研究	王婉妮	安徽医科大学	国家自然科学基金青年项目	82200610	30.00
口腔牙龈卟啉单胞菌通过外泌体调控肝巨噬细胞极化并调控TLR4-NF-κB	崔娟娟	安徽医科大学	国家自然科学基金青年项目	82200657	30.00
基于抗菌肽与螯合铜的分子链单端接枝技术构建长效抗菌抗凝血中心静脉导管表面的研究	邱　华	安徽医科大学	安徽省自然科学基金青年项目	2208085-QE136	10.00
人工合成仿CEMP1双亲多肽分子在牙周组织再生中的应用及研究	王晴晴	安徽医科大学	安徽省自然科学基金青年项目	2208085-QH245	10.00
柔性口腔咬合的智能诊断分析关键技术及其临床应用研究	王元银	安徽医科大学	安徽省卫生健康科研重点项目	AHWJ2022-a012	20.00

续表

项目名称	项目负责人	单位	基金或资助类目全称	批准号或编号	资助金额（万元）
miR-142-5p及miR-455-3p靶向IL-8对口腔鳞癌血管生成的影响及机制研究	徐文华	安徽医科大学	安徽省卫生健康科研一般项目	AHWJ2022-b001	10.00
ERCRCP电荷反转BMMSCs来源的外泌体在骨再生中的应用研究	徐建光	安徽医科大学	安徽省卫生健康科研一般项目	AHWJ2022-b002	10.00
铒激光应用于感染种植体表面去污的有效性及调控大鼠骨髓基质干细胞骨向分化的体外研究	周　咏	安徽医科大学	安徽省卫生健康科研一般项目	AHWJ2022-b039	10.00
构建负载氧化铈纳米颗粒纤维膜用于牙周骨组织工程的体内外实验研究	张　雷	安徽医科大学	安徽省卫生健康科研一般项目	AHWJ2022-b055	10.00
基于HAPA理论低龄儿童口腔健康知识行为干预效果研究	陈叶俊	安徽医科大学	安徽省卫生健康科研一般项目	AHWJ2022-b068	10.00
一种新型自清洁复合树脂口腔材料在龋病防治应用中的研究	郑顺丽	安徽医科大学	安徽省重点研究与开发计划项目	2022e070-20051	30.00
一种新型自清洁复合树脂口腔材料在龋病防治应用中的研究	王陈兵	安徽医科大学	安徽省高校科研项目	2022AH0-50645	10.00
用于皮肤创面无疤痕愈合敷料的研究及其机制探索	李　邦	安徽医科大学	安徽省高校科研项目	2022AH0-50758	10.00
Sirt6介导表观遗传调控巨噬细胞胞葬在伴糖尿病牙周炎炎症消退中的作用和机制研究	吴婷婷	安徽医科大学	安徽省高校科研项目	2022AH0-50734	10.00
凋亡间充质干细胞介导巨噬细胞极化调控咀嚼肌萎缩机制研究	柳　岸	安徽医科大学	安徽省高校科研项目	2022AH0-50656	10.00
新型靶向B细胞的核酸纳米载体调节免疫微环境治疗牙周炎的作用和机制研究	李　炯	安徽医科大学	安徽省高校科研项目	2022AH0-50686	10.00
口腔菌群在介导OSAS缺氧暴露及氧化应激反应诱发牙周炎及菌斑改变过程中的作用机制	阳宏林	安徽医科大学	安徽省高校科研项目	2022AH0-50782	10.00
EGCG-Ca^{2+}络合物治疗牙本质敏感的实验研究	刘　鑫	安徽医科大学	安徽省高校科研项目	2022AH0-50786	10.00
BMP1水解DMP1促进细胞体外矿化的分子机制研究	周　咏	安徽医科大学	安徽省高校科研项目	2022AH0-50702	10.00
介孔载药含Ce纳米生物活性玻璃棒的制备及其在牙周炎治疗中的应用	张　珏	皖南医学院	安徽省高校科学研究项目	2022AH0-51227	10.00
ZEB1通过介导糖酵解调控肿瘤干细胞的“干性”维持在口腔鳞癌中的作用及分子机制	王　琼	皖南医学院	安徽省自然科学研究项目	2208085-QH247	10.00
Wnt信号通路调控药物转运蛋白对口腔鳞癌耐药的影响及分子机制研究	卢友光	福建医科大学	国家自然科学基金面上项目	82272868	52.00

续表

项目名称	项目负责人	单位	基金或资助类目全称	批准号或编号	资助金额（万元）
长非编码RNA-LOC101928525调控整合素β6影响牙周炎症反应的机制研究	许铭炎	厦门医学院	国家自然科学基金项目	82270988	52.00
种植体表面微形貌线索引导表观遗传调控促进干细胞成骨分化的机制研究	赖颖真	厦门医学院	福建省科技项目计划	2022J011-408	10.00
长非编码RNA RP11-426C22.4上调整合素β6促进口腔白斑恶性转化的分子机制研究	许铭炎	厦门医学院	福建省科技项目计划	2022D006	9.00
紧密连接蛋白claudin-10在糖尿病小鼠腮腺功能障碍中作用和机制的研究	黄　燕	厦门医学院	福建省科技项目计划	2002D007	6.00
AKT调控内质网线粒体偶联对CD301b+巨噬细胞促进牙槽骨再生的作用及机制研究	王娇龙	南昌大学	国家自然科学基金青年科学基金	82201078	30.00
Circ-RNF2功能化聚乳酸支架调控巨噬细胞自噬改善骨再生免疫微环境的研究	王娇龙	南昌大学	国家自然科学基金地区科学基金	52263015	33.00
自噬通过调控I型胶原的合成和分泌促进牙本质形成的机制研究	占云燕	南昌大学	国家自然科学基金地区科学基金	82260191	33.00
明胶改性后的碳纳米管对牙本质粘接和再矿化的研究	李东方	南昌大学	国家自然科学基金地区科学基金	82260199	33.00
BMP2/Si@GC复合多孔钛支架促进大块颌骨再生的作用及其机制研究	刁伟宏	南昌大学	江西省自然科学基金重点项目	20224AC-B206022	20.00
基于D型金纳米粒子功能化聚乳酸支架调控巨噬细胞自噬促进牙槽骨再生的研究	王娇龙	南昌大学	江西省自然科学基金青年基金	20224BA-B216051	10.00
自供氧中空普鲁士蓝纳米载药体系的构建及用于乏氧肿瘤联合治疗的研究	王　沛	南昌大学	江西省自然科学基金青年基金	20224BA-B216078	10.00
温敏栀子苷-介孔生物玻璃/壳聚糖/β-甘油磷酸钠复合水凝胶的构建和对牙周骨再生的作用研究	邓云云	南昌大学	江西省中医药管理局一般项目	2022A204	0.40
槲皮素纳米复合物用于口腔鳞癌的低温光热治疗及机制研究	王　沛	南昌大学	江西省中医药管理局一般项目	2022A329	0.40
槲皮素介导TLR4信号通路在大鼠正畸牙移动炎症反应中的作用机制研究	廖正宇	南昌大学	江西省卫生健康委科技计划项目	202310040	2.00
基于层层组装法构建纳米氧化锌修饰的聚乳酸纳米纤维膜及其生物性能研究	张显华	南昌大学	江西省卫生健康委科技计划项目	202310041	2.00
牙齿缺失后大鼠认知功能障碍与肠道菌群失调之间的关系	欧晓艳	南昌大学	江西省卫生健康委科技计划项目	202310042	2.00
3MClinpro XT玻璃离子保护膜在乳前牙早期龋防治中的作用	慈向科	南昌大学	中华口腔医学会项目	CSA-ICP-2022-10	5.00

续表

项目名称	项目负责人	单位	基金或资助类目全称	批准号或编号	资助金额（万元）
紫草素调控miRNAhsa-mir-335-5p/TNNC1/Ca^{2+}信号轴促进舌癌细胞的焦亡	胡　熹	南昌大学	江西省中医药管理局一般项目	SZYYB20-223152	4.00
近红外光响应的上转换纳米粒子载香芹酚体系用于牙周炎治疗的研究	邱嘉旋	南昌大学	国家自然科学基金地区项目	82260194	32.00
微小小单胞菌促牙周炎发生中黏附胞外受体与激活胞内信号的机制研究	冯　强	山东大学	国家自然科学基金面上项目	82270980	52.00
低氧预处理下牙周膜干细胞来源外泌体促进牙周组织再生的作用及机制研究	于　洋	山东大学	国家自然科学基金面上项目	82270987	52.00
Nanosilicates通过改变微管动态平衡调控STAT3通路促进牙周血管再生的机制研究	商玲玲	山东大学	国家自然科学基金青年科学基金	82201064	30.00
节律基因Bmal1通过调控Dll4/Notch信号通路影响髁突炎性血管新生的机制研究	马　川	山东大学	国家自然科学基金青年科学基金	82201092	30.00
PKG1棕榈酰化修饰调控线粒体-内质网偶联影响T2DM种植体骨结合的机制研究	张东姣	山东大学	国家自然科学基金青年科学基金	82201101	30.00
压电功能涂层的构建及其在超声驱动下免疫调控抗菌与骨整合研究	李　凯	山东大学	国家自然科学基金青年科学基金项目	82202667	30.00
中韩合作建设有中国特色的残疾人口腔医学体系	谷　雨	山东大学	科技部外国专家项目	G202215-0003L	21.00
双面神屏障促骨膜的制备及其在牙周组织和口腔颌面部骨缺损修复再生中的应用	葛少华	山东大学	山东省重点研发计划	2021ZDS-YS18	200.00
重大创伤与修复诊疗关键技术研发与示范应用	葛少华	山东大学	山东省重点研发计划	2021SFG-C0502	800.00
口腔数字化医疗技术和平台系统的研发应用	葛少华	山东大学	山东省重点研发计划	2022CXG-C020511	124.50
口腔医用多功能复合材料研发与应用	蓝　菁	山东大学	山东省重点研发计划	2022CXG-C020512	150.00
外泌体介导的成骨-破骨细胞间通讯在TiO_2颗粒诱导骨溶解中的作用机制研究	孙圣军	山东大学	山东省自然科学基金面上项目	ZR2022-MH286	10.00
PSAT1通过代谢依赖的组蛋白甲基化途径对牙周膜干细胞成骨分化的调控作用及机制研究	贾凌璐	山东大学	山东省自然科学基金青年基金	ZR2022Q-H099	15.00
IL@MPN胶囊药物递送系统的设计合成及其在口腔细菌生物膜治疗中的应用研究	沈兰波	山东大学	山东省自然科学基金青年基金	ZR2022Q-H069	15.00
超声驱动$BaTiO_3$-Au压电涂层免疫调控抗菌和骨整合性能研究	李　凯	山东大学	山东省自然科学基金青年基金	ZR2022Q-H003	15.00
负载nanosilicates静电纺丝纤维膜通过F-actin聚合调控β-catenin乙酰化促进牙周骨组织再生的机制研究	商玲玲	山东大学	山东省自然科学基金青年基金	ZR2022-QH042	15.00

续表

项目名称	项目负责人	单位	基金或资助类目全称	批准号或编号	资助金额（万元）
基于多胺响应释放的聚合物纳米药物运输平台及应用	赵微微	山东大学	山东省自然科学基金青年基金	ZR2022-QB103	15.00
植物性饮食通过影响口腔微生态预测牙周炎进展及机制研究	杜　密	山东大学	山东省自然科学基金青年基金	ZR2022-QH278	15.00
辣椒素通过神经-免疫串扰调控牙周组织再生的作用及机制研究	刘盟盟	山东大学	山东省自然科学基金青年基金	ZR2022-QH280	15.00
动静结合磁场通过导电性支架调控局部电磁微环境促进骨及神经的再生	王　兵	山东大学	中国博士后科学基金第71批面上资助	2022M71-11906	8.00
MAP4介导的微管动态改变在nanosilicates促进牙周血管再生中的机制研究	商玲玲	山东大学	中国博士后科学基金第71批面上资助	2022M71-1905	8.00
负载Chitosan/Fucoidan-DHA纳米微球的温敏水凝胶涂层改善高脂血症下种植体骨结合的研究	王亚楠	山东大学	中国博士后科学基金第72批面上资助	2022M72-1933	8.00
抗菌肽REG3α靶向调控肠道菌群及其代谢产物改善肥胖的作用机制研究	戚厚宝	山东大学	中国博士后科学基金第72批面上资助	2022M72-1936	8.00
Nanosilicates通过MAPK通路调控微管动力学促进牙周血管再生的机制研究	商玲玲	山东大学	山东省博士后创新项目	SDCX-ZG-202202016	5.00
不同类型下颌前移矫治器对阻塞性睡眠呼吸暂停的治疗机制及其疗效影响因素的研究	陈　荟	山东大学	中华口腔医学会青年临床科研基金	CSA-02022-08	10.00
口腔修复膜结合粘性骨块用于牙槽嵴保存术的临床研究	邵金龙	山东大学	中华口腔医学会青年临床科研基金	CSASIS-2022-03	5.00
便携式放射片阅片装置	李双双	山东大学	山东省医务职工科技创新计划	SDYWZGK-CJH2022036	1.00
一种新型儿童口腔科用开口器	陈　雪	山东大学	山东省医务职工科技创新计划	SDYWZGK-CJH2022058	0.50
沸石咪唑酯基因递送载体的构筑及其免疫-铁死亡联合	付　潇	山东第一医科大学	国家自然科学基金青年项目	22202120	30.00
脂肪酸合成酶调控CD44表达介导CD133+涎腺腺样囊性癌干性及耐药	张伟龙	山东第一医科大学	山东省自然科学基金青年项目	ZR2022Q-H182	15.00
Ⅱ型蛋白激酶G增强2型糖尿病种植体骨结合及其分子机制的研究	贾婷婷	山东第一医科大学	山东省自然科学基金青年项目	ZR2022Q-H283	15.00
周期性牵张力下usp22通过调控fhl2去泛素化参与pdcs成骨分化的作用与机制	赵　一	山东第一医科大学	山东省自然科学基金青年项目	ZR2022Q-H077	15.00
METTL3在头颈癌CD10+肿瘤干细胞化疗耐受中的作用机制探索	徐　乐	山东第一医科大学	山东省自然科学基金青年项目	ZR2022Q-H395	15.00
含西番莲中提取的黄酮类物质的口腔树脂粘接剂在正畸治疗中的特性研究与抗微生物评价	孙允涵	山东第一医科大学	山东省中医药卫生科技发展计划项目青年项目	Q-2022146	2.00

续表

项目名称	项目负责人	单位	基金或资助类目全称	批准号或编号	资助金额（万元）
LOX-1介导种植体周围炎炎性骨吸收的机制研究	张　倩	青岛大学	国家自然科学基金青年科学基金	82201107	30.00
TSPEAR-AS2与TUG1协同调控脂肪酸代谢重编程影响涎腺腺样囊性癌细胞侵袭转移的机制研究	姜雅萍	青岛大学	国家自然科学基金青年科学基金	82203588	30.00
岩藻多糖衍生碳点调控的自愈合胶原水凝胶促进炎性微环境下创伤修复的研究	苏　文	青岛大学	国家自然科学基金青年科学基金	52203173	30.00
应用核壳结构介孔nMgO@m-SiO_2和nBAG@m-SiO_2功能填料联合膨胀单体协同增强牙科光固化复合树脂抗龋及其机制研究	付　静	青岛大学	山东省自然科学基金面上项目	ZR2022-ME021	10.00
DDX3X/NLRP3炎性小体介导牙周膜细胞焦亡在正畸力致牙根吸收中的作用及机制研究	姜春苗	青岛大学	山东省自然科学基金面上项目	ZR2022-MH215	10.00
钛植体表面双功能涂层调控宿主细胞与牙周致病菌竞争占位促进早期骨结合的机制研究	王晓静	青岛大学	山东省自然科学基金面上项目	ZR2022-MH266	10.00
具有肿瘤补氧和协同增强光热效应功能的pH敏感纳米载药系统构建及其抗肿瘤研究	李　凡	青岛大学	山东省自然科学基金青年项目	ZR2022-QE273	14.00
岩藻多糖调控的纳米磷酸钙促进炎性微环境下牙周骨缺损修复的研究	苏　文	青岛大学	山东省自然科学基金青年项目	ZR2022-QH238	15.00
甲基丁香酚用于治疗口腔种植体周围炎的实验研究	张　倩	青岛大学	山东省中医药科技项目重点项目	Z-2022077	5.00
载野黄芩苷骨靶向缓释系统的构建及其促成骨机制研究	滕敏华	青岛大学	山东省中医药科技项目重点项目	Q-2022118	8.00
盘钻法行上颌窦底提升同期种植体植入术的临床研究	徐　昊	青岛大学	山东省医药卫生科技发展计划项目	2019WS375	10.00
ROS/CaMKII/β-catenin信号轴在调控糖尿病小鼠ABMSCs成骨分化及种植体骨结合中的机制研究	周文娟	滨州医学院	国家自然科学基金青年基金	82201110	30.00
高质量发展河南口腔健康事业及口腔医学科学战略规划	王松灵	郑州大学	中国工程科技发展战略河南研究院战略咨询研究一般项目	2022HEN-YB02	48.00
炎症环境下TSG-6抑制BMP/smad信号通路抑制牙周膜干细胞成骨分化能力的机制研究	李　锐	郑州大学	河南科技厅面上项目	2223004-20569	10.00

续表

项目名称	项目负责人	单位	基金或资助类目全称	批准号或编号	资助金额（万元）
cGAS-STING信号轴调控NLRP6-caspase-4诱导的牙髓细胞焦亡在牙髓炎中的作用及机制否	田欣欣	郑州大学	河南省科技厅科技攻关项目	2221023-10022	10.00
LncRNA NKILA/NF-kB反馈回路在口腔扁平苔藓Treg/Th17平衡和角质形成细胞损伤中的作用研究	王　静	郑州大学	河南省科技厅科技攻关项目	2221023-10207	10.00
基于高通量测序技术的重症婴幼儿龋生态防治策略初探	刘　飞	郑州大学	河南省教育厅重点项目	22A5320-006	5.00
外泌体介导的长链非编码RN5 M5L5T-1调控S5CC肺转移前微环境并促进肺转移的机制研究	孙明磊	郑州大学	河南省教育厅重点项目	22A320015	5.00
具有类骨结构的新型成骨抗菌骨引导再生膜的研制和体内外实验研究	付　坤	郑州大学	河南省教育厅重点项目	225320062	3.00
LncRNA HOXC13-AS在口腔鳞状细胞癌增殖及侵袭中的作用机制研究	李文鹿	郑州大学	河南省卫生健康委优秀青年项目	YXKC2022-056	10.00
EGFR抗体修饰的白蛋白-姜黄素脂质体复合物长效、靶向治疗口腔鳞癌的作用及机制研究	魏雪琴	郑州大学	河南省卫生健康委联合共建项目	LHGJ2022-0361	20.00
ADSC-EVs调控异种生物牙根再生过程中牙囊干细胞铁死亡的相关研究	孙晶晶	郑州大学	河南省卫生健康委联合共建项目	LHGJ2022-0362	20.00
Piezo2介导AKT/mTOR/MLST8通路调控三叉神经节神经元自噬在牙移动疼痛产生和持续中的作用机制研究	赵　芮	郑州大学	河南省卫生健康委联合共建项目	LHGJ2022-0365	20.00
间充质干细胞调节口腔扁平苔藓中Th17/Treg细胞免疫失衡的作用及机制研究	李博亚	郑州大学	河南省卫生健康委联合共建项目	LHGJ2022-0369	20.00
趋化因子CCL22在舌鳞状细胞癌肿瘤微环境中的作用机制的研究	李学杰	郑州大学	河南省卫生健康委联合共建项目	LHGJ2022-0360	10.00
ELF3/miR-185-3p/TAB3信号轴调节NF-κB通路在正畸牙齿移动中的作用及机制研究	杨雅娴	郑州大学	河南省卫生健康委联合共建项目	LHGJ2022-0373	10.00
骨髓微血管内皮BMAL1通过调控胞外FBN1/2功能影响I型胶原合成的机制研究	唐清明	华中科技大学	国家自然科学基金面上项目	82270950	53.00
抗炎、成骨高活性多孔微球人工骨粉促进牙周炎相关牙槽骨缺损修复研究	王一帆	华中科技大学	国家自然科学基金面上项目	82271036	52.00
生物钟基因BMAL1通过TNF-α调控成破骨分化在种植体周围炎进展中的作用和机制研究	李蜀鄂	华中科技大学	国家自然科学基金青年基金项目	82201109	30.00

续表

项目名称	项目负责人	单位	基金或资助类目全称	批准号或编号	资助金额（万元）
镁离子参与“类海水”矿化前驱体促进牙本质原位仿生矿化的作用机制研究	王　曼	华中科技大学	国家自然科学基金青年基金项目	82201130	30.00
戊二醛交联的低免疫源性仿生蚕丝在口腔颌面创伤修复的应用及机制研究	龙彦霖	华中科技大学	国家自然科学基金青年基金项目	82201129	30.00
KMT2D通过H3K4me1/H3K27ac调控EF-NA3导致口腔鳞癌发生的机制研究	王　琳	华中科技大学	国家自然科学基金青年基金项目	82203418	30.00
靶向调控节律的多孔微球人工骨粉促进糖尿病牙槽骨缺损修复研究	王一帆	华中科技大学	中国科协青年人才托举工程	2022QNR-C001	30.00
基于中国人群髓腔高分辨率影像数据的根管精准预备技术实现	马净植	华中科技大学	湖北省重点研发计划	2022BCA-033	100.00
生物钟基因REV-ERBα调控的巨噬细胞M1/M2极化在难治性根尖周炎发生发展中的作用机制研究	袁正林	华中科技大学	湖北省自然科学基金一般面上项目	2022CFB-038	5.00
CD301b+巨噬细胞对牙周炎环境下的正畸牙移动骨改建过程的调控研究	胡　丽	华中科技大学	湖北省自然科学基金一般面上项目	2022CFB-236	5.00
CCAT1经由DDR2/AKT通路调控口腔鳞癌对顺铂耐药性的研究	沈振宇	华中科技大学	湖北省自然科学基金一般面上项目	2022CFB-286	5.00
内质网应激感受器IRE1α通过调控巨噬细胞极化参与牙周炎损伤/修复的机制研究	张智星	华中科技大学	湖北省自然科学基金一般面上项目	2022CFB-293	5.00
LncRNA HOTAIR激活WNT信号上调自噬促进OSCC进展的作用机制研究	郭丰源	华中科技大学	湖北省自然科学基金青年项目	2022CFB-719	5.00
生物钟基因BMAL1通过TNF-α调控成破骨分化在种植体周围炎进展中作用和机制研究	李蜀鄂	华中科技大学	湖北省自然科学基金青年项目	2022CFB-636	5.00
温敏性季铵化壳聚糖水凝胶负载牙髓干细胞外泌体促进牙髓再生的研究	石　鑫	华中科技大学	湖北省自然科学基金青年项目	2022CFB-717	5.00
低氧通过口腔鳞癌细胞外囊泡调控口腔鳞癌-内皮细胞融合的机制研究	黄春明	华中科技大学	湖北省自然科学基金青年项目	2022CFB-706	5.00
低温等离子体双向助力氧化锆-牙本质界面粘接性能的实验研究	杜习金	华中科技大学	湖北省卫生健康委面上项目	WJ2023M-009	4.00
口腔黏膜病损修复用对称核苷生物医用材料的工程化技术研发及产业化潜能评估	刘欧胜	中南大学	国家重点研发计划子课题	SQ2022-YFC240-0066	174.40
具有牙颌特征边界的调和场辅助口腔机器人高效配准的研究	梁　烨	中南大学	国家自然科学基金面上项目	82271040	76.00
lncRNA ANRIL/miR-378/PEBP1信号轴调控口腔黏膜下纤维化发生的机制研究	邓智元	中南大学	国家自然科学基金青年项目	82201081	30.00

续表

项目名称	项目负责人	单位	基金或资助类目全称	批准号或编号	资助金额（万元）
硼化 Ti_6Al_4V/HA 复合种植体通过ERα/SOX6/NF-κB途径调控骨质疏松下骨结合的机制研究	彭　倩	中南大学	国家自然科学基金青年项目	82201113	30.00
膜功能化黑磷量子点靶向抗菌系统在牙周炎治疗中的作用研究	张灵玲	中南大学	国家自然科学基金青年项目	82201083	30.00
贯序释放IL-10/EGF基因工程蚕丝蛋白涂层促进糖尿病种植体周软组织结合的研究	程　岘	中南大学	国家自然科学基金青年项目	82201134	30.00
口腔溃疡病损修复对称核苷微针贴片修复效能及免疫调控机制研究	戴小寒	中南大学	国家重点研发计划项目子课题	SQ2022-YFC240-2904	12.00
湖南省青年科技人才项目	程　岘	中南大学	湖南省科技厅项目	S2022YZ-QNKJ0068	40.00
探讨转录因子ETS-1在口腔黏膜下纤维化中的作用及其机制	刘斌杰	中南大学	湖南省自然科学基金面上项目	2022JJ3-0871	5.00
牙髓干细胞通过促进CD73+NKreg细胞分化治疗原发性舍格伦综合征的机制研究	燕　飞	中南大学	湖南省自然科学基金面上项目	2022JJ3-0872	5.00
微小微单胞菌通过NOD2/MAPK/CXCL8调节唾液L-乳酸代谢促进AD进展的研究	冯云枝	中南大学	湖南省自然科学基金面上项目	2022JJ3-0062	5.00
环状RNAcircADARB1通过内质网应激通路抑制鼻咽癌细胞铁死亡促进放疗抵抗研究	龚朝建	中南大学	湖南省自然科学基金面上项目	2022JJ3-0063	5.00
Prx-1启动子调控的VDR敲除对小鼠前腭缝牵张成骨的影响	肖立伟	中南大学	湖南省自然科学基金面上项目	2022JJ3-0855	5.00
于口腔微环境设计富钙复合水凝胶缓释系统对牙周骨缺损的修复	许来俊	中南大学	湖南省自然科学基金青年项目	2022JJ4-0733	5.00
具有抗肿瘤、促成骨多功能型大蒜素脂质体/钛钽铌锆合金复合骨支架的制备及性能研究	罗骏思	中南大学	湖南省自然科学基金青年项目	2022JJ4-0732	5.00
生理常氧通过激活SLC7A11抑制铁死亡曾强ASCs治疗效果的机制研究	陈　畅	中南大学	湖南省自然科学基金青年项目	2022JJ4-0673	5.00
circCDYL2结合EIF2A蛋白促进RAD51翻译影响同源重组诱导鼻咽癌放疗抵抗	张　咪	中南大学	湖南省自然科学基金青年项目	2022JJ4-0726	5.00
Hippo/YAP激活Wnt/β-catenin通路调控牙髓干细胞成牙本质分化的机制研究	李　蓉	中南大学	湖南省自然科学基金科卫联合	2022JJ7-0054	5.00
种植机辅助牙再植治疗晚期重度牙周炎患牙的研究	刘斌杰	中南大学	湖南省临床医疗技术创新引导项目	2021SK5-3601	10.00
具有超声报警功能的3D打印手术导板系统在PAOO手术中的临床应用研究	陈　珺	中南大学	湖南省临床医疗技术创新引导项目	2021SK5-3602	10.00

续表

项目名称	项目负责人	单位	基金或资助类目全称	批准号或编号	资助金额（万元）
高校球托矫治临床新技术师资培训	陈君捷	中南大学	教育部产学合作协同育人项目	2209013-16271948	2.00
口腔黏膜下纤维性变治疗新方案——姜黄口腔给药剂型探究	王月红	中南大学	湖南省教育厅优秀青年项目	22B0016	6.00
半枝莲药效成分激活固有免疫抑制口腔癌变的机制研究	李　明	湖南中医药大学	湖南省自然科学基金面上项目	2022JJ3-0630	5.00
Piezo1参与上颌扩弓腭中缝成骨的作用研究	何正权	湖南中医药大学	湖南省卫生健康委项目	2022080-32486	2.00
自体浓缩生长因子在牙周再生手术中的应用研究	刘青青	湖南中医药大学	湖南省卫生健康委项目	2022080-13498	2.00
基于再生原理的牙颌生物重建及其转化应用研究	陈泽涛	中山大学	国家重点研发计划（课题）	2022YFA-1104400	616.00
口腔仿生树脂渗透陶瓷冠桥材料的研发与多维度评价及应用示范	赵　克	中山大学	国家重点研发计划（课题）	2022YFC-2410100	320.00
牙周穿膜靶向抗菌促成骨复合药物控释体系的构建及其精准递送机制研究	王　焱	中山大学	国家自然科学基金区域创新发展联合基金	U22A20-316	255.00
谷氨酰胺代谢通过IL-37调控口腔黏膜免疫稳态的机制研究	陶小安	中山大学	国家自然科学基金面上项目	82270975	52.00
牙周膜干细胞线粒体移植通过TOB2/SMAD5/PKM2赋能通路调控牙周骨稳态的机制研究	王　彦	中山大学	国家自然科学基金面上项目	82270978	52.00
中性粒细胞来源胞外囊泡组团杀菌效应及其异常致伴糖尿病牙周炎迁延不愈的机制研究	谭家莉	中山大学	国家自然科学基金面上项目	82270985	52.00
卫星胶质细胞AR介导交感效应调控巨噬细胞表型参与口颌面疼痛的外周机制	范文国	中山大学	国家自然科学基金面上项目	82270997	50.00
PDE4经cAMP/PKA轴调控NETs促进种植体周围炎骨吸收的作用机制研究	黄宝鑫	中山大学	国家自然科学基金面上项目	82271005	52.00
钛表面新型抗生物膜双嵌段高分子刷的精准制备及其构效机制研究	吴淑仪	中山大学	国家自然科学基金面上项目	82271031	52.00
DUSP9去磷酸GPD2诱导代谢重编程激活αKG/TET1介导的全基因组去甲基化促进头颈鳞癌进展的机制研究	任先越	中山大学	国家自然科学基金面上项目	82273148	52.00
舌鳞癌休眠细胞调控超微环境压力实现自我激活的作用机制	廖贵清	中山大学	国家自然科学基金面上项目	82273435	52.00

续表

项目名称	项目负责人	单位	基金或资助类目全称	批准号或编号	资助金额（万元）
靶向巨噬细胞NLRP3炎症小体信号重建衰老微环境下牙龈屏障稳态促进牙槽骨损伤修复	沈宗杉	中山大学	国家自然科学基金青年科学基金项目	82201011	30.00
叶酸修饰的Mg-MSNs靶向调控巨噬细胞线粒体功能稳态促进牙周复合体再生的研究	刘冠琪	中山大学	国家自然科学基金青年科学基金项目	82201012	30.00
牙囊干细胞外泌体介导的巨噬细胞糖代谢重编程重建牙髓免疫稳态的机制研究	田　俊	中山大学	国家自然科学基金青年科学基金项目	82201037	30.00
脱细胞牙髓基质水凝胶通过Col VI调控巨噬细胞极化促进牙髓再生的机制研究	李俊达	中山大学	国家自然科学基金青年科学基金项目	82201038	30.00
pgn_0361通过增强牙龈蛋白酶活性介导牙周膜成纤维细胞-中性粒细胞互作调控根尖周炎的作用机制研究	黄丽佳	中山大学	国家自然科学基金青年科学基金项目	82201039	30.00
VicK调控的囊泡源性葡萄糖基转移酶影响变异链球菌生物被膜形成的机制研究	曹依娜	中山大学	国家自然科学基金青年科学基金项目	82201040	30.00
HXK2基因经胞外多糖代谢调控变异链球菌-白色念珠菌双菌种生物膜致龋性及其机制研究	陆洋宇	中山大学	国家自然科学基金青年科学基金项目	82201041	30.00
高糖微环境中P.gingivalis通过HaeS/R-pULK2轴破坏自噬溶酶体结合损伤牙龈上皮屏障加剧牙周炎的机制	黄　馨	中山大学	国家自然科学基金青年科学基金项目	82201056	30.00
Apo-LF改善高铁微环境抑制牙周炎发展并促进组织再生的作用机制研究	范　乐	中山大学	国家自然科学基金青年科学基金项目	82201057	30.00
牙龈卟啉单胞菌上调MDSC髓系免疫检查点c-Rel重塑黏膜免疫微环境促进口腔白斑发展的机制研究	王　茜	中山大学	国家自然科学基金青年科学基金项目	82201060	30.00
胱抑素SN调节ECM生物力学促进种植体周成纤维细胞炎性激活的机制研究	陈丹莹	中山大学	国家自然科学基金青年科学基金项目	82201095	30.00
雪旺细胞外泌体通过miR-23a-3p靶向SOCS6调控骨微环境促进骨缺损修复的研究	浩志超	中山大学	国家自然科学基金青年科学基金项目	82201098	30.00
纳米形貌钛酸钡双仿生涂层通过力-电协同调控Piezol2/CaV1.2/Ca^{2+}/PI3K通路促进种植体骨整合的研究	黄静燕	中山大学	国家自然科学基金青年科学基金项目	82201117	30.00
基于Keap1/Nrf2/ARE通路的ROS响应性纳米ZIF-8改性单宁酸-明胶水凝胶促糖尿病颅颌面骨缺损再生的研究	高筱萌	中山大学	国家自然科学基金青年科学基金项目	82201118	30.00
基于蛋白吸附管控的等离子体聚合涂层引导FN-ITGβ1互作促进种植体周上皮封闭的作用及机制研究	陈首丞	中山大学	国家自然科学基金青年科学基金项目	82201119	30.00

续表

项目名称	项目负责人	单位	基金或资助类目全称	批准号或编号	资助金额（万元）
钙磷/纳米栅/纳米管复合结构增强钙内流逆转过度内质网应激重建巨噬细胞稳态促进糖尿病骨结合的研究	许若谷	中山大学	国家自然科学基金青年科学基金项目	82201126	30.00
GALNT14通过O-糖基化修饰表皮生长因子促进舌鳞癌顺铂耐药的机制研究	王春阳	中山大学	国家自然科学基金青年科学基金项目	82202843	30.00
SPP1+巨噬细胞通过CD44/MARK2/MAP4轴促进口腔鳞癌细胞集体内渗的机制研究	吴家顺	中山大学	国家自然科学基金青年科学基金项目	82203736	30.00
新型抗生物膜形成的淀粉样六肽聚合机制及构效关系解析	陈冬茹	中山大学	国家自然科学基金青年科学基金项目	82204253	30.00
舌鳞癌微环境中HIRA诱导干细胞样CD8+T细胞失能在获得性耐药的作用机制	官晨雨	中山大学	广东省自然科学基金面上项目	2022A15-15010442	10.00
短链脂肪酸通过Erk-Bcl6-HDAC调控轴诱导Breg细胞分化的机制研究	孙建波	中山大学	广东省自然科学基金面上项目	2022A15-15010678	10.00
牙龈卟啉单胞菌菌毛蛋白FimA调控CD8+T细胞脂代谢重编程促进其耗竭介导口腔白斑病发生发展的作用机制	房　娟	中山大学	广东省自然科学基金面上项目	2022A15-15010771	10.00
牙本质改性抗菌水凝胶的构建及其在水平型牙周骨缺损修复中的作用研究	高现灵	中山大学	广东省自然科学基金面上项目	2022A15-15010782	10.00
牙周菌群的色氨酸代谢产物通过芳烃受体调控牙龈上皮屏障的作用和机制研究	高　雳	中山大学	广东省自然科学基金面上项目	2022A15-15010855	10.00
正畸牙移动中IL-20通过HIF-α调节巨噬细胞自噬的机制研究	曹　阳	中山大学	广东省自然科学基金面上项目	2022A15-15010871	10.00
巨噬细胞外泌体介导的线粒体代谢功能障碍对间充质干细胞成骨分化功能的影响及其在牙周炎中的作用机制研究	谭家莉	中山大学	广东省自然科学基金面上项目	2022A15-15011094	10.00
外泌体miR-758-3p靶向调控PTEN/PI3K/Akt通路调控巨噬细胞M2极化促进SHED成牙本质向分化	郑健茂	中山大学	广东省自然科学基金面上项目	2022A15-15011266	10.00
m6A甲基转移酶METTL3通过PGC1β介导的线粒体能量代谢促进破骨细胞分化的分子机制	徐　琼	中山大学	广东省自然科学基金面上项目	2022A15-15012179	10.00
PKM2磷酸化阻断自噬溶酶体融合在高糖促牙龈上皮屏障功能障碍中的机制研究	黄　馨	中山大学	广东省自然科学基金面上项目	2022A15-15012343	10.00
OpuB ABC转运通路调控囊泡产生影响变链菌致龋性的研究	曹依娜	中山大学	广东省自然科学基金面上项目	2022A15-15012345	10.00
MSX1通过DLX2-MYC轴调控人外胚间充质干细胞增殖影响颅颌面发育的机制研究	张新春	中山大学	广东省自然科学基金面上项目	2022A15-15012485	10.00

续表

项目名称	项目负责人	单位	基金或资助类目全称	批准号或编号	资助金额（万元）
DGAT1介导上皮细胞脂质代谢失衡促进口腔鳞癌发生的作用及机制	彭建敏	中山大学	广东省自然科学基金面上项目	2022A15-15012493	10.00
Dock11在Ror2/Cdc42信号调控牙胚间充质细胞增殖过程中的作用及其机制研究	马媛媛	中山大学	广东省自然科学基金面上项目	2022A15-15012494	10.00
DPSC源性外泌体蛋白FGD5激活Cdc42/p38 MAPK通路促进皮肤伤口愈合的作用机制研究	胡晓莉	中山大学	广东省自然科学基金面上项目	2022A15-15012531	10.00
BC-NCl/CS-HAP多功能引导骨再生纳米复合膜的制备及其构效机制研究	吴淑仪	中山大学	广东省自然科学基金面上项目	2022A15-15012600	10.00
AuNPs复合SF/nHAP/PEG膜调控LPS刺激下BMSCs抗炎作用及机制研究	钟 娟	中山大学	广东省自然科学基金区域联合青年基金	2022A15-15111175	10.00
浆细胞内质网应激性凋亡诱导巨噬细胞M2c极化促进种植体周围软组织炎症的机制研究	黄沛娜	中山大学	广东省自然科学基金区域联合青年基金	2022A15-15110423	10.00
淋巴结间充质干细胞通过CCL2-NFκB-PDL1轴改善环磷酰胺导致的免疫抑制的作用机制研究	何依帆	中山大学	广东省自然科学基金区域联合青年基金	2022A15-15110434	10.00
双组分系统CHK1基因通过HOG1调控白色念珠菌对口腔黏膜感染的机制研究	周羽洁	中山大学	广东省自然科学基金区域联合青年基金	2022A15-15110846	10.00
负载LCA细胞外囊泡通过将中性粒细胞NETosis转换为凋亡促进炎性条件下牙周组织再生作用机制的研究	尚冯青	中山大学	广东省自然科学基金区域联合青年基金	2022A15-15110175	10.00
异常高表达NFAT3通过提升苹果酸代谢维持细胞高氧化应激水平进而诱发细胞竞争促进口腔上皮恶性转化的机制研究	李媛媛	中山大学	广东省自然科学基金区域联合青年基金	2022A15-15110509	10.00
FAM20C介导的蛋白磷酸化促Gli1阳性牙周膜干细胞成骨分化的机制研究	黄焱玉	中山大学	广东省自然科学基金区域联合青年基金	2022A15-15111198	10.00
LncRNA SNHG1介导EZH2表观遗传调控自噬/氧化应激在人牙囊干细胞成骨分化中的机制研究	邓立迪	中山大学	广东省自然科学基金区域联合青年基金	2022A15-15111186	10.00
通过靶向调控IL-13的聚多巴胺涂层调节屏障胶原膜降解性能的体内外及机制研究	刘润恒	中山大学	广东省自然科学基金区域联合青年基金	2022A15-15110088	10.00
硒代蛋氨酸“对话”铁自噬促进种植体周围炎骨缺损修复的机制研究	李一鸣	中山大学	广东省自然科学基金区域联合基金-青年基金项目	2022A15-15110388	10.00
SP-ALN阶段缓释电纺纤维支架调控成骨-破骨平衡促进骨质疏松骨修复的研究	纪焕中	中山大学	广东省自然科学基金区域联合青年基金	2022A15-15111068	10.00

续表

项目名称	项目负责人	单位	基金或资助类目全称	批准号或编号	资助金额（万元）
靶向CD3ε多肽调控T细胞功能的作用机制及其应用研究	黄鸿兴	中山大学	广东省自然科学基金区域联合青年基金	2022A1515110025	10.00
PAC1受体及其靶向激活在颌骨缺损修复中的作用和分子机制研究	蔡明详	暨南大学	国家自然科学基金青年科学基金项目	82201001	30.00
载葛根素复合涂层调控锌合金的降解及成骨机制研究	李　平	南方医科大学	广东省中医药局中医药科研项目	20221267	0.50
FUS诱导的circ_0001599/miR-642a-5p/DMP1轴促进人牙髓干细胞成牙本质向分化的机制研究	杨叶青	南方医科大学	广东省医学科研基金	A2022199	1.00
PTEN/IP3R通路致钙超载在纳米氧化锌促中枢神经炎症中的机制研究	梁慧珉	南方医科大学	广东省医学科研基金	A2022109	1.00
Ti3C2TZ/PLA纳米复合膜引导骨再生的机制研究	余慧敏	南方医科大学	广东省医学科研基金	A2022494	0.50
Pg-LPS通过IRF8-AIF1促进树突状细胞抗原提呈功能在高脂血症加重牙周炎中的机制研究	李佳桐	南方医科大学	广东省医学科研基金	A2022522	0.50
线粒体功能在电学微环境中促进软硬组织再生的机制研究	程鸣威	南方医科大学	广东省医学科研基金	A2022373	0.50
新型复合体PD防治龋病的作用机制及应用研究	葛　阳	南方医科大学	广东省医学科研基金	A2022543	0.50
气压式声波驱动根管冲洗在老年人根管治疗的应用	孙书昱	南方医科大学	广东省医学科研基金	C2022087	0.50
HDAC5调控HSP70去乙酰化介导的CYP11A1线粒体导入异常在Cd2+致胎盘类固醇激素合成障碍中的机制研究	张艳丽	南方医科大学	广东省基础与应用基础研究基金项目面上项目	2022A1515012435	10.00
TEAD1/DNMT1调控线粒体动力学在EN-GO促进老年血管生成中的机制研究	刘文静	南方医科大学	国家自然科学基金青年项目	82201111	30.00
仿生矿化促进三斜钙磷石降解吸收与成骨及其机制研究	谭生龙	南方医科大学	国家自然科学基金青年项目	82201133	30.00
iNOS-DRP1介导的线粒体DNA释放在氧化石墨烯诱导小胶质细胞炎症反应中的机制研究	康译元	南方医科大学	国家自然科学基金青年项目	82201507	30.00
凋亡T细胞释放细胞外囊泡通过CD39/CD73/腺苷通路缓解骨质疏松的机制研究	杨晓姗	南方医科大学	国家自然科学基金青年项目	82202341	30.00
CUL3-FNIP2-CPT1C调控脂肪酸氧化在NbBG促进血管内皮细胞增殖中的机制研究	邵龙泉	南方医科大学	国家自然科学基金面上项目	82271025	52.00
瓷贴面修复技术在喀什地区的推广及应用	罗　恒	南方医科大学	广东省科技计划项目	KTPYJ-2022020	6.00

续表

项目名称	项目负责人	单位	基金或资助类目全称	批准号或编号	资助金额（万元）
利用类器官芯片技术构建牙周炎模型及其在抑制TIR/MyD88中的药筛应用	容明灯	南方医科大学	国际科技合作领域粤港澳大湾区项目	2022A05-05050037	50.00
体液外泌体高精准代谢组学在头颈部鳞状细胞癌的临床研究及转化应用	崔　力	南方医科大学	国际科技合作领域-港澳大湾区项目	2022A05-05050038	50.00
精准靶向牙周炎的Pik3ip1蛋白递送系统的构建及机制研究	王　智	南方医科大学	国家自然科学基金联合基金项目	U22A203-15	255.00
氟保护漆联合窝沟封闭剂防龋效果的体外研究	向绍雯	南方医科大学	中华口腔医学会项目	CSA-ICP-2022-08	5.00
凋亡T细胞释放细胞外囊泡通过CD39/CD73/腺苷通路缓解骨质疏松的机制研究	杨晓姗	南方医科大学	中国博士后科学基金	2022M72-1529	8.00
IFN-γ/SOCS3/p53介导的破骨细胞铁死亡在γδ T细胞促进磷酸盐性颌骨坏死中的机制研究	欧玲伶	南方医科大学	中国博士后科学基金	2022T15-0295	18.00
UBF去乙酰化介导核糖体生物发生障碍在孕期纳米氧化锌暴露致胎盘发育异常中的机制研究	张艳丽	南方医科大学	中国博士后科学基金	2022M71-1522	8.00
ZnP仿生涂层改性锌基金属通过骨膜细胞EVs调控SDC1/FGF2通路促血管生成的机制研究	戴静桃	南方医科大学	广东省基础与应用基础研究基金项目	2022A15-15111092	10.00
基于SSM策略的多相矿化胶原蛋白支架的构建及其调节成骨微环境的研究	贺健康	南方医科大学	广东省基础与应用基础研究基金项目	2022A15-15110840	10.00
炎症牙髓干细胞外泌体miR-494-3p靶向AVL9调控血管生成的机制研究	黄翔雨	南方医科大学	广东省基础与应用基础研究基金项目	2022A15-15110366	10.00
牙龈卟啉单胞菌通过氧化应激加剧缺血性脑血栓形成的机制研究	李　安	南方医科大学	广东省基础与应用基础研究基金项目	2022A151-5110379	10.00
三级淋巴结构中TCL1A+ B细胞通过啃噬作用增强免疫反应治疗口腔鳞癌的机制研究	谢文强	南方医科大学	广东省基础与应用基础研究基金项目	2022A151-5111020	10.00
GRHL2/FABP4调控mtDNA释放介导巨噬细胞necroptosis在粪肠球菌致难治性根尖周炎中的机制研究	赵望泓	南方医科大学	国家自然科学基金面上项目	82270965	52.00
mtDNA-ZBP1介导巨噬细胞necroptosis在粪肠球菌感染致难治性根尖周炎中的机制研究	赵望泓	南方医科大学	广东省自然科学基金面上项目	2022A15-15012169	10.00
牙龈卟啉单胞菌诱发胰岛素靶器官葡萄糖转运障碍的作用及机制研究	刘　芬	南方医科大学	广东省自然科学基金面上项目	2023A15-15012126	10.00
牙周炎中牙龈成纤维细胞通过necroptosis诱导HYOU1调控中性粒细胞NETs的机制研究	房付春	南方医科大学	国家自然科学基金面上项目	82270982	52.00

续表

项目名称	项目负责人	单位	基金或资助类目全称	批准号或编号	资助金额（万元）
HPV E2通过miR-183/96/182-5p簇诱导头颈癌产生巨噬细胞相关促炎性微环境的机制研究	陈晓杭	南方医科大学	中国博士后科研基金	2022M71-1502	8.00
HPVE2通过外泌体miR-183/96/182-5p簇诱导头颈癌微环境巨噬细胞向M1型极化的机制研究	陈晓杭	南方医科大学	广东省自然科学基金粤深联合基金	2022A15-15111161	10.00
睡眠剥夺通过抑制Allobaculum菌下调丁酸促进肿瘤生长的机制研究	甄　艳	南方医科大学	中国博士后科研基金	2021M70-1603	8.00
牙本质涎磷蛋白(dspp)通路调控小鼠牙本质发育相关基因表达和表观遗传作用及其机制探究	徐稳安	南方医科大学	广东省“海外名师”项目	G822123-274	5.00
基于口腔菌群的龋风险评估在氟化物防龋中的应用评价	徐稳安	南方医科大学	中华口腔医学会项目	-	10.00
新型可注射性温度/pH双重敏感智能水凝胶精准防龋的实验研究	江　山	南方医科大学	广东省医学科研基金	A2023107	1.00
巨噬细胞源性IFW￥在放射性乳腺损伤中的作用及其机制研究	马　琳	深圳大学	国家自然科学基金青年科学基金	82203967	30.00
替代末端连接修复通路在miR-21调节口腔鳞癌放射损伤反应中的作用及其潜在的放疗增敏机制研究	马　琳	深圳大学	广东省自然科学基金	2023A15-15011945	10.00
构建浓缩生长因子(CGF)生物墨水3D打印支架修复颌骨缺损的作用及成骨机制的研究	曹帅帅	深圳大学	广东省自然科学基金	2022A15-15110441	10.00
艾地骨化醇诱导微型骨形成机制的研究	郭　颖	深圳大学	广东省卫生健康委员会项目	A2022435	0.50
矿化角蛋白调控迁移体形成在骨组织修复中的作用和机制研究	陈吾雅	佛山科学技术学院	国家自然科学基金青年基金	32201112	30.00
基于复合健康行为相关理论的老年人口腔健康行为机制及干预策略研究	苏淑文	佛山科学技术学院	国家自然科学基金青年基金	72204046	30.00
外泌体circTP53通过miR-1206/PI3K调控肿瘤干细胞特性增强口腔鳞癌顺铂耐药的机制研究	艾毅龙	佛山市口腔医院	广东省基础与应用基础研究基金	2022A15-15140098	30.00
动态力学微环境介导巨噬细胞外泌体调控骨组织再生的作用机制研究	李　娜	佛山科学技术学院	广东省基础与应用基础研究基金	2022A151-5140148	30.00
以“提高学生临床思维和实践操作能力”为中心的牙周病学实验教学改革的研究与实践	肖　欣	佛山市口腔医院	广东省临床教学基地教学改革研究项目	2021JD202	1.00

续表

项目名称	项目负责人	单位	基金或资助类目全称	批准号或编号	资助金额（万元）
淫羊藿苷/黑磷/碳酸钙复合骨水泥的构建及诱导种植体周围炎骨再生的研究	孙 挺	佛山科学技术学院	广东省医学科研基金项目	A2022358	10.00
葡甘聚糖纤维诱导的巨噬细胞源外泌体促进糖尿病难愈合创面再生的机制研究	王 闯	佛山科学技术学院	广东省自然科学基金	20712354-90262023	10.00
液晶态基质微环境介导巨噬细胞调控BM-SCs成骨分化的作用机制研究	李 娜	佛山科学技术学院	广东省自然科学基金	-	30.00
研制新型T细胞激动剂提高DC/肿瘤融合细胞疫苗抗肿瘤效应及机制研究	卢小玲	广西医科大学	国家自然科学基金国际（地区）合作与交流项目	82220108-003	250.00
基于骨内液体流动力学探究正畸力调控上颌腭侧骨皮质重塑的作用机制	莫水学	广西医科大学	国家自然科学基金地区基金项目	82260197	34.00
基于非离子囊泡模型研究PAMAM-COOH/ACMP纳米胶束诱导胶原纤维仿生矿化的作用机制	谢方方	广西医科大学	国家自然科学基金地区基金项目	82260190	33.00
COX-2/PGs和β2-AR/CAs双轴调控促进口腔鳞癌侵袭转移的机制研究	麦华明	广西医科大学	国家自然科学基金地区基金项目	82260586	33.00
PD-L1/P60/p53融合肽自组装智能化递送系统延长多肽药物半衰期并监测的机制研究	蒋兴禄	广西医科大学	国家自然科学基金地区基金项目	32260236	32.00
负载纳米抗体T细胞激动剂新型溶瘤病毒OV-CD3-FAP/ NB-BiTE抗口腔癌效应及机制研究	刘 恒	广西医科大学	国家自然科学基金地区基金项目	82260480	30.00
基于"龋病风险评估"的数字化广西儿童口腔健康管理系统研发与应用	邱荣敏	广西医科大学	广西壮族自治区重点研发计划	桂科AB-22035015	110.00
上颌骨正颌手术混合现实可视化导航平台研发及混合现实术中导航应用研究	黄旋平	广西医科大学	广西壮族自治区科技基地和人才专项	桂科AD-22035169	73.00
MiR-21靶向调控EPCs中TGF-β2/Smand通路影响冻干骨修复骨缺损的研究	谢庆条	广西医科大学	广西壮族自治区教育厅项目	2022KY-0080	2.50
同型半胱氨酸通过激活NLRP3炎性小体介导牙周炎症反应的机制研究	林 丹	广西医科大学	广西壮族自治区教育厅项目	2022KY-0107	2.00
低功率激光联合引导性骨再生术对拔牙位点保存的临床研究	李 昊	广西医科大学	广西壮族自治区卫生健康委员会项目	S2022118	2.00
灼口综合征患者认知及相关生物标志物筛选研究	蒋兰岚	广西医科大学	广西壮族自治区卫生健康委员会项目	S2022119	2.00
"互联网+"医院-家庭口腔癌智慧康复延续护理服务模式构建与实践	廖 莹	广西医科大学	广西壮族自治区卫生健康委员会项目	S2022120	2.00

续表

项目名称	项目负责人	单位	基金或资助类目全称	批准号或编号	资助金额（万元）
全麻下重度低龄儿童龋治疗对儿童发育行为与口腔生活质量的影响多中心研究	高碧云	广西医科大学	广西壮族自治区卫生健康委员会项目	S2022121	2.00
GPR124/PPARγ轴调控高脂微环境下牙周细胞焦亡的机制研究	郭竹玲	海南医学院	国家自然科学基金青年科学基金	RZ23000-02230	30.00
LIPUS联合智能GBR材料体系重塑牙周稳态对伴2型糖尿病牙周炎的作用及机制研究	宋锦璘	重庆医科大学	国家自然科学基金区域创新发展联合基金 重点支持项目	U22A20314	255.00
响应种植体周菌群失调联动免疫失衡的智能材料体系	季　平	重庆医科大学	国家自然科学基金 国际（地区）合作与交流项目	82220108-019	250.00
mTORC1信号在牙胚重度损伤后再生修复中的功能及作用机制研究	杨德琴	重庆医科大学	国家自然科学基金面上项目	32270888	54.00
FOXO3a调节ATPSβ表达参与吸烟相关骨质疏松发生发展的机制研究	敬　蒸	重庆医科大学	国家自然科学基金面上项目	82270962	52.00
炎症致牙周膜干细胞内质网-线粒体钙转运失衡介导mtDNA释放抑制牙周组织重建的机制研究	翟启明	重庆医科大学	国家自然科学基金青年科学基金项目	82201059	30.00
微环境响应性水凝胶调控细胞器动力学稳态-巨噬细胞代谢重编程在糖尿病牙周炎中的机制研究	王　思	重庆医科大学	国家自然科学基金青年科学基金项目	82201075	30.00
整合素α9β1及其配体通过调控中性粒细胞功能影响牙周免疫微环境的机制研究	徐士涵	重庆医科大学	国家自然科学基金青年科学基金项目	82201082	30.00
牙周病特异性标记物高通量筛选体系及牙周病规范化诊疗体系的建立	宋锦璘	重庆医科大学	国家重点研发计划重点研发专项课题	2022YFC-2504201	285.00
基于多孔植体的“诊疗”双逻辑智能3D药物库对于糖尿病种植体周围炎的治疗及机制研究	李帝泽	重庆医科大学	中国博士后站前特别资助	2022TQ0-395	18.00
代谢性疾病背景下PI的发病机制及防治策略研究	陈　陶	重庆医科大学	重庆市自然科学基金杰出青年科学基金	CSTB2022-NSCQJQX-0012	100.00
微曲率阵列调控干细胞成骨向分化的机制研究	张　赫	重庆医科大学	重庆市自然科学基金面上项目	CSTB2022-NSCQMSX-0098	10.00
智能自组装四面体纳米材料携载sislc44a1从代谢免疫角度治疗牙周炎的机 制研究	刘楠馨	重庆医科大学	重庆市自然科学基金面上项目	CSTB2022-NSCQMSX-0791	10.00
Chemerin/ChemR23 axis调控炎性因子介导的正畸牙根吸收及其机制研究	黄　兰	重庆医科大学	重庆市自然科学基金面上项目	CSTB2022-NSCQMSX-0794	10.00

续表

项目名称	项目负责人	单位	基金或资助类目全称	批准号或编号	资助金额（万元）
鸢尾素调控SIRT3介导线粒体自噬促进糖尿病骨缺损修复的作用机制研究	李广悦	重庆医科大学	重庆市自然科学基金面上项目	CSTB2022-NSCQMSX-1021	10.00
仿生纳米海绵联合蛋白组学对益生菌抑菌因子的分析与鉴定	陈　亮	重庆医科大学	重庆市自然科学基金面上项目	CSTB2022-NSCQMSX-0128	10.00
纳米淀粉样蛋白膜抑制中性粒细胞胞外陷阱形成促进糖尿病牙周组织再生 的作用和机制的研究	李雨舟	重庆医科大学	重庆市自然科学基金面上项目	CSTB2022-NSCQMSX-0925	10.00
CRP为核心的免疫网络对大鼠炎性牙移动牙槽骨改建的影响及机制研究	何　瑶	重庆医科大学	重庆市自然科学基金面上项目	CSTB2022-NSCQMSX-0859	10.00
慢性应激通过GLUD1/p38在口腔鳞状细胞癌衍进过程中的作用及机制研究	金　鑫	重庆医科大学	重庆市自然科学基金面上项目	CSTB2022-NSCQMSX-1148	10.00
尿源性干细胞通过PGE2-cAMP信号通路调控巨噬细胞极化治疗牙周炎的机制研究	戴红卫	重庆医科大学	重庆市自然科学基金面上项目	CSTB2022-NSCQMSX-0982	10.00
缺氧微环境下circRMST调控自噬促进牙周炎发生发展的机制研究	张晓南	重庆医科大学	重庆市自然科学基金面上项目	CSTB2022-NSCQMSX-0084	10.00
二氢乳清酸脱氢酶调控线粒体稳态影响牙周干细胞再生的机制研究	翟启明	重庆医科大学	重庆市自然科学基金博士后项目	CSTB2022-NSCQBHX-0003	10.00
OGT介导的O-GlcNAc糖基化修饰在牙周炎中的作用及机制研究	尹圆圆	重庆医科大学	重庆市自然科学基金博士后项目	CSTB2022-NSCQBHX-0632	10.00
二甲双胍碳点在炎症微环境下促进人PDLSC成骨分化的作用研究	危晶晶	重庆医科大学	重庆市自然科学基金科研项目	SL20210-0000765	10.00
LIPUS辅助PRP治疗颞下颌骨关节病的临床效果探索及其机制研究	许　杰	重庆医科大学	重庆市卫生健康委员会科卫联合重点项目	2023ZDX-M019	20.00
内窥镜下骨挤压钻联合膜控法用于上颌窦底提升的前瞻性队列研究	陈　陶	重庆医科大学	重庆市卫生健康委员会科卫联合项目	2023GDR-C001	8.00
成熟恒牙牙髓炎的活髓保存治疗	窦　磊	重庆医科大学	重庆市卫生健康委员会科卫联合项目	2023GDR-C012	8.00
时空整塑性个性化骨再生支架用于位点保存术的临床前瞻性对照研究	付　钢	重庆医科大学	重庆市卫生健康委员会科卫联合面上项目	2023MSX-M056	8.00

续表

项目名称	项目负责人	单位	基金或资助类目全称	批准号或编号	资助金额（万元）
主动健康视角下老年MCI人群口腔健康智慧赋能平台的设计与实现	杨　冰	重庆医科大学	重庆市卫生健康委员会科卫联合面上项目	2023MSX-M065	8.00
基于数控切削和3D打印技术的全口义齿基托的临床适用性研究	谭发兵	重庆医科大学	重庆市卫生健康委员会科卫联合面上项目	2023MSX-M094	8.00
基于机器学习的上颌中切牙美学定位及移动策略的人工智能预测研究	黄　兰	重庆医科大学	重庆市卫生健康委员会科卫联合面上项目	2023MSX-M098	8.00
基于深度学习的牙种植体脱落风险预测整合模型优化及推广	黄楠楠	重庆医科大学	重庆市卫生健康委员会科卫联合面上项目	2023MSX-M114	8.00
基于数字化技术进行以功能为导向的咬合重建标准化流程体系构建与应用	李广悦	重庆医科大学	重庆市卫生健康委员会科卫联合面上项目	2023MSX-M087	8.00
基于多元混合模型方法的牙齿图像分割算法在数字化口腔的应用	刘　洋	重庆医科大学	重庆市卫生健康委员会科卫联合青年项目	2023QNX-M021	8.00
智能优化的隐形前方牵引装置对替牙期骨性Ⅲ类患者的早期矫治效果研究	钟雯婕	重庆医科大学	中华口腔医学会青年临床科研基金口腔正畸研究项目	CSA-O2022-07	10.00
口腔生物膜材料的人工智能个性化设计和应用研究	李雨舟	重庆医科大学	中华口腔医学会青年临床科研基金	CSASIS-2022-16	5.00
HIFU治疗腮腺后下极良性肿瘤的临床研究	季　平	重庆医科大学	重庆市科学技术委员会课题	2022KFK-T001	60.00
LIPUS重塑牙周稳态对伴2型糖尿病牙周炎的修复作用研究	宋锦璘	重庆医科大学	重庆市科学技术委员会课题	2022KFK-T002	60.00
低强度脉冲超声辅助尿原干细胞治疗颞下颌关节病的效果和机制研究	戴红卫	重庆医科大学	重庆市科学技术委员会课题	2022KFK-T0043	60.00
干细胞龛芯片介导核骨架重塑调控骨质疏松状态下BMSCs成骨分化的研究	张　赫	重庆医科大学	重庆市教育委员会项目	KJQN2022-00422	4.00
大鲵粘蛋白促再生的机制研究	张曦木	重庆医科大学	重庆市教育委员会项目	KJQN2022-00471	4.00
载褪黑素的淀粉样蛋白/丝素膜治疗伴睡眠障碍口腔溃疡的研究	李雨舟	重庆医科大学	重庆市教育委员会项目	KJQN2022-00434	4.00
多功能光热响应性水凝胶敷料用于口腔颌面部创伤的研究	胡杉杉	重庆医科大学	重庆市教育委员会项目	KJQN2022-00416	4.00
针对口腔真菌病防治天然药物的研发	季　平	重庆医科大学	四川省科技重点研发项目子课题	2021YFQ-0064	40.00

续表

项目名称	项目负责人	单位	基金或资助类目全称	批准号或编号	资助金额（万元）
M2巨噬细胞分泌肽MSP63调控成骨在种植体周围炎骨吸收中的作用机制研究	廖　娟	电子科技大学	国家自然科学基金青年项目	82201108	30.00
口腔抗菌功能材料工程四川省自然科学基金创新研究群体	杜　芹	电子科技大学	四川省自然科学基金创新研究群体项目	23NSFTD-0040	80.00
枸杞多糖温敏凝胶调节Wnt信号通路治疗口腔黏膜炎	肖　逊	电子科技大学	四川省自然科学基金青年项目	23NSFSC-5299	10.00
人HERS细胞外泌体通过Wnt信号模拟发育微环境介导牙髓再生的机制研究	张思诚	电子科技大学	四川省自然科学基金青年项目	23NSFSC-1501	10.00
口腔念珠菌感染新型天然药物的研发及作用靶点研究	郭　骏	电子科技大学	四川省干部保健科研项目	川干研-2022-209	5.00
基于牙囊干细胞的3D打印个性化人工骨制备及其促进牙槽骨缺损修复的机制研究	何　芸	西南医科大学	四川省科技厅重点研发计划	2022YFS-0282	20.00
RNA m6A甲基化调控自噬在糖尿病性骨质疏松症脂肪干细胞骨向分化中的作用及机制	肖金刚	西南医科大学	四川省科技厅应用基础项目	2022NSF-SC0599	20.00
FGF6介导PI3K-AKT/MAPK途径影响口腔黏膜癌变进程的研究	聂敏海	西南医科大学	四川省科技厅应用基础项目	2022NSF-SC0716	20.00
Piezo1介导人牙囊干细胞通过旁分泌途径调控炎性牙周组织骨重建的机制研究	谢冰清	西南医科大学	四川省科技厅项目	61	2.00
m6A甲基化通过Wnt信号通路调控骨质疏松症大鼠骨髓间充质干细胞骨向分化及促进骨再生的机制研究	肖金刚	西南医科大学	四川省科技厅中央引导地方项目	2022ZYD-0082	40.00
颅颌面病理性骨缺损的骨修复再生	兰小蓉	西南医科大学	四川省科技厅重点研发项目	2022YFS-0634	20.00
去表皮前臂瓣修复口腔软组织缺损的应用研究	赵　丹	西南医科大学	中华口腔医学会临床科研基金	CSA-W2022-02	5.00
CGF关联rhEGF介导口腔黏膜等效损伤修复作用的研究	刘旭倩	西南医科大学	四川省卫生健康委干部保健项目	川干研-2022-2101	5.00
PRF、CGF和PPP对下颌第三磨牙创愈合影响的对比研究	陈俊良	西南医科大学	四川省医学会伤口疾病专项	2021TG24	0.60
LED光调控MAPK信号通路介导炎性环境中牙源性干细胞成骨分化的机制	王　瑶	西南医科大学	四川省医学会一般项目	S21015	1.50
碳二亚胺联合简化乙醇湿粘接技术的不同处理方式对全酸蚀脱矿后的牙本质粘接性能的影响	郭　玲	西南医科大学	四川省医学会一般项目	S21008	1.50
连接蛋白43介导细胞间通信调节牙本质发生的作用和机制研究	李适廷	西南医科大学	四川省医学会一般项目	S21063	1.50
淫羊藿苷对hPDLSCs免疫调节能力的影响	程　钎	西南医科大学	四川省医学会青年项目	Q21053	1.00

续表

项目名称	项目负责人	单位	基金或资助类目全称	批准号或编号	资助金额（万元）
唑来膦酸调节自噬抑制NLRP3通路缓解种植体周围炎的机制研究	廖　健	贵州医科大学	国家自然科学基金	82260198	33.00
miR-122-5p调控PDE7A/cAMP/PKA/CREB信号轴在人牙周膜干细胞外泌体促进骨缺损修复中的机制研究	柳　汀	贵州医科大学	国家自然科学基金	82260185	33.00
纳米棒状HA复合微米PLGA多尺度有序定向排列支架促进牙槽骨再生的作用及机制研究	王亚静	贵州医科大学	国家自然科学基金	82260200	33.00
牙周炎微环境下CSF1R/FOXO1信号异常激活糖酵解诱导巨噬细胞衰老的作用及机制研究	田　艾	贵州医科大学	国家自然科学基金	82260193	33.00
3D打印塞治器在下颌骨大型囊性病变中的临床应用研究及推广	王冬香	贵州医科大学	贵州省科技厅项目	黔科合成果-LC[2022]036	5.00
EPO通过调控EphB4/EphrinB2促进诱导性钙磷陶瓷成骨成血管的效应及机制研究	王　宇	贵州医科大学	贵州省科技厅项目	黔科合基础-ZK[2022]一般384	10.00
褪黑素通过Nrf1通路调控LPS诱导的牙周膜干细胞铁死亡	柳　汀	贵州医科大学	贵州省教育厅项目	黔教技-[2022]200号	5.00
不同错殆畸形患者尖牙冠根形态及牙槽骨形态的CBCT研究	黎　敏	贵州医科大学	贵州省卫健委卫生健康委员会项目	gzwkj-2022-162	4.00
hit基因缺陷变异链球菌临床分离株构建及其龋病相关性研究	梁　燕	贵州医科大学	贵州省卫健委卫生健康委员会项目	gzwkj-2022-164	2.00
经唑来膦酸处理的种植体通过NLRP3信号通路增强骨整合的体外研究	廖　健	贵州医科大学	贵州省卫健委卫生健康委员会项目	gzwkj-2022-165	2.00
人牙周膜干细胞来源外泌体促进骨缺损修复应用基础研究	柳　汀	贵州医科大学	贵州省卫健委卫生健康委员会项目	gzwkj-2022-166	2.00
基于CBCT的3D打印导板引导正畸微种植钉植入的临床研究	樊佳兵	贵州医科大学	贵州省卫健委卫生健康委员会项目	gzwkj-2022-424	1.00
正畸牵引联合3D技术在阻生第三磨牙自体牙移植的研究	丁福根	贵州医科大学	贵州省卫健委卫生健康委员会项目	gzwkj-2022-426	1.00
口腔鳞状细胞癌迁移和侵袭相关的LncRNAs-MMP2/9功能验证	吕天竹	贵州医科大学	贵州省卫健委卫生健康委员会项目	gzwkj-2022-427	1.00
数字化印模3D打印塞治器在下颌骨大型囊性病变中的应用	王冬香	贵州医科大学	贵州省卫健委卫生健康委员会项目	gzwkj-2022-428	1.00
数字化设计及3D打印导板在V-line下颌角成形术中的应用研究	陈友利	贵州医科大学	贵州省卫健委卫生健康委员会项目	gzwkj-2022-429	1.00
骨性Ⅲ类错殆牙倾斜度测量值在隐形矫治方案设计的运用	丁　琪	贵州医科大学	贵州省卫健委卫生健康委员会项目	gzwkj-2022-430	1.00
新型生物陶瓷材料用于乳磨牙牙髓切断术的疗效研究	卢　虹	贵州医科大学	贵州省卫健委卫生健康委员会项目	gzwkj-2022-433	1.00

续表

项目名称	项目负责人	单位	基金或资助类目全称	批准号或编号	资助金额（万元）
花旗松素经β-catenin-Snail轴减轻胶质瘤细胞的侵袭和上皮间质转化	周　陶	贵州医科大学	贵州省卫健委卫生健康委员会项目	gzwkj-2022-480	1.00
口腔颌面外科患者手术恐惧量表的编制及信效度检验	王进波	贵州医科大学	贵州省卫健委卫生健康委员会项目	gzwkj-2022-488	1.00
妊娠期妇女口腔健康素养与口腔健康状况的横断面调查研究	姜　霞	贵州医科大学	贵州省卫健委卫生健康委员会项目	gzwkj-2022-497	1.00
牙周炎患者及正畸患者唾液菌群对糖尿病发生发展的影响	张军梅	贵州医科大学	贵州省卫健委卫生健康委员会项目	gzwkj-2023-061	4.00
基于MBO联合PDCA循环法的口腔医院高质量运营管理研究	张黎蓉	贵州医科大学	贵州省卫健委卫生健康委员会项目	gzwkj-2023-095	4.00
3D打印个性化正畸附件在临床运用中的初探	冯安琪	贵州医科大学	贵州省卫健委卫生健康委员会项目	gzwkj-2023-200	2.00
自体髂松质骨联合CGF在颌骨囊肿中的临床应用研究	高　琼	贵州医科大学	贵州省卫健委卫生健康委员会项目	gzwkj-2023-203	2.00
口腔医学“本研一体化”培养模式的探索与实践	周　容	贵州医科大学	贵州省卫健委卫生健康委员会项目	gzwkj-2023-259	2.00
自噬调控NLRP3信号通路在唑来膦酸抑制LPS诱导破骨细胞的机制研究	程余婷	贵州医科大学	贵州省卫健委卫生健康委员会项目	gzwkj-2023-437	1.00
杜仲诱导自噬调控NF-κB通路影响成骨细胞的机制研究	熊　玥	贵州医科大学	贵州省卫健委卫生健康委员会项目	gzwkj-2023-439	1.00
基于光动力疗法的水凝胶对牙周炎大鼠治疗作用的研究	李志远	贵州医科大学	贵州省卫健委卫生健康委员会项目	gzwkj-2023-440	1.00
BMI-1通过NOTCH信号通路诱导口腔鳞癌细胞的顺铂耐药研究	向　航	贵州医科大学	贵州省卫健委卫生健康委员会项目	gzwkj-2023-442	1.00
光动力疗法在糜烂型口腔扁平苔藓治疗中的应用研究	张玲艳	贵州医科大学	贵州省卫健委卫生健康委员会项目	gzwkj-2023-443	1.00
DNMT1在舌癌中的表达及斑蝥素及其衍生物对其影响的研究	周　可	贵州医科大学	贵州省卫健委卫生健康委员会项目	gzwkj-2023-444	1.00
应用转录组分析筛选口腔扁平苔藓癌变相关标志物	靳大力	贵州医科大学	贵州省卫健委卫生健康委员会项目	gzwkj-2023-446	1.00
CGF膜联合牙周辅助加速成骨正畸治疗(PAOO)的应用研究	王　珣	贵州医科大学	贵州省卫健委卫生健康委员会	gzwkj-2023-447	1.00
协同抗真菌中药单体筛选及抗白色念珠菌耐药机制研究	朱乘光	贵州医科大学	贵州省中医药管理局项目	QZYY-2022-029	1.00
缓释外泌体的GBR膜递送miR-24-3p靶向抑制RAP1B激活MAPK信号通路促进牙槽骨缺损修复的机制研究	罗祥友	遵义医科大学	国家自然科学基金项目	82260187	33.00
ITGA1通过FAK调控PI3K/Akt/β-catenin通路促进人牙周膜干细胞成骨分化的机制研究	李　骏	遵义医科大学	国家自然科学基金项目	82260188	33.00

续表

项目名称	项目负责人	单位	基金或资助类目全称	批准号或编号	资助金额（万元）
结合二氧化碳的可水溶壳聚糖作为低炎症止血材料的制备与研究	龙远铸	遵义医科大学	国家自然科学基金项目	22265033	33.00
MYSW评测系统在口腔癌术后语音训练的应用研究及示范	石兴莲	遵义医科大学	贵州省科技计划项目	黔科合成果-LC[2022]006	5.00
基于谱系地理学的药用珍稀植物白及核心种质构建	胡　欢	遵义医科大学	贵州省科技计划项目	黔科合基础-ZK[2022]一般591	10.00
构建无醋酸、可水溶、生物相容的壳聚糖材料作为高效止血剂的研究	龙远铸	遵义医科大学	贵州省科技计划项目	黔科合基础-ZK[2022]一般601	10.00
ATF3在氟化物影响SD大鼠牙胚成釉细胞功能中的作用研究	唐　静	遵义医科大学	贵州省科技计划项目	黔科合基础-ZK[2022]一般606	10.00
儿童期NSCL/P患者语音治疗对脑结构与功能影响的静息态MRI研究	翟羽翔	遵义医科大学	贵州省科技计划项目	黔科合基础-ZK[2022]一般635	10.00
整合素α1优化人牙周膜干细胞外泌体促进牙槽骨再生的实验研究	李　骏	遵义医科大学	贵州省科技计划项目	黔科合基础-ZK[2022]一般636	10.00
坐骨神经损伤大鼠背根节中PKC与CB1R参与神经病理性疼痛的机制研究	李　雪	遵义医科大学	贵州省科技计划项目	黔科合基础-ZK[2022]一般637	10.00
静水压力对人牙髓干细胞生物学行为的影响及相关机制的研究	吴家媛	遵义医科大学	贵州省科技计划项目	黔科合基础-ZK[2022]一般638	10.00
儿童骨性Ⅲ类牙弓及基骨弓的生长发育研究	钟雯怡	遵义医科大学	中华口腔医学会西部临床科研基金项目	CSA-W2022-04	3.00
朱砂根规模种植关键技术突破及产业化示范（正安县坪生村）	王　倩	遵义医科大学	贵州省教育厅乡村振兴项目	黔教技-[2022]037号	120.00
LRP5基因修饰的骨髓间充质干细胞对大鼠颞下颌关节炎治疗效果观察及机制研究	江海涛	遵义医科大学	贵州省教育厅高等学校科学研究项目	黔教技-[2022]232号	5.00
TWEAK联合低强度激光加速大鼠正畸牙移动的研究	肖琳琳	遵义医科大学	贵州省教育厅高等学校科学研究项目	黔教技-[2022]238号	5.00
基于PI3K/Akt通路研究骨碎补对慢性牙周炎大鼠模型的干预作用及机制	韩盈盈	遵义医科大学	贵州省教育厅高等学校科学研究项目	黔教技-[2022]240号	5.00
IGF-1通过外泌体维持内质网稳态对牙外伤后根尖组织的作用及机制研究	刘　琰	遵义医科大学	贵州省卫生健康委科学技术基金项目	gzwkj-2022-167	1.00
甲状旁腺素（PTH）诱导的骨髓间充质干细胞外泌体（BMSC-Exos）对大鼠颞下颌关节炎治疗效果研究及关键分子筛选	江海涛	遵义医科大学	贵州省卫生健康委科学技术基金项目	gzwkj-2022-168	1.00

续表

项目名称	项目负责人	单位	基金或资助类目全称	批准号或编号	资助金额（万元）
P75NTR阳性的牙槽窝来源的间充质干细胞的生物学特性研究	杨　琨	遵义医科大学	贵州省卫生健康委科学技术基金项目	gzwkj-2022-169	1.00
灵芝酸对促进牙囊干细胞外泌体成骨/成血管作用机制的研究	陈祖琴	遵义医科大学	贵州省卫生健康委科学技术基金项目	gzwkj-2022-170	1.00
整合素α1优化人牙周膜干细胞成骨分化潜能的机制初探	李　骏	遵义医科大学	贵州省卫生健康委科学技术基金项目	gzwkj-2022-171	1.00
Wnt10a调控牙髓干细胞在髁突软骨修复中的作用及机制研究	史聪翀	昆明医科大学	国家自然科学基金地区科学基金项目	82260184	33.00
间充质干细胞外泌体miR-423-5p调控牙周膜成纤维细胞再生牙周组织的作用及机制研究	杨禾丰	昆明医科大学	国家自然科学基金地区科学基金项目	82260186	33.00
KCNK4基因c.730G>C位点突变导致牙龈纤维瘤的发病机制研究	张明珠	昆明医科大学	国家自然科学基金地区科学基金项目	82260192	33.00
巨噬细胞杂化支架构建及其在炎性牙周组织缺损修复中的应用研究	黄金会	昆明医科大学	国家自然科学基金青年科学基金项目	82201015	30.00
猛性龋儿童口腔优势菌分析及家系内口腔菌群相关性研究	周　妮	昆明医科大学	云南省基础研究专项青年项目	202201-AU070140	5.00
Bmp2调控Acsl4促进成牙本质细胞分化的机制 研究	孙喆轶	昆明医科大学	云南省科技厅联合专项面上项目	202201AY-070001-171	10.00
乳牙外源性牙面黑色素沉着的口腔特异性菌及 其基因组学研究	张石楠	昆明医科大学	云南省科技厅联合专项面上项目	202201AY-070001-172	10.00
Hif-1a介导牵张力调控小鼠颅底软骨联合软骨 内成骨的作用及机制研究	高国杰	昆明医科大学	云南省科技厅联合专项面上项目	202201AY-070001-173	10.00
氟保护漆对替牙初期儿童龋病防治效果及防龋机制研究	周　妮	昆明医科大学	云南省科技厅联合专项面上项目	202201AY-070001-174	10.00
脱落乳牙牙髓干细胞微球体促进牙髓再生的相关研究	毛　瑞	昆明医科大学	云南省科技厅联合专项面上项目	202201AY-070001-175	10.00
基于miRNA-mRNA调控作用探究醋酸棉酚抑 制舌鳞癌Cal27细胞中的分子机制	付　帅	昆明医科大学	云南省科技厅联合专项面上项目	202201AY-070001-176	10.00
褪黑素缓释细胞膜片优化骨质疏松环境下种植 体骨结合的机理研究	徐　倩	昆明医科大学	云南省科技厅联合专项面上项目	202201AY-070001-177	10.00
颞下颌关节紊乱病慢性疼痛患者Th1及Th2类细胞因子的表达变化研究	刘　丽	昆明医科大学	云南省教育厅科学研究基金项目	2022J0206	2.00
基于有机-无机杂化材料的牙周炎性牙槽骨缺损修复支架构建	黄金会	昆明医科大学	云南省教育厅科学研究基金项目	2022J0245	2.00
云南白药有效成分三七治疗牙周炎的潜在靶点及其分子机制研究	安媛媛	昆明医科大学	云南省教育厅科学研究基金项目	2022Y204	0.50
外泌体源miR-100-5p对牙周膜干细胞增殖及凋亡的影响	马丽娅	昆明医科大学	云南省教育厅科学研究基金项目	2022Y216	0.50

续表

项目名称	项目负责人	单位	基金或资助类目全称	批准号或编号	资助金额（万元）
干细胞通过细胞外囊泡转运Shh促进H型血管生成的机制研究	周　欢	西安交通大学	国家自然科学基金青年科学基金	82201066	30.00
山柰基于EphrinB2新靶点促进牙周膜干细胞成骨分化的机制研究	曹　娇	西安交通大学	国家自然科学基金青年科学基金	82204589	30.00
BMMSC外泌体miR-30a调控组织蛋白酶K促进PDLSC成牙骨质分化的基础研究	刘　芬	西安交通大学	国家自然科学基金青年科学基金	82201069	30.00
基质刚度对细胞内矿化前体ACP的调控机制	裴丹丹	西安交通大学	陕西省科技厅人才项目	2022JC-57	50.00
ERS-PERK信号通路在牙体预备引起的牙髓牙本质复合体损伤修复过程中的作用机制	刘瑞瑞	西安交通大学	陕西省科技厅重点项目	2022JZ-56	20.00
负载拟MicrocinC7的缓释凝胶的制备及应用基础研究	陈　悦	西安交通大学	陕西省科技厅项目	2022JM-500	5.00
法医系谱学策略结合机器学习在涉及近亲的二联体亲权鉴定中的应用研究	郭瑜鑫	西安交通大学	陕西省科技厅项目	2022JQ-926	5.00
TRPC5活化Wnt/β-catenin通路促进牙本质损伤后三级牙本质生成的作用与分子机制研究	甘　婧	西安交通大学	陕西省科技厅项目	2022JQ-927	5.00
TFEB通过细胞自噬和NF-κB通路参与牙周炎炎症反应的作用机制研究	赵　巍	西安交通大学	陕西省科技厅项目	2022JQ-831	5.00
Lin28调控细胞能量代谢抑制牙髓干细胞复制性衰老的机制研究	董　宁	西安交通大学	陕西省科技厅项目	S2022JC-YB-2280	5.00
牙周炎患牙-牙髓干细胞胞外囊泡调控干细胞成骨分化的机制研究	周　欢	西安交通大学	陕西省科技厅项目	2022JQ-772	5.00
山柰酚基于新靶点组胺H1受体拮抗类过敏反应的机制研究	曹　娇	西安交通大学	中国博士后科学基金	2022M71-2559	8.00
数字化精准咬合分析技术在优牙殆义齿修复中的应用研究	刘瑞瑞	西安交通大学	陕西省卫生健康委科研基金项目	2022D031	2.00
人工神经网络在颞下颌关节紊乱病诊断中的初步应用	邹　薇	西安交通大学	陕西省卫生健康委科研基金项目	2022E016	1.50
CGF联合透明质酸钠治疗颞下颌关节骨关节炎的临床研究	郭治辰	西安交通大学	陕西省卫生健康委科研基金项目	2022D033	2.00
TOX4在口腔癌细胞增殖中的作用	李彦秋	西安交通大学	陕西省人力资源和社会保障厅一般项目	2021010	3.00
口颌系统疾病机制及防治创新团队	刘昌奎	西安医学院	陕西省科技厅科技创新团队	2022TD-54	50.00
载SLFN11t纳米颗粒联合顺铂靶向治疗口腔鳞状细胞癌及其淋巴结转移的实验研究	娄　鸣	西安医学院	陕西省科技厅重点研发计划一般项目	2022SF-020	6.00
掺锶纳米生物活性玻璃/明胶复合水凝胶的制备及其成骨性能研究	左艳萍	西安医学院	陕西省科技厅自然科学基础研究计划	2022JM-603	5.00

续表

项目名称	项目负责人	单位	基金或资助类目全称	批准号或编号	资助金额（万元）
ZBTB7B通过重塑肿瘤免疫微环境抑制胶质母细胞瘤进展的机制研究	张琳梅	西安医学院	陕西省教育厅重点科研计划	22JS036	5.00
3D生物打印PLGA支架联合GelMA生物墨水构建骨软骨仿生	曾　辉	西安医学院	陕西省教育厅青年创新团队科研计划	22JP078	5.00
白藜芦醇对大鼠正畸牙复发及牙周改建的影响	张　佳	西安医学院	陕西省教育厅一般专项科研计划	22JK0539	2.00
大气压低温等离子体对根管治疗中细菌生物膜灭菌效果研究	谢　娜	西安医学院	陕西省卫生健康委卫生健康科研项目	2022D030	2.00
3D打印分层、梯度、功能化仿生软骨用于原位诱导骨软骨缺损再生的研究	范增杰	兰州大学	国家自然科学基金重点项目	82272500	52.00
人诱导多能干细胞体外定向诱导分化为成骨样细胞的体系构建及分子机制研究	周　平	兰州大学	甘肃省自然科学基金	22JR5RA-499	6.00
细胞静电纺丝/3 D打印技术制备双层纳米生物活性复合支架引导骨再生及其功能评价	殷丽华	兰州大学	甘肃省重点研发计划	22YF7WA-013	10.00
口腔智能数字化材料与导板普适性系统的研发与应用	刘　斌	兰州大学	甘肃省重点研发计划	22YF7FA-016	20.00
高精度柔性压敏咬合力传感系统的关键技术研究与产品研发	康　宏	兰州大学	甘肃省重点研发计划	22YF7GA-005	20.00
石墨烯基智能传感器的研发	李　淼	兰州大学	甘肃省重点研发计划	22YF7GA-007	20.00
钙网蛋白通过MAM调控成釉细胞内钙离子分布和线粒体自噬的作用机制研究	赵　琳	宁夏医科大学	国家自然科学基金	82260183	32.00
基于微生态免疫微环境下的益生菌活性凝胶促进种植体周围炎组织缺损再生的机制研究及效果评价	孙小娟	宁夏医科大学	宁夏回族自治区重点研发	2022BEG-03160	80.00
常见综合征型唇腭裂致病基因筛选、芯片研发及其在无创产前诊断中验证的研究	马　坚	宁夏医科大学	宁夏回族自治区重点研发	2022CMG-03159	80.00
儿童埋伏阻生牙牵引矫治技术示范推广应用	雍　敏	宁夏医科大学	宁夏回族自治区科技惠民项目	2022CMG-03029	50.00
长链非编码RNA SOX9-AS1对口腔鳞状细胞癌生物学行为的影响及机制研究	马　坚	宁夏医科大学	宁夏回族自治区自然科学基金	2022AAC-03473	10.00
RUNX1/miR-429反馈调节通过靶向ITGB1促进口腔鳞状细胞癌细胞EMT的机制研究	陆　逊	宁夏医科大学	宁夏回族自治区自然科学基金	2022AAC-03565	10.00
M3-PRO与ProTaper Gold镍钛器械在根管治疗中的应用模型及体外研究	龚　娟	宁夏医科大学	宁夏回族自治区自然科学基金	2022AAC-03566	10.00
基于细胞膜片技术构建移植物修复牙周组织缺损的实验研究	陈　佳	宁夏医科大学	宁夏回族自治区自然科学基金	2022AA-C03520	10.00

续表

项目名称	项目负责人	单位	基金或资助类目全称	批准号或编号	资助金额（万元）
E3泛素连接酶RNF130调控口腔鳞癌细胞代谢应激的机制研究	王丽媛	宁夏医科大学	宁夏回族自治区自然科学基金	2022AAC-03600	8.00
甘露消毒丹对复发性口腔溃疡脾胃湿热型患者疗效及EGF、TNF-α水平的影响	茆春阳	宁夏医科大学	宁夏回族自治区教育厅项目	NYG2022-039	2.00
新疆药桑叶调控HIF-1/NF-κB及其“交互对话”影响牙槽骨/血管生成作用及机制的研究	赵　今	新疆医科大学	新疆维吾尔自治区自然科学基金重点项目	2022D01-D57	100.00
异常应力激活NF-κB/NLRP3软骨焦亡通路调节HMGB1释放在颞下颌关节OA中的机制研究	龚忠诚	新疆医科大学	国家自然科学基金	82160189	34.00
肿瘤微环境信号轴（CCL20-CCR6-Treg轴）调控口腔鳞状细胞癌恶性表型的机制研究	凌　彬	新疆医科大学	国家自然科学基金青年科学基金	2022D01-E73	50.00
力学过载通过Piezo1/Ca^{2+}轴调控NLRP3炎性小体介导聂下颌关节软骨焦亡的机制研究	贾梦莹	新疆医科大学	国家自然科学基金	82260196	33.00
数字化打印鹿角粉组织工程可降解颌骨支架技术的转化与应用	李　征	新疆医科大学	新疆维吾尔自治区科技援疆计划项目	2022E02-043	45.00
慢性牙周炎大鼠模型和房颤的相关性研究	李新尚	新疆医科大学	新疆维吾尔自治区自然科学基金面上项目	2022D01-C481	10.00
口腔扁平苔藓与自身免疫性甲状腺疾病相关性及病因学研究的初探	刘　媛	新疆医科大学	新疆维吾尔自治区自然科学基金青年项目	2022D01-C253	7.00
新疆桑白皮防龋有效性及安全性的体内外研究	吴　龙	新疆医科大学	新疆维吾尔自治区自然科学基金青年项目	2022D01-C751	7.00
基于高通量测序对骨髓间充质干细胞及诱导后成骨细胞的全转录序列差异表达的分析	周琦琪	新疆医科大学	新疆维吾尔自治区科技厅青年联合项目	2022D01-C752	7.00
负载富血小板纤维蛋白新型水凝胶复合鹿角粉组织工程支架修复牙周骨缺损的应用研究	董红宾	新疆医科大学	新疆维吾尔自治区自然科学基金青年项目	2022D01-C250	7.00
叶黄素通过磷脂酰肌醇3-激酶（PI3K）/蛋白激酶B（AKT）信号通路在创伤性颞下颌关节强直软骨细胞自噬中的作用及机制研究	安　玮	新疆医科大学	新疆维吾尔自治区自然科学基金青年项目	2022D01-C251	7.00
Tim-3调控巨噬细胞活化在IgG4相关性疾病组织纤维化中的作用和机制	胡露露	新疆医科大学	新疆维吾尔自治区自然科学基金面上项目	2022D01-C482	10.00
抑制HMGB-1/TLR4/NF-κB通路对TMJOA软骨细胞焦亡的保护作用	邵　博	新疆医科大学	新疆维吾尔自治区自然科学基金面上项目	2022D01-C480	10.00

2022年出版发行的口腔医学图书

著作与教材

3D口腔正畸头影测量

编　　著　[美]凯瑟琳·库拉（Katherine Kula）
　　　　　[美]艾哈迈德·加尼玛（Ahmed Ghoneima）
主　　译　林珊
出　　版　辽宁科学技术出版社
出版时间　2022年1月
开　　本　16开
字　　数　260千字
页　　数　208页
定　　价　298.00元

4D概念下的口腔种植治疗

著　　者　[日]石川知弘
　　　　　[日]船登彰芳
译　　者　吕达　张海东
出　　版　辽宁科学技术出版社
出版时间　2022年4月
开　　本　16开
字　　数　400千字
页　　数　304页
定　　价　298.00元

McCracken可摘局部义齿修复学(第13版)

原　　著　[美]艾兰B.卡尔(Alan B. Carr)
　　　　　[美]大卫T.布朗（David T. Brown）
主　　译　郝亮　罗云　王敏
出　　版　中国科学技术出版社
出版时间　2022年3月
开　　本　16开
字　　数　648千字
页　　数　408页
定　　价　299.00元

儿童错殆畸形诊断决胜于替牙期早期

主　　编　卫光曦
出　　版　科学技术文献出版社
出版时间　2022年12月
开　　本　16开
字　　数　272千字
页　　数　312页
定　　价　228.00元

儿童口腔疾病诊治与舒适化操作

主　　编　杜芹　林木
出　　版　中国纺织出版社有限公司
出版时间　2022年1月
开　　本　16开
字　　数　264千字
页　　数　176页
定　　价　78.00元

儿童口腔临床新技术解析:基于荟萃分析的治疗决策参考

主　　编　黄睿洁
副 主 编　徐舒豪
出　　版　四川大学出版社
出版时间　2022年8月
开　　本　16开
字　　数　300千字
页　　数　252页
定　　价　68.00元

儿童口腔医学临床策略

主　　编　[瑞典]戈兰·科赫（Goran Koch）
　　　　　[丹麦]斯文·鲍尔森（Sven Poulsen）
　　　　　[挪威]伊瓦尔·埃斯佩利德（Ivar Espelid）
　　　　　[丹麦]多特·胡克（Dorte Haubek）

主　　译　邢向辉
副 主 译　朱顶贵　阮文华　梅予锋　等
出　　版　世界图书出版公司
出版时间　2022年11月
开　　本　16开
字　　数　710千字
页　　数　428页
定　　价　398.00元

儿童牙保健与正畸美牙200问

主　　编　蒋泽先　叶平　刘炳华　等
出　　版　西安交通大学出版社
出版时间　2022年10月
开　　本　16开
字　　数　145千字
页　　数　188页
定　　价　29.80元

儿童牙病临床病例解析(第2版)

主　　编　[美]阿姆尔·摩西
　　　　　(Amr M.Moursi)
副 主 编　[美]艾米·翠斯达尔
　　　　　(Amy L.Truesdale)
主　　译　葛立宏　赵玉鸣
出　　版　辽宁科学技术出版社
出版时间　2022年8月
开　　本　16开
字　　数　420千字
页　　数　336页
定　　价　398.00元

儿童早期矫正与牙病诊疗临床问题解决方案(第3版)

主　　编　[爱尔兰]德克兰·米利特
　　　　　(Declan Millett)
　　　　　[英]皮特·戴
　　　　　(Peter Day)
主　　译　李明　刘颖凤
出　　版　辽宁科学技术出版社
出版时间　2022年5月
开　　本　16开
字　　数　400千字
页　　数　320页
定　　价　198.00元

复合树脂贴面——直接-间接修复技术

主　　编　[巴西]牛顿·法尔
　　　　　(Newton Fahl Jr.)
　　　　　[美]安德烈·里特
　　　　　(André V. Ritter)
主　　审　刘伟才
主　　译　蒋升　刘靖晋　吕春阳　等
出　　版　辽宁科学技术出版社
出版时间　2022年1月
开　　本　16开
字　　数　360千字
页　　数　300页
定　　价　398.00元

根管再治疗——牙髓根尖周病的处理方案

主　　编　[意]皮欧·贝塔尼
　　　　　(Pio Bertani)
　　　　　[意]马斯莫·加利亚尼
　　　　　(Massimo Gagliani)
　　　　　[意]法比欧·戈尔尼
　　　　　(Fabio Gorni)
主　　审　沈雅
主　　译　刘贺
出　　版　辽宁科学技术出版社
出版时间　2022年4月
开　　本　16开
字　　数　680千字
页　　数　540页
定　　价　498.00元

根管治疗图谱(第2版 口腔临床操作技术丛书)

主　　编　彭彬
出　　版　人民卫生出版社
出版时间　2022年7月
开　　本　16开
字　　数　392千字
页　　数　344页
定　　价　258.00元

横田义齿系统
著　　者　[日]横田亨
译　　者　周剑萍　孙俊良　赵军
出　　版　辽宁科学技术出版社
出版时间　2022年5月
开　　本　16开
字　　数　245千字
页　　数　196页
定　　价　198.00元

后牙区直接修复
主　　编　[意]萨尔瓦多·斯科拉维诺
　　　　　[意]格埃达诺·帕奥罗奈
主　　译　周锐　张晶超　于立明　等
出　　版　辽宁科学技术出版社
出版时间　2022年8月
开　　本　16开
字　　数　330千字
页　　数　264页
定　　价　298.00元

基于解剖分区的骨增量术 技术要点与临床决策(国际经典口腔科译著)
原　　著　[以]兹维·阿尔茨
　　　　　(Zvi Artzi)
主　　译　黄圣运　邹多宏
出　　版　中国科学技术出版社
出版时间　2022年4月
开　　本　16开
字　　数　638千字
页　　数　568页
定　　价　458.00元

激光牙体修复学临床指南
主　　编　[意](Giovanni Olivi)
　　　　　(Matteo Olivi)
主　　译　姚江武　黄文霞
出　　版　人民卫生出版社
出版时间　2022年1月
开　　本　16开
字　　数　379千字
页　　数　256页
定　　价　200.00元

简单的口腔保健法(健康生活方式丛书)
主　　编　陈栋　韦晓玲
出　　版　上海科学技术出版社
出版时间　2022年8月
开　　本　32开
字　　数　63千字
页　　数　160页
定　　价　39.80元

健康生活，从“齿”开始
主　　审　王燕一
主　　编　张彤　杜姚　顾斌
出　　版　科学出版社
出版时间　2022年3月
开　　本　32开
字　　数　37千字
页　　数　44页
定　　价　29.80元

胶原在口腔种植中的应用(口腔种植精要系列丛书)
主　　编　黄圣运
出　　版　中国科学技术出版社
出版时间　2022年9月
开　　本　16开
字　　数　151千字
页　　数　136页
定　　价　98.00元

矫正牙齿前的困惑
主　　编　袁峰
副 主 编　王琦
出　　版　辽宁科学技术出版社
出版时间　2022年7月
开　　本　16开
字　　数　220千字
页　　数　172页
定　　价　59.80元

精准缝合——种植及相关术式中的应用
主　　编　满毅
出　　版　辽宁科学技术出版社
出版时间　2022年8月

开　　本　16开
字　　数　350千字
页　　数　280页
定　　价　298.00元

可摘局部义齿设计与应用技术图解

主　　编　王少海
出　　版　人民卫生出版社
出版时间　2022年2月
开　　本　16开
字　　数　636千字
页　　数　384页
定　　价　328.00元

可摘义齿临床指南

主　　编　[英]詹姆斯·菲尔德（James Field）
　　　　　[英]克莱尔·斯托里（Claire Storey）
主　　译　周炜
出　　版　辽宁科学技术出版社
出版时间　2022年1月
开　　本　16开
字　　数　150千字
页　　数　120页
定　　价　128.00元

可摘义齿修复工艺技术（第4版 国家卫生健康委员会“十四五”规划教材 全国中等卫生职业教育教材 供口腔修复工艺专业用）

主　　编　杜士民　战文吉
出　　版　人民卫生出版社
出版时间　2022年7月
开　　本　16开
字　　数　468千字
页　　数　352页
定　　价　78.00元

口颌面颈功能紊乱护理手册

主　　审　刘蕊　王美青
主　　编　刘璐　张婧
出　　版　世界图书出版公司
出版时间　2022年11月
开　　本　16开
字　　数　468千字
页　　数　148页
定　　价　98.00元

口腔保健与常见疾病防治

主　　编　应彬彬　韦宁　俞梦飞
出　　版　浙江大学出版社
出版时间　2022年5月
开　　本　32开
字　　数　156千字
页　　数　172页
定　　价　40.00元

口腔病理学临床实习教程（四川大学精品立项教材）

主　　编　汤亚玲
出　　版　四川大学出版社
出版时间　2022年6月
开　　本　16开
字　　数　365千字
页　　数　288页
定　　价　89.00元

口腔多学科临床思维与实践　口腔副功能的检查、诊断与对策

主　　审　谭建国
主　　编　杜阳
出　　版　辽宁科学技术出版社
出版时间　2022年1月
开　　本　16开
字　　数　270千字
页　　数　216页
定　　价　198.00元

口腔岗位胜任力基本操作技能精编

主　　编　张晓刚　虎志辉　张姣　等
出　　版　西安交通大学出版社
出版时间　2022年7月
开　　本　16开
字　　数　230千字
页　　数　124页
定　　价　32.00元

口腔岗位胜任力综合知识导学精编

主　　编　虎志辉　王思权　刘倩 等
出　　版　西安交通大学出版社
出版时间　2022年8月
开　　本　16开
字　　数　900千字
页　　数　472页
定　　价　120.00元

口腔根管治疗技术新进展

主　　编　［阿联酋］普里扬卡·杰恩（Priyanka Jain）
主　　译　许亦权　李萍
出　　版　河南科学技术出版社
出版时间　2022年3月
开　　本　16开
字　　数　397千字
页　　数　280页
定　　价　198.00元

口腔工艺材料应用（第4版 国家卫生健康委员会"十四五"规划教材全国中等卫生职业教育教材 供口腔修复工艺专业用）

主　　编　马冬梅
出　　版　人民卫生出版社
出版时间　2022年6月
开　　本　16开
字　　数　181千字
页　　数　136页
定　　价　36.00元

口腔工艺设备使用与养护（第3版 国家卫生健康委员会"十四五"规划教材 全国中等卫生职业教育教材 供口腔修复工艺专业用）

主　　编　李新春
出　　版　人民卫生出版社
出版时间　2022年6月
开　　本　16开
字　　数　192千字
页　　数　144页
定　　价　36.00元

口腔固定修复工艺技术（第4版 国家卫生健康委员会"十四五"规划教材 全国中等卫生职业教育教材 供口腔修复工艺专业用）

主　　编　王菲　米新峰
出　　版　人民卫生出版社
出版时间　2022年6月
开　　本　16开
字　　数　415千字
页　　数　312页
定　　价　70.00元

口腔颌面–头颈外科手术学（第2版）

主　　编　邱蔚六
出　　版　安徽科学技术出版社
出版时间　2022年10月
开　　本　大16开
字　　数　1 460千字
页　　数　724页
定　　价　468.00元

口腔颌面部解剖学（第3版 北京高等教育精品教材 北京大学口腔医学教材 住院医师规范化培训辅导教材）

主　　编　蔡志刚　张伟
出　　版　北京大学医学出版社
出版时间　2022年1月
开　　本　大16开
字　　数　430千字
页　　数　244页
定　　价　65.00元

口腔颌面部相关综合征

主　　编　王文梅　杨旭东
出　　版　东南大学出版社
出版时间　2022年6月
开　　本　16开
字　　数　900千字
页　　数　596页
定　　价　150.00元

口腔颌面外科学（第7版）

主　　编　［美］詹姆斯·赫普（James R. Hupp）

［美］爱德华·埃利斯
（Edward Ellis Ⅲ）
［美］迈伦·塔克
（Myron R. Tucker）
主　　译　郑家伟　张东升
出　　版　上海科学技术出版社
出版时间　2022年1月
开　　本　16开
字　　数　1 300千字
页　　数　712页
定　　价　450.00元

“德才岗”：口腔机构经营管理体系
著　　者　皇甫宝荣
出　　版　中国商务出版社
出版时间　2022年10月
开　　本　32开
字　　数　190千字
页　　数　288页
定　　价　198.00元

口腔疾病概要（第4版　国家卫生健康委员会“十四五”规划教材　全国中等卫生职业教育教材　供口腔修复工艺专业用）
主　　编　葛秋云　杨利伟
出　　版　人民卫生出版社
出版时间　2022年6月
开　　本　16开
字　　数　277千字
页　　数　208页
定　　价　42.00元

口腔疾病规范化诊治方案
主　　编　欧平花　李翠　苏花　等
出　　版　中南大学出版社
出版时间　2022年8月
开　　本　16开
字　　数　370千字
页　　数　297页
定　　价　78.00元

口腔健康，预防保健是关键
主　　编　徐宝华
出　　版　中国医药科技出版社
出版时间　2022年8月
开　　本　32开
字　　数　59千字
页　　数　100页
定　　价　25.00元

口腔解剖生理学（第3版　医药卫生高等院校创新教材　供口腔医学、口腔医学技术、口腔修复工艺等专业使用）
主　　编　马惠萍
出　　版　科学出版社
出版时间　2022年12月
开　　本　16开
字　　数　378千字
页　　数　200页
定　　价　69.80元

口腔解剖与牙雕刻技术（第3版　国家卫生健康委员会“十四五”规划教材全国中等卫生职业教育教材　供口腔修复工艺专业用）
主　　编　马惠萍　翟远东
出　　版　人民卫生出版社
出版时间　2022年6月
开　　本　16开
字　　数　298千字
页　　数　224页
定　　价　42.00元

口腔科学（第2版　中国科学院教材建设专家委员会规划教材　高等医药院校教材）
主　　编　牛卫东　邓嘉胤
出　　版　科学出版社
出版时间　2022年1月
开　　本　16开
字　　数　527千字
页　　数　250页
定　　价　65.00元

口腔临床基本技术模拟训练
主　　编　谢思静　孙卫斌
出　　版　东南大学出版社
出版时间　2022年2月

开　　本　16开
字　　数　400千字
页　　数　248页
定　　价　50.00元

口腔内科学:高级医师进阶(第2版)
主　　编　刘洋
出　　版　中国协和医科大学出版社
出版时间　2022年7月
开　　本　16开
字　　数　760千字
页　　数　560页
定　　价　118.00元

口腔黏膜病标准数据集
主　　编　程斌　吴桐
出　　版　科学出版社
出版时间　2022年3月
开　　本　16开
字　　数　331千字
页　　数　164页
定　　价　58.00元

口腔黏膜病学(第2版 国家卫生健康委员会"十三五"规划教材 全国高等学校研究生规划教材 供口腔医学类专业用)
主　　编　周曾同
出　　版　人民卫生出版社
出版时间　2022年11月
开　　本　16开
字　　数　949千字
页　　数　624页
定　　价　198.00元

口腔清醒镇静技术(原著第2版)
著　　者　[英] N. M. 格德勒
(N. M. Girdler)
[英] C. M. 希尔
(C. M. Hill)
[英] K.E.威尔逊
(K. E. Wilson)
主　　译　张惠　刘冰
出　　版　世界图书出版公司
出版时间　2022年6月
开　　本　16开
字　　数　170千字
页　　数　148页
定　　价　126.00元

口腔全科医生手术精粹
主　　编　[日] 岩永让
主　　译　王磊　张鹏　韦殿桐
出　　版　世界图书出版公司
出版时间　2022年7月
开　　本　16开
字　　数　240千字
页　　数　152页
定　　价　120.00元

口腔生理学基础(第4版 国家卫生健康委员会"十四五"规划教材 全国中等卫生职业教育教材 供口腔修复工艺专业用)
主　　编　乔瑞科
出　　版　人民卫生出版社
出版时间　2022年6月
开　　本　16开
字　　数　128千字
页　　数　96页
定　　价　32.00元

口腔生物学(第3版 北京大学口腔医学教材 住院医师规范化培训辅导教材)
主　　编　甘业华　陈霄迟
出　　版　北京大学医学出版社
出版时间　2022年1月
开　　本　16开
字　　数　342千字
页　　数　200页
定　　价　50.00元

口腔微生物研究现状及药物治疗
主　　编　郭骏　罗惟　蒲道俊
出　　版　中国纺织出版社有限公司
出版时间　2022年3月
开　　本　16开
字　　数　261千字

页　　数　188页
定　　价　88.00元

口腔卫生士临床病例解析

主　　编　[美]谢丽尔·M.韦斯特法尔·泰尔
　　　　　[美]米·A.温伯格
　　　　　[美]斯图尔·L.席格尔尼克
主　　审　刘帆
主　　译　张玲　李晓英
出　　版　辽宁科学技术出版社
出版时间　2022年9月
开　　本　16开
字　　数　380千字
页　　数　300页
定　　价　198.00元

口腔显微成像技术（口腔医学实验技术指导系列）

总 主 编　周学东
主　　编　廖生　于海洋
副 主 编　郭强　何訸 朱卓立
出　　版　人民卫生出版社
出版时间　2022年4月
开　　本　16开
字　　数　314千字
页　　数　272页
定　　价　198.00元

口腔修复材料基础与前沿

主　　编　李为
出　　版　中国科学技术大学出版社
出版时间　2022年12月
开　　本　16开
字　　数　233千字
页　　数　196页
定　　价　58.00元

口腔修复和种植修复治疗计划

著　　者　[巴]安东尼奥·罗德里古斯
　　　　　(Antonio H. C. Rodrigues)
主　　审　陈吉华
主　　译　廖岚
出　　版　辽宁科学技术出版社
出版时间　2022年3月
开　　本　16开
字　　数　400千字
页　　数　312页
定　　价　398.00元

口腔修复体制作

主　　编　刘庆熙
出　　版　科学出版社
出版时间　2022年6月
开　　本　16开
字　　数　153千字
页　　数　108页
定　　价　95.80元

口腔修复学（"十四五"普通高等教育规划精品教材）

主　　编　邵建民　刘金保　孙绪高
出　　版　天津科学技术出版社
出版时间　2022年8月
开　　本　16开
字　　数　490千字
页　　数　272页
定　　价　69.00元

口腔修复学（高等职业学校"十四五"规划口腔医学、口腔医学技术专业实用技能型特色教材 供口腔医学、口腔医学技术专业使用）

主　　编　易建国　孙雪梅
出　　版　华中科技大学出版社
出版时间　2022年1月
开　　本　16开
字　　数　400千字
页　　数　252页
定　　价　52.80元

口腔修复学（第4版 国家卫生健康委员会"十三五"规划教材全国高职高专学校教材 供口腔医学专业用）

主　　编　麻健丰　李水根
出　　版　人民卫生出版社
出版时间　2022年1月
开　　本　16开
字　　数　511千字

页　　数　336页
定　　价　80.00元

口腔修复学常用词汇:歧义名词与定义分析

编　　著　徐军
出　　版　人民卫生出版社
出版时间　2022年8月
开　　本　16开
字　　数　295千字
页　　数　200页
定　　价　108.00元

口腔修复学实践技能指导(高职高专临床医学类专业"岗、课、赛、证"融媒体系列教材)

主　　编　曲竹丽　张梅
出　　版　西安交通大学出版社
出版时间　2022年8月
开　　本　16开
字　　数　192千字
页　　数　164页
定　　价　30.00元

口腔医学(全国高级卫生专业技术资格考试指导)

主　　编　周学东　郭传瑸　蒋欣泉 等
副 主 编　周永胜　陈发明　杨驰 等
出　　版　人民卫生出版社
出版时间　2022年1月
开　　本　16开
字　　数　1 604千字
页　　数　848页
定　　价　339.00元

口腔医学导论(第3版 北京大学口腔医学教材 住院医师规范化培训辅导教材)

主　　编　俞光岩
出　　版　北京大学医学出版社
出版时间　2022年1月
开　　本　16开
字　　数　360千字
页　　数　208页
定　　价　48.00元

口腔医学基础技能实训教程(高等职业教育医学卫生类专业系列教材 供口腔、护理、临床医学等专业用)

主　　编　肖严
出　　版　重庆大学出版社
出版时间　2022年5月
开　　本　16开
字　　数　283千字
页　　数　160页
定　　价　58.00元

口腔医学解剖图谱

主　　编　[美] 埃里克·贝克
　　　　　(Eric W. Baker)
副 主 编　Elisabeth K. N. Lopez
主　　译　郑家伟
副 主 译　蔡志刚　赵华强
出　　版　上海科学技术出版社
出版时间　2022年9月
开　　本　16开
字　　数　1 100千字
页　　数　572页
定　　价　450.00元

口腔医学临床实践与新技术应用

主　　编　欧阳明　何文丹　常忠福 等
出　　版　科学技术文献出版社
出版时间　2022年7月
开　　本　16开
字　　数　700千字
页　　数　444页
定　　价　132.00元

口腔医学美学基础(第4版 国家卫生健康委员会"十四五"规划教材 全国中等卫生职业教育教材 供口腔修复工艺专业用)

主　　编　王丽
出　　版　人民卫生出版社
出版时间　2022年6月
开　　本　16开
字　　数　213千字
页　　数　160页
定　　价　42.00元

口腔医学图像处理（信息科学技术著作丛书）

著　　者　夏泽洋　甘阳洲
出　　版　科学出版社
出版时间　2022年6月
开　　本　16开
字　　数　230千字
页　　数　168页
定　　价　108.00元

口腔医学习题集（全国高级卫生专业技术资格考试指导）

主　　编　周学东　郭传瑸　蒋欣泉　等
副 主 编　周永胜　陈发明　杨驰　等
出　　版　人民卫生出版社
出版时间　2022年3
开　　本　16开
字　　数　820千字
页　　数　584页
定　　价　538.00元

口腔医学专项技能实训教程（高等职业教育医学卫生类专业系列教材 供口腔、护理、临床医学等专业用）

主　　编　谢宏新
出　　版　重庆大学出版社
出版时间　2022年5月
开　　本　16开
字　　数　283千字
页　　数　153页
定　　价　58.00元

口腔预防医学（"十四五"普通高等教育规划精品教材 高等医药教材编写委员会专家审定）

主　　编　万兵　朱亚利　陈斌
出　　版　天津科学技术出版社
出版时间　2022年8月
开　　本　16开
字　　数　274千字
页　　数　152页
定　　价　146.00元

口腔正畸工艺技术

主　　编　卢嘉静
副 主 编　黄碧坤
出　　版　辽宁科学技术出版社
出版时间　2022年7月
开　　本　16开
字　　数　250千字
页　　数　200页
定　　价　98.00元

口腔正畸工艺技术（第4版 国家卫生健康委员会"十四五"规划教材 全国中等卫生职业教育教材 供口腔修复工艺专业用）

主　　编　马玉革
出　　版　人民卫生出版社
出版时间　2022年6月
开　　本　16开
字　　数　213千字
页　　数　160页
定　　价　36.00元

口腔正畸临床病例解读（口腔临床病例解读丛书）

主　　编　邹蕊
副 主 编　王军　刘楚峰　乔虎
出　　版　世界图书出版公司
出版时间　2022年4月
开　　本　16开
字　　数　305千字
页　　数　272页
定　　价　168.00元

口腔正畸无托槽隐形矫治：材料分析、临床治疗与依据

著　　者　[瑞士]西奥多·埃利亚德斯
译　　者　樊永杰　严斌
出　　版　江苏凤凰科学技术出版社
出版时间　2022年8月
开　　本　16开
定　　价　298.00元

口腔正畸学（第2版 国家卫生健康委员会“十三五”规划教材 全国高等学校研究生规划教材 供口腔医学类专业用）

主　　编　林久祥
副 主 编　王林
出　　版　人民卫生出版社
出版时间　2022年11月
开　　本　16开
字　　数　1 095千字
页　　数　720页
定　　价　228.00元

口腔正畸学（第3版 医药卫生高等院校创新教材 供口腔医学、口腔医学技术、口腔修复工艺等专业使用）

主　　编　施洁珺
出　　版　科学出版社
出版时间　2022年12月
开　　本　16开
字　　数　287千字
页　　数　152页
定　　价　59.80元

口腔种植案例解析

主　　编　文勇
副 主 编　黄圣运　徐昊
出　　版　山东大学出版社
出版时间　2022年3月
开　　本　16开
字　　数　390千字
页　　数　352页
定　　价　268.00元

口腔种植规范化治疗清单——单颗牙和多颗牙的种植治疗

主　　编　满毅
出　　版　人民卫生出版社
出版时间　2022年1月
开　　本　16开
字　　数　714千字
页　　数　536页
定　　价　398.00元

口腔专科临床护理常规及操作流程（北京协和医院口腔护理丛书）

主　　编　吴宣
出　　版　中国协和医科大学出版社
出版时间　2022年1月
开　　本　16开
字　　数　208千字
页　　数　144页
定　　价　69.00元

口腔专科诊疗技术与临床

主　　编　戴辛鹏
出　　版　中国纺织出版社有限公司
出版时间　2022年6月
开　　本　16开
字　　数　507千字
页　　数　256页
定　　价　98.00元

口腔专业护理工作指引

主　　编　刘帆　李秀娥
出　　版　中国医药科技出版社
出版时间　2022年9月
开　　本　32开
字　　数　229千字
页　　数　232页
定　　价　39.00元

口腔自我保健视频漫画丛书口腔黏膜篇

名誉主编　邱蔚六
总 主 编　周曾同　张志愿　郭莲
主　　编　唐国瑶
出　　版　人民卫生出版社
出版时间　2022年4月
开　　本　32开
字　　数　53千字
页　　数　73页
定　　价　50.00元

口腔自我保健视频漫画丛书预防保健篇

名誉主编　邱蔚六
总 主 编　周曾同　张志愿　郭莲
主　　编　冯希平

出　　版　人民卫生出版社
出版时间　2022年4月
开　　本　32开
字　　数　70千字
页　　数　105页
定　　价　56.00元

口腔组织病理学(高等职业学校"十四五"规划口腔医学、口腔医学技术专业实用技能型特色教材 供口腔医学、口腔医学技术专业使用)
主　　编　李翠英　张佳莉
出　　版　华中科技大学出版社
出版时间　2022年8月
开　　本　16开
字　　数　382千字
页　　数　216页
定　　价　69.80元

口腔组织及病理学基础(第3版 国家卫生健康委员会"十四五"规划教材 全国中等卫生职业教育教材 供口腔修复工艺专业用)
主　　编　刘钢
出　　版　人民卫生出版社
出版时间　2022年6月
开　　本　16开
字　　数　170千字
页　　数　128页
定　　价　35.00元

立足新媒体时代的牙科摄影准则
著　　者　[美] 米盖尔·A.奥迪兹 (Miguel A.Ortiz)
译　　者　范翌
出　　版　辽宁科学技术出版社
出版时间　2022年8月
开　　本　16开
字　　数　280千字
页　　数　224页
定　　价　198.00元

临床口腔材料理论、实践与病例解析(第5版)
主　　编　[美] 玛西亚·格拉德温 (Marcia Gladwin)
[美] 迈克尔·拜格贝 (Michael Bagby)
主　　译　李潇
出　　版　天津科技翻译有限公司
出版时间　2022年12月
开　　本　16开
字　　数　650千字
页　　数　488页
定　　价　328.00元

临床路径释义 口腔医学分册(第2版)
主　　编　葛立宏　岳林
出　　版　中国协和医科大学出版社
出版时间　2022年7月
开　　本　16开
字　　数　670千字
页　　数　404页
定　　价　148.00元

临床牙周病治疗学(第2版)
主　　编　束蓉
副 主 编　徐君逸　谢玉峰
出　　版　上海世界图书出版公司
出版时间　2022年9月
开　　本　16开
字　　数　450千字
页　　数　300页
定　　价　280.00元

零骨丧失种植理念
主　　编　[立陶宛]托马斯·林克维修斯 (Tomas Link)
主　　审　赖红昌
主　　译　张林　黄敏
出　　版　辽宁科学技术出版社
出版时间　2022年1月
开　　本　16开
字　　数　400千字
页　　数　306页
定　　价　498.00元

颅颌面骨感染与肿瘤性疾病诊断和治疗
主　　编　何悦

出　　版　上海科学技术出版社
出版时间　2022年1月
开　　本　16开
字　　数　420千字
页　　数　344页
定　　价　168.00元

美学区单颗牙种植修复ABCD原则

主　　编　撒悦
副 主 编　史也　杨静文　陈惠
出　　版　辽宁科学技术出版社
出版时间　2022年1月
开　　本　16开
字　　数　300千字
页　　数　236页
定　　价　298.00元

美学区种植成功之道

主　　编　[德]阿恩特·哈佩
　　　　　(Arndt Happe)
　　　　　[德]格尔德·克尔纳
　　　　　(Gerd Korner)
主　　译　汤春波
出　　版　辽宁科学技术出版社
出版时间　2022年3月
开　　本　16开
字　　数　400千字
页　　数　308页
定　　价　498.00元

颞下颌关节病外科诊疗策略

主　　编　[美]丹尼尔·佩雷斯
　　　　　(Daniel E. Perez)
　　　　　[美]拉里·沃尔福德
　　　　　(Larry M. Wolford)
主　　译　张善勇
主　　审　杨驰
出　　版　上海科学技术出版社
出版时间　2022年1月
开　　本　16开
字　　数　250千字
页　　数　165页
定　　价　148.00元

颞下颌关节紊乱病临床诊疗解析

主　　编　梁新华　李晓箐
主　　审　史宗道　易新竹
出　　版　人民卫生出版社
出版时间　2022年7月
开　　本　16开
字　　数　414千字
页　　数　272页
定　　价　108.00元

龋齿疾病及其临床管理(第3版)

主　　编　[丹]奥勒·费耶斯科夫
　　　　　(Ole Fejerskov)
　　　　　[丹]本特·尼瓦德
　　　　　(Bene Nyvad)
　　　　　[英]埃德温娜·基德
　　　　　(Edwina Kidd)
主　　审　高学军
主　　译　王晓燕　董艳梅
出　　版　辽宁科学技术出版社
出版时间　2022年1月
开　　本　16开
字　　数　560千字
页　　数　444页
定　　价　498.00元

全口义齿工艺技术(高等职业学校“十四五”规划口腔医学、口腔医学技术专业实用技能型特色教材供口腔医学、口腔医学技术专业使用)

主　　编　苏光伟　魏早
出　　版　华中科技大学出版社
出版时间　2022年2月
开　　本　16开
字　　数　250千字
页　　数　134页
定　　价　39.80元

让孩子看牙不哭的17个妙招

著　　者　[日]冈崎好秀
主　　审　夏斌
主　　译　吴松涛　吴斌

出　　版　辽宁科学技术出版社
出版时间　2022年1月
开　　本　16开
字　　数　200千字
页　　数　144页
定　　价　98.00元

认识乳牙(牙科卫生知识)

著　　者　宝力道
绘　　者　乌日娜
出　　版　内蒙古科学技术出版社
出版时间　2022年1月
开　　本　16开
字　　数　16千字
页　　数　16页
定　　价　25.00元

乳牙龋的危害牙科卫生知识

著　　者　宝力道
绘　　者　乌日娜
出　　版　内蒙古科学技术出版社
出版时间　2022年1月
开　　本　16开
字　　数　16千字
页　　数　16页
定　　价　30.00元

乳牙龋的预防(牙科卫生知识)

著　　者　宝力道
绘　　者　乌日娜
出　　版　内蒙古科学技术出版社
出版时间　2022年1月
开　　本　16开
字　　数　16千字
页　　数　16页
定　　价　30.00元

上颌窦底提升

主　　编　宿玉成
出　　版　辽宁科学技术出版社
出版时间　2022年11月
开　　本　16开
字　　数　920千字
页　　数　740页
定　　价　1 398.00元

舌系带过短

原　　著　[美]理查德·巴克斯特
　　　　　[美]梅根·穆索
　　　　　[美]劳伦·休斯 等
主　　译　杨凯　郑成燚
出　　版　重庆出版社
出版时间　2022年5月
开　　本　16开
字　　数　270千字
页　　数　220页
定　　价　260.00元

舌诊图解速查大全

主　　编　武建设
出　　版　江苏凤凰科学技术出版社
出版时间　2022年9月
开　　本　16开
字　　数　260千字
页　　数　224页
定　　价　42.00元

实用口腔操作与诊疗

主　　编　葛登峰　尹光山　刘强　等
出　　版　科学技术文献出版社
出版时间　2022年3月
开　　本　16开
字　　数　520千字
页　　数　352页
定　　价　88.00元

实用口腔科疾病诊疗

主　　编　李洁　马腾蛟　樊红霞　等
出　　版　科学技术文献出版社
出版时间　2022年2月
开　　本　16开
字　　数　638千字
页　　数　432页
定　　价　88.00元

实用口腔流行病学

主　　编　林焕彩

副 主 编 冯希平 台保军
出 版 人民卫生出版社
出版时间 2022年11月
开 本 16开
字 数 425千字
页 数 272页
定 价 98.00元

实用口腔专科诊疗技术临床应用

主 编 邓莉华 万春燕 梁欣荣 等
出 版 科学技术文献出版社
出版时间 2022年4月
开 本 16开
字 数 665千字
页 数 336页
定 价 148.00元

实用磨牙推进器矫治技术图谱

主 编 武广增
副 主 编 洪宝 唐建华
出 版 辽宁科学技术出版社
出版时间 2022年4月
开 本 16开
字 数 400千字
页 数 320页
定 价 298.00元

数字化可摘局部义齿修复技术—从设计解析到实操技巧

主 编 于海洋
出 版 人民卫生出版社
出版时间 2022年9月
开 本 16开
字 数 538千字
页 数 384页
定 价 299.00元

天然牙形态学:基础篇

著 者 [日]脇田太裕
主 译 汤学华
出 版 江苏凤凰科学技术出版社
出版时间 2022年1月
开 本 16开
字 数 550千字
页 数 340页
定 价 498.00元

天然牙形态学:进阶篇

著 者 [日]脇田太裕
主 译 汤学华
出 版 江苏凤凰科学技术出版社
出版时间 2022年1月
开 本 16开
字 数 650千字
页 数 412页
定 价 498.00元

天然牙粘接修复材料选择与操作技术

主 编 [意]贾科莫·德基(Giacomo Derchi)
[意]翁贝托·坎帕尼(Umberto Campaner)
主 审 刘峰
主 译 刘诗铭
副 主 译 刘欣然
出 版 辽宁科学技术出版社
出版时间 2022年6月
开 本 16开
字 数 200千字
页 数 180页
定 价 198.00元

头颈口面部感染多学科诊治

主 编 [美]James R. Hupp
Elie M.Ferneini
主 译 安金刚
副 主 译 韩小东 张宪梅
出 版 人民卫生出版社
出版时间 2022年11月
开 本 16开
字 数 939千字
页 数 464页
定 价 299.00元

微创牙齿美学修复

原 著 [英]Avijit Banerjee

主　　编　[英]Brian J. Millar
主　　审　谭建国　何宝杰
主　　译　吴巍　时光辉　丁阿营
副 主 译　田惠军　吴建　冯楠 等
出　　版　中国科学技术出版社
出版时间　2022年10月
开　　本　16开
字　　数　341千字
页　　数　240页
定　　价　220.00元

下颌下腺外科学

主　　编　俞光岩
副 主 编　蔡志刚
出　　版　人民卫生出版社
出版时间　2022年11月
开　　本　16开
字　　数　479千字
页　　数　304页
定　　价　228.00元

涎腺细胞病理学米兰报告系统

主　　编　[美]威廉·法金
　　　　　(William Faquin)
　　　　　[意]埃斯特·迪亚娜·罗西
　　　　　(Esther Diana Rossi)
主　　译　张智慧　刘红刚　平波　等
出　　版　北京科学技术出版社
出版时间　2022年8月
开　　本　16开
字　　数　172千字
页　　数　165页
定　　价　128.00元

显微瓷贴面标准化操作(口腔美学修复标准化操作系列丛书之三)

主　　审　陈亚明
主　　编　王海鹏
出　　版　学苑出版社
出版时间　2022年2月
开　　本　16开
字　　数　447千字
页　　数　328页
定　　价　348.00元

现代口腔疾病诊疗

主　　编　管红雨　孙昌娟　梁露露
出　　版　世界图书出版公司
出版时间　2022年5月
开　　本　16开
字　　数　400千字
页　　数　312页
定　　价　80.00元

现代口腔疾病诊疗聚焦

著　　者　马国兰
出　　版　黑龙江科学技术出版社
出版时间　2022年6月
开　　本　16开
字　　数　416千字
页　　数　284页
定　　价　52.00元

现代口腔医学基础与实践

主　　编　付爽
出　　版　中国纺织出版社有限公司
出版时间　2022年9月
开　　本　16开
字　　数　296千字
页　　数　204页
定　　价　88.00元

现代牙周病学规范诊疗手册(“十三五”国家重点出版物出版规划项目 北大医学口腔临床规范诊疗丛书)

主　　编　栾庆先
出　　版　北京大学医学出版社
出版时间　2022年10月
开　　本　16开
字　　数　252千字
页　　数　280页
定　　价　75.00元

新编口腔护理学理论册

主　　编　贾丽琴　乌玉红　邱均琦
出　　版　科学出版社

出版时间 2022年11月
开 本 16开
字 数 528千字
页 数 304页
定 价 98.00元

虚拟仿真与数字口腔技术
著 者 马天 李占利
出 版 西安交通大学出版社
出版时间 2022年7月
开 本 16开
字 数 143千字
页 数 204页
定 价 88.00元

循证思维种植方案设计与操作技巧
主 编 [美]史蒂文·萨多斯基
(Steven J.Sadowsky)
主 译 关呈超 李静 伊哲
副主译 孔德杨 张静
出 版 辽宁科学技术出版社
出版时间 2022年3月
开 本 16开
字 数 420千字
页 数 344页
定 价 298.00元

牙槽骨重度缺损修复重建案例解析
主 编 邹多宏
主 审 杨驰
副主编 徐光宙 白果 李岩
出 版 辽宁科学技术出版社
出版时间 2022年8月
开 本 16开
字 数 550千字
页 数 440页
定 价 499.00元

牙齿酸蚀症临床技术与技巧
主 编 [美]班尼特·阿玛奇
(Bennett T. Amaechi)
主 审 唐志辉
主 译 侯晓玫 罗旭
出 版 辽宁科学技术出版社
出版时间 2022年9月
开 本 16开
字 数 350千字
页 数 280页
定 价 198.00元

牙科诊疗辅助概论(第2版)
原 著 日本全国齿科卫生士教育协议会
主 审 江泳 王磊
主 译 李秀娥 胡菁颖
出 版 人民卫生出版社
出版时间 2022年11月
开 本 16开
字 数 487千字
页 数 320页
定 价 198.00元

牙科诊所的市场营销
主 编 于秦曦
副主编 肖扬 谭秉廉
出 版 人民卫生出版社
出版时间 2022年4月
开 本 16开
字 数 168千字
页 数 160页
定 价 78.00元

牙髓病临床病例释疑预防、诊断与治疗(原著第5版)
主 编 [美]詹姆斯·L.古特曼
(James L. Gutmann)
[美]保罗·E.勒夫达尔
(Paul E. Lovdahl)
主 审 余擎
主 译 程小刚 仇珺
出 版 世界图书出版公司
出版时间 2022年1月
开 本 16开
字 数 830千字
页 数 484页
定 价 398.00元

牙髓治疗并发症的预防与管理

主　　编　[印]朴雅卡·贾因（Priyanka Jain）
主　　译　刘英
出　　版　世界图书出版公司
出版时间　2022年4月
开　　本　16开
字　　数　330千字
页　　数　232页
定　　价　198.00元

牙体牙髓病CBCT影像诊断学

主　　编　吴大明　孙超
主　　审　吴友农
出　　版　江苏凤凰科学技术出版社
出版时间　2022年11月
开　　本　16开
字　　数　600千字
页　　数　328页
定　　价　168.00元

牙体牙髓病临床治疗技术

编　　著　王静
出　　版　四川科学技术出版社
出版时间　2022年10月
开　　本　16开
字　　数　155千字
页　　数　124页
定　　价　58.00元

牙体牙髓病学（第3版 北京高等教育精品教材 北京大学口腔医学教材 住院医师规范化培训辅导教材）

主　　编　岳林　王晓燕
出　　版　北京大学医学出版社
出版时间　2022年7月
开　　本　16开
字　　数　1 025千字
页　　数　576页
定　　价　120.00元

牙龈退缩的治疗临床实战手册

主　　编　[德]阿德里安·卡萨伊（Adrian Kasaj）
主　　译　袁泉
出　　版　世界图书出版公司
出版时间　2022年1月
开　　本　16开
字　　数　220千字
页　　数　144页
定　　价　128.00元

牙周病学（第2版）

原　　著　日本全国齿科卫生士教育协议会
主　　审　江泳　汪玉林
总 主 译　李秀娥
主　　译　李秀娥　胡菁颖
出　　版　人民卫生出版社
出版时间　2022年11月
开　　本　16开
字　　数　316千字
页　　数　208页
定　　价　158.00元

牙周手术基本技术

著　　者　[日]樋口琢善
主　　审　闫福华
主　　译　李凌俊　孟翔峰
出　　版　辽宁科学技术出版社
出版时间　2022年6月
开　　本　16开
字　　数　220千字
页　　数　172页
定　　价　198.00元

牙周炎防治与全身健康

主　　编　赵俪月
出　　版　西安交通大学出版社
出版时间　2022年11月
开　　本　32开
字　　数　51千字
页　　数　100页
定　　价　68.00元

眼耳鼻喉口腔疾病诊疗新方略

主　　编　李伟　等

出　　版　天津科学技术出版社
出版时间　2022年3月
开　　本　16开
字　　数　500千字
页　　数　280页
定　　价　268.00元

眼耳鼻咽喉口腔科护理学（第2版 普通高等医学院校护理学类专业第二轮教材 全国普通高等医学院校护理类专业“十四五”规划教材）

主　　编　房民琴　李颖
副 主 编　李玉兰　程文惠　黄慧萍
出　　版　中国医药科技出版社
出版时间　2022年8月
开　　本　16开
字　　数　636千字
页　　数　318页
定　　价　58.00元

咬合重建病例集——短面型病例（中国医药学术原创精品图书出版工程）

主　　编　刘洋
出　　版　人民卫生出版社
出版时间　2022年11月
开　　本　16开
字　　数　242千字
页　　数　176页
定　　价　168.00元

一口好牙的自我修炼　许大夫美牙私房课

著　　者　许桐楷
出　　版　中国人口出版社
出版时间　2022年9月
开　　本　32开
页　　数　304页
定　　价　58.90元

“翼”招制胜无牙颌种植手术临床策略

主　　编　王明
出　　版　浙江大学出版社
出版时间　2022年7月
开　　本　16开
字　　数　450千字
页　　数　304页
定　　价　398.00元

正畸早期矫治临床病例集萃

原　　著　［阿根廷］朱丽亚·哈芬（Julia Harfin）
　　　　　［泰］颂猜·萨特拉瓦哈（Somchai Satravaha）
　　　　　［巴西］小库尔特·法尔丁（Kurt Faltin Jr）
主　　审　金作林
主　　译　武俊杰
出　　版　世界图书出版公司
出版时间　2022年6月
开　　本　16开
字　　数　390千字
页　　数　312页
定　　价　288.00元

正畸治疗中的临时支抗装置（第2版）

编　　著　［美］罗维尔·南达（Ravindra Nanda）
　　　　　［美］弗拉维奥·乌里韦（Flavio Uribe）
　　　　　［美］萨米特·亚达夫（Sumit Yadav）
主　　审　金作林
主　　译　孟勇　蔡川　杨楠　等
出　　版　辽宁科学技术出版社
出版时间　2022年1月
开　　本　16开
字　　数　420千字
页　　数　336页
定　　价　398.00元

种植支抗在正畸治疗中的创新应用

主　　编　龙虎　韩向龙
副 主 编　赖文莉　李晓龙　蒲玲玲
出　　版　上海科学技术出版社
出版时间　2022年9月
开　　本　16开
字　　数　280千字

页　　数　228页
定　　价　168.00元

工具书、科普类及其他

2020年国家医疗服务与质量安全报告口腔医学分册
编　　著　国家口腔医学质控中心
出　　版　人民卫生出版社
出版时间　2022年7月
开　　本　16开
字　　数　620千字
页　　数　352页
定　　价　279.00元

出发！爱牙五侠——给孩子的口腔科普漫画
著　　绘　阳婵　邹静
出　　版　中国铁道出版社有限公司
出版时间　2022年6月
开　　本　16开
字　　数　256千字
页　　数　160页
定　　价　69.80元

捣毁牙细菌的安乐窝（中国牙病防治基金会“爱笑少年”科普项目 牙牙精灵健康科普绘本 龋病防治）
主　　编　台保军　蒋楚剑
著　　者　刘畅
出　　版　长江少年儿童出版社
出版时间　2022年6月
开　　本　20开
页　　数　40页
定　　价　35.00元

揭秘牙齿健康（科普翻翻书）
作　　者　[英]蒂姆·库克
译　　者　周舒雅
出　　版　未来出版社
出版时间　2022年4月
开　　本　16开
字　　数　68千字
页　　数　54页
定　　价　68.80元

口腔健康知识宣教手册
主　　编　吴补领　张超　赵蕊妮
出　　版　中山大学出版社
出版时间　2022年12月
开　　本　16开
字　　数　280千字
页　　数　235页
定　　价　60.00元

神秘的牙齿大峡谷（中国牙病防治基金会“爱笑少年”科普项目 牙牙精灵健康科普绘本 窝沟封闭与涂氟）
主　　编　台保军　蒋楚剑
著　　者　余静静
出　　版　长江少年儿童出版社
出版时间　2022年6月
开　　本　20开
页　　数　40页
定　　价　35.00元

神圣的交接（中国牙病防治基金会“爱笑少年”科普项目 牙牙精灵健康科普绘本 换牙）
主　　编　台保军　蒋楚剑
著　　者　戴婧
出　　版　长江少年儿童出版社
出版时间　2022年6月
开　　本　20开
页　　数　40页
定　　价　35.00元

谁是最厉害的牙（中国牙病防治基金会“爱笑少年”科普项目 牙牙精灵健康科普绘本 牙齿结构与功能）
主　　编　台保军　蒋楚剑
著　　者　陈杨曦
出　　版　长江少年儿童出版社
出版时间　2022年6月
开　　本　20开
页　　数　40页
定　　价　35.00元

微笑偷盗者:难以启齿的牙科学艺术

著　　者　[英]理查德·巴奈特
译　　者　黄维佳
出　　版　北京日报出版社
出版时间　2022年10月
开　　本　16开
字　　数　244千字
页　　数　256页
定　　价　198.00元

现代儿童口腔医学规范诊疗手册(“十三五”国家重点出版物出版规划项目 北大医学口腔临床规范诊疗丛书)

主　　编　秦满
出　　版　北京大学医学出版社
出版时间　2022年10月
开　　本　32开
字　　数　298千字
页　　数　332页
定　　价　88.00元

现代口腔颌面病理学规范诊断手册(“十三五”国家重点出版物出版规划项目 北大医学口腔临床规范诊疗丛书)

主　　编　李铁军
出　　版　北京大学医学出版社
出版时间　2022年10月
开　　本　32开
字　　数　440千字
页　　数　476页
定　　价　125.00元

现代口腔颌面外科学规范诊疗手册(“十三五”国家重点出版物出版规划项目 北大医学口腔临床规范诊疗丛书)

主　　编　郭传瑸
出　　版　北京大学医学出版社
出版时间　2022年12月
开　　本　32开
字　　数　640千字
页　　数　724页
定　　价　180.00元

现代口腔颌面医学影像学规范诊断手册(“十三五”国家重点出版物出版规划项目 北大医学口腔临床规范诊疗丛书)

主　　编　傅开元
出　　版　北京大学医学出版社
出版时间　2022年10月
开　　本　32开
字　　数　259千字
页　　数　288页
定　　价　80.00元

现代口腔黏膜病学规范诊疗手册(“十三五”国家重点出版物出版规划项目 北大医学口腔临床规范诊疗丛书)

主　　编　华红
出　　版　北京大学医学出版社
出版时间　2022年10月
开　　本　32开
字　　数　200千字
页　　数　224页
定　　价　60.00元

现代口腔全科医学规范诊疗手册(“十三五”国家重点出版物出版规划项目 北大医学口腔临床规范诊疗丛书)

主　　编　江泳　潘洁
出　　版　北京大学医学出版社
出版时间　2022年11月
开　　本　32开
字　　数　440千字
页　　数　488页
定　　价　128.00元

现代口腔修复学规范诊疗手册(“十三五”国家重点出版物出版规划项目 北大医学口腔临床规范诊疗丛书)

主　　编　周永胜
出　　版　北京大学医学出版社
出版时间　2022年10月
开　　本　32开
字　　数　346千字
页　　数　388页
定　　价　99.00元

现代口腔正畸学规范诊疗手册（"十三五"国家重点出版物出版规划项目 北大医学口腔临床规范诊疗丛书）
主　　编　李巍然
出　　版　北京大学医学出版社
出版时间　2022年10月
开　　本　32开
字　　数　535千字
页　　数　600页
定　　价　156.00元

小牙刷爱跳圆圈舞（中国牙病防治基金会"爱笑少年"科普项目 牙牙精灵健康科普绘本 刷牙方法）
主　　编　台保军　蒋楚剑
著　　者　陈曦
出　　版　长江少年儿童出版社
出版时间　2022年6月
开　　本　20开
页　　数　40页
定　　价　35.00元

牙齿健康保卫战（画给孩子的健康科普书）
著　　者　李亚男
绘　　者　书虫文化
出　　版　北方妇女儿童出版社
出版时间　2022年7月
开　　本　16开
页　　数　37页
定　　价　26.80元

牙齿漂白临床实用手册
主　　编　孟超　沈健　况小明
出　　版　中国医药科技出版社
出版时间　2022年11月
开　　本　16开
字　　数　122千字
页　　数　108页
定　　价　35.00元

牙齿也会生病!（幼儿健康绘本系列）
主　　编　邓旭　罗云涛
出　　版　吉林科学技术出版社
出版时间　2022年10月
开　　本　32开
字　　数　25千字
页　　数　40页
定　　价　26.80元

牙科缝合的艺术 临床操作指南
编　　著　[土耳其]布拉克·圣安卡亚
　　　　　（A.Burak Cankaya）
　　　　　[土耳其]科尔库德·德米雷尔
　　　　　（Korkud Demirel）
主　　审　陈钢
主　　译　李军　赵阳
出　　版　辽宁科学技术出版社
出版时间　2022年4月
开　　本　16开
字　　数　150千字
页　　数　116页
定　　价　168.00元

牙体牙髓科临床规范诊疗工作手册
主　　编　王晓燕
出　　版　北京大学医学出版社
出版时间　2022年5月
开　　本　32开
字　　数　150千字
页　　数　236页
定　　价　50.00元

牙种植学的数字化工作流程
主　　编　[美]杰曼·O. 加卢奇
　　　　　（German O. Gallucci）
　　　　　[澳大利亚]克里斯托弗·埃文斯
　　　　　（Christopher Evans）
　　　　　[荷]阿里·塔马塞布
　　　　　（Ali Tahmaseb）
主　　译　宿玉成
出　　版　辽宁科学技术出版社
出版时间　2022年9月
开　　本　16开
字　　数　400千字
页　　数　320页
定　　价　360.00元

牙周病学临床教学与规范化培训指导

主　　编　胡文杰　欧阳翔英

出　　版　辽宁科学技术出版社

出版时间　2022年4月

开　　本　16开

字　　数　350千字

页　　数　284页

定　　价　198.00元

中国儿童错𬌗畸形早期矫治专家共识及病例解析

主　　编　李小兵

出　　版　四川大学出版社

出版时间　2022年10月

开　　本　16开

字　　数　1 142千字

页　　数　688页

定　　价　478.00元

中国口腔医学年鉴(2021年卷)

主　　编　周学东

出　　版　四川科学技术出版社

出版时间　2022年11月

开　　本　16开

字　　数　430千字

页　　数　344页

定　　价　198.00元

中国口腔种植临床精萃(2022年卷)

名誉主编　邱蔚六

主　　编　王兴　刘宝林

执行主编　宿玉成

出　　版　辽宁科学技术出版社

出版时间　2022年5月

开　　本　8开

字　　数　780千字

页　　数　312页

定　　价　398.00元

(本文供稿　吴婷　四川大学华西口腔医学院)

学会工作

学会组织机构

中华口腔医学会及其口腔医学专业委员会

第七届口腔颌面放射专业委员会名单(2022年1月)

主任委员　王铁梅

候任主任委员　李　刚

副主任委员　(4人,按姓名笔画排序)

王　昊　郭　军　陶晓峰
程　勇

常务委员　(19人,按姓名笔画排序)

王　虎　王　昊　王铁梅
王朝俭　朱　凌　祁森荣
李　刚　李志民　李国菊
李　波　张祖燕　张德明
柳登高　郭　军　陶晓峰
程　勇　傅开元　曾东林
游　梦

委　员　(56人,按姓名笔画排序)

王　虎　王　昊　王铁梅
王　涛　王　培　王朝俭
王瑞梅　朱　凌　朱祥奎
刘　敏　刘　雄　刘媛媛
齐建华　闫　波　江献芳
祁森荣　孙志鹏　李生娇
李　刚　李志民　李　坚
李国菊　李　波　李晓敏
李惠玲　杨绿丽　吴大明
吴亮颖　张　凯　张祖燕
张智玲　张德明　陈建国
陈建荣　陈德华　林梓桐
尚　敏　郑广宁　孟存芳
孟庆江　赵晓帆　柳登高
袁　瑛　郭兰田　郭　军
陶晓峰　董敏俊　韩方凯
程　勇　傅开元　曾东林
游　梦　谢　威　廖　岚
戴永刚　魏丽丽

青年委员　(11人,按姓名笔画排序)

乐维婕　冯　斌　任家银
刘珀羽　李明霞　李　威
杨功鑫　赵书平　唐　蓓
葛志朴　傅亚婷

学术秘书　王　昊

工作秘书　冯英连　帕克扎提·色依提

前任主任委员　王　虎

第三届口腔美学专业委员会名单(2022年1月)

主任委员　陈　江

候任主任委员　黄　翠

副主任委员　(8人,按姓名笔画排序)

马楚凡　陈小冬　房　兵
赵　克　侯本祥　徐　欣
韩向龙　谭建国

常务委员　(51人,按姓名笔画排序)

马楚凡　王小琴　孔　亮
邓　婧　叶晓昂　冯云枝
刘云松　刘伟才　刘劲松
刘　峰　江青松　汤春波
孙　凤　李继遥　李鸿波
连文伟　吴轶群　吴　哲

邱晓霞　张桂荣　张新春
陈小冬　陈丹鹏　陈　立
陈亚明　陈　江　陈学鹏
陈　智　房　兵　孟玉坤
赵吉宏　赵　克　胡文杰
柳忠豪　侯本祥　骆小平
徐　欣　高　旭　黄　翠
黄　慧　崔晓燕　章非敏
葛　颂　韩向龙　傅柏平
詹　璇　廉云敏　谭建国
樊　聪　潘晓岗　魏　松

委　　员　(177人,按姓名笔画排序)
丁　博　万启龙　马红梅
马晓妮　马敏先　马楚凡
王小琴　王仁飞　王亚珂
王成龙　王　屹　王宇华
王志涛　王芳萍　王思钱
王涛(重庆)　王涛(海南)
王　超　王　富　王瑞霞
王　熙　王　鲲　方　明
孔　亮　邓　婧　卢海燕
叶晓昂　叶展超　田　涛
史作慧　白　冰　白丽霞
包向军　冯云枝　冯剑颖
冯　敏　达　珍　毕　玮
吕亚林　朱震坤　任光辉
伊　哲　刘云松　刘伟才
刘　宇　刘　红　刘劲松
刘晓强　刘　峰　刘　琨
刘　超　刘湘宁　刘　蔚
江青松　汤春波　许力强
许志强　孙　凤　孙　平
孙迎春　孙　莉　孙晓瑜
纪　芳　李水根　李男男
李厚轩　李晓军　李继遥
李　率　李鸿波　李超伦
李　磊　李德利　李毅萍
杨　帆　杨宏业　杨　秩
连文伟　肖　瑞　吴为良
吴轶群　吴　哲　邱晓霞
何文喜　何利邦　何　畏
邹　波　邹　敏　汪振华
张　凡　张　朋　张桂荣
张　凌　张　敏　张新春
张慧慧　张疆弢　陆　轩
陈小冬　陈丹鹏　陈文川
陈　立　陈亚明　陈庆生
陈　江　陈学鹏　陈　钢
陈济芬　陈　陶　陈　骊
陈　智　林　东　林弘恺
林　焱　周艺群　周建锋
郑秀梅　宗　敏　房　兵
孟玉坤　赵文艳　赵　宁
赵吉宏　赵　克　赵祥宇
胡文杰　柳忠豪　侯本祥
俞懿强　姜　华　姜　涛
贺春艳　骆小平　骆泉丰
聂　晶　夏凌云　徐　欣
高　旭　高　阳　郭小文
郭　泾　郭　航　郭　菁
唐　甜　容明灯　黄元瑾
黄　弘　黄盛斌　黄　翠
黄　慧　曹　阳　曹裕杰
盛　迅　崔晓燕　章非敏
梁珊珊　梁　晋　彭　勃
葛　颂　韩向龙　程　立
傅云婷　傅柏平　储沨婷
谢伟丽　靳　松　詹　璇
廉云敏　蔡志斌　廖光天
廖红兵　谭建国　撒　悦
樊　聪　潘晓岗　魏文佳
魏　松

青年委员　(60人,按姓名笔画排序)
于卫强　马　丽　王　莹
王晓东　王　骏　王　菁
王　喆　王朝阳　毛英杰
邓天政　旦巴措成　叶年嵩
田　野　毕瑞野　师晓蕊

吕　佳　朱晓鸣　刘志坚
刘明月　刘欣然　刘思颖
次仁德吉　孙兰英　孙俊伟
孙晓迪　孙静华　杜瑞钿
李　栋　李　蓉　李　鹏
杨洋(男)　杨洋(女)
杨　振　杨海萍　杨　静
吴夏怡　余昊翰　张东姣
张　贞　张　林　张盼盼
张思慧　张哲谌　张烈焚
张　楠　陈亚栋　陈彬文
姒蜜思　欧阳疗鹃　周　聪
经　典　赵　伟　段沛沛
袁珊珊　徐婧秋　郭永文
曾　筱　雷　浪　裴丹丹
魏雪琴

学术秘书　吴为良

工作秘书　赵　伟　张思慧

顾　　问　王　兴　刘洪臣

第五届口腔麻醉学专业委员会名单(2022年3月)

主任委员　杨旭东

候任主任委员　姜　虹

副主任委员　(7人,按姓名笔画排序)

王　淼　邢　娜　孙　宇
张铁军　李建军　郁　葱
郑周鹏

常务委员　(32人,按姓名笔画排序)

马加海　王中玉　王冰舒
王　淼　邓　斌　邢　娜
刘友坦　刘亚涛　刘　冰
刘　毅　孙　宇　孙　强
严　佳　李建军　杨　冬
杨旭东　张铁军　张　惠
林瑞华　郁　葱　周燕丰
郑周鹏　赵保建　施小彤
姜　虹　姚　兰　耿智隆
贾　珍　夏　明　徐　颖
彭　涛　潘楚雄

委　　员　(96人,按姓名笔画排序)

卜林明　弓胜凯　马　龙
马加海　马鸿雁　王中玉
王立宽　王永洪　王冰舒
王晓东　王雪峰　王　淼
王　智　王路平　王　熙
邓　斌　叶建荣　邢　娜
吉　阳　朱　波　刘友坦
刘月江　刘立飞　刘亚涛
刘　冰　刘具会　刘春江
刘　毅　齐敦益　次德吉
许　婷　孙　宇　孙　强
严　佳　李　泳　李建军
李　茜　李　荣　李　科
李　娟　杨　冬　杨旭东
杨　狄　杨　勇　杨　蕾
闵红星　张　娇　张铁军
张　惠　陆建华　陈志峰
陈　洁　邵　云　范文国
林兰英　林　洁　林道炜
林瑞华　郁　葱　欧喜冰
周燕丰　郑周鹏　郑　强
赵保建　赵晓春　赵　楠
赵聚钊　胡　蓉　施小彤
闻庆平　姜　虹　姚　兰
耿智隆　聂丽霞　贾丽永
贾　珍　夏　明　徐志鹏
徐　颖　高金贵　唐　君
梁　燕　扈大为　彭　伟
彭　涛　董迎春　程凯军
谢　飞　蔡伟华　蔡宏达
雒　珉　樊　泽　潘楚雄
魏福生

青年委员　(35人,按姓名笔画排序)

马丽萍　王　东　王东春
王　丽　邢　飞　全珺珺
刘　云　刘书明　刘　华
刘　磊　李艳娜　李　媛
李　慧　杨雅琼　余　翔

宋端怡 张丽娜 张 超
陈刘芳 武 平 武海鉴
周 一 周 丹 房 怿
赵 鑫 徐 瑾 翁莹琪
郭延洪 陶 蕾 黄海真
梁丽荣 蒋 珏 程 彤
翟明玉 薛立超

学术秘书 王立宽
工作秘书 王晓东
前任主任委员 张 惠
顾 问 邓晓明 张 卫 徐 辉

第八届口腔修复学专业委员会名单(2022年6月)

主任委员 于海洋
候任主任委员 蒋欣泉
副主任委员 (8人,按姓名笔画排序)
王 焱 江青松 张玉梅
周永胜 黄 翠 麻健丰
程 辉 傅柏平
常务委员 (89人,按姓名笔画排序)
于海洋 于 皓 万乾炳
马敏先 马楚凡 王少海
王远勤 王丽萍 王 珏
王 剑 王 焱 王燕一
牛光良 牛丽娜 卢东民
邢文忠 朱 松 朱娟芳
刘云松 刘伟才 刘 杰
刘 莉 刘晓明 刘 斌
江青松 孙 凤 孙 宇
牟雁东 李长义 李风兰
李 江 李 彦 李鸿波
杨 生 肖 云 吴 哲
何福明 汪振华 沈颉飞
宋光保 张卫平 张文云
张玉梅 张怀勤 张 磊
陈吉华 陈良建 陈 钢
陈 溯 林云红 金 磊
周永胜 周延民 周 毅
孟翔峰 赵 彬 胡书海
胡 军 骆小平 原双斌
顾新华 钱文昊 徐远志
徐 凌 徐 普 高 旭
高清平 唐旭炎 黄庆丰
黄 翠 曹颖光 麻健丰
章非敏 逯 宜 董 研
蒋欣泉 蒋 滔 程 辉
傅柏平 焦 婷 曾利伟
蓝 菁 廉云敏 廖红兵
廖 岚 滕 伟 潘在兴
薛靖楠 魏 斌
委 员 (262人,按姓名笔画排序)
丁玉梅 丁志雄 于海洋
于 皓 万应彪 万乾炳
马书意 马敏先 马楚凡
马毅慧 王少海 王 永
王 伟 王远勤 王 芳
王丽萍 王 玮 王明臻
王 珏 王 剑 王艳华
王莉莉 王晓东 王家伟
王 琛 王程越 王 焱
王 富 王燕一 牛光良
牛丽娜 牛 林 毛英杰
方 明 尹 路 邓文正
邓宏燕 甘雪琦 卢东民
卢 怡 叶起清 冯云枝
冯志宏 冯 波 邢文忠
吕珑薇 朱丽萍 朱 松
朱卓立 朱娟芳 朱梓园
朱 镇 伊 哲 刘 一
刘天爽 刘云松 刘伟才
刘亦洪 刘志辉 刘劲松
刘 杰 刘 洋 刘 莉
刘党利 刘晓明 刘晓秋
刘笑涵 刘啸晨 刘 琦
刘 斌 刘湘宁 刘 蔚
江青松 祁胜财 许力强
许东亮 孙一飞 孙 凤
孙 平 孙 宇 孙志广

孙迎春 牟雁东 杜田丰
李长义 李风兰 李亚男
李全利 李 冰 李 江
李 英 李 昊 李明星
李春艳 李星星 李 亮
李 彦 李美华 李振华
李晓捷 李鸿波 杨 生
杨 立 杨 帆 杨晓红
杨 凌 步中琦 肖 云
肖惠军 吴 江 吴国锋
吴 哲 吴珺华 吴 琳
吴 璇 邱子劲 邱晓霞
何 非 何建芳 何惠宇
何福明 余日月 余华标
邹德荣 辛海涛 汪大林
汪振华 沈颉飞 沈晴昳
宋文植 宋光保 宋宏杰
宋 珂 张卫平 张 云
张长源 张仁国 张文云
张玉梅 张自安 张庆福
张志升 张怀勤 张 岩
张 朋 张 泳 张晓南
张 凌 张新春
张磊(北京) 张磊(上海)
张 飚 陆 梅 陈文川
陈永吉 陈吉华 陈庆生
陈良建 陈 钢 陈 润
陈媛媛 陈 溯 邵龙泉
武 峰 林云红 林亚极
林 青 林海升 林 培
林 锋 金 磊 周永胜
周延民 周红波 周 秦
周 琳 周 静 周 毅
郑东翔 郑 明 孟令强
孟翔峰 赵 克 赵 彬
赵 鹃 郝志红 胡书海
胡 军 胡志刚 胡闻奇
柳 海 姜 华 胥 春
骆小平 袁振飞 夏 勇
原双斌 顾新华 钱文昊
徐远志 徐英新 徐明明
徐俊峰 徐 凌 徐培成
徐 普 翁国建 高 旭
高姗姗 高 海 高清平
郭永锦 郭 玲 唐小山
唐成芳 唐旭炎 唐丽琴
陶建祥 黄达鸿 黄庆丰
黄 翠 黄 慧 曹裕杰
曹颖光 麻健丰 章少萍
章非敏 章燕珍 阎 旭
梁珊珊 逯 宜 隋 磊
葛雯姝 董树君 董 研
蒋欣泉 蒋建磊 蒋 滔
韩 凉 程华谊 程 辉
傅柏平 焦 婷 曾利伟
湛 渝 温红卫 谢伟丽
谢伟建 蓝 菁 解建立
廉云敏 裴丹丹 廖红兵
廖 岚 熊耀阳 撒 悦
滕 伟 潘在兴 潘韶霞
薛靖楠 戴小锋 魏 斌

青年委员 (60人,按姓名笔画排序)

于天亮 王 伟 王思钱
王 菁 王 梁 韦家强
田 敏 刘 梅 刘晶莹
刘 鑫 孙圣军 孙 珍
杜习金 杜 斌 李旭东
李 芳 李 岩 李晓杰
李 磊 李德利 杨文丽
杨禾丰 杨 扬 杨宏业
吴小红 吴乐乐 吴峻岭
余 培 张凯亮 张 玲
张海洋 张 蕾 陈剑锋
林淑贤 罗 媛 周祥文
孟 丹 郝 亮 胡晓萍
胡 琳 胡 琛 哈斯达来
拜合提亚尔·马合苏提
段蒙娜 贾筱诗 顾晓宇

顾　斌　徐晓明　郭　玥
唐健霞　黄　怡　黄　璀
曹　颖　程亚楠　焦　阳
谢海峰　路荣建　詹　静
蔡新杰　潘　宇

学术秘书　高姗姗
工作秘书　朱晓华
前任主任委员　陈吉华
名誉主任委员　刘洪臣

第六届老年口腔医学专业委员会名单（2022年6月）

主任委员　吴红崑
候任主任委员　陆支越
副主任委员　（7人，按姓名笔画排序）
吴补领　沙鑫家　张忠提
范　兵　周崇阳　翁维民
黄晓晶

常务委员　（49人，按姓名笔画排序）
于书娟　卫　彦　王成坤
王恩群　申　静　仪　红
吕红兵　吕海鹏　朱琳虹
刘　嘉　江千舟　孙晓菊
李　冰　李　军　李彩霞
李鸿波　李　谨　李肇元
杨　泓　吴文蕾　吴红崑
吴补领　何升腾　沙鑫家
张亚庆　张忠提　张　蕾
陆支越　范　兵　林正梅
林晓萍　林　媛　周崇阳
郑立娟　赵守亮　赵红宇
赵望泓　贾兴亚　钱程辉
翁维民　郭　峰　黄定明
黄晓晶　商　红　梁　燕
隋　文　储冰峰　戴丽霞
魏广治

委　员　（177人，按姓名笔画排序）
丁江峰　丁伯福　于卫强
于书娟　于蕴之　卫克文
卫　彦　马骏驰　马晨麟
王成坤　王其宝　王国庆
王国轩　王　昕　王建鸿
王胜朝　王恩群　王倩倩
王　瑶　王　燕　亓庆国
邓蔓菁　申　静　史　亮
仪　红　冯　瑾　吕红兵
吕晓智　吕海鹏　朱　奇
朱国雄　朱姗姗　朱琳虹
刘天爽　刘　洋　刘啸晨
刘　嘉　江千舟　汤　晔
孙书昱　孙汉堂　孙晓菊
玛丽亚木古丽·帕塔尔
麦志松　李天侠　李文鹿
李生娇　李光辉　李　冰
李　军　李伯友　李艳莉
李彩霞　李鸿波　李淑娟
李　鹏　李靖敏　李　谨
李肇元　李磊磊　杨长湖
杨文丽　杨金锋　杨　泓
杨雪超　杨瑟飞　肖希娟
肖海波　吴大明　吴文蕾
吴红崑　吴补领　吴晓珊
何升腾　何　冰　何　俐
汪　林　沙鑫家　宋恒国
张亚庆　张　纯　张　玮
张　明　张忠提　张思思
张　结　张晓芳　张海峰
张新春　张　蕾　陆支越
陈　峰　陈敏懋　陈　婷
陈　群　青　松　范　伟
范　兵　林正梅　林　成
林晓萍　林　媛　罗　俊
罗　峰　周　村　周荣华
周悦丽　周崇阳　周　毅
郑立娟　郑治国　房付春
房宏志　孟秀萍　赵守亮
赵红宇　赵望泓　赵　强
赵　蕾　赵鑫钰　郝鹏杰
胡闻奇　胡　萍　胡腾龙

俞创奇　袁　冬　袁媛园
聂蓉蓉　贾兴亚　夏春鹏
党　平　钱程辉　徐　斌
翁维民　翁蓓军　高　杰
高　露　郭红延　郭　峰
郭　斌　唐志辉　唐瑞平
黄定明　黄胜春　黄晓晶
黄敬东　曹裕杰　曹福春
龚　娟　康　宏　章立群
商　红　梁广智　梁　燕
隋　文　随丽娜　彭文军
彭德志　董纪军　蒋文凯
程小刚　程　凡　程兴焕
储冰峰　储　庆　童雪梅
湛　渝　游月华　谢思静
鲍萍萍　蔡志斌　裴晓雪
缪　羽　潘凌峰　霍丽珺
戴丽霞　魏广治

青年委员　(59人,按姓名笔画排序)
马媛媛　王进兵　王思钱
王　俐　王润夫　王　蕾
王　鑫　韦家强　文　才
孔媛媛　叶　鹏　田　也
冯晓伟　朱丽琴　刘一涵
刘　玉　刘忠芳　刘　磊
孙喆轶　李昌盛　李适廷
李毓勤　杨利杰　杨　琳
冷　飞　张运祥　张盼盼
陈　飞　陈　帅　陈　明
陈河林　陈斌科　陈路沅
邵建祥　武红艳　周　健
郑小菲　郑勇智　胡　娇
钟小奕　段丁瑜　段晓波
施　磊　高　敏　唐天弘
梅笑寒　曹　灿　章一帆
阎　旭　梁　雪　董茜茜
韩光红　程兴群　程　庚
温　宣　靳　赢　雷　港
詹雪灵　窦　磊

学术秘书　吕海鹏
工作秘书　冯　瑾　程兴群
前任主任委员　张亚庆

第七届口腔种植专业委员会组成名单(2022年7月)

主任委员　赖红昌
候任主任委员　陈　江
副主任委员　(8人,按姓名笔画排序)
吴铁群　邱立新　宋应亮
陈卓凡　季　平　周延民
施　斌　满　毅

常务委员　(70人,按姓名笔画排序)
马国武　马　威　王　方
王丽萍　王佐林　王　林
王鹏来　王慧明　戈　怡
邓飞龙　叶　平　兰　晶
曲　哲　刘　倩　刘静明
汤春波　李德华　杨国利
杨晓喻　吴　东　吴铁群
吴润发　吴豪阳　邱立新
何　军　何宝杰　何家才
余占海　余优成　邹德荣
沈　铭　宋应亮　张玉峰
张　健　陈　江　陈卓凡
陈　明　陈　波　范　震
林海燕　季　平　周延民
周　磊　孟维艳　赵宝红
赵保东　胡文杰　施　斌
宫　苹　袁　泉　耿　威
夏海斌　顾新华　徐世同
徐淑兰　高永波　唐志辉
黄元丁　黄　伟　黄盛兴
常晓峰　宿玉成　董　强
程志鹏　童　昕　温　波
谢志刚　赖红昌　满　毅
韶　波

委　员　(200人,按姓名笔画排序)
马国武　马　威　王　凤
王　方　王心彧　王立军

王屹博　王　兴　王聿明
王丽萍　王佐林　王劲茗
王　青　王　林　王　昊
王国庆　王　峰　王跃平
王瑞霞　王鹏来　王　熙
王慧明　木合塔尔·霍加
尤金朝　戈　怡　牛光良
方　巍　巴桑德吉　邓飞龙
邓　悦　左　军　石培凯
叶　平　叶　颖　史久慧
付　丽　付　钢　白　轶
冯　波　兰　晶　皮雪敏
曲　哲　吕绳漪　朱一博
朱兆夫　朱娟芳　乔士冲
任贵云　刘一涵　刘　月
刘正彤　刘传通　刘　峰
刘　倩　刘静明　刘　鑫
汤雨龙　汤春波　孙佰军
孙晓军　孙　竞　孙　烨
孙海鹏　牟永斌　牟雁东
杜良智　李小凤　李京平
李春明　李树春　李　涛
李德华　杨　成　杨国利
杨晓喻　吴王喜　吴　东
吴轶群　吴高义　吴润发
吴豪阳　邱立新　何东宁
何　军　何宝杰　何家才
余占海　余优成　邸　萍
邹多宏　邹德荣　汪振华
沈　铭　宋应亮　宋　珂
宋　莉　张大勇　张文云
张玉峰　张　宇　张　健
张雪洋　张喆焱　张　雷
张　磊　陈永辉　陈伟辉
陈　江　陈希柱　陈卓凡
陈　明　陈　波　陈　陶
陈　辉　陈　键　陈德平
姒蜜思　范亚伟　范　芹
范海东　范　震　林海燕
林　毅　尚德浩　季　平
周　艺　周文娟　周延民
周尚敏　周　益　周　磊
郑园娜　郑葆春　单兆臣
孟培松　孟维艳　赵宝红
赵保东　赵静辉　胡文杰
胡那日苏　胡劲松　柳忠豪
段　峰　施　斌　宫　苹
班　宇　袁长永　袁　泉
耿　威　莫安春　夏海斌
顾迎新　顾新华　晏　奇
倪以亮　徐世同　徐光宙
徐　欣　徐淑兰　徐　普
殷丽华　高永波　唐　华
唐志辉　容明灯　陶建祥
黄元丁　黄长波　黄文秀
黄　弘　黄　伟　黄宝鑫
黄建生　黄盛兴　常晓峰
宿玉成　葛精一　董广英
董　强　蒋　析　程　伟
程志鹏　傅　娜　童　昕
曾杰生　温　波　谢志刚
谢　超　赖红昌　雷　群
满　毅　蔡潇潇　廖红兵
韶　波　谭　震　潘韶霞
薛　毅　魏洪波　魏　娜

青年委员　(60人,按姓名笔画排序)

于晓琳　于德栋　王　宇
王妙贞　王艳颖　王　菁
王　鹃　王　翠　牛文芝
方　颖　厉超元　卢海宾
白　石　毕庆伟　伍颖颖
危伊萍　刘长营　刘　堃
刘　琦　刘　鑫　许舒宇
孙晓琳　芮　瑞　苏汉福
李少冰　李志鹏　李　昊
李晓静　李　琦　李　楠
杨静文　吴庆庆　邹华伟
张思佳　张思慧　张　翀

张馨文　陈　立　陈肖依
周艺群　周文洁　周立波
周　咏　周　炜　段　妍
侯宏亮　姜雨汐　姚　洋
姚倩倩　贺龙龙　高振华
郭观生　郭泽鸿　郭建斌
唐　礼　尉华杰　葛严军
曾　浩　廖立凡　魏凌飞

学术秘书　乔士冲
工作秘书　刘蓓蕾　钱姝娇
前任主任委员　宿玉成
顾　　问　王　兴　刘宝林　林　野

第八届口腔颌面外科专业委员会名单(2022年8月)

主任委员　杨　驰
候任主任委员　蔡志刚
副主任委员　(8人,按姓名笔画排序)
王慧明　孙长伏　李龙江
杨耀武　何　悦　尚政军
侯劲松　韩正学

常务委员　(43人,按姓名笔画排序)
马　秦　王予江　王旭东
王　如　王志勇　王　涛
王慧明　石　冰　邝　海
刘　锋　刘曙光　江宏兵
汤　炜　孙长伏　李龙江
李志勇　李克义　李劲松
杨　驰　杨宏宇　杨学文
杨耀武　吴国民　何　悦
张东升　张陈平　张　胜
张　益　林李嵩　尚政军
罗　恩　郑家伟　胡图强
侯劲松　贾玉林　梁玉洁
彭　歆　蒋灿华　韩正学
韩新光　谢志坚　蔡志刚
魏建华

委　　员　(141人,按姓名笔画排序)
丁　熙　习伟宏　马宇锋
马　秦　王予江　王永功
王　成　王旭东　王　如
王军(甘肃)　王军(南昌)
王志勇　王晓霞　王恩群
王　涛　王银龙　王慧明
王　巍　尹晓东　孔　亮
邓永强　石　冰　叶金海
叶钟泰　田　磊　邝　海
冯芝恩　曲卫国　朱洪平
朱慧勇　朱耀旻　乔永明
任战平　任贵云　刘中寅
多力昆·吾甫尔　刘世杰
刘华蔚　刘法昱　刘雁鸣
刘　锋　刘曙光　刘麒麟
江宏兵　汤　炜　许君武
孙小娟　孙长伏　孙志军
孙　坚　孙国文　孙　健
买买提吐逊·吐尔地
严颖彬　苏　彤　巫家晓
李龙江　李永生　李吉辰
李　军　李志勇　李克义
李劲松　李承浩　李　勇
李　智　李福军　杨　驰
杨宏宇　杨学文　杨耀武
吴国民　吴　烨　何　悦
余　波　宋　涛　张　力
张东升　张陈平　张诗雷
张　胜　张　益
阿地力·莫明　陈仁吉
陈伟辉　陈传俊　陈林林
陈松龄　陈敏洁　邵乐南
邵益森　林李嵩　尚政军
罗　恩　周宏志　周　炼
郑家伟　单小峰　孟　箭
赵吉宏　赵华强　赵军方
赵洪伟　胡图强　胡砚平
侯劲松　俞创奇　施　斌
祝颂松　费　伟　贾玉林
徐中飞　徐晓刚　殷治国
殷学民　高　瞻　黄永清

黄旋平　常群安　章宏毅
梁玉洁　梁新华　屠军波
彭利伟　彭　歆　蒋灿华
韩正学　韩新光　喻建军
程　杰　程　波　傅　升
鲁　勇　谢志坚　谢富强
路洪波　蔡志刚　廖建兴
潘　剑　潘朝斌　魏建华

青年委员　(28人,按姓名笔画排序)
马　坚　王亚东　白　果
朱志农　孙　强　苏　凯
苏家增　李云鹏　李运峰
李金忠　李春洁　何　伟
张富贵　陈　刚　范　松
周忠伟　郑广森　钦传奇
姚志涛　黄圣运　黄明伟
黄海涛　龚朝建　韩　伟
蔡卜磊　蔡　鸣　廖凤春
颜光启

学术秘书　何　悦
工作秘书　白　果　王琪赟
前任主任委员　石　冰
顾　　问　刘彦普

第五届全科口腔医学专业委员会组成名单

(2022年11月)

顾　　问　谢　洪
名誉主任委员　刘洪臣
主任委员　陈莉莉
候任主任委员　朱亚琴
副主任委员　(7人,按姓名笔画排序)
王左敏　邓旭亮　张晓东
陈永进　费　伟　高承志
潘　宣

常务委员　(68人,按姓名笔画排序)
丁继芬　卫克文　马晟利
王左敏　王永功　王学金
王　霄　尹　林　邓旭亮
冯兴梅　冯铁军　冯崇锦
吕亚林　朱亚琴　刘青梅
刘荣森　刘维贤　江　泳
农晓琳　孙　勇　李克义
李荣华　李　潇　李毅萍
杨　成　杨　帆　杨　泓
吴高义　何　巍　余优成
奂忠平　冷卫东　汪饶饶
张东升　张志宏　张　凯
张晓东　张清彬　张　飚
陈巨峰　陈永进　陈志远
陈莉莉　邵　丹　欧阳奇明
周继祥　郑雨燕　赵文峰
赵红宇　赵继志　赵　颖
柯　杰　侯晓薇　费　伟
贺小宁　贺慧霞　袁昌青
夏登胜　徐宝华　高承志
曹良菊　彭友俭　蒋　勇
韩晓兰　潘　洁　潘　宣
戴红卫　戴　群

委　　员　(199人,按姓名笔画排序)
丁继芬　卜令学　万光勇
卫克文　马　宁　马晟利
丰　景　王世霞　王左敏
王立军　王永功　王志刚
王志兴　王　芬　王林虎
王　昊　王国栋　王忠东
王忠厚　王忠群　王学金
王秋旭　王俊成　王莉莉
王海林　王　博　王　雷
王　蔚　王　霄　车宗刚
牛文芝　毛小泉　方志欣
尹　林　邓旭亮　邓　敏
邓　巍　付崇建　丛　芳
冯驭驰　冯兴梅　冯铁军
冯崇锦　尼加提·吐尔逊
邢凤霞　曲天磊　吕亚林
吕　品　朱东望　朱亚琴
乔广艳　后　军　庄沛林
刘文娟　刘　宇　刘青梅
刘英志　刘荣森　刘维贤

江　泳　汤雨龙　农晓琳
孙丽艳　孙　勇　苏　媛
李文超　李丛华　李　宁
李克义　李　宏　李荣华
李海如　李海清　李雅彬
李斌(宁夏)　李斌(江苏)
李　潇　李毅萍　杨再波
杨　成　杨　帆　杨　征
杨　泓　杨湘晖　肖玉鸿
吴占敖　吴建勇　吴高义
何　巍　余优成　奂忠平
邹廷前　冷卫东　汪义永
汪饶饶　宋宏杰　宋　涛
张书平　张东升　张丛笑
张志宏　张　旻
张凯(安徽)　张凯(北京)
张　津　张晓东　张跃进
张清彬　张　斌　张新海
张　飚　陆尔奕　陈巨峰
陈正岗　陈永进　陈志远
陈剑锋　陈莉莉　陈晓飞
邵　丹　欧阳商明　罗云纲
罗思阳　周　建　周继祥
鱼灵会　庞春燕　郑雨燕
赵文峰　赵守亮　赵红宇
赵隽隽　赵继志　赵　晶
赵　强　赵　颖　郝自宝
郝春波　胡永权　胡　丽
胡道勇　柯　杰　钟　凡
侯晓薇　律　娜　费　伟
姚　瑶　贺小宁　贺慧霞
袁昌青　聂　嘉　栗洪师
贾海鸥　贾　静　夏志刚
夏登胜　钱文昊　徐　延
徐远志　徐宏志　徐宝华
徐静舒　高玉光　高承志
郭红延　郭　涛　黄长波
梅银娥　曹良菊　曹春花
盛列平　盛　迅　梁宇红
彭友俭　彭　诚　葛化冰
董　伟　董志新　董青山
蒋　勇　韩立赤　韩晓兰
韩　雪　韩新光　程志刚
程　政　程　铮　蓝智聪
路荣建　廖旭辉　谭小尧
潘劲松　潘　洁　潘　宣
薛昌敖　戴红卫　戴　群
魏志民　魏利敏

青年委员　(46人,按姓名笔画排序)
马士卿　马　攀　王　琳
王　璇　朱万春　乔朋艳
刘敬一　刘　鑫　江　飞
许永伟　杜　嵘　李　景
李　强　时　权　吴　赟
何艳艳　汪　丽　张　戎
张桂兰　陈俊良　周　鑫
郑　苗　单显峰　赵增波
郝晓星　钟星华　夏舟斌
柴召午　钱　明　郭　婷
郭　嘉　黄凌凌　曹　婕
崔　磊　阎　旭　梁　烨
彭　巍　葛雯姝　韩国嵩
谢红军　谢克贤　詹　静
廖正宇　谭新颖　燕　飞
戴晓玮

学术秘书　周　建
工作秘书　胡　丽

第三届镇静镇痛专业委员会委员组成名单

(2022年11月)

顾　　问　徐　辉
名誉主任委员　徐礼鲜
前任主任委员　万　阔
主任委员　张　伟
候任主任委员　郁　葱
副主任委员　(7人,按姓名笔画排序)
丁桂聪　王小竞　刘国胜
李宏卫　邹　静　陈　柯
景　泉

常务委员 （34人，按姓名笔画排序）
丁桂聪 万阔 马林
王小竞 王玲 王鹏
申岱 史宝林 吉阳
刘国胜 李宏卫 李湛海
杨旭东 吴永正 吴俊
每晓鹏 邹静 汪伟
张伟 张志宏 张倩
张惠 陈柯 郁葱
赵保建 胡延佳 袁荣涛
夏明 唐海阔 黄文秀
黄洋 葛学军 董毅
景泉

委员 （125人，按姓名笔画排序）
丁冬 丁江峰 丁桂聪
万阔 马林 王小竞
王文华 王立伟 王玲
王柏胜 王骅 王艳
王智 王寒荻 王鹏
王霄燕 牛刚 孔洁
邓艳南 厉爱芳 申岱
田青 史宝林 白书荣
冯善武 吉阳 吉浩
吕长海 吕海鹏 朱洪光
任飞 刘小艾 刘飞
刘方 刘向岩 刘冰
刘红红 刘芸 刘丽君
刘国胜 刘佳 刘晓青
刘智 齐金莲 许向亮
许辉 严佳 杜芹
李冬 李亚奇 李华
李宏卫 李郑琛 李禹
李俊震 李湛海 李毅
杨旭东 吴礼安 吴永正
吴杨 吴俊 每晓鹏
邱宝军 邹静 汪伟
张乃君 张伟 张志宏
张丽娟 张建友 张轶
张勇 张铁成 张倩
张宾 张惠 陈柯
邵云 邵林琴 范莹盈
林洁 林颋旭 林瑞华
郁葱 罗维 周淑晶
郑周鹏 郎晓彬 赵保建
赵晓春 赵强 郝鹏翔
胡延佳 姜向瑞 袁荣涛
贾英萍 夏玉婷 夏明
夏斌 钱涛 徐稳安
高鹏 高黎 郭刚
唐海阔 黄文秀 黄彦
黄洋 曹科钰 崔广学
崔婧 葛学军 葛鑫
董文亮 董毅 韩波
景泉 鲁海兵 曾桀
谢晓华 廖志清 潘少平
潘洁 魏洪涛

青年委员 （19人，按姓名笔画排序）
王晶 田欣欣 朱歆洁
刘云 刘君瑜 刘湘奇
苏鑫 李琳 吴双
何志伟 何秋娟 张陶涛
周妮 孟昭松 高宇
郭建斌 靖无迪 樊卜熙
薛梵

学术秘书 许向亮

工作秘书 陈晶晶

第三届口腔急诊专业委员会名单(2022年12月)

顾问 陈亚明

名誉主任委员 陈永进

前任主任委员 朱亚琴

主任委员 余东升

候任主任委员 张英

副主任委员 （8人，按姓名笔画排序）
华成舸 李志革 何巍
张旻 郭斌 姬爱平
盛列平 傅升

常务委员 （55人，按姓名笔画排序）
王建华 王津 王津惠

田智慧　仪　红　冯兴梅
朱亚琴　任　飞　华成舸
向学熔　刘平先　刘艳丽
刘　峰　江　龙　许尧祥
巫家晓　李志革　李　超
李　强　吴春云　何　巍
余东升　张以鸣　张光东
张志兴　张　英　张　旻
张　凯　张　莉　张媛媛
陈文革　陈彦平　苗　莉
周嘉洪　赵　今　赵连英
赵祥宇　赵蕊妮　胡友德
侯爱兵　姚志涛　夏登胜
郭　斌　陶　疆　姬爱平
黄兰柱　黄宇蕾　盛列平
常群安　康媛媛　蒋　丽
蒋灿华　程　政　傅　升
戴　群

委　员　(169人,按姓名笔画排序)
于　丽　及　捷　马力强
王志兴　王迎捷　王明源
王建华　王　津　王津惠
王　骅　王海亮　王婧姣
韦彦锋　毛　明　毛新霞
仇成豪　方会清　邓四海
邓　伟　田松波　田智慧
仪　红　白　洁　白艳洁
冯兴梅　尼加提·吐尔逊
成　宏　曲伟栋　朱万春
朱亚琴　任　飞　华成舸
向学熔　刘平先　刘　宇
刘怀勤　刘　苗　刘　显
刘　亮　刘洪海　刘艳丽
刘　峰　刘　鑫　次旦扎西
江　龙　许尧祥　许厚义
阮丹平　孙伟锋　孙　妍
杜小颖　杜艾盈　巫家晓
李　方　李生娇　李生梅
李丛华　李　伟　李志革
李　超　李　强　杨国斌
杨凯成　杨海东　杨　森
吴壮志　吴　更　吴　昊
吴春云　吴　斌　邱　叶
何　巍　余东升　余西江
余　跃　应于康　辛彩虹
张　月　张以鸣　张丛笑
张光东　张齐梅　张　军
张志兴　张良付　张　纲
张　英　张　昕　张　旻
张　凯　张宝平　张　莉
张铁柱　张媛媛　张　瑞
张瑞智　张　新　陈文革
陈　岗　陈　诚　陈彦平
陈　蕾　苗　莉　范文国
林　毅　周　瑜　周嘉洪
周薇娜　孟令君　赵　今
赵亚东　赵连英　赵祥宇
赵　颖　赵蕊妮　胡友德
胡　欣　胡　颖　哈斯牧仁
钟庐云　侯爱兵　侯德强
姚志涛　贺祖武　贺振永
骆　琦　袁　华　聂　鑫
贾怀斌　贾　搏　夏舟斌
夏登胜　徐仰龙　徐　斌
高　宁　郭　奕　郭　斌
郭　婷　陶　疆　姬爱平
黄兰柱　黄　伟　黄宇蕾
黄　敏　黄睿洁　盛列平
盛　璐　常群安　崔丽华
崔娟娟　康媛媛　章　靖
梁亚平　彭利伟　蒋　丽
蒋灿华　韩其滨　程　政
程维平　傅　升　焦建军
路贵忠　解超勇　廖　锐
谭汉提　樊丽娜　黎昌学
霍丽珺　戴　群

青年委员　(53人,按姓名笔画排序)
丁　超　丁谦文　于玮炜

王天虎 王建红 王晓静
王　朝 卞颖颖 包胡日查
司　熙 吕继连 任一雄
刘航航 许　宁 孙伯阳
孙　磊 李金恒 李淑慧
李新尚 杨　帆 吴喆敏
吴敬飚 邱荣敏 佘文婷
宋　亮 张兆强 张　鹏
陈红涛 陈丽娟 陈　洁
陈　彪 陈富波 罗祥友
周　平 周卓君 宗春琳
赵志国 赵忱光 赵厚明
赵曼竹 赵雅娟 胡　巍
翁秀红 高振杰 郭华秋
崔　敏 寇　霓 彭川洋
程百祥 曾秉辉 谢福平
熊　洁 德乐黑巴特尔

学术秘书　黄宇蕾
工作秘书　曾秉辉

第三届口腔医学科研管理分会名单(2022年12月)

顾　　问　张志愿 王松灵 赵铱民
主任委员　蒋欣泉
候任主任委员　陈莉莉
副主任委员　(8人,按姓名笔画排序)
邓旭亮 孙宏晨 陈发明
陈　智 陈谦明 邵龙泉
林云锋 夏　娟
常务委员　(31人,按姓名笔画排序)
王左敏 方厂云 孔　亮
邓旭亮 兰泽栋 刘来奎
刘欧胜 孙宏晨 牟永斌
何　淼 宋锦璘 张　宁
张　旗 陈发明 陈　旭
陈莉莉 陈　智 陈谦明
邵龙泉 范志朋 林云锋
单艳华 胡　敏 俞梦飞
夏　娟 徐　骎 葛少华
蒋欣泉 蒋　琰 程　辉
程　斌
委　　员　(95人,按姓名笔画排序)
于　洋 于　皓 卫　彦
王元银 王月红 王左敏
王　兴 王　林 王国栋
王　威 王　晶 王　智
王　福 王　蔚 牛丽娜
方厂云 孔　亮 邓旭亮
石　晶 田　鲲 白国辉
冯妍慧芝 兰泽栋 司　燕
任延方 刘　飞 刘来奎
刘欧胜 刘　琳 刘　斌
孙宏晨 孙　强 牟永斌
李志华 李岩峰 李　新
李　璐 杨　生 杨冬茹
杨　芳 杨　春 何　淼
宋锦璘 张文杰 张　宁
张华林 张　旭 张丽媛
张淋坤 张　旗 陈文霞
陈发明 陈　旭 陈泽涛
陈莉莉 陈　智 陈谦明
邵龙泉 范志朋 林云锋
金建秋 周　建 周　薇
於丽明 单艳华 泥艳红
赵　刚 赵雪峰 胡　敏
俞梦飞 胥　欣 袁　泉
夏　娟 徐晓梅 徐　骎
唐正龙 唐清明 黄　跃
戚孟春 葛少华 葛林虎
蒋欣泉 蒋　琰 程　辉
程　斌 曾　东 温　宁
谢晓莉 赛格林 熊　宇
樊立洁 潘乙怀 潘克清
潘　爽 薛　鹏
青年委员　(31人,按姓名笔画排序)
丁佩惠 王一帆 王　帅
王　宏 王素苹 王　骏
王琰玲 邓振南 刘世宇
刘　赛 江献芳 纪　伟

杨禾丰　吴丽红　何　芸
何丽娜　邹慧儒　张长源
张　倩　张　萍　陆家瑜
陈小冰　陈敏懋　金　晗
周忠伟　赵　行　徐明明
曹玲燕　董　伟　游月华
陆海霞

学术秘书　单艳华　徐　骎

工作秘书　曹玲燕

第四届口腔药学专业委员会名单(2022年12月)

第四届口腔药学专业委员会

前任主任委员　刘习强

主任委员　刘　青

候任主任委员　原永芳

副主任委员　(4人,按姓名笔画排序)
王建莉　刘洪涛　尚姝环
郑利光

常务委员　(20人,按姓名笔画排序)
于维先　王建莉　邓润智
冯　斌　刘习强　刘　青
刘洪涛　吴　昊　张林祺
张磊涛　陈　萍　武和明
尚姝环　周　瑜　郑利光
赵电红　赵梦明　施　斌
原永芳　熊世江

委员　(57人,按姓名笔画排序)
于世宾　于维先　马　涛
王建莉　邓润智　石　晶
田智慧　冉令涛　冯　斌
成黎霏　任丽洁　刘习强
刘水冰　刘　青　刘洪涛
许亦权　孙慧斌　杜玉娟
李克增　李　青　李春年
李　琛　李　森　李　霞
吴仲寅　吴　昊　邱　楠
余　培　张　立　张　芳
张林祺　张艳丽　张　健
张磊涛　陈　萍　武和明
尚姝环　罗小波　金　剑
周　瑜　郑利光　赵电红
赵梦明　施　斌　原永芳
倪　莹　徐秀娟　郭志刚
郭锦材　黄　玮　梁　韬
韩　璐　程　波　曾　琳
蔡伟鑫　蔡兴伟　熊世江

青年委员　(15人,按姓名笔画排序)
卫明慧　王　兴　王婷玉
王　蓉　尹　苗　刘桂良
孙　磊　吴明均　沈　焕
张子川　张晓曼　张　涛
孟昭松　斯日古楞　鲁　毅

学术秘书　成黎霏

工作秘书　邹　迪

第二届牙及牙槽外科专业委员会名单(2022年12月)

顾问　王　兴　刘宝林

前任主任委员　胡开进

主任委员　赵吉宏

候任主任委员　张　伟

副主任委员　(7人,按姓名笔画排序)
王予江　邹多宏　陈松龄
周　青　韩　冰　潘　剑
薛　洋

常务委员　(49人,按姓名笔画排序)
万应彪　王　了　王予江
王立军　王旭霞　王　兴
王　涛　叶钟泰　吕东升
朱赴东　朱保玉　刘华蔚
刘昌奎　农晓琳　孙国文
李志革　李春明　杨　威
吴　杨　吴　烨　何家才
余东升　邹多宏　宋晓萌
张　伟　张富贵　张霓霓
陈松龄　周宏志　周　青
单兆臣　孟凡文　赵吉宏
胡开进　胡延佳　洪咏龙
徐光宙　高振华　龚忠诚
常群安　崔念晖　康　娟

董青山　韩　冰　蔡　育
韶　波　熊利峰　潘　剑
薛　洋

委　　员　(150人,按姓名笔画排序)
丁宇翔　万应彪　马媛媛
王　了　王文明　王予江
王占义　王立军　王旭霞
王　兴　王　杰　王绍义
王昭领　王　俊　王恩博
王　涛　王瑞永　毛　明
木合塔尔霍加　邓　勇
石　磊　卢海彬　叶钟泰
田　亮　史　亮　匡世军
吕东升　朱赴东　朱保玉
任建岗　任贵云　向国林
刘华蔚　刘志明　刘昌奎
刘建林　刘　显　刘济远
刘桂才　刘跃强　刘德裕
羊书勇　汤晓雨　农晓琳
那思家　孙国文　孙　峥
苏江凌　苏　军　李大鲁
李文超　李军安　李志革
李　灵　李国林　李京旭
李春明　李　健　李唐新
李章一　杨志诚　杨　凯
杨　威　杨　勇　吴纪楠
吴　杨　吴　俊　吴高义
吴　烨　吴　斌　何家才
余子敬　余东升　邹多宏
宋晓萌　张广德　张　伟
张旭辉　张　宇　张建英
张智勇　张　斌　张富贵
张　强　张婷婷　张　雷
张霓霓　陈　丹　陈志杰
陈松龄　邵　敏　林小臻
林　杨　周永明　周宏志
周　青　周俊波　郑根建
郑德春　单兆臣　房思炼
孟凡文　孟培松　赵文权
赵吉宏　赵作勤　赵　威
赵　科　赵　亮　郝新河
胡开进　胡延佳　胡劲松
胡　征　段宏军　段咏华
姜　涛　洪咏龙　贺　维
徐光宙　高　丽　高振华
高振华　唐正龙　唐　祎
黄从发　黄圣运　龚忠诚
常群安　崔　军　崔念晖
康　娟　梁立山　董志新
董青山　韩　冰　韩　颖
程　涛　傅　振　雷荣昌
蔡　育　臧庆辉　廖建兴
韶　波　翟幼文　熊利峰
潘　剑　薛　洋　薛浩伟
魏天祥

青 年 委 员　(39人,按姓名笔画排序)
王东苗　王承勇　王柏胜
王树斌　邓天阁　邓　江
石　珏　付　丽　白希婧
吕昊昕　刘　宁　刘志国
孙宁宁　孙　睿　李生梅
李永锋　李汶洋　李　涛
杨世茂　杨擎天　吴　训
吴媛媛　何　芸　张武阳
张宝平　张宗敏　陈　新
周志斐　周忠伟　庞超远
赵苏峰　钟皓研　凌　彬
梅　双　盛　璐　崔　婧
章　靖　彭　伟　董智伟

学术秘书　吴　杨
工作秘书　孙　睿

第二届口腔颌面创伤及正颌专业委员会名单
(2022年12月)

顾　　问　(7人,按姓名笔画排序)
卢　利　刘彦普　李祖兵
杨　驰　何黎升　胡　敏
谭颖徽

主 任 委 员　王旭东

候任主任委员 杨学文

副主任委员 （6人，按姓名笔画排序）

田　磊　杨鸣良　张　益
林李嵩　祝颂松　谢志坚

常务委员 （41人，按姓名笔画排序）

王旭东　王学玖　龙　洁
田　磊　曲卫国
多力昆·吾甫尔　刘　锋
刘　磊　刘曙光　关丽梅
江宏兵　江凌勇　安金刚
孙　健　严颖彬　苏宇雄
李永生　李自力　李　智
杨旭东　杨鸣良　杨学文
吴国民　何冬梅　何剑锋
何海涛　沈国芳　张　益
陈传俊　邵益森　林李嵩
罗　恩　祝颂松　贺　洋
唐正龙　黄旋平　康非吾
商洪涛　屠军波　谢志坚
颜光启

委员 （132人，按姓名笔画排序）

于国霞　万启龙　刁伟宏
马　戈　马东洋　马宇锋
王元银　王旭东　王　宇
王利伟　王育新　王学玖
王　科　王晓霞　王　涛
王　铠　王　锋　尹鑫海
邓智元　龙　洁　旦增念扎
田彦杰　田　磊　史　俊
玄云泽　毕洪森　毕瑞野
曲卫国　曲彬彬　吕　敏
朱　敏　多力昆·吾甫尔
刘长富　刘延山　刘　锋
刘筱菁　刘　磊　刘曙光
闫　翔　羊书勇　关丽梅
江宏兵　江凌勇　江　燕
安金刚　孙明磊　孙　健
买买提吐逊·吐尔地
严颖彬　苏宇雄　李永生
李自力　李　阳　李男男
李　智　杨旭东　杨鸣良
杨学文　杨荣涛　杨　聪
肖　灿　肖　林　肖　迪
肖金刚　吴国民　吴　烨
何升腾　何冬梅　何　伟
何剑锋　何海涛　沈国芳
宋少华　张卫东　张　纲
张国梁　张诗雷　张　倩
张　益　张　雷　张新华
陈井鑫　陈世润　陈传俊
陈志远　陈犹白　陈　昕
陈　晨　陈敏洁　邵益森
林小臻　林李嵩　虎小毅
罗　恩　周会喜　庞雪晶
郑广森　赵民朝　赵军方
赵晋龙　赵震锦　胡腾龙
柳大为　侯　敏　姜　楠
祝颂松　姚志涛　贺文鹏
贺　洋　袁　华　高润涛
高　瞻　郭　峰　唐正龙
黄　立　黄圣运　黄光磊
黄旋平　康非吾　章　杰
商洪涛　屠军波　葛巍立
程　杰　谢志坚　雷　杰
满　城　褚涵文　蔡卜磊
德乐黑巴特尔　滕　利
颜光启

青年委员 （54人，按姓名笔画排序）

丁明超　刁晓洁　王　伟
王　宇　邓　伟　邓金勇
付　坤　巩　玺　吕　俊
刘华蔚　刘欢叶　刘思颖
刘晓默　刘　瑶　孙　宾
李汶洋　李　青　李莉玫
李　彪　李　翔　杨　尧
连俊翔　肖　锷　邱　峰
沈振宇　宋　涛　张　辰
张　然　张瑞智　陈金龙

陈　硕　尚　多　周忠伟
郑吉驷　孟昭松　赵文权
秦　旭　贾宽宽　夏　斌
夏翼超　夏　鑫　倪世磊
倪前伟　郭珍珍　桑　婷
曹品银　曹　健　康　婷
揭璧滕　韩小东　程　谷
谢庆条　潘　珲　薛竹林

学术秘书　张　雷

工作秘书　徐竹梅　曹　健

第二届口腔颌面-头颈肿瘤专业委员会名单

(2022年12月)

名誉主任委员　张志愿　俞光岩　赵怡芳

前任主任委员　张陈平

主任委员　李龙江

候任主任委员　尚政军

副主任委员　(8人,按姓名笔画排序)
王志勇　王慧明　孙长伏
季　平　季　彤　彭　歆
廖贵清　魏建华

常务委员　(39人,按姓名笔画排序)
王志勇　王慧明　石　梅
叶金海　朱慧勇　任国欣
刘　冰　刘法昱　孙长伏
孙　坚　李　一　李龙江
李　刚　李劲松　李春洁
杨耀武　何　巍　张东升
张陈平　张　胜　张　雷
张　韬　林李嵩　尚　伟
尚政军　季　平　季　彤
金武龙　钟来平　侯劲松
贾　俊　唐瞻贵　彭　歆
蒋灿华　韩正学　韩　冰
蔡志刚　廖贵清　魏建华

委　员　(133人,按姓名笔画排序)
万光勇　马　戈　马东洋
马建明　王元银　王升志
王永功　王　成　王旭东
王旭霞　王　军　王志勇
王国栋　王慧明　邓　伟
石　梅　卢海彬　叶金海
白石柱　冯芝恩　吕晓智
朱国培　朱桂全　朱慧勇
朱耀旻　任玉峰　任国欣
后　军　刘习强　刘　冰
刘　宇　刘法昱　刘雁鸣
刘　磊　刘曙光　刘麒麟
许　彪　阮　敏　孙小娟
孙长伏　孙志军　孙　坚
孙国文　麦华明　严颖彬
苏　彤　苏家增　巫家晓
李　一　李龙江　李吉辰
李　刚　李向军　李　军
李劲松　李春明　李春洁
李　勇　李　超　杨宏宇
杨　凯　杨　森　杨新杰
杨　溪　杨耀武　来庆国
肖　灿　吴　炜　吴煜农
何　苇　何海涛　何　巍
张东升　张陈平　张　凯
张　胜　张恩礁　张雪明
张　雷　张　韬　陈　刚
陈传俊　陈安威　陈林林
陈　涌　陈　超　邵　喆
林李嵩　欧阳喬明　尚　伟
尚政军　季　平　季　彤
金武龙　周　苗　郑　杰
单小峰　孟　箭　赵　丹
赵　科　胡传宇　胡镜宙
南欣荣　钟来平　段青云
段晓峰　侯　伟　侯劲松
施　斌　袁荣涛　贾玉林
贾　俊　郭玉兴　席　庆
唐瞻贵　黄志权　黄绍辉
曹钟义　龚忠诚　龚朝建
梁玉洁　彭　歆　蒋灿华
韩正学　韩　伟　韩　冰
喻建军　谢富强　谢蟪旭

蔡志刚　廖贵清　黎　明
魏建华

青年委员　(52人,按姓名笔画排序)
卜琳琳　门　乙　马　超
王　旭　王宇帆　王买全
王　艳　王　磊　毛明惠
方小丹　代　炜　朴松林
曲彬彬　吕晓鸣　庄泽航
刘　克　刘劲洋　刘剑楠
闫志伟　孙　宾　苏　明
李鹏程　杨向明　杨丞喆
邱　宇　宋晓萌　张成瑶
张卓远　张思恩　张莅琼
张晓燕　张富贵　张瑞智
陈　洁　范腾飞　林钊宇
周　婷　段维轶　姜二辉
洪小伟　姚志涛　夏翼超
原光辉　徐豪越　凌　彬
高振杰　黄圣运　曹　巍
章文博　韩新生　谢　尚
蔡菁华

学术秘书　季　彤

工作秘书　李春洁　杨　溪

第三届口腔激光医学专业委员会名单(2022年12月)

顾　　问　(4人,按姓名笔画排序)
刘洪臣　周国瑜　赵福运
章锦才

主任委员　赵继志

候任主任委员　丁　一

副主任委员　(6人,按姓名笔画排序)
束　蓉　宋应亮　赵　颖
秦　满　黄晓晶　彭　彬

常务委员　(35人,按姓名笔画排序)
丁　一　马　跃　王成龙
王宇光　王　霄　仲维剑
刘　怡　刘筱菁　孙　颖
孙　瑶　李　冰　李　倩
束　蓉　何文喜　佘文珺
邹朝晖　宋应亮　宋　莉
张　伟　张　英　陈　武
陈　柯　武明轩　金　涛
孟　姝　赵继志　赵　颖
秦　满　郭　威　郭新程
黄长波　黄晓晶　彭　彬
谢玉峰　薛　鹏

委　　员　(112人,按姓名笔画排序)
丁　一　马文斌　马　威
马　跃　王成龙　王宇光
王军强　王晓静　王　琪
王舒妍　王　霄　孔亚群
古丽努尔·阿吾提　白　铁
冯　萍　兰　晶　尼　娜
邢　莉　乔　彬　仲维剑
刘　华　刘　怡　刘程程
刘筱菁　孙　江　孙红英
孙佰军　孙　颖　孙　瑶
李　为　李　宁　李　冰
李男男　李　威　李艳芬
李　倩　李　焉　李　琴
杨长怡　杨文东　杨　帆
束　蓉　吴欣星　何文喜
何　勇　何祥一　佘文珺
邹桂克　邹朝晖　宋应亮
宋　莉　张　正　张　伟
张　英　张明珠　张　凯
张思佳　张晓磊　张　磊
张　鑫　陈　武　陈　柯
陈敏憨　陈　琰　陈　婷
陈新梅　武明轩　武　影
林小亭　林　梅　罗思阳
金　涛　周　秦　周　铨
孟　姝　赵继志　赵　晶
赵　颖　秦念红　秦　满
班　宇　聂　英　原福松
高大文　高承志　高蔚虹
郭春岚　郭　威　郭新程
唐　路　容明灯　黄　飞

黄长波 黄 姣 黄晓峰
黄晓晶 黄旋平 崔 军
梁丽华 彭 彬 葛姝云
董晓曦 韩 颖 程 铮
谢玉峰 甄 蕾 雷丽珊
雷爱萍 蔡 霞 韶 波
薛 鹏 魏洪波

青年委员 （35人，按姓名笔画排序）
于 洋 于博涵 马 林
马 婷 王 敏 方 翔
方 巍 巴 特 朱 磊
乔 敏 刘向东 刘志强
刘忠爽 刘彦乐 刘 艳
李秋实 李 琛 李 熠
肖诗梦 何新宇 沈玲悦
沈 鹏 张莛蔚 张 敏
张新媛 周 雯 赵文爽
洪菲菲 聂 敏 钱 涛
梁 节 焦 阳 焦铁军
樊卜熙 潘文婷

学术秘书 李 倩
工作秘书 郭春岚

第二届口腔遗传病与罕见病专业委员会名单
（2022年12月）

前任主任委员 段小红
主任委员 宋亚玲
副主任委员 （6人，按姓名笔画排序）
王旭东 朱庆林 孙 瑶
范志朋 郑树国 郑黎薇

常务委员 （20人，按姓名笔画排序）
王文梅 王旭东 代杰文
朱庆林 许宝山 孙 瑶
何 淼 宋亚玲 张婷婷
张燕丽 陈 栋 范志朋
郑树国 郑黎薇 赵震锦
段小红 贾仲林 蒋月桂
韩 冬 潘永初

委员 （57人，按姓名笔画排序）
万 阔 马 坚 马艳宁
王卫红 王月红 王 凤
王文梅 王旭东 王海丞
尹 伟 田广庆 代杰文
朱庆林 朱俊霞 任利玲
刘永红 刘 超 许宝山
孙 瑶 杜 娟 李 江
杨少青 吴 涛 何 淼
宋亚玲 宋庆高 宋爱梅
张富贵 张婷婷 张燕丽
张 蕾 陈 卓 陈 栋
范志朋 於丽明 郑树国
郑黎薇 郑 燕 孟 晶
赵震锦 胡 颖 段小红
侯建华 贺龙龙 袁正林
贾仲林 凌 彬 郭 艳
黄盛斌 麻丹丹 梁玉洁
蒋月桂 韩 冬 程 杰
廖正宇 樊 怡 潘永初

青年委员 （30人，按姓名笔画排序）
王伟财 王 芳 王柏胜
方绍伟 石 珏 卢 云
卢 婷 吕春旭 任笑春
刘 赛 阮文彦 孙 雯
李午丽 李 琳 吴 江
吴 娟 张趁英 苟雅萍
林 田 欧艳晶 周五超
孟昊天 孟昭松 胡 磊
柳稚旭 段世均 郭 嘉
梁 佳 詹渊博 魏晓曦

学术秘书 尹 伟
工作秘书 李秋慧

中国医师协会口腔医师分会

中国医师协会口腔医师分会第六届委员会名单(2022年8月)

名誉会长　郭传瑸

会　　长　蔡志刚

副 会 长　(8人,按姓名笔画排序)

王旭东　叶　玲　白玉兴
胡　敏　陈发明　陈莉莉
程　斌　谢志坚

总 干 事　江　泳

副总干事　(4人,按姓名笔画排序)

孙　健　杨　征　陈雪峰
程　勇

顾　　问　(10人,按姓名笔画排序)

王　林　王佐林　王慧明
甘宝霞　闫福华　沈国芳
周延民　林　野　赵志河
常晓峰

常务委员　(49人,按姓名笔画排序)

马晨麟　王旭东　王建华
牛玉梅　卢友光　叶　玲
白玉兴　任秀云　刘　浩
刘　娟　刘月华　江　泳
孙　健　李志革　杨　征
杨　健　杨旭东　吴补领
何　巍　何家才　张　伟
陈小冬　陈发明　陈莉莉
陈雪峰　林正梅　周　青
胡　敏　姜喜玲　徐　艳
徐　普　唐正龙　唐瞻贵
黄永清　龚忠诚　麻健丰
康非吾　屠军波　隋　磊
葛少华　韩晓兰　程　勇
程　斌　鲁明星　谢志坚
蔡志刚　廖红兵　谭颖徽
戴红卫

委　　员　(98人,按姓名笔画排序)

马永平　马国武　马晟利
王　艺　王　峰　王　涛
王　雷　王　霄　王万春
王仁飞　王立军　王永功
王志兴　王国庆　王鹏来
牛光良　方厂云　方志欣
邓　炜　叶展超　冯云枝
冯红超　玄云泽
尼加提·吐尔逊　朱正宏
朱慧勇　刘正彤　刘青梅
刘雁鸣　刘晶莹　刘瑞敏
米方林　牟雁东　杜　毅
李　江　李　岩　李玉超
李永生　李春明　杨　凯
杨　威　杨　睿　杨再波
杨宏宇　肖希娟　肖金刚
吴家媛　邱彬彬　邱嘉旋
余优成　汪振华　汪晓华
张　凯　张　敏　张　蕾
张大勇　张东升　张志宏
张春利　张桂荣　陆支越
陆尔奕　陈　丹　陈　涌
陈红玉　邵永新　林李嵩
林海燕　林辉灿　罗　刚
金武龙　周　政　周瑞云
孟柳燕　赵继志　柳忠豪
段晓峰　侯　伟　姚贵良
贺　周　秦明群　顾红政
钱文昊　高秀秋　高振然
郭家平　郭新程　黄少宏
黄长波　黄文霞　曹伟靖
常群安　梁　勤　程　波
温秀杰　谢　辉　廖明华
冀新江

学术会议和展览会

在中国召开的国际性学术会议

“创新驱动健康口腔 转化引领高质量发展”学术研讨会暨国家工程研究中心揭牌仪式·创新联合体成立大会

时间:2022年4月15日

地点:北京市

主办单位:北京大学口腔医学院

内容提要:来自83家创新联合体成员单位和46家企业的领导及代表通过线上的方式出席大会。大会由北京大学口腔医院副院长邓旭亮主持。

北京大学口腔医院院长、国家工程研究中心主任郭传瑸教授首先致辞欢迎各位领导专家出席。郭院长表示在各级领导、专家的关心支持下,口腔数字化医疗技术和材料国家工程实验室持续发展,近期顺利通过国家发展改革委的综合评估,优化整合为“口腔生物材料和数字诊疗装备国家工程研究中心”。

中国卫生信息与健康医疗大数据学会金小桃会长,北京大学常务副校长、医学部主任乔杰院士共同为国家工程研究中心揭牌。北京大学常务副校长、医学部主任乔杰院士代表北京大学和医学部致辞。主持人邓旭亮副院长宣读了国家工程研究中心的四家共建单位以及83家单位和46家企业名单。成立大会后,“创新驱动健康口腔 转化引领高质量发展”学术研讨会举行,来自国际和国内的1.3万余位口腔专家学者参会。

国际牙科研究协会学院学术会议

时间:2022年6月21日

主办单位:四川大学华西口腔医学院

内容提要:在第100届国际牙科研究会(International Association for Dental Research, IADR)全球年会期间,2022年IADR学院学术会议(IADR Academy)成功举办。

本次会议由四川大学华西口腔医学院院长叶玲担任会议主席。IADR主席Dr. Eric Reynolds、中华口腔医学会会长郭传瑸、IADR首席执行官Dr. Christopher Fox等嘉宾受邀出席开幕式并致辞,叶玲院长代表主办单位向IADR、中华口腔医学会和IADR中国分部给予的大力支持致以诚挚的谢意,并向莅临的特邀报告专家表示衷心感谢。开幕式由会议执行主席沈颉飞教授主持。

2022年,IADR Academy以“口腔颌面硬组织重建与再生”为主题。在上午的主旨演讲部分,会议邀请到美国加州大学洛杉矶分校王存玉院士、美国南加州大学柴洋院士、英国伦敦国王学院Paul Sharpe教授、日本东北大学Hiroshi Egusa教授、新加坡国立大学曹彤教授以及四川大学华西口腔医学院叶玲教授,就本领域的前沿科学问题和最新研究发现作特邀报告。

IADR全球年会是口腔医学研究领域最具影响的国际学术盛会,IADR Academy作为IADR年会的重要活动,迄今已成功举办9届,在国际口腔医学领域获得强烈反响和广泛好评。本届IADR Academy聚焦口腔颌面研究前沿领域,为全球口腔医学领域研究者,特别是青年学者搭建了与学术大师互动、与优秀学者交流的平台。

第四届中德在线研讨会

时间:2022年6月24日

主办单位:上海交通大学口腔医学院/上海交通大学医学院附属第九人民医院和德国

杜易斯堡-埃森大学IMC国际医学院

内容提要：本次论坛的主旨议题是口腔功能性修复重建，会议由德国杜易斯堡-埃森大学IMC口腔医学院院长Prof. Ulrich Joos主持。中德论坛已成功举办3届，中德双方能从论坛中碰撞出思想的火花，提升口腔多学科临床诊治水准，同时进一步推动双边的友好合作与学科建设。德国杜伊斯堡-埃森大学IMC口腔医学院为上海交通大学口腔医学院签约的“一带一路”海外合作伙伴，近年来双方开展了一系列涉及临床及教学领域的学术交流。本次研讨会采取线上直播的形式举办，1 000余名海内外口腔医学同行参与，为推动国际口腔临床和教学的深度合作带来了理念上的更新和启发，为中欧学术间的相互促进提供了良好的平台。

国际课程周暨亚洲校园联合学术会开幕

时间：2022年6月27日

主办单位：四川大学华西口腔医学院与日本东北大学牙学院联合主办

内容提要：2022年国际课程周暨亚洲校园(Campus Asia Plus)联合学术会开幕，四川大学华西口腔医学院院长叶玲担任会议主席，开幕式由四川大学华西口腔医学院党委副书记沈颉飞以及日本东北大学牙学院国际交流部部长洪光共同主持。日本东北大学牙学院院长高桥信博，四川大学华西口腔医学院副院长韩向龙，以及双方有关部门负责人和课程主讲专家等，分别采用线上和线下的方式参加了开幕式。

本年度国际课程周暨亚洲校园联合学术会于6月27日至7月1日采用线上线下相结合的方式举办。活动邀请到16名来自日本东北大学牙学院和10名来自四川大学华西口腔医学院的专家担任主讲人，开设了两门全英文专业课程。本次活动通过同步直播的方式，面向亚洲30余个口腔医学院校免费开放，会议首日有上千名国内外学生在线听讲。

国际课程周是四川大学华西口腔医学院建设一流口腔医学教育的重要平台，四川大学华西口腔医学院已成功与美国哈佛大学、美国加州大学洛杉矶分校、日本东北大学、荷兰阿姆斯特丹牙科中心等全球知名口腔院校联合举办多届。亚洲校园项目由四川大学华西口腔医学院与日本东北大学牙学院等7所来自中、日、韩、东盟的口腔医学院校共同发起，是经中国教育部、日本文部省等共同批准的政府间国际交流合作项目。本次联合学术会的举办，旨在进一步整合优质教学资源，促进亚洲各国口腔医学院校在教育教学、人才培养等方面的开放与交流。

第六届丝绸之路国际口腔医学论坛暨丝绸之路口腔器材设备药品展览会

时间：2022年11月10—14日

地点：陕西省西安市

主办和协办单位：陕、甘、宁、青、新、晋、豫、蒙8省(自治区)口腔医学会共同主办，空军军医大学口腔医院、西安交通大学口腔医院、中国牙病防治基金会联合协办

内容提要：大会共举办5天，包含22个专科论坛、5场病例交流活动、5场工作会议、4个培训班、3场企业专场，并邀请200位知名专家学者进行报告交流，内容涉及前沿基础研究、实用临床技术、规范诊疗操作、优秀成果展示。通过多视角、多领域探讨口腔医学发展热点。

陕西省口腔医学会会长赵铱民院士、陕西省口腔医学会副会长周洪、陈永进、朱勇教授，西安交通大学口腔医院李昂院长和空军军医大学口腔医院陈发明院长、牛文光政委共同启动并宣布大会开幕。

本次大会开创多项特色。一是模式创新。基于疫情防控要求，大会首次使用线上模式，突破时间空间限制，集聚全国顶尖专家学者，为高水平学术交流创造条件。二是内容创新。为切实做好“四个面向”和对接学科发展前沿，大会新增设“学科交叉论坛”和“跨学科病例交流”，进一步促进学科交叉融合，

人才联合,成果结合。三是规模空前。大会直播在5天内点击量突破21万。中国工程院赵铱民院士的"与人共舞——医疗机器人的昨天、今天与明天"讲座,约3万人同时在线观看。

第八届中国–东盟国际口腔医学交流与合作论坛

时间:2022年11月17—19日

地点:广西壮族自治区南宁市

主办和承办单位:国家卫生健康委员会、国家中医药管理局、国家疾病预防控制局、广西壮族自治区人民政府主办,国家卫生健康委医疗应急司、国家卫生健康委国际合作司、广西壮族自治区卫生健康委员会、广西医科大学附属口腔医院共同承办

内容提要:第八届中国–东盟国际口腔医学交流与合作论坛是"健康丝绸之路"建设暨第四届中国–东盟卫生合作论坛的专题论坛之一,同时纳入第十九届中国–东盟博览会系列论坛。来自11个国家的113位嘉宾参加论坛。本届口腔论坛以"共建云端丝路,共促口腔健康"为主题,共举办开幕式、学术论坛、口腔优秀青年学生论坛等正式活动6场。从公共口腔政策、学术前沿和青年交流竞赛3个层面,深入探讨中国与东盟国家在口腔医学领域的交流与合作,分享国内外口腔医学发展动态。参会人员包括国家卫生健康委领导、中国工程院院士、中国科学院院士、中华口腔医学会会长、东盟国家部级领导、东盟口腔医学会会长、口腔医学院院长以及国际牙医师学院亚太区主席等。口腔论坛下设青年论坛,来自9个国家、共计70名青年学者参与到中国–东盟国际口腔医学优秀青年学生论坛竞赛中。论坛内容涵盖口腔医学研究、口腔健康宣教和口腔人文叙事医学三大主要专题,论坛形式为线上演讲、线下点评、线上颁奖。广西医科大学附属口腔医院与缅甸卫生部医务签署"学术与临床合作谅解备忘录",并牵头成立中国(广西)–东盟口腔医学专家咨询委员会,为与东盟国家开展更实质性的交流与合作打下坚实基础。

上海交通大学医学院国际青年学者云论坛

时间:2022年11月25日

主办和承办单位:上海交通大学医学院主办,上海交通大学口腔医学院承办

内容提要:上海交通大学医学院国际青年学者云论坛——口腔医学与先进材料分论坛召开。本论坛聚焦学科交叉与知识共享,邀请到来自于卡罗琳斯卡医学院、麻省理工学院、南加州大学牙学院、杜克–新加坡国立大学医学院、北京大学口腔医学院、上海交通大学口腔医学院等海内外国际知名院校的8名优秀青年学者进行最新科研成果分享,助力口腔学科的建设和发展。近1 400名师生参会,共话口腔医学与先进材料的研究进展。此次论坛由蒋欣泉教授主持并致辞,分为报告和讨论两部分。在学术报告环节,8位青年学者分别关注了口腔医学与材料交叉学科的基础研究、临床研究与转化研究,展示了涉及肿瘤、发育、生物材料、组织工程、免疫等多个口腔相关研究领域的前沿学术成果和最新发展趋势。在讨论环节,主讲者与参会者进行了热烈互动。

之江口腔国际学术研讨会

时间:2022年12月7日

地点:浙江省杭州市

主办单位:浙江中医药大学附属口腔医院

内容提要:来自国内外近30家口腔医学院、口腔医院等单位的专家、学者约8 000人次线上参会。浙江中医药大学副校长温成平,中华口腔医学会副会长、浙江大学医学院附属口腔医院党委书记、院长陈谦明,中华口腔医学会副会长卢海平,中国医师协会口腔医师分会副会长、南京大学口腔医学院副院长闫福华等出席会议。

本次研讨会围绕"口腔多学科治疗"主题,以专家报告的形式举行。陈谦明教授报告题为"梦想与现实——临床口腔医生的SCI

之路”。美国凯斯西储大学牙学院副院长Mark Guenther Hans，卢海平、冯剑颖教授从正畸学科进行了深入地探讨；荷兰格罗宁根大学牙学院、荷兰阿姆斯特丹口腔医学中心原院长Frank Abbas教授和闫福华教授在牙周学科领域进行了指南解读与分析。荷兰阿姆斯特丹大学/自由大学牙学院口腔种植研究中心主任刘月莲、英国普利茅斯大学牙医学院副院长胡冰、比利时鲁汶大学医院口腔颌面外科3D外科规划实验室主任孙毅从口腔生物学研究和3D新技术应用等方面为大家打开了思路。

中华口腔医学会及其专业委员会会议

第十一次全国儿童口腔医学学术大会

时间：2022年4月13—15日

主办和承办单位：中华口腔医学会第七届儿童口腔专业委员会主办，武汉大学口腔医院承办

内容提要：大会开幕式由武汉大学口腔医学院儿童口腔科主任宋光泰主持，武汉大学口腔医学院尚政军院长致欢迎辞。会议邀请中国科学院院士、首都医科大学副校长王松灵，中国医学科学院学部委员、四川大学华西口腔医学院学术院长周学东，空军军医大学第三附属医院张惠教授，武汉大学口腔医学院黄翠教授，上海交通大学口腔医学院黄正蔚教授和北京大学口腔医学院李巍然教授等6位作为特邀嘉宾，面向与会学员分享前沿学术专题演讲。

会议参会人次达1.3万，累计浏览观看人次达5.2万，直播点击量逾8万余次。会议以“多学科交叉促儿童口腔学科发展”为主题，分设两场“特邀嘉宾演讲”和6个专题分会场交流，共收到6个分会场会议投稿近400份。投稿来自28个省(自治区、直辖市)的78家口腔专科医院、综合医院、妇幼保健院以及民营口腔医院等单位。投稿内容广泛，包括儿童龋病及牙髓根尖周病、儿童牙外伤、咬合诱导及错殆畸形、儿童口腔舒适化治疗及护理以及优秀基础研究展示和儿童口腔优秀临床病例展示。多位儿童口腔专家分别在6个分会场发表主题报告，95位医生和医学生口头汇报各自临床和最新研究工作，164位医生和医学生参加壁报交流。会议同期召开中华口腔医学会儿童口腔医学专业委员会常务理事会及“首届专科会员学术大会”。

第十四次全国牙体牙髓病学学术大会

时间：2022年5月7日

主办单位：中华口腔医学会牙体牙髓病学专业委员会

内容提要：大会通过线上直播形式举办。会议开幕式由武汉大学口腔医院边专教授主持，中华口腔医学会会长郭传瑸、名誉会长俞光岩发表线上致辞，空军军医大学口腔医学院名誉会长赵铱民及牙体牙髓专业委员会主任委员余擎现场致辞。

会议聚焦临床治疗的热点和难题，设牙髓治疗和牙体修复2个专场，4个专题，特邀10位牙体牙髓病学专家进行专题报告。同期线上展示牙体牙髓临床病例壁报175份，相关基础研究和临床应用研究论文摘要202篇，据平台统计，截至会议结束，累计在线参会者达到5.9万余人次。

第七次杰青优青学术研讨会

时间：2022年5月14日

主办和承办单位：中华口腔医学会口腔生物医学专业委员会主办，浙江大学医学院附属口腔医院、浙江省口腔疾病临床医学研究中心、浙江省口腔生物医学研究重点实验室联合承办

内容提要：全国800多家单位5 000余人注册，近4万人次观看直播。大会顾问、中国科学院院士、中国医学科学院学部委员、全国

政协委员优秀履职奖获奖者、首都医科大学副校长、中华口腔医学会副会长王松灵致辞。王松灵院士指出中华口腔医学会口腔生物医学专业委员会是国内口腔生物医学研究和交流的高水平平台，为践行"科技强国"和"健康中国"战略积极努力，全国口腔杰青优青学术研讨会是独具特色的学术交流平台。

北京大学口腔医学院副院长、中华口腔医学会常务理事、中华口腔医学会口腔生物医学专业委员会主任委员李铁军担任大会主席。中华口腔医学会副会长，浙大口腔医院党委书记、浙大口腔医学院院长陈谦明担任大会执行主席。大会顾问、中华口腔医学会副会长、武汉大学口腔医学院院长边专主持主旨报告环节。

第十七次口腔医学教育学术年会

时间：2022年7月28—30日

主办和承办单位：中华口腔医学会口腔医学教育专业委员会主办，滨州医学院口腔医学院、南京医科大学口腔医学院共同承办

内容提要：年会在山东省烟台市召开。共有来自全国90余所院校的800余名师生参会，紧扣口腔医学教育发展趋势，进行各种形式的交流与展示。大会开幕式由四川大学华西口腔医学院院长叶玲主持。王林主任委员，烟台市政府副市长沈健，滨州医学院党委副书记孙祥军，中华口腔医学会会长、北京大学口腔医学院院长郭传瑸分别致辞。

在大会主会场主题报告环节，组委会特别邀请到首都医科大学副校长王松灵院士，中华口腔医学会会长、北京大学口腔医学院院长郭传瑸，上海交通大学教务处在线课程建设负责人余建波分别作了报告。

在一流专业、一流课程、一流人才分论坛中，共有来自全国口腔医学院校的44名口腔教育教学专家参与汇报与交流，他们分别介绍了各院校在教育教学改革上的重要成果和成功经验。会议同期还举行了全国口腔院系青年教师授课技能展示、临床教学案例展示、全国口腔院系本科生临床操作技能展示、学生思政教育论坛展示活动。另外，年会期间进行了党小组活动和第六届口腔医学教育专业委员会全委会工作会议。

本次教育年会立足于"为谁培养人、培养什么人、怎样培养人"的教育理念，依托国家一流本科专业建设"双万计划"的建设背景，探讨一流人才的培养方式，坚定不移地探索口腔医学教育发展的新路径，为推动中国口腔医学教育高质量和可持续发展继续发挥重要的作用。

牙周病学专业委员会第十四次全国学术会议

时间：2022年8月10—13日

地点：山东省济南市

主办和承办单位：中华口腔医学会牙周病学专业委员会主办，山东大学口腔医学院（口腔医院）承办

内容提要：来自全国各地的近800名专家学者参加会议。中华口腔医学会副会长、浙江大学医学院附属口腔医院党委书记、口腔医学院院长陈谦明，山东大学副校长易凡，中山大学光华口腔医学院附属口腔医院院长程斌，中华口腔医学会口腔正畸专业委员会第五届主任委员周彦恒，中华口腔医学会牙周病学专业委员会名誉主任委员孟焕新等出席会议。中华口腔医学会牙周病学专业委员会主任委员闫福华主持会议。

会上，陈谦明教授的报告题为"固有免疫协同核苷酸代谢调控口腔黏膜的DNA修复"，分享了放射性口腔黏膜损伤过程中固有免疫应答起着至关重要作用的观点；程斌教授的报告题为"口腔黏膜病损中的牙周病原菌及作用"，介绍了关于牙周致病菌与黏膜病损的某些致病菌相互影响、相互关联的研究；周彦恒教授的报告题为"牙周病的正畸治疗之我见"，强调"健康的牙周状况是正畸治疗的基础，也是口腔其他临床治疗的基础"的观点；孟焕新教授的报告题为"牙周非手术治疗对重度牙周炎患者全身低度炎症的影响"，分

享了其在非手术治疗与重度牙周炎患者全身低度炎症之间关系方面的研究。

大会通过专家报告、教育教学汇报、论文汇报、临床病例汇报、科普宣讲展示、基础研究汇报、护理汇报交流等多种形式,邀请国内跨学科专家学者,针对多学科联合治疗牙周病、分享先进理念与技术方法以及科研、优秀人才培养等方面进行了切磋讨论,为促进中国牙周病学学科发展奠定了良好的基础。

全国口腔黏膜病学学术大会暨第十二次全国口腔中西医结合学术大会

时间:2022年10月28—30日

主办和承办单位:中华口腔医学会口腔黏膜病专业委员会和中西医结合专业委员会共同主办,上海交通大学医学院附属第九人民医院和武汉大学口腔医院承办

内容提要:大会首次以线上线下结合形式举办。中西医结合专业委员会周永梅主任委员(线下)和口腔黏膜病学专业委员会周刚主任委员(线上)共同主持。中国工程院张志愿院士及国内外知名专家教授分享了口腔黏膜疾病与肿瘤、风湿免疫、中医、人工智能及临床科研等方面的最新成果和体会,体现了"交融汇聚、传承创新"的大会精神。大会延续了以往的临床病例壁报交流,并首次设青年医师教学案例展示环节。会议注册人数548人,线上点击超6 800人次。

口腔修复专业委员会第十六次全国口腔修复学术会议

时间:2022年11月23—25日

主办和承办单位:中华口腔医学会口腔修复学专业委员会主办,四川大学华西口腔医学院承办

内容提要:会议以"线上会议"形式举办,全国口腔修复的专家、精英及青年学者齐聚云端,总浏览量达16万人次。四川大学副校长、华西口腔医学院院长叶玲出席并在开幕式上致辞;口腔修复学专业委员会的前任主任委员陈吉华和现任主任委员于海洋也分别致辞。上海交通大学口腔医学院执行院长、口腔修复科学科带头人蒋欣泉主持开幕式。

本次大会设置了四个模块:学术演讲、医技同台说、病例交流、博士论坛,以促进青年医师以及学生间的学术、临床病例交流。在大会学术专题报告"说重点"板块,来自全国的12位知名学者针对口腔修复中的重点问题作大会报告;在首届中华口腔医学会修复和修复工艺2个专业委员会共同举办的"医技同台——案析失败病例"中,由全国的12位口腔修复工艺工作者分别从医生和技师的角度来分析案例的失败原因,从不同视角来提供解决方案;口腔复杂疑难病例交流和博士论文交流环节,展示了目前口腔修复高水平诊疗技术及基础科研前沿。

牙体牙髓病学专业委员会第十五次全国牙体牙髓病学学术大会

时间:2022年11月29—30日

主办和承办单位:中华口腔医学会牙体牙髓病学专业委员会主办,南昌大学附属口腔医院、江西省口腔医学会承办

内容提要:会议采取线下线上"双通道"形式举办。南昌大学校长陈晔光院士,北京大学口腔医院院长郭传瑸,南昌大学附属口腔医院院长杨健等在线致辞。大会开幕式由中华口腔医学会牙体牙髓病学专业委员会主任委员、空军军医大学口腔医学院口腔内科教研室主任余擎主持。

会议邀请全国牙体牙髓病学及口腔界同行就牙体牙髓病学领域最新的研究成果、临床技术进展进行交流学习。四川大学华西口腔医院学术院长周学东,中国医科大学口腔医学院牙体牙髓病学教研室主任仇丽鸿,中山大学附属口腔医院牙体牙髓病科主任韦曦,广西医科大学口腔医学院(附属口腔医院)党委书记陈文霞,先后进行了线上学术报告。与会人员就牙体牙髓病学诊疗展开了热烈讨论,线上参会人数7万余人。会议同期开展了临床专场及科研专场,邀请了众多医

师进行交流。会议还开展了"易学会"临床培训,由临床经验丰富的专家对显微根管治疗、复合树脂充填、橡皮障隔离、数字化印模等进行现场授课。"易学会"临床培训会场上,设置了显微根管治疗、复合树脂直接粘接修复、橡皮障隔离技术、口内数字化印模制取四门当前最热门的培训课程,分别由厦门市口腔医院牙体牙髓病二科主任医师林晨、副主任医师黄小庆,南昌大学附属口腔医院牙体牙髓病科主任医师郑治国、主任医师王梦秀、主任医师史彦、主治医师卢晓鹂,南昌大学附属口腔医院修复科主治医师张林、住院医师江辉担任培训导师,南昌大学牙体牙髓病科各医护人员担任课程助手。

第十一次全国口腔药学学术会议

时间:2022年12月17日

主办单位:中华口腔医学会口腔药学专业委员会

内容提要:第四届口腔药学专业委员会刘青主任委员主持开幕式,开幕式上特别邀请了中华口腔医学会俞光岩名誉会长和空军军医大学口腔医学院陈发明院长。会议邀请了南方医科大学口腔医学院刘习强教授、空军军医大学第三附属医院刘青主任医师、南方医院曾振华副教授、上海交通大学医学院附属第九人民医院原永芳主任药师、空军军医大学第三附属医院王小竞教授、空军军医大学第三附属医院张惠教授、中山大学附属口腔医院余东升教授、北京大学口腔医院郑利光主任药师等8位专家围绕围手术期合理用药和镇静镇痛药学管理两大主题做了专题报告。另外有6位年轻医生和10位专家围绕临床典型案例进行分享和讨论。

约1 710人听取了直播报告,直播间热度3.7万次,点赞互动1 848余次。通过这次会议,口腔药学应用与管理水平得到有效提升。

第二十一次全国口腔正畸学术会议

时间:2022年12月28—31日

地点:广东省广州市

主办和承办单位:中华口腔医学会口腔正畸专业委员会主办,中山大学光华口腔医学院附属口腔医院与国药励展承办

内容提要:大会收到专业投稿近1 500篇,注册参会代表超2 600人。开幕式由中山大学附属口腔医院曹阳教授主持,中华口腔医学会口腔正畸专业委员会主任委员、空军军医大学口腔医院教授金作林和广东省卫生健康委员会副主任汪洪滨现场致辞,中华口腔医学会会长郭传瑸、副会长兼秘书长岳林、广东省口腔医学会会长程斌视频致辞。会议以口腔正畸学术前沿和热点问题为基础,设立5个临床专题会场、国际专场、科研专场、教育教学专场、研究生技能专场、病例交流、产学研专场、护理专场等多个论坛,会议邀请赵铱民院士作关于自主式口腔种植机器人的特别演讲,近400名专家带来11个学术版块、391场主题报告和病例分享,内容涵盖口腔正畸诊断、治疗新技术与临床、基础科研新进展,为参会医师提供良好的学习机会与展示自我的平台。

地方口腔医学会会议

广东省口腔医学会成立20周年庆典暨第十六次口腔医学学术会议—口腔医学高峰论坛

时间:2022年3月3日

主办单位:广东省口腔医学会

内容提要:会议由广东省口腔医学会副会长程斌主持,广东省口腔医学会会长凌均棨致欢迎辞,中华口腔医学会会长郭传瑸、中国工程院院士邱蔚六、中国工程院院士张志愿分别通过视频或现场致辞。学术会议邀请了上海交通大学医学院附属第九人民医院张志愿院士、首都医科大学附属北京口腔医院王松灵院士、空军军医大学口腔医院赵铱民

院士、中山大学光华口腔医学院·附属口腔医院黄洪章教授，分别作“中国口腔数字化发展几点思考”“从口腔走向全身的使者-硝酸盐”“自主式口腔种植机器人研制及临床研究”“广东省口腔医学会口腔颌面外科专业委员会发展历程与经验”的学术报告，为广东省口腔医学工作者提供学术盛宴。

广东省口腔医学会第五次全省会员代表大会

时间：2022年3月3日

主办单位：广东省口腔医学会

内容提要：大会选举产生第五届理事会，全省共296名会员代表参会。第四届理事会会长凌均棨作题为“守正创新、锐意进取，共创南粤口腔事业发展新篇章”工作报告。大会审议通过广东省口腔医学会章程修订草案及修改说明、财务工作报告等文件，选举产生广东省口腔医学会第五届理事会理事及第二届监事会成员。第五届理事会由158名理事组成，第二届监事会由5名监事组成。同期召开第五届理事会第一次全体理事会议，选举产生第五届理事会常务理事53名。程斌当选为新一届理事会会长，吴补领、陈小华、李江、黄少宏、王焱、杨宏宇当选为副会长。黄洪章教授为创会会长，凌均棨、张国志教授为名誉会长。夏娟担任秘书长，于清华、郑雨燕、黄跃担任副秘书长。

湖南省口腔医学会第三届会员代表大会

时间：2022年7月14—17日

主办单位：湖南省口腔医学会

内容提要：来自全国各地的参会代表500余人参会。大会通过线上线下结合的方式举办，特邀王松灵、赵铱民院士，郭传瑸、张陈平、王虎教授进行线上直播授课；余东升、胡开进教授临长沙，为湖南口腔从业者传道授业；翦新春教授为口腔颌面头颈晚期肿瘤的治疗提供指导。大会同期相继召开口腔颌面外科、头颈肿瘤MDT联合专场，正畸专场，全科与牙周专场，黏膜与中西医等17个专业委员会专场学术会议及工作会议。本次会议由专家讲座和实操培训两大板块组成。同期，各专业委员会对过去一年的工作进行了回顾总结。本次大会的顺利召开提升了湖南省口腔医疗界的学术交流水平，开拓了全省口腔医疗事业的新局面。

三校联合科技年会暨第三届福建省口腔医学专业博士后学术论坛

时间：2022年11月17日

主办单位：福建医科大学附属口腔医院暨口腔医学院、香港大学牙学院、日本东北大学齿学院

内容提要：本次三边会议线上直播，由日本东北大学齿学院院长助理洪光主持，福建医科大学附属口腔医院党委书记陈江、日本东北大学齿学院院长高桥信博、香港大学牙学院院长Thomas Flemmig致辞。

来自日本东北大学齿学院、印尼苏门答腊大学、香港大学牙学院、四川大学华西口腔医学院、福建医科大学口腔医学院的师生200余人参加会议。大会围绕着“亚太地区口腔医学教学与研究”的主题，展示了不同地区口腔医学教育现状，探讨了口腔医学前沿技术及创新成果，进一步推动了亚太地区口腔医学研究进程。大会分为主旨演讲、教授访谈、优秀壁报展示、青年学者论坛4个部分。福建医科大学附属口腔医院黄晓晶教授、福建医科大学附属第一医院施斌教授作为口腔医学院教授代表，参加了“教授访谈”环节，他们就各自的研究领域、口腔教育理念、学生培养情况等方面和其他院校的学生进行了交流探讨，为未来交流合作夯实了基础。13名硕、博研究生进行了壁报演讲，并在壁报区与各方参会人员进行了交流互动。

福建省口腔医学会学术年会

时间：2022年12月12—13日

主办单位：福建省口腔医学会

内容提要：本次会议线上直播，会议邀请福建医科大学附属口腔医院张端强主任医师讲授“隐形矫正中的Tweed矫治技术原理”；郑明主任医师讲授“BOPT+FGTP在前牙美学

中的应用”；丁林灿主任医师讲授“明确诊断，防范根管治疗风险”；姜醒主任医师讲授“根管治疗中的橡皮障隔离技术操作要点”；吕红兵主任医师讲授“根管主动冲洗的种类和效能分析”；叶晓昂主任医师讲授“宽容度——我的殆学之路”；姚军主任医师讲授“儿童隐形咬合诱导理论及病例解析”；林敏魁主任医师讲授“牙周治疗新进展”；福建医科大学附属第一医院施斌主任医师讲授“穿支皮瓣重建口腔颌面部软组织缺损-解剖与临床应用”；福建医科大学附属协和医院陈伟辉主任医师讲授“前牙美学区种植时机一即刻，近期，早期，延期还是延迟？”；联勤保障部队傅升主任医师讲授“口腔诊疗过程中伴发急性全身性病症的规范化椅旁急救专家共识”；福建医科大学附属口腔医院雷丽珊副主任医师讲授“激光在根管治疗中的应用”；刘崇武副主任医师讲授“位点保存术(牙槽嵴保存术)”；福建医科大学附属第一医院李坚副主任医师讲授“颌骨常见囊性病变的影像诊断”；厦门医学院附属口腔医院邓冠红副主任医师讲授“《口腔扁平苔藓诊疗指南》(修订版)解读”。会议进一步加强了福建省口腔行业学术交流，促进学术繁荣和人才培养，学习新技术、新理念，提升口腔医疗技术水平，推动医学科技的发展和进步，推进海峡两岸的口腔行业发展。

北京口腔医学论坛暨云端学术月开幕会

时间：2022年12月17日

主办和承办单位：北京口腔医学会主办，首都医科大学附属北京口腔医院协办，中华口腔医学会、北京医学会口腔医学分会、北京医师协会口腔科专科医学分会、北京大学口腔医院支持

内容提要：会议由北京口腔医学会副会长周永胜主持，北京口腔医学会会长白玉兴致开幕辞，中华口腔医学会会长郭传瑸、北京市科学技术协会科技创新部部长许炜分别讲话，对北京口腔医学会连续10余年举办学术盛会表示支持与肯定。中国科学院院士王松灵以“从口腔走向全身的使者——硝酸盐”为题做大会特别演讲。

2022年，北京口腔医学论坛全部采用互联网线上直播方式，来自全国25个省、市及地区的同行参与。学员千余人，历时10余天，近30个专场。来自不同专业领域百余位专家、学者进行专题演讲分享，既有口腔临床专业热点技术应用，也有为社区基层医生量身打造的实用课程。12月17日，口腔公共卫生与疾病综合防治：专题讲座暨新星论坛；12月18日，第十二届北京牙周病学学术会议；12月18日，“拔”与“留”系列讲座(七)；12月18日，气溶胶与诊疗用水专题研讨会；12月18日，管理分会学术论坛；12月24日，儿童口腔镇静镇痛技术临床应用学习班；12月25日，口腔护理高质量发展论坛。

江苏省口腔医学会第十九次学术年会

时间：2022年12月24日

主办单位：江苏省口腔医学会

内容提要：会议采用了线上的方式进行。来自全省的500多名口腔医学同仁参加了此次学术盛会。中华口腔医学会名誉会长，第三、四届会长王兴、现任会长郭传瑸、江苏省口腔医学会会长王林出席了开幕式并致辞，江苏省口腔医学会副会长兼秘书长徐艳主持了大会开幕式，江苏省口腔医学会副会长杨旭东、王鹏来、刘正彤、高美琴、陈雪峰及学会办公室相关人员出席本次大会。

会议同期召开“会长论坛”，江苏省口腔医学会副会长杨旭东、王鹏来、陈雪峰等联袂主持。张震康、俞光岩、郭传瑸会长分别作了“口腔医学在医学中的地位及其重要性”“唾液腺疾病与系统性疾病的相关性”“数字技术在颅底肿瘤诊治的研究与应用”三个精彩的学术报告。

大会同期还召开了江苏省口腔医学会第三届理事会2022年度理事及常务理事会议，王林会长对江苏省口腔医学会2022年作了工作总结，并对学会22个专业委员会的2022年工作做了总结。

其他会议

智汇口腔——口腔医学教育高峰论坛

时间:2022年7月4日

主办单位:空军军医大学口腔医学院

内容提要:来自全国知名口腔院校教学名师以及2万余名口腔医学教育同仁相聚云端。陈发明院长主持会议。

中国科学院院士、首都医科大学副校长王松灵,中华口腔医学会会长、北京大学口腔医学院院长郭传瑸,中华口腔医学会口腔医学教育专业委员会主任委员王林,四川大学华西口腔医学院院长叶玲,上海交通大学口腔医学院执行院长蒋欣泉等知名专家立足健康中国、人才强国战略需求,深度分享与探讨了口腔医学教育的改革与发展方向。在论坛过程中,张思兵校长、王显超处长对医院"学研练考比——教学质量提升系列活动展"进行指导。

为深入贯彻新时代军事教育方针,空军军医大学口腔医学院践行"崇德育才、精医胜战"办学理念,医院按照学校"学研练考比"活动要求,通过"口腔医学教育高峰论坛""名师教学质量专题授课""骨干教师训练营"和"口腔教学成果展评"4个主体内容,抓好课程建设、教法创新、教学研究、教材编写、条件建设等五项重点,对标"学教学、研教学、练教学、考教学、比教学"5个维度,用坚决的育人决心和更实的教学动作,不断提升教学能力和水平,为助力"百年名校"提供人才支撑。

全国高等学校八年制及"5+3"一体化临床医学专业规划教材《口腔医学》编写会暨"长白山"口腔医学教育创新发展论坛

时间:2022年8月22日

主办和承办单位:人民卫生出版社主办,吉林大学口腔医院承办

内容提要:中国科学院院士、首都医科大学副校长王松灵,四川大学华西口腔医(学)院院长叶玲,北京大学口腔医(学)院党委书记周永胜等来自全国20余所顶尖院校的口腔医学领域知名专家参会。编写会由吉林大学口腔医院副院长刘志辉主持。吉林大学口腔医院党委书记孙宏晨致辞。人民卫生出版社总编辑杜贤编审线上参会,对《口腔医学》的编写、定稿及出版提出意见和要求。主编王松灵院士代表全体编委介绍了编写历程和完成情况,各编委依次汇报各章节编写内容并进行集体讨论,并对正式出版前的准备工作进行了安排和部署。会议高效务实,为教材的高质量出版奠定了坚实基础。专家们围绕医学教育创新与发展、新时代口腔医学教育管理体制机制、口腔医学人才培养方式、培养质量等内容深入交换了意见。

"长白山"口腔医学教育创新发展论坛由吉林大学口腔医院院长胡敏主持,赵国庆副校长发表致辞。中国科学院院士、首都医科大学副校长王松灵,上海交通大学口腔医学院执行院长蒋欣泉,中山大学光华口腔医学院、附属口腔医院院长程斌,浙江大学口腔医院党委书记陈谦明,山东大学口腔医学院院长葛少华,西安交通大学口腔医院院长李昂,复旦大学附属口腔医院院长刘月华,中国医科大学口腔医学院附属口腔医院院长周青,重庆医科大学附属口腔医院院长季平分别做了专题讲座。讲座内容从不同侧面阐释了新时代口腔医学教育如何高质量创新发展,讲座内容丰富、观点新颖。最后,吉林大学口腔医院党委书记孙宏晨作总结发言。

第二十一届全国口腔医院办公室主任大会

时间:2022年9月6日

主办和承办单位:中国牙病防治基金会、北京大学口腔医学院主办,佳木斯大学附属口腔医院承办

内容提要:会议由中国牙病防治基金会

副秘书长马莉莉主持，来自全国各地口腔医院的办公室优秀专家40余人参加了会议。与会专家包括中国牙病防治基金会理事兼副秘书长王渤，佳木斯大学附属口腔医院名誉院长、中国医学科学院北京协和医院口腔种植中心主任、首席专家宿玉成，北京大学口腔医院工会主席张汉平，佳木斯大学附属口腔医院党委书记李铁男等。

开幕式上，佳木斯大学附属口腔医院名誉院长、中国牙病防治基金会专家委员宿玉成致欢迎辞。本次会议采取主讲人报告、管理访谈的形式进行。佳木斯大学附属口腔医院党委书记李铁男、北京大学口腔医院办公室副主任王冕、中南大学湘雅口腔医院党政办宣传干事郑晓光、中国医科大学附属口腔医院院长办公室主任李海峰、烟台市口腔医院办公室主任张蕾分别针对口腔医院高质量发展中的热点和难点问题作专题演讲。

中国牙病防治基金会常务副秘书长荣文笙致辞并介绍中国牙病防治基金会，中国牙病防治基金会副秘书长马莉莉在现场作了题为“首届中国牙病防治技能发展大会推介”的报告，与会期间全体参会人员共同进行了“口腔医务人员保健操”，北京大学口腔医院工会主席张汉平分享了“口腔医务人员保健操推广工作经验”，中国牙病防治基金会宣传部主任作了题为进行了“基金会‘920’全国爱牙日活动介绍”的报告。

复旦大学口腔医学高质量发展研讨会

会议时间：2022年11月5日

主办和承办单位：复旦大学口腔医学院·上海市口腔医院

本次研讨会邀请到中国两院院士及顶尖院校专家，聚焦融合创新、科研平台建设、拔尖人才培养、高端成果产出、国际交流合作等内容，共同探讨复旦大学口腔医学高质量发展的切入点和支撑点，为聚力建设“第一个复旦”作出应有贡献。

哈佛大学杨英姿教授、首都医科大学王松灵院士、复旦大学王美青教授、复旦大学甘中学教授、复旦大学化学与材料学院赵东元院士、上海申康医院发展中心钱碧云教授、复旦大学人类表型组研究院执行院长田梅向与会人员分别作了题为“深究人类遗传疾病的分子机理对颅骨再生发育的启发”“从口腔走向全身的使者-硝酸盐”“殆学研究中国梦”“人机物三元群智与元宇宙双臂协作机器人”“分子聚集体超组装功能介孔材料”“临床研究的顶层设计和实施策略”“人类表型组学”的主旨演讲，线上线下共3 000余人聆听了报告。7位不同领域的顶尖专家同堂分享思想。现场大家围绕学科高质量发展新形势、科技创新与人才培养等主题，深入交流战略思路、实现路径和方式方法，交流借鉴国内外经验，展示了最新研究与实践成果。

同期成立“复旦大学口腔医学院口腔融合创新研究院”，下设口腔表型研究院、口腔微稳态研究院、口腔智能机器人研究院，口腔融合创新研究院将针对口腔医学关键和热点问题，基础研究与创新成果转化并重，在牙颌颅面表型组学、口腔生物学、医学人工智能在口腔医学中的应用等，发现特异性新药物靶点，建立口腔疾病诊疗新手段、新策略，力争在口腔医学领域关键新器械、新材料和新药物等“卡脖子”领域实现创新突破。

院校新闻动态

四川大学华西口腔医学院团委被授予“全国五四红旗团委”称号

2022年4月，共青团中央作出《关于表彰全国五四红旗团委（团支部）、全国优秀共青团员、全国优秀共青团干部的决定》，四川大学华西口腔医院团委（简称：院团委）被授予“全国五四红旗团委”称号。院团委在学校团委和院党委的领导下，深入贯彻落实习近平总书记关于青年工作的重要思想，牢记习近平总书记对医学生的嘱托，围绕立德树人根本任务，深入推进基层团组织改革，赓续红色基因，打造五维一体红色基因传承教育新模式，建立“一结对双指导”党建带团建工作模式，实施“一基两翼五维”团学菁英成长项目着力夯实组织力，持续建设“五育并举”服务平台，充分发挥一流学科优势和专业资源，在西部大开发、援疆援藏、脱贫攻坚、乡村振兴等国家重大战略中，始终心怀国之大者，勇担健康中国使命，构建了“口腔+”全民科普、宣教、预防、诊疗公益实践服务链和多合作、高共享、广覆盖的志愿服务和医疗帮扶体系，连续22年致力于援疆援藏援三州建设，积极参与医疗对口帮扶，以实际行动努力提升全民口腔健康素养。院团委还获评2021年度全国学雷锋志愿服务“四个100”先进典型宣传推选活动“最佳志愿服务组织”，近三年团员青年获得“全国向上向善好青年”“中国大学生自强之星”等荣誉，获得“互联网+”“挑战杯”等国家级和省市级奖励419人次，急诊科获“2018—2019年度四川省青年文明号”。

国家口腔医学中心口腔修复专科联盟成立

2022年7月9日下午，由北京大学口腔医院作为主任单位牵头组建的国家口腔医学中心口腔修复专科联盟通过腾讯会议形式召开了成立启动会。会议特邀国家口腔医学中心轮值主席、国家口腔医学中心（四川大学）主任叶玲、国家口腔医学中心（北京大学）主任郭传瑸和国家口腔医学中心（上海）主任张志愿出席，口腔修复专科联盟主任周永胜、联盟副主任蒋欣泉和于海洋以及70家成员单位相关负责人、联络人均积极参加，会议由国家口腔医学中心协调联络办公室主任耿铖主持。

首先，叶玲主任指出建设国家口腔医学中心专科联盟是在响应国家政策的要求下，充分发挥主体医院临床技术、学科和人才优势，通过专科联盟共建共享，实现优质医疗资源扩容和区域布局的目的。同时强调国家口腔医学中心口腔修复专科联盟作为第一个成立的专科联盟，在联盟服务模式和框架设计等方面要勇于创新，共同推进口腔修复整体技术水平和服务能力提升。

张志愿主任认为口腔修复专科联盟在解决口腔修复专科医疗资源布局不均衡和生物材料研发转化等方面具有重要作用，并对口腔颌面外科和牙体牙髓专科联盟组建进程提出要求。

郭传瑸主任对国家口腔医学中心的组织架构和相关规章制度进行了介绍，强调本次组建的国家口腔医学中心口腔修复专科联盟与中华口腔医学会口腔修复专业委员会属性和职责任务侧重不同，指出国家口腔医学中心将分批组建10个专科联盟，各成员单位可结合自身学科发展潜力和需求申请加入。

随后，周永胜主任详细阐述了口腔修复专科联盟成立的工作背景、章程、组织架构和工作规划，着重强调了联盟创新性设置了执行理事会，同时将教育部首批的口腔修复学课程虚拟教研室纳入教学帮扶范围，并明确表示国家口腔医学中心专科联盟建设不影响各医院原有区域性专科联盟的建设和运行，将与中华口腔医学会口腔修复专业委员会互有侧重，相互助力发展。

蒋欣泉和于海洋副主任提出适宜和规范化的口腔修复诊疗技术推广、专科人才培养、临床研究体系建设和国内外学术交流分享是口腔修复专科联盟成员单位的独特优势，联盟将通过制定年度计划更好地聚焦和跟进相关工作。

最后，周永胜主任总结国家口腔医学中心三家主体医院只有分工没有分组，将协同推进口腔修复专科联盟建设，共同发挥创新引领的顶天作用和共同推进适宜技术规范、普及等立地的作用，通过发挥专科联盟的辐射、帮扶作用，推动口腔修复优质医疗资源下沉，带动全国口腔修复学科建设和发展。

国家口腔医学中心口腔颌面外科联盟成立

2022 年 7 月 30 日，国家口腔医学中心口腔颌面外科专科联盟首期共纳入了 121 家全国三级综合医院或专科医院等医疗单位，上海交通大学医学院附属第九人民医院/上海交通大学口腔医学院张陈平教授担任首任联盟主任、北京大学口腔医院的蔡志刚教授和四川大学华西口腔医院的祝颂松教授担任联盟副主任，联盟同期成立了包括了 25 位全国各大单位的知名教授联盟专家委员会，将共同承担联盟的管理工作，充分发挥牵头单位的临床技术、学科和人才优势。

联盟本着团结协作、共建共享的原则，以共同推进口腔颌面外科的发展为目标。联盟将针对口腔颌面外科专科常见病、多发病，推广适宜和规范化的口腔诊疗技术，细化医疗质量管理标准与要求，开展成员单位口腔颌面外科人才培养，提高优质医疗资源可及性，提升口腔颌面外科医疗服务同质化水平；通过课题和项目协作等多种方式加强科研合作，通过规范临床病例数据库、生物样本库，开展多中心临床研究等形式，充分挖掘临床数据信息；运用互联网技术，通过远程医疗、远程会诊、远程查房及教学等形式，逐步推进互联网诊疗，利用信息化手段，把优质口腔医疗资源辐射到各成员单位；组织国际国内口腔颌面外科学术活动，深入探讨研究热点和发展趋势及分享交流各单位学科建设发展的经验，筹建口腔颌面外科国际学院，进一步增进中国在口腔颌面外科的国际学术影响力。

国家口腔医学中心牙体牙髓专科联盟成立

2022 年 8 月 19 日，国家口腔医学中心轮值主席、国家口腔医学中心（四川大学华西口腔医院）主任叶玲、国家口腔医学中心（北京大学口腔医院）主任郭传瑸、国家口腔医学中心（上海交通大学医学院附属第九人民医院）主任张志愿、国家口腔医学中心联络协调办公室主任耿铖出席了线上启动仪式。会议由国家口腔医学中心（四川大学华西口腔医院）副主任韩向龙主持，国家口腔医学中心牙体牙髓专科联盟主任四川大学华西口腔医院黄定明、联盟副主任北京大学口腔医院王晓燕和联盟副主任上海交通大学医学院附属第九人民医院黄正蔚以及全国 53 家成员单位相关负责人和联络人线上参加。大会通过国家口腔医学中心华西口腔远程协作平台面向全国同步直播，线上参与超 10 000 人次。

首先，郭传瑸主任在发言中指出牙体牙髓专科联盟从适宜技术推广、人才培养、科研项目、教学培训等方面深入开展合作，推进全国口腔医疗同质化发展。张志愿主任指出联盟以共建共享为主旨，充分发挥临床技术、学科和人才优势，把优质医疗资源辐射到专科联盟的各成员单位。叶玲主任指出牙体牙髓专科联盟的建设是引导优质口腔医疗资源有效下沉的重要举措，是推动建立合理有序分级诊疗模式的重要内容，通过组建专科联盟，促进优质口腔医疗资源下沉。

在大会工作汇报环节，专科联盟主任黄定明从成立背景、筹建工作、联盟建设、未来规划等四个方面进行了牙体牙髓专科联盟的工作汇报，专科联盟副主任王晓燕、黄正蔚分别宣读了联盟的章程和管理办法，国家口腔医学中心联络协调办公室耿铖主任发言对牙体牙髓专科联盟成立表示祝贺，最后国家口腔医学中心牙体牙髓专科联盟各成员单位负责人在线上进行了云签约。

启动仪式结束后，国家口腔医学中心牙体牙髓专科联盟继续在线上开展了牙体牙髓专科联盟业务培训会，北京大学口腔医院、四川大学华西口腔医院、上海交通大学医学院附属第九人民医院的牙体牙髓病专家团队们分别就远程疑难病例讨论、远程教学、手术示教等业务进行了典型示范。

最后，黄定明主任发言总结，专科联盟将借助国家口腔医学中心（四川大学华西口腔医院）的数字化平台，整合牙体牙髓的优质医疗资源，与中华口腔医学会牙体牙髓专业委员会密切合作互有侧重，全面开展集“医、教、研、防、管”于一体的专科联盟合作，建立牙体牙髓病分级诊疗制度，提升对牙体牙髓病的医疗服务能力，推动学科高质量发展。

吉林省口腔专科联盟建设会成立

2022年2月26日，吉林大学口腔医院院长胡敏、副院长吴国民及24家医联体协作单位的主要负责人参会。会议由医务部主任、吉林省口腔科医疗质控中心秘书李娜主持。会上，李娜对2021年医联体工作进行总结，提出存在的问题，并对2022年吉林省口腔专科联盟工作建设目标进行了详细介绍。吴国民在发言中强调吉林大学口腔医院作为牵头单位开展了转诊、专家会诊、进修生培养、学术交流以及技术推广等多种形式的帮扶和交流。在开展医联体合作建设中发挥了三级医院专业技术优势及带头作用，带动了一些地区的口腔医学专科的发展。胡敏在总结发言中指出要进一步加强基层口腔医疗机构或口腔科的学科发展，借助吉林省口腔科质控中心和吉林省各学科专业委员会的平台，积极参与学术交流和科研项目。

陕西省高校黄大年式教师团队

空军军医大学第三附属医院口腔医学教师团队获2022年陕西省教育厅“陕西省高校黄大年式教师团队”，团队主干成员包括：赵铱民、金岩、陈吉华、陈永进、雷德林、陈发明、牛丽娜、段小红、王美青、于世宾等26人。

团队弘扬陈华、丁鸿才、史俊南、徐君伍、周树夏等老一辈学科创始人、奠基人、开拓者筚路蓝缕、艰苦奋斗精神。通过创新实施救治世界首例“坑面女”“缺面男”“造脸”手术等，解决我国多个重大医学难题，创“颌面战创伤模拟人”“口腔种植体系统”“组织工程皮肤”“自主式种植牙机器人”“牙髓再生术”等科研成果，突破我国多个关键技术难题，为口腔医学人才培养提供坚实保障，在祖国最需要的时刻，四赴雪域高原开展口腔健康流行病学调研，派遣医疗队驰援武汉、上海等地，用实际行动，践行身为人民军医的职责使命。

深圳大学口腔医学研究所揭牌仪式

2022年11月12日，深圳大学口腔医学研究所揭牌仪式在深圳大学总医院举行。中国工程院院士张志愿特别录制致辞视频祝贺。中华口腔医学会名誉会长俞光岩，深圳大学副校长徐晨，深圳大学医学部党委书记刘军山，深圳大学总医院党委书记柴金龙，北京大学深圳医院口腔医学中心主任杨宏宇，南方医科大学深圳口腔医院院长吴补领，深圳市口腔医院院长张强，深圳大学医学部口腔医学院副院长邓永强、沙鸥以及深圳大学口腔专家们出席。

深圳大学口腔医学研究所由邓永强教授担任所长，深圳大学医学部口腔医学院副院长沙鸥、深圳大学总医院口腔科副主任曹军、深圳市口腔医院颌面外科主任朱耀旻担任副所长。研究所将整合深圳市口腔医学临床研究力量及基础研究人才，瞄准口腔医学的学科发展前沿，研究各类口腔疾病及先进医疗技术，助力大湾区医疗高地建设。邓永强主持揭牌仪式并介绍深圳大学口腔医学研究所的成立历程、基本架构、研究方向、场地设备、科研成果及直属口腔医院建设情况。

山东大学口腔医学院院庆

2022年12月23日，山东大学口腔医学院建院45周年、口腔医院建院30周年院庆大会于线上举行。中国科学院院士、首都医科大学副校长王松灵，中国工程院院士、军事口腔医学国家重点实验室主任赵铱民，中华口腔医学会名誉会长俞光岩，中华口腔医学会会长、北京大学口腔医(学)院院长郭传瑸，山东省科技厅副厅长于洪文，山东省卫生健康委二级巡视员刘桂刚，山东大学副校长、齐鲁医学院院长易凡，山东大学口腔医学院(口腔医院)院长葛少华出席大会。来自各兄弟单位及合作单位领导、专家学者，学院领导班子全体成员以及离退休教师代表、师生代表、校友代表等共同线上参会。大会由院党委书记吕波主持，2 800余名师生医务员工、海内外校友及口腔同仁参加活动。葛少华代表学院(医院)致辞，吕波宣读学院(医院)“光荣在院40年、30年和20年”的人员名单。

院庆展开系列活动，其中包括口腔医学产业发展论坛和口腔数字化成果转化论坛。山东大学科学技术研究院院长周传健进行口腔医学产业发展论坛论坛主题介绍并致辞，山东大学口腔医学院(口腔医院)副院长宋晖和口腔修复学教研所所长蓝菁主持论坛。

口腔数字化成果转化论坛由山东大学口腔医学院(口腔医院)院长葛少华主持，郭传瑸教授进行论坛主题介绍并致辞。论坛邀请中国工程院院士、空军军医大学第三附属医院赵铱民教授，北京大学口腔医(学)院郭传瑸教授和孙玉春教授，四川大学华西口腔医院李娟教授以及上海交通大学附属第九人民医院邹多宏教授分别进行了主题报告。

首都医科大学陈仁吉教授团队荣获2021年度“中国康复医学会科学技术奖”

首都医科大学口腔颌面整形创伤外科陈仁吉教授团队参评项目“基于fMRI的非综合征性唇腭裂患者语言相关脑区功能特征的研究”经过评审委员会的严格评选，最终荣获“中国康复医学会科学技术奖”二等奖。中国康复医学会是中国科学技术协会领导下的国家一级学会，“中国康复医学会科学技术奖”授予在康复医学基础研究、临床应用研究和技术产品发明中取得优秀成果的单位和科技工作者，促进康复医学科学研究向康复医学能力转化，促进康复医学创新发展。中国康复医学会设立科学技术奖励评审委员会负责评审工作，2021年该奖项共评出一等奖13项，二等奖19项。

人民日报发布“十大医疗器械榜”，空军军医大学口腔医院自主式种植牙机器人入选

2022年7月28日，由人民日报健康客户端、健康时报联合主办的第十四届健康中国论坛在北京开幕。论坛根据创新性、突破性、影响力等指标，评选并发布了备受业内关注的十大医疗器械榜单；由空军军医大学口腔医学院赵铱民院士及其团队和雅客智慧王利峰等人共同研制的全球首款自主式种植牙机器人成功入选。

自主式种植牙机器人是国际首创的具有自主知识产权的口腔种植牙机器人。研发团队全面整合智能机器人、机器视觉、多传感器信息融合、三维图形可视化等多项顶尖技术，用近10年的时间攻克了口腔狭小非直视空间下微创手术治疗的关键问题，显著提升了种牙手术精度、安全和效率。

人　物

全国政协委员优秀履职奖获奖者

王松灵

王松灵，1962年11月出生于湖南湘乡。中国科学院院士、中国医学科学院学部委员、教授、主任医师。1989年本硕博毕业于北京大学口腔医学院，获得医学博士学位。1991—1992年在日本东京医科齿科大学做访问学者。1996—1998年在美国国立卫生研究院牙颅颌研究所做高级访问学者。现任首都医科大学副校长，全国政协委员。中华口腔医学会副会长、北京医学会副会长、口腔健康北京实验室主任。*Oral Dis*及*J Oral Rehabil*副主编，《医学教育管理》主编、《今日口腔》主编，《中华口腔医学杂志》等6本期刊副主编。发表论文249篇，其中以通信作者发表在*PNAS*、*EMBO J*、*Blood*、*Nat Commun*等英文论文167篇。以第一完成人获2003及2010年国家科技进步二等奖两项、2018年北京市科技进步一等奖；获国际口腔权威的威廉盖茨（William J. Gies）奖、吴阶平医药创新奖、中源协和生命医学奖-成就奖、干细胞转化成果奖、何梁何利科学与技术进步奖；入围爱思唯尔“中国高被引学者”榜，当选英国皇家外科学院（爱丁堡）Fellowship ad hominem (FRCS)。主编《唾液腺非肿瘤疾病》《口腔颌面疾病临床X线表现及其病理学基础》等学术专著和《口腔医学》《口腔分子生物学与口腔实验动物模型》等本科生和研究生规划教材。获国家发明专利授权9项，美国发明专利授权2项。口腔医学界首位获国家杰出青年科学基金学者，首批入选北京学者。2022年，获得全国政协委员优秀履职奖。

研究方向为唾液腺与牙再生研究。发现人细胞膜硝酸盐转运通道及硝酸盐对人体的重要保护作用；揭示牙发育新机制，研发牙髓干细胞新药，成功实现生物性牙齿再生。

（首都医科大学附属北京口腔医院供稿）

俄罗斯工程院外籍院士

陈万涛

陈万涛，男，1963年2月出生于山东省潍坊市临朐，籍贯山东。二级教授、研究员、博士研究生导师、俄罗斯工程院外籍院士。本科毕业于青岛大学青岛医学院临床医学系，并于1998年获上海交通大学医学院口腔医学专业博士学位。上海市专业技术服务平台主任，上海市口腔医学研究所第五任所长，上海交通大学医学院附属第九人民医院口腔颌面外科学（系）和口腔颌面-头颈肿瘤科行政副主任、医院GCP机构副主任，口腔医学院口腔临床免疫学教研室主任，上海市口腔医学重点实验室副主任，上海交通大学转化医学研究院兼职教授和课题组长。

担任全国卫生产业企业管理协会精准医疗分会会长，第一、二届中华口腔医学会口腔生物医学专业委员会副主任委员，中国分析测试协会第二届标记免疫分析专业委员会副主任委员，第一、二届上海市口腔医学会口腔基础医学专业委员会主任委员，第五、六届上海市医学会医学遗传专业分会副主任委员。

主要研究方向：口腔颌面部肿瘤基础临床研究，肿瘤精准诊疗技术研发。业务专长：在口腔癌遗传和表观遗传学发病机制方面取得多项国际前沿水平的研究成果；依托学科国家口腔医学中心和国家口腔疾病临床医学研究中心，在国家重点研发计划项目、国家自然科学基金重点项目和上海市专业技术服务平台等项目支持下，负责建立规模最大、全球领先水平的口腔颌面部肿瘤组织样本和生物信息数据库；发现和证实多个口腔癌诊治分子靶标和候选生物标志物，建立口腔癌临床和分子分型数据库及智能诊断系统，已在分子分型、抗癌新药和免疫治疗等领域成功研发了多项新技术并部分临床转化。

研究成果：主持包括国家自然科学基金重点项目和国家重点研发计划项目在内的国家级课题13项、国际合作和省部重点课题13项；主编专著/教材6部；以通信作者和共同通信作者发表SCI论文90余篇。多次入选爱思唯尔"中国高被引学者"榜单和"全球顶尖前10万科学家排名"学者名单；授权国际和国内专利10项；以第一完成人获得省部级科技成果奖6项。获得新世纪百千万人才工程国家级人选、上海领军人才和上海市优秀学科带头人等人才计划。

（上海交通大学口腔医学院供稿）

国家高层次人才计划领军人才入选者

孙宏晨

孙宏晨，男，1964年2月出生于黑龙江省哈尔滨市，籍贯黑龙江。医学博士，高分子化学与物理博士后，教授、主任医师，博士研究生导师。本科毕业于佳木斯大学口腔医学院（原佳木斯医学院口腔系），并于1998年获白求恩医科大学口腔医学专业博士学位。历任白求恩医科大学口腔医院住院医师、助教，主治医师、讲师，副主任医师、副教授和主任医师、教授，白求恩医科大学口腔医学院口腔基础医学教研室主任，白求恩医科大学口腔医院和吉林大学口腔医院副院长。2017年12月，引进到中国医科大学附属口腔医院任常务副院长和院长、党委副书记。2021年7月，担任吉林大学口腔医院党委书记。担任中华口腔医学会第六届理事会常务理事，中华口腔医学会第七届口腔病理学专业委员会主任委员，教育部学位与研究生教育发展中心评审专家，吉林省口腔医师协会口腔专科分会主任委员，吉林省口腔医学会副会长，*Front Dent Med*杂志*Regenerative Dentistry section*的副主编，*Chin J Dent Res*杂志副主编等。

主要研究方向：牙发育和骨重塑的分子机理；微环境响应的生物材料的构筑与组织修复再生。业务专长：擅长口腔颌面部疾病的病理诊断。研究成果：主持国家重点研发专项1项，主持国家自然科学基金9项（1项重点项目，2项重点国际合作项目），教育部博士学科点基金3项；在国内外学术期刊发表论文400余篇，其中以第一作者和通信作者发表SCI论文80篇，培养博士和硕士研究生90名，获国家发明专利授权10件，获省部级科技进步一等奖1项、二等奖2项、三等奖4项。主讲《口腔组织病理学》国家精品课、精品资源共享课和国家级线下金课，副主编教材2部，参编教材和专著4部，获国家级教学成果一等奖1项（第六名），省级教学成果一等奖2项（第一名），荣获国家教学名师、教育部骨干教师、原卫生部优秀青年科技人才、宝钢优秀教师奖、长白山学者特聘教授、吉林省高级专家、辽宁省兴辽英才计划"攀登学者"等。

（吉林大学白求恩口腔医学院供稿）

国家高层次人才计划青年拔尖人才入选者

韩建民

韩建民，男，1983年2月出生于山东省菏泽市，籍贯山东。副教授、副研究员，博士研究生导师。本科毕业于山东大学口腔医学院，并于2014年获日本东北大学齿学专业博士学位。2010年入职北京大学口腔医院口腔材料研究室，历任研究实习员、助理研究员、副研究员和副教授。担任全国口腔材料和器械设备标准化技术委员会秘书长、口腔数字化医疗器械标准化归口单位秘书长、国家药监局牙膏不良反应技术专家组秘书长、日本东北大学齿学部副教授、中华口腔医学会第七届口腔材料专委会委员、北京口腔医学会口腔材料专委会副主任委员、国家药监局医疗器械审评中心专家咨询委员会委员、全国骨科专业标准化技术委员会委员等。

主要研究方向：主要从事新型口腔材料研发、口腔材料——组织相互作用、口腔医疗器械安全性、有效性评价及标准化工作。业务专长：擅长口腔新型材料的研究开发、评价、标准化和转化工作，在国内较早地开展了氧化锆陶瓷种植体和可降解镁金属引导骨再生膜的研究，解决了部分技术难点，并在国内率先实现了产品转化，建立了相关评价标准等。研究成果：主持或参与制定了10余项我国医药行业标准，申请国家发明专利13项，转化3项，作为项目负责人承担包括在内的国家级课题4项、省部级课题5项，作为课题骨干参与多个课题。主持国家重点研发计划1项、国家自然科学基金3项、省部级科研项目4项；在国内外学术期刊发表论文40余篇。其中以第一作者和通信作者发表SCI论文40篇，参编专著4部；培养博士、硕士研究生7名；2022年入选国家高层次人才计划青年拔尖人才项目。

（北京大学口腔医学院供稿）

李　蓓

李蓓，女，1982年10月出生于陕西省西安市，籍贯河南宜阳。副教授、副主任医师，博士研究生导师。本科毕业于第四军医大学口腔医学院，2012年获第四军医大学口腔医学专业博士学位。2019年始，任空军军医大学口腔医院组织工程中心主任；2022年始，任军事口腔医学国家重点实验室研究员。担任中华口腔医学会第四届口腔生物医学专业委员会副主任委员，教育部学位与研究生教育发展中心评审专家,《口腔生物医学》杂志副主编,《中华口腔医学杂志》编委,*J Leukoc Biol* 客座编辑等。

主要研究方向:长期从事口腔颌面组织再生研究,利用干细胞工程化构建技术,开展牙颌组织再生的基础研究及临床转化。擅长口腔干细胞治疗技术,在国际首次开展"自体乳牙牙髓干细胞再生年轻恒牙牙髓"技术用于年轻恒牙牙髓坏死的治疗等。研究成果:主持国家自然科学基金2项、国家重点研发计划课题1项、陕西省重点研发计划项目1项等共12项;在国内外学术期刊发表论文47篇,参编专著5部。其中以第一作者和通信作者发表SCI论文,包括 *Sci Transl Med*、*Adv Sci*、*Biomaterials*、*Cell Death Differ*、*Bone Res* 等26篇;培养博士、硕士研究生10余名;荣获国家高层次人才青年拔尖人才,军队高层次人才青年科技英才,陕西省青年科技奖,陕西省青年科技标兵,陕西省科技新星等荣誉;研究成果参与获得2018年中国医药生物技术十大进展,陕西省科学技术一等奖(2017,2021)。

(空军军医大学口腔医院供稿)

刘　锐

刘锐,男,1984年10月出生于重庆市,籍贯四川宜宾。四川大学华西口腔医学院口腔疾病防治全国重点实验室研究员,博士研究生导师。本科毕业于四川大学吴玉章学院,并于2013年获得四川大学理学博士学位。博士毕业后留校于四川大学口腔医学院从事口腔医学的教学科研工作,2015年晋升副教授,2018年破格晋升为研究员,曾于美国得克萨斯州大学MD Anderson肿瘤中心(2014—2019)和休斯敦健康中心(2019)访问学习,从事口腔-颌面头颈肿瘤放疗相关研究工作。任四川省口腔生物学专业委员会副主任委员,*Int J Oral Sci* 期刊编委。

主要研究方向:肿瘤放疗与口腔辐射防护。研究成果:以第一作者和通信作者在 *Cell Metab*、*Mol Cell*、*Nat Commun*、*Int J Oral Dis* 等国际主流学术期刊发表论文31篇,累计引用1 500余次。主持国家自然科学基金3项,四川省杰出青年基金项目,教育部霍英东高校青年教师基金;入选国家高层次人才特殊支持计划青年项目,中国科学技术协会青年人才托举工程,第十四批四川省卫生健康委学术技术带头人后备人选,四川大学双百人才工程;参编高等学校规划教材《医学生物化学与分子生物学》《肿瘤放射生物学实验教程》;获教育部高等学校科学研究优秀成果奖一等奖(科学技术),国际牙科研究会中国分会杰出青年学者奖一等奖,川渝科技大会优秀学术论文一等奖,四川大学基础研究卓越奖二等奖。

(四川大学华西口腔医学院供稿)

焦　凯

焦凯,男,1982年10月出生于陕西省西安市,籍贯陕西西安。空军军医大学军事医学创新中心研究员、副教授、副主任医师,博士研究生导师。本科毕业于空军军医大学(原解放军第四军医大学)口腔医学院,于2012年获口腔医学专业博士学位。2012—2019年就职于空军军医大学口腔医院关节病科,2019—2022年任空军军医大学口腔医院黏膜病科副主任。获国家高层次人才计划青年拔尖人才,军队青年科技英才,陕西省杰出青年基金,陕西省科技新星,空军高层次人才,国家自然科学基金同行评审专家,中华口腔医学会第四届口腔生物医学专业委员会委员,第八届口腔黏膜病专业委员会青年委员,《中华口腔医学杂志》编委。

主要研究方向:主要从事创伤性骨关节疾病病理机制及防治新策略;口颌面慢病病理机制。擅长颞下颌关节病、口颌面痛及黏膜病等口颌面慢病的综合诊治。研究成果:主持国家自然科学基金青年及面上项目4项,国家临床医学研究中心重点项目和面上项目各1项,军队青年拔尖项目2项等。近5年,以第一作者和通信作者发表科技论文48篇,单篇最高IF为30.85分,其中IF>10有19篇,累计IF为486分,累计他引1 600余次。参编专著9部;培养博士、硕士研究生20余名;获陕西省科技进步一等奖、陕西省科技创新团队、"三秦学者"创新团队、2017及2019年度陕西省优秀学术论文二等奖、陕西省优秀博士学位论文、世界牙科研究协会联合利华奖、中华口腔医学会登士柏青年人才奖、全国医药卫生青年论坛二等奖等。获授权国家专利22项,其中12项为第一发明人。

(空军军医大学口腔医院供稿)

王 成

王成,男,1983年7月出生于甘肃省庆阳市。主任医师,博士研究生导师。本科毕业于兰州大学口腔医学院,并于2011年获中山大学口腔临床医学专业博士学位。博士毕业后留校于中山大学附属口腔医院从事口腔颌面外科医、教、研工作,2013年晋升副教授、副主任医师,2020年晋升主任医师,曾在美国加州大学洛杉矶分校(2017—2019)和伊利诺伊大学芝加哥分校(2010—2011)访问学习,从事口腔-颌面头颈肿瘤相关基础研究工作。中华口腔医学会第八届口腔颌面外科专业委员会委员,中华口腔医学会第二届口腔颌面-头颈肿瘤专业委员会委员,中华口腔医学会第四届口腔生物医学专业委员会委员,广东省口腔医学会第五届口腔颌面外科专业委员会常务委员,广东省抗癌协会第一届肿瘤整形专业委员会常务委员,广东省医学会显微外科分会第八届委员会委员,《口腔颌面外科杂志》编委等。

主要研究方向:口腔-颌面头颈肿瘤的分子发病机制及精准诊疗。擅长口腔颌面头颈肿瘤的诊治、颌面部组织缺损的修复重建、涎腺内镜技术等。研究成果:主持国家自然科学基金4项、省部级等科研项目6项;在国内外学术期刊发表论文81篇,其中以第一作者和通信作者在*Cell Stem Cell*等杂志发表SCI论文31篇;参编专著2部。培养博士、硕士研究生6名;荣获第二届邱蔚六口腔颌面外科发展基金希望奖二等奖,入选国家高层次人才计划青年拔尖人才、广东特支计划百千万工程青年拔尖人才和广州市珠江科技新星。

(中山大学光华口腔医学院供稿)

国家自然科学基金创新研究群体项目获得者

邓旭亮

邓旭亮,男,1972年2月出生于湖南邵阳,教授、主任医师,博士研究生导师,第十四届全国政协委员,农工党中央委员,农工党北京市委会副主任委员、农工党北京大学委员会主任委员,北京大学口腔医院副院长,北京大学跨学部生物医学工程系常务副系主任。

中国医学科学院学术咨询委员会学部委员，国家自然科学基金创新研究群体项目负责人，国家杰出青年基金获得者，国家高层次人才计划领军人才、中青年科技创新领军人才，教育部“新世纪优秀人才”。科技部重点研发项目首席科学家。教育部“高等学校科学研究优秀成果奖”科技进步一等奖1项(第一完成人)，中华口腔医学会科技奖励一等奖1项(第一完成人)。

主要研究方向：口腔疾病几乎涉及每个个体，严重危害国民健康。在“国家重点研发计划”“国家自然科学基金重大项目”“国家自然科学基金创新群体”等支持下，立足“道法自然”，针对牙本质敏感治疗难、牙齿缺损修复预后差、牙齿缺失后牙槽骨垂直骨增量的世界性难题，开创性提出“牙齿/颌骨材料微结构仿生设计和组织适配”新理念。业务专长：突破材料从微观特征设计到宏观效果提升的多级仿生技术瓶颈，发明晶体/非晶多级组装、“离子传感”阻断、多物理特性微环境重构等关键技术，首创聚阳离子牙齿脱敏凝胶、数字桩核一体化修复体，研制新型冠桥修复材料、梯度功能化引导组织再生膜、电响应牙槽骨增量修复膜等产品，建立牙齿/颌骨缺损修复临床新策略。研究成果：近年来主持国家级、省部级科研项目30余项。在口腔生物修复材料领域取得了一系列原创性的研究成果，得到国内外同行的高度认可。发表论文250余篇，其中SCI收录论文160余篇，总被引用4 534次，单篇引用最高362次；授权发明专利35项，授权国际发明专利4项。取得3项国家药品监督管理局Ⅲ类医疗器械注册证。

(北京大学口腔医学院供稿)

国家自然科学基金杰出青年科学基金获得者

卫　彦

卫彦，1979年8月出生于山西省长治市沁县，博士学位，主任医师、教授，博士研究生导师。本、硕、博均毕业于北京大学口腔医学院，毕业后一直于北京大学口腔医学院特诊科担任医师工作，获国家自然科学杰出青年基金、国家自然科学优秀青年基金，入选国家高层次人才计划青年拔尖人才，获首届北京市杰出青年中关村奖、树兰医学青年奖、茅以升北京青年科技奖等。受邀担任科技部重点研究计划专项指南编制专家，国际牙医师学院Fellow，国家药品监督管理局医疗器械技术评审委员会专家委员，中华口腔医学会口腔生物医学专业委员会委员，中华口腔医学会老年口腔专业委员会委员，中华口腔医学会口腔科研管理专业委员会委员，北京老年口腔医学会常务委员等。

致力于牙齿仿生功能重建的基础理论、关键技术与临床策略研究，发现了牙齿疼痛的离子传感新机制，解析了牙齿超高强度与韧性的结构基础与力学原理，提出了种植体功能牙周膜设计理念，并在理论研究的基础上研发新型牙齿修复材料与临床技术。主持国家自然科学基金及省部级科研项目12项，共发表SCI论文64篇，以第一作者和通信作者在*Science*、*Nat Mater*、*Nat Comm*、*Adv Mater*

等期刊发表SCI论文38篇。相关研究成果授权国际专利5项、国内专利6项，作为主要完成人获Ⅲ类医疗器械注册证2个。

（北京大学口腔医学院供稿）

国家自然科学基金优秀青年科学基金获得者

张武昌

张武昌，男，1989年10月出生于江西省上饶市。副研究员，博士研究生导师。本科毕业于南昌大学生命科学学院，并于2016年获中科院上海生命科学研究院生物化学与分子生物学专业博士学位。2016年10月至2021年6月，先后于上海交通大学医学院附属第九人民医院和加州大学洛杉矶分校牙学院完成博士后训练；2021年8月至今，于上海交通大学医学院附属第九人民医院工作。

主要研究方向：探究患者个体因素，例如口腔-肠道微生物特征，对口腔肿瘤发生、转移和免疫治疗的调控作用及机制；探究免疫相关细胞的独特亚群对口腔肿瘤和其他口腔疾病进展的调控作用及机制。业务专长：擅长利用口腔疾病小鼠模型结合单细胞（空间）测序、遗传谱系示踪等前沿细胞和分子生物技术，进行口腔肿瘤及其他口腔疾病的免疫调控作用和机制研究。研究成果：入选国家自然科学基金优秀青年基金（海外）和上海市海外高层次人才计划（青年人才项目）。在*Mol Cell*、*Cell Res*和*Cell Death Differ*等国际知名期刊上发表论文18篇。其中以第一作者和通信作者发表SCI刊物论文8篇。

（上海交通大学口腔医学院供稿）

周陈晨

周陈晨，男，1989年10月出生于成都，2018年毕业于四川大学华西口腔医学院，其间赴美国加州大学洛杉矶分校牙学院博士联合培养，师从邹淑娟教授、王存玉院士，获口腔医学博士学位。现任四川大学华西口腔医院儿童口腔科教授、主任医师、博士研究生导师。担任国家卫生健康委医院管理研究所“中国儿童早期矫治规范化诊疗项目”专家组成员。中华口腔医学会儿童口腔医学专业委员会青年委员，中华医学会儿童专业委员会口腔学组委员、秘书。四川省口腔医学会口腔正畸专业委员会秘书、青年委员；四川省口腔医学会口腔正畸专业委员青年委员会副主任委员。

主要从事错殆畸形早期矫治及青少年正畸治疗的临床和研究工作，研究方向为牙颌面发育的调控机制。先后获得国家自然科学基金青年基金、国家自然科学基金面上项目、国家自然科学基金优秀青年基金、中国博士后基金等课题。以第一作者和通信作者发表SCI论文19篇，包括*Nat Commun*、*Bone Res*、*J Periodontol*、*PloS Genet*、*Int J Oral Sci*、*Elife*、*Signal Transduct Target Ther*等国际期刊。副主编《口腔细胞实验技术》；参编《中国儿童错殆畸形早期矫治专家共识及病例解析》《中国青少年隐形矫治专家共识》《牙发育与再生实验室技术》等专著4部。2021年入选中国科学技术协会青年托举人才。先后获得中华口腔医学会青年科学家论坛明日之星奖、中华口腔医学会学术新秀之星奖、四川大学学术新人奖，第二十次全国正畸学术会议“群星闪耀-青年学者研究论坛”青年学者奖，中华口腔医学会第二十三次全国口腔医学学术会议正畸专业委员会青年学者奖，以及四川省科技进步一等奖2项。

（四川大学华西口腔医学院供稿）

中国科学技术协会青年人才托举工程入选者

常 蓓

常蓓，女，1991年6月出生，籍贯河南南阳。教授、医师、博士研究生导师。本科毕业于吉林大学口腔医学院（本硕连读七年制专业），并于2020年获美国Texas A&M大学Oral Biology专业博士学位。2012年，以国家公派本科生身份赴加拿大Western University，Schulich牙学院进行国际交流学习；2020—2021年，于美国Texas A&M大学牙学院Biomedical Sciences系任助理研究员；2021年，以“唐敖庆学者”身份引入吉林大学口腔医院。担任中华预防医学会口腔卫生保健专业委员会第四届委员、中华口腔医学会儿童口腔医学专业委员会会员。

主要研究方向：生物材料与牙发育和牙再生相关研究。具体包括应用新型材料制备技术构建高度仿生的三维材料模型体系，开发其在体外单细胞极化、分化等多种细胞行为模式观测中的应用，考察并筛选微环境各理化因素调控体外成牙本质细胞极化和功能性牙本质再生的相关机制，以及应用模式动物探究生物力学对牙发育和牙再生的调控机理等系列研究。业务专长：儿童龋病、牙髓病和根尖周病以及乳恒牙外伤的临床诊治工作。研究成果：主持国家自然科学基金1项、第七届中国科协青年托举人才项目1项、博后面上项目1项、省部级科研项目1项，参与承担吉林大学白求恩医学部项目1项、省级课题1项和美国NIH/NIDCR项目2项。在国内外学术期刊发表论文17篇，其中以第一作者（含共同第一）身份在*J Dent Res*、*Mater Sci Eng R Rep*、*Adv Sci*、*ACS Appl Mater*等杂志发表SCI论文8篇；荣获2023年国际牙科研究会威廉·盖茨（Williams J.Gie）奖、2022年*J Dent Res*年度封面奖等。

（吉林大学白求恩口腔医学院供稿）

李太文

李太文，1989年8月出生于四川省南充市南部县，博士学位，副研究员，硕士生导师。本科就读于四川大学生命科学学院生物技术基地班，硕博就读于四川大学华西口腔医学院，期间公派去美国哈佛大学丹娜-法伯癌症研究院进行博士联合培养，从事计算生物学的专业训练。毕业后在四川大学华西口腔医学院继续从事科研工作，获国家自然科学基金面上项目、国家自然科学基金青年项目、中国科协青年人才托举工程项目、四川省自然科学基金重点项目、中国博士后科学基金特别资助（站中）等项目资助，连续两年入选爱思唯尔“中国高被引学者”（2021、2022），获国际牙科研究会中国分会第十五届杰出青年学者一等奖（2019）、中华口腔医学会口腔医学青年科学家论坛“明日之星”奖（2018），担任四川省口腔医学会第一届口腔遗传病专业委员会副主任委员（2020—2023）。

致力于“口腔黏膜癌变的演进规律及分子机制”，提出了TIMER算法，解决了在肿瘤大队列数据中有效探索免疫浸润与分子特征关系的瓶颈需求；构建了TRUST算法，实现了转录组免疫组库序列的组装，揭示了T细胞组库对肿瘤免疫治疗的重要价值。以算法为基础，搭建了肿瘤免疫浸润综合分析门户TIMER、肿瘤免疫微环境单细胞数据库TISCH、人体全组织单细胞数据库HUSCH等多个分析平台。利用多组学技术，揭示了口腔黏膜癌变的动态分子特征和癌变标志分子。以第一作者和通信作者在*Nat Genet*，*Nucleic Acids Res*，*Cancer Res*等期刊发表SCI论文16篇，其中4篇为高被引论文(3篇热点)。TIMER2的工作入选2021年中国百篇最具影响国际学术论文。

（四川大学华西口腔医学院供稿）

杨光正

杨光正，男，1990年10月出生于江西省南昌市，籍贯浙江舟山。本科毕业于南方医科大学口腔医学院，并于2020年获上海交通大学口腔临床医学专业博士学位。2020年9月至今任上海交通大学医学院附属第九人民医院口腔修复科医师。

主要研究方向：长期从事口腔组织再生及功能重建的研究，特别是针对传统口腔组织再生材料诱导性不足、再生过程血管化不足等问题，围绕干细胞存活、分化与功能调控，开展了系列研究工作。业务专长：擅长口腔牙体牙列缺失缺损的修复治疗。研究成果：主持国家自然科学基金委青年科学基金、中国科协青年人才托举工程项目、上海市扬帆计划等科研项目3项；在*Adv Mater*等国内外学术期刊发表论文22篇，其中以第一作者和共同第一作者发表SCI刊物论文9篇；获授权发明专利3项；作为完成人之一获得上海市科学技术进步奖一等奖，获上海交通大学优秀博士学位论文等荣誉。

（上海交通大学口腔医学院供稿）

余婷婷

余婷婷，女，1990年1月出生于安徽合肥。副研究员、硕士研究生导师。2018年毕业于北京大学口腔医学院，获得口腔正畸学博士学位，并留校从事医教研工作。2015—2017年，赴美国宾夕法尼亚大学牙学院联合培养。担任北京口腔生物医学专业委员会委员、*Front Bioeng Biotechnol*专刊编辑、《中华口腔正畸学杂志》编辑。

主要研究方向：基于间充质干细胞年轻态重塑的口腔颌面部组织缺损修复研究。近5年以第一作者和通信作者(含共同作者)在*Adv Sci*、*Mater Today*、*Nat Commun*、*Bioact Mater*、*Cell Death Dis*等国际知名期刊发表SCI文章19篇，申请专利10项(授权8项)，1项已签署成果转化协议，并推广应用至包括北京大学口腔医院、华中科技大学等在内的全国知名口腔医疗单位，获得良好应用反馈；入选第七届中国科学技术协会青年人才托举工程项目，获国际牙科研究会Joseph Lister新青年研究者奖、AADR Travel Award、中华口腔医学会科研管理年会“明日之星”奖；作为项目负责人获批包括国家自然科学基金青年项目、科技部国家重点研发计划(子课题)在内的4项国家、省部及校级项目资助。

（北京大学口腔医学院供稿）

中国医院协会2022年优秀医院院长

程 斌

程斌，教授、博士研究生导师，1987年本科毕业于中山医科大学，1992年于中山医科大学获得硕士学位，1996年于华西医科大学获得博士学位，现任中山大学光华口腔医学院·附属口腔医院院长。兼任国务院学位委员会学科评议组成员、教育部高等学校口腔医学专业教学指导委员会委员、中华口腔医学会黏膜病专业委员会候任主任委员、中国医师协会口腔医师分会副会长、中国医院协会口腔医院专委副主任委员、广东省口腔医疗质量控制中心主任、广东省口腔医学重点实验室主任、广东省口腔医学会会长等。

先后主持国家自然科学基金重点项目1项、重大研究计划培育项目1项、面上项目5项，省部级科研项目7项，厅局级科研项目3项；以第一作者和通信作者发表SCI论文100余篇，在国内核心期刊发表论文50余篇；主编教育部规划教材《口腔医学》，副主编或参编教材、专著6部；主持的研究成果获2008年广东省科学技术奖三等奖、2012年广东省科学技术奖二等奖、2017年中山大学教学成果一等奖、2018年广东省教学成果一等奖、2019年高等学校科学研究优秀成果奖(科学技术)二等奖、2021年广东省教学成果一等奖；获评为中央保健会诊专家、全国宝钢优秀教师、全国“白求恩式好医生”，广东省医学领军人才、广东省教学名师、广东省医院优秀院长、广东省医师奖、广东省最美科技工作者，中山大学“名师”“名医”、岭南名医等荣誉称号。

(中山大学光华口腔医学院供稿)

第五届“白求恩式好医生”获得者

刘静明

刘静明，男，1961年4月出生，籍贯北京大兴。教授，主任医师。1983年本科毕业于北京第二医学院(现首都医科大学)。1983年9月到1990年12月，于北京大兴区医院口腔科任职；1990年12月到2018年5月，于首都医科大学附属北京同仁医院口腔科任职；2018年6月至今于首都医科大学附属北京口腔医院任职。历任首都医科大学口腔学系副主任，首都医科大学附属北京口腔医院副院长。担任中华口腔医学会第四、五、六届理事会理事，中国整形美容协会口腔整形美容分会常务理事，中国康复医学会修复重建外科专业委员会委员，中国医师协会口腔医师分会常委，国家自然基金评审委员会专家、北京市卫生等级技术职称评审委员会专家、国际牙医师学院中国区院士、中华口腔学会理事、中国医师协会北京分会副会长、北京口腔颌面外科专业委员会主任委员、北京市口腔医学会副会长等职。

主要研究方向:种植外科,颌面部复杂骨折的整复。以临床为基础开展各类口腔颌面创伤相关的科学研究。《中华口腔医学杂志》《中华数字医学与健康杂志》《北京口腔医学杂志》编委,《中国听力语言康复科技杂志》《北京医学杂志》常务编委;主编《口腔执业(助理)医师实践技能应试指南》《中华眼耳鼻咽喉口腔护理三基训练手册》等,副主编《美容牙科》《口腔科诊疗常规》《社区全科口腔医师临床实践》《鼻功能重建外科学》《体表肿物》《实用小手术学》《乡村医生诊疗常规》等著作;主译《头颈部整形》(人民卫生出版社)。获北京市科技进步三等奖(2006)、北京市科技进步二等奖(2000)、北京市科技进步二等奖(1997)等奖项。荣获第五届“白求恩式好医生”荣誉称号。

(首都医科大学附属北京口腔医院)

柳忠豪

柳忠豪,男,1971年8月出生于山东省威海市,籍贯山东。医学博士,教授,主任医师,博士生研究生导师。本科毕业于山东大学口腔医学院(原山东医科大学口腔医学系),并于2015年获山东大学口腔临床医学博士学位。现任滨州医学院口腔医学院院长,滨州医学院附属烟台口腔医院院长、党委书记。兼任国际口腔种植学会中国分会教育部主任、专家组成员,中国牙病防治基金会副理事长,中华口腔医学会口腔种植专业委员会委员、计算机专业委员会常务委员、口腔美学专业委员会常务委员、口腔医学教育专业委员会委员,国际牙医师学院院士,山东省口腔医学会副会长、口腔医学美学专业委员会主任委员、口腔种植专业委员会候任主任委员,烟台市口腔医学会会长。

主要研究方向:种植体周围骨改建、种植并发症防治、数字化种植等。临床擅长各类牙缺失的种植修复治疗,数字化微创精准口腔种植治疗,各种复杂骨增量技术,种植并发症的防治等。在国际及国家核心期刊发表论文100余篇;主持、参编或参译著作十余部;《口腔医学研究》杂志副主编,《上海口腔医学》《中国口腔种植学杂志》等多家国内专业期刊编委。曾荣获“白求恩式好医生”“山东省十佳青年医师”“山东省优秀院长”“烟台市十大杰出青年”“十大医界英才”“有突出贡献中青年专家”等荣誉称号。

(滨州医学院口腔医学院供稿)

张志民

张志民,男,河南南阳人,1963年6月出生于吉林省农安市,籍贯吉林。教授、主任医师,博士研究生导师,国际牙医师学院院士。本科毕业于吉林大学口腔医学院(原白求恩医学院口腔系),并于2010年获吉林大学口腔医学专业博士学位。1986年本科毕业后留院工作,2003年担任牙体牙髓病科主任,2004年担任口腔医院副院长,2010年担任口腔医院党委书记兼副院长。1999年聘任为硕士研究生导师,2014年聘任为博士研究生导师。担任中华口腔医学会第五届理事会理事,中国医院协会口腔分会第五届委员会常务委员,中华口腔医学会第五届牙体牙髓专业委员会常务委员,吉林省口腔医学会副会长,吉林省口腔医学会牙体牙髓专业委员会主任委员,全国高等医药院校本科生统编教材《牙体牙髓病学》编委。

主要研究方向:龋病发病机制,耐氟菌株

耐酸性的机制研究；抗菌多功能化复合树脂的合成和m6A表观遗传修饰在牙髓炎发生发展中作用及其机制研究。业务专长：擅长龋病、非龋性疾病、牙髓病和根尖周病等牙体牙髓常见病及疑难病的诊断和治疗。主导制定了《吉林省根管治疗质控标准》，参与中华口腔医学会《根管治疗技术指南》的制定。研究成果：主持国家自然科学基金1项、省部级科研项目16项；在国内外学术期刊发表论文133篇。其中以第一作者和通信作者发表SCI论文21篇；培养博士、硕士研究生82名；荣获“白求恩式好医生”等荣誉称号20余项。

（吉林大学白求恩口腔医学院供稿）

逝世人物

张举之（1926—2022）

我国著名口腔医学教育家、口腔医学管理专家、口腔内科牙周病学专家，硕士生导师，博士指导小组成员，原中华医学会口腔医学专业委员会牙周病学组组长，原中华口腔医学会成都分会主任委员，原卫生部口腔生物医学工程重点实验室主任，原四川医学院附属口腔医院院长张举之教授因病于2022年10月7日在成都逝世，享年96岁。

张举之教授毕业于华西大学牙学院（华西医科大学口腔医学院前身），毕业后留校从事口腔内科学教学、医疗、科研工作。1983年9月至1984年10月在美国哈佛大学牙学院、加州大学牙学院以访问学者身份从事牙周病研修工作。张举之教授历任四川医学院口腔医学系主任、口腔医院副院长、口腔医院院长。《中华口腔医学杂志》《华西口腔医学杂志》《口腔医学纵横》《实用口腔医学杂志》《上海口腔医学》《中华口腔材料及器械》《中国口腔种植学杂志》等刊物的编委或特邀编委。

张举之教授为中国口腔医学事业呕心沥血，奉献了毕生精力。他学识渊博、治学严谨、德高望重，与口腔内科牙周病学专家同道一起承前启后、开拓进取、教书育人，为我国口腔医学事业的建设发展，为建立、发展具有中国特色的、享誉国际的口腔内科牙周病学事业作出了杰出贡献。

（四川大学华西口腔医学院）

王邦康（1937—2022）

我国著名口腔医学教育家、口腔医学管理专家、口腔正畸学先驱、北京口腔医学会创会会长、中华口腔医学会口腔医学教育专业委员会首届主任委员，北京市第八、九届政协委员及政协教文卫体委员会副主任，原首都医科大学附属北京口腔医院院长、口腔医学院院长王邦康教授，因病医治无效，于2022年12月17日逝世，享年85岁。

王邦康教授热爱中国共产党、热爱祖国，为我国口腔医学事业呕心沥血，奉献了毕生精力。他学识渊博、治学严谨，为我国培养了大批口腔医学人才。他在口腔正畸新材料的研发与应用、口腔正畸数字化技术的研究与应用等方面取得了重大成就，是国产固定矫正技术创始人之一，他为我国口腔医学事业，尤其是北京口腔医学发展做出了历史性贡献。

（首都医科大学附属北京口腔医院）